Oscar storia

Geneviève Chastenet

Lucrezia Borgia

La perfida innocente

traduzione di
Tania Gargiulo

Titolo originale dell'opera: *Lucrèce Borgia*

I edizione Le Scie aprile 1995
I edizione Oscar Storia Mondadori novembre 1996

ISBN 88-04-42107-X

Questo volume è stato stampato
presso Arnoldo Mondadori Editore S.p.A.
Stabilimento Nuova Stampa – Cles (TN)
Stampato in Italia – Printed in Italy

INDICE

VII		*Ringraziamenti*
3	I	«Il più carnale homo»
14	II	L'epoca d'oro dei bastardi
32	III	Una educazione pagana e cristiana
42	IV	*Habemus papam*
49	V	Giovanni Sforza: un matrimonio politico
67	VI	Due pedine sulla scacchiera del papa: Juan e Jofré
79	VII	Astri e disastri: Lucrezia e Giovanni
107	VIII	La vergine incinta
121	IX	Alonso d'Aragona: un matrimonio d'amore
146	X	La Infelicissima
162	XI	La Vicariessa
170	XII	La dote del secolo
194	XIII	Un lungo cammino verso l'ignoto
207	XIV	Alfonso d'Este: un matrimonio di buon senso
221	XV	I gironi dell'inferno
232	XVI	Il filtro di Lucrezia
240	XVII	L'amore folgorante
250	XVIII	La rovina di casa Borgia
267	XIX	Tempo di assassini
278	XX	Gli ultimi fuochi
290	XXI	La gloria della scomunica

305 XXII Musa dell'Ariosto e di Tiziano
315 XXIII L'amaranto
321 XXIV I figli del Sole
324 XXV Lo zolfo e l'incenso
329 *Appendici*
Lettera a Savelli, 331 - Due lettere autografe, 335
337 *Tavole cronologiche*
351 *Note*
359 *Bibliografia*
365 *Indice dei nomi*

RINGRAZIAMENTI

Desidero ringraziare Antoine, Gerda Bouvier, Pierre de Charmant, Maria Ludovica Torelli de Charmant, Christiane Fabretti, Janine Herscher, Georges Lanthoinette e Barbara Torelli, che mi hanno aiutato nelle ricerche e nella traduzione dei testi latini, spagnoli e italiani.

QUADRO GENEALOGICO DELLA FAMIGLIA BORGIA

Da una donna sconosciuta

Pedro Luis
primo duca di Gandia
1458 (?)-1488

Cesare 1475-1507
card. 1493
duca di Valentinois1468 (?)
duca di Romagna 1500

Figli naturali

Camilla
morta nel 1573

Girolamo
dal 1518 a Ferrara

Gaspare Jofré
n. 1497

da Carlotta D'Albret
1499

Luisa, 1500-1553
sp. I (1517)
Louis de laTrémouille
m. 1524
II (1530)
Filippo di Borbone
visconte di Busset
m. 1557

Juan
secondo duca di Gan
1476-1497
sp. Maria Enriquez

Juan
terzo duca di Gandi
1494-1543
sp. I Giovanna d'Arag
II Francesca di Cast

San Francesco Borg
quarto duca di Gandi
1520-1578
terzo generale
dell'ordine dei Gesu

Alessandro
n. e m. 1505

Ercole II
duca di Ferrara
1508-1559
sp. Renata
di Francia (1528

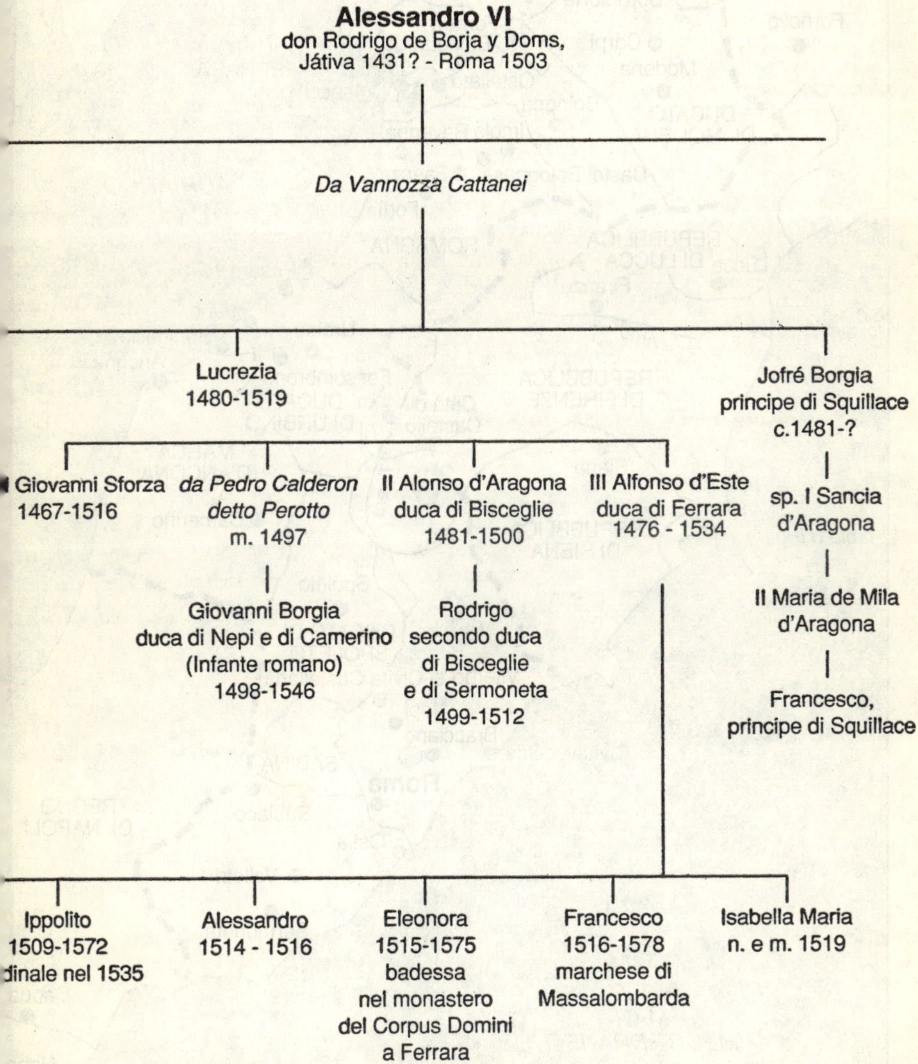
Alessandro VI
don Rodrigo de Borja y Doms,
Játiva 1431? - Roma 1503
Da Vannozza Cattanei
Lucrezia
1480-1519
Jofré Borgia
principe di Squillace
c.1481-?
Giovanni Sforza
1467-1516
da Pedro Calderon
detto Perotto
m. 1497
II Alonso d'Aragona
duca di Bisceglie
1481-1500
III Alfonso d'Este
duca di Ferrara
1476 - 1534
sp. I Sancia
d'Aragona
Giovanni Borgia
duca di Nepi e di Camerino
(Infante romano)
1498-1546
Rodrigo
secondo duca
di Bisceglie
e di Sermoneta
1499-1512
II Maria de Mila
d'Aragona
Francesco,
principe di Squillace
Ippolito
1509-1572
dinale nel 1535
Alessandro
1514 - 1516
Eleonora
1515-1575
badessa
nel monastero
del Corpus Domini
a Ferrara
Francesco
1516-1578
marchese di
Massalombarda
Isabella Maria
n. e m. 1519

L'ITALIA DEI BORGIA
Lago di Garda
Venezia
MARCHESATO DI MANTOVA
Mantova
Po
Borgoforte
Fornovo
Carpi
Modena
Ferrara
Belriguardo
DUCATO DI FERRARA
Ostellato
Comacchio
Bologna
DUCATO DI MODENA
Imola
Ravenna
MARE ADRIATICO
Castel Bolognese
Faenza
Forlì
REPUBBLICA DI LUCCA
ROMAGNA
Lucca
Firenze
Pesaro
Fano
Arno
Urbino
Senigallia
Ancona
REPUBBLICA DI FIRENZE
Fossombrone
Città di Castello
DUCATO DI URBINO
MARCA D'ANCONA
Siena
Tevere
Isola d'Elba
REPUBBLICA DI SIENA
Camerino
Spoleto
DUCATO DI SPOLETO
Viterbo
Civita Castellana
Nepi
Bracciano
Civitavecchia
SABINA
Roma
Subiaco
REGNO DI NAPOLI
Ostia
Velletri
Sermoneta
Capua
MAR MEDITERRANEO
Napo

LUCREZIA BORGIA

A Daniel Cordier
Ad Antoine

I

«IL PIÙ CARNALE HOMO»[1]

Menade scatenata, avvelenatrice, baccante, assassina, incestuosa: per molto tempo Lucrezia Borgia è stata il bersaglio privilegiato delle accuse più infamanti scagliate da romanzieri e poeti. Sulla figlia di Alessandro VI pesano da cinque secoli le più oltraggiose calunnie, senza che mai ne sia stata fornita la minima prova. Lucrezia è un demonio per alcuni, un angelo per altri; ora personifica ogni sorta di scandalo, indecenza e seduzione; ora è vittima di morbose calunnie che avrebbero il solo scopo di stuzzicare la curiosità del pubblico... ma qual è la verità?

In realtà le tragedie e i trionfi della sua vita tumultuosa non si potrebbero comprendere senza conoscere l'epoca torbida e feconda in cui visse Lucrezia Borgia, le circostanze della sua nascita e gli intrighi politici in mezzo ai quali trascorse l'intera esistenza. Tracciando le grandi linee dello scenario storico di fondo si scopriranno la complessità della natura di Lucrezia e le contraddizioni della sua vita.

Basta il prestigio del suo nome a evocare un magico incanto: Lucrezia ha attraversato la propria esistenza circondata da cardinali e condottieri, artisti e prìncipi, papi e giullari, assassini e liutisti, cortigiani e nani, lungo un percorso disegnato da luci e ombre. A volte nella folla variopinta ci sembra di averla smarrita, ma la ritroviamo sempre, seguendo la scia luminosa di adoratori che l'accompagna. Lucrezia appare bèn presto il simbolo della nuova civiltà che affronta una svolta decisiva. Dopo l'ascetismo medievale, sotto il sole d'Italia lo spirito del Rinascimento germoglia lussureggiante come una pianta tropicale: una mutazione che si compie in un clima che mescola la violenza all'egoismo, il coraggio e la volgarità alla raffinatezza.

I Borgia sono in perfetta sintonia con la norma del loro tempo: si tratta di una famiglia che non ha nulla di mostruoso, e anzi può vantare a proprio merito la mancanza d'ipocrisia; a noi conviene abbandonare certi pregiudizi secolari e analizzare i fatti risalendo alle origini.

Dalla fine del Quattrocento in poi, Roma – ombelico e crogiolo dell'universo – comincia a rinnegare l'austerità medievale. Il codice morale subisce una progressiva evoluzione: si tende a sostituire la pietà religiosa con il rituale devoto, l'ardimento con l'astuzia, l'amore con il desiderio. Pur celebrata e invocata, la religione tuttavia è sempre meno vissuta nell'intimo dei fedeli; il più delle volte si limita ad essere un fatto esteriore, una forma del compromesso fra l'uomo e le potenze superne: è rispettata nelle osservanze formali, ma non nei precetti. Al sommo degli onori sta invece il culto dell'individuo: si deve vivere con passione, superando se stessi nel dispendio delle proprie energie e nel perseguimento del potere, magari accettando di arrivare alla crudeltà.

La Francia, che pure è la prima potenza d'Europa, non è ancora uscita dal provincialismo culturale; i piccoli principati italiani e tedeschi sperperano le proprie forze in dispute di etichetta. La corte pontificia dove Lucrezia si troverà a crescere è retta dal papa come un vero e proprio Stato secolare, e uno dei maggiori d'Italia: comprende le Marche, la Romagna e il Lazio, confina a nord con la repubblica di Venezia, a sud con il regno di Napoli. Il trono papale accentra in sé un potere immenso davanti al quale i prìncipi si piegano di malavoglia. Per sopravvivere, e per difendere gli interessi e l'autorità della Chiesa – ridotta a malpartito dopo lo scisma di Avignone, che si è chiuso l'11 novembre 1417 – i successori di Pietro si comportano da monarchi secolari, anziché da guide spirituali. Perciò una delle loro prime cure è di avere una corte: anche il Vaticano non sfugge alla regola secondo la quale non c'è residenza sovrana in cui possano mancare le donne. Sebbene, a rigor di termini, al vicario di Cristo non si possa attribuire una «donna di palazzo»,[2] la presenza femminile resta pur sempre necessaria, non foss'altro per mitigare la brutalità dei militari e portare armonia nei rapporti fra studiosi, letterati, ambasciatori.

Nel seguito di papa Callisto III, prozio di Lucrezia, non mancano le *meretrices honestae*[3] che rivelano nel nome l'origine spagnola: Isabella de Luna e doña Juana. Non si può dire che la presenza delle cortigiane entro le mura della Santa sede contribuisca al trionfo della moralità, ma è certamente una garanzia di raffinatezza. «Le donne più belle», scrive Montaigne, «appartengono al papa e ai cardinali:

sono esperte di musica e di poesia, e nei loro scritti le sante del paradiso vanno a braccetto con le sacerdotesse di Venere.» Il contatto intellettuale con queste donne è apprezzato e ricercato quanto il commercio carnale; le muse delle lettere «fanno pagar cara la loro conversazione, non meno che per l'intero negozio», dice ancora Montaigne. I luoghi di piacere, dove hanno luogo veri e propri tornei amorosi e letterari, si trovano nei paraggi delle ambasciate e godono dell'immunità diplomatica: una precauzione giudiziosa per controbattere eventuali, improvvise crisi di moralismo.

Anni dopo, Joachim du Bellay – nei *Regrets* – constaterà che l'esempio viene dall'alto:

> Colui che per la via vide pubblicamente
> La cortigiana in cocchio, e che pomposamente
> Poté vederla in sella acconciata da uomo
> Altezzosa mostrarsi, colui che a tutte l'ore
> Ai cardinali in cappa ha visto far l'amore,
> Solo costui può dare un giudizio su Roma.[4]

Ma il Vaticano ha molte facce; nel 1455 il primo papa Borgia aveva chiesto aiuto ai prìncipi cristiani per lanciare una nuova crociata e liberare Costantinopoli, caduta due anni prima nelle mani degli infedeli. Invano: non era riuscito a scalfire l'indifferenza dei re e dell'imperatore Federico III. Dopo la presa di Costantinopoli, «baluardo della fede cristiana»,[5] il sultano in un accesso di megalomania aveva dichiarato di voler intraprendere la conquista di Roma. Callisto III si rese conto del pericolo incombente sull'Italia e si affrettò a vendere i propri gioielli, i calici e i vasi di *vermeil*, le terre e i castelli di proprietà della Santa sede, rinunciando ai grandiosi progetti architettonici cari al suo predecessore per devolvere tutto il ricavato a contrastare la minaccia turca. I cardinali dettero l'esempio, lasciando Roma per tornare tutti a predicare la crociata nei rispettivi paesi d'origine. Analoghi gesti di coraggio e generosità si ripetevano ogni volta che la Chiesa si trovava in pericolo. Alcuni anni dopo, Pio II decise di mettersi personalmente a capo della flotta radunata per combattere gli infedeli, ma al momento di imbarcarsi ad Ancona fu stroncato da una malattia mortale.

Dal Quattrocento in poi spiritualità e carnalità restano congiunte, e molto spesso il voto di castità pronunciato dai sacerdoti si può definire come una dichiarazione d'intenti piuttosto che un sacro giuramento. Per lo più i preti «mantengono una concubina a maggior gloria di Dio»,[6] come precisa lo storico Infessura. Quanto alle religiose, Burcardo, il cerimoniere pontificio, nella sua cronaca degli anni

1483-1506 riferisce che i monasteri di Roma erano diventati «quasi tutti lupanari». Tuttavia nessuno aveva niente da ridire: era un'epoca in cui la sessualità non era considerata vergogna, e se ne parlava con semplicità. Un esempio per tutti, la disavventura capitata a un abate incaricato dell'assistenza spirituale presso un monastero di Padova: cinque sue penitenti si ritrovarono incinte per opera sua. Il fatto divenne di dominio pubblico; ma quando il responsabile fu arrestato, implorò il perdono del vescovo citando l'evangelista Matteo: «Signore, tu mi desti cinque talenti, ecco, io ne ho guadagnati altri cinque»[7] (Mt, 25, 20): e davanti a un'argomentazione così fine l'alto prelato non riuscì a trattenere il riso e gli impose un castigo più mite.

Tuttavia nel 1456 il Vaticano aveva annullato la sentenza del vescovo Cauchon, riabilitando Giovanna d'Arco in forma solenne. Roma era spesso definita «terra di donne», anche se Venezia la superava, con le sue 11.000 cortigiane. Fino al 1490 il tesoro pontificio ne ricavava 20.000 ducati all'anno: in quella data fu emanato un editto che, con scarso successo, si proponeva di metter fine a tali pratiche minacciando di scomunica i preti legati a codeste signore. Ma già all'epoca di Martino V (morto nel 1431), esse avevano cominciato a introdursi fin nella curia, e i successori di Martino, compreso Alessandro VI, chiusero tutt'e due gli occhi sulle dissolutezze dell'ambiente ecclesiastico, perché questi latinisti insigni – ancorché peccatori – permettevano loro di tessere una vasta rete di amicizie nell'intera Europa, di negoziare alleanze e di placare le ambizioni dei sovrani.

La conseguenza più frequente dell'imperante libertà di costumi, del tutto scevra da ogni senso di vergogna o di peccato, erano le nascite illegittime. L'ufficiale di giustizia che un giorno volle intimare a una di queste donne di rivelare il nome del padre del neonato, dovette accontentarsi della risposta: «SPQR», ossia, com'è noto, «il senato e il popolo romano», insegna dell'Urbe. I bastardi perciò facevano parte della famiglia a tutti gli effetti: i laici li allevavano assieme ai figli legittimi, mentre gli uomini di chiesa, che spesso si accompagnavano a una presenza femminile e ai frutti dei loro amori, li tenevano presso di sé. Al punto che Pio II meditò seriamente di abolire il celibato ecclesiastico, e amava ripetere: «È molto ragionevole che i preti non si sposino, ma che si sposino lo è ancora di più».[8]

Prima di salire sul trono di Pietro, i papi del Rinascimento avevano tutti avuto dei figli: Callisto III fu padre di Francesco Borgia, destinato a ricevere il galero cardinalizio e ad essere raffigurato dal Pinturicchio, inginocchiato, nell'*Assunzione*. Girolamo Riario passava per essere figlio di Sisto IV; e la tradizione proseguì con Pio II, Innocenzo VIII, Giulio II e il cardinale François Guillaume d'Estouteville, camerlengo di Santa Chiesa. Una progenie variegata che sciamava nella città senza suscitare il minimo scandalo.

Quanto più si salivano i gradi della gerarchia ecclesiastica, tanto più indispensabili si rivelavano i legami familiari. Il nepotismo – fenomeno che abbracciava tutti i favoritismi, verso figli e figlie, fratelli, sorelle, cugini e nipoti di ambo i sessi – era considerato un fatto normale, anzi, addirittura un'assoluta necessità. Sisto IV ne fece largo uso: appena eletto, si preoccupò per prima cosa di assicurare ai suoi familiari fortuna, potere e credito, di imparentarli con casate nobili e influenti, di nominarli signori di fortezze e collocarli come «tiranni», ossia come signori assoluti, soprattutto nelle località di frontiera, per tenere a bada le fazioni rivali e contrastare ogni tentativo di ribellione o di conquista. Autori dell'epoca, come Guicciardini o Machiavelli, giudicavano gli inquilini del Vaticano secondo le loro capacità politiche e non secondo i loro costumi, e non facevano nessuna colpa al papa di avere dei figli in grado di appoggiarlo.

Dalla metà del XV secolo in poi l'ossessione dei pontefici fu di creare e consolidare gli Stati della Chiesa: ne andava della loro stessa sopravvivenza, poiché le terre pontificie erano minacciate dagli Aragona di Napoli, dagli Sforza di Milano e dai Medici di Firenze. In sostanza nulla distingueva i papi di allora da dinastie potenti come i Gonzaga, gli Este o i Riario: agli occhi dei loro contemporanei non erano altro che despoti (e in greco despota significa «padrone») eventualmente rivestiti dell'abito talare.

Tutt'altro che unificati, gli Stati della Chiesa dovevano dunque proteggersi non solo dai pericoli esterni, ma addirittura, sul loro stesso territorio, dai potentati locali che si facevano beffe del governo di Roma. I sommi pontefici che si succedettero nei secoli dal XV al XVI si adoperarono in tutti i modi per stabilire nelle regioni centrali d'Italia un'autorità governativa sicuramente dipendente da loro, così da assicurarsi un indiscusso predominio. Oltre ad essere vicari di Cristo, i papi arrivavano quasi a considerarsi in certo modo eredi degli imperatori romani, al punto che «la spada di san Paolo» tendeva ad avere più peso delle «chiavi di san Pietro», e il potere temporale ad avere la meglio su quello spirituale. In una Italia divisa in principati, i papi non avevano altra scelta che comportarsi da sovrani o da tiranni, nel senso antico del termine, poiché, come già disse un oratore[9] (con questo termine si indicavano a Venezia gli ambasciatori) al concilio di Costanza (1414-1418), «la virtù senza potere è ridicola: privo dei dominii della Chiesa, il pontefice romano non sarebbe altro che un servo agli ordini di principi e re».

Il Vaticano era dunque riuscito a emergere con sontuosi vantaggi – grazie al pragmatismo di cui aveva saputo dar prova e nonostante gli intralci costituiti dalla rivalità con famiglie aristocratiche come gli Orsini o i Colonna – dallo stato di indebitamento cronico in cui l'avevano precipitato i papi avignonesi: Roma era tornata ad affermarsi come centro della cristianità. Sarebbe quindi assurdo pretendere di invocare la morale per sommergere di accuse Alessandro VI, o i papi che lo avevano preceduto, o quelli che lo seguirono. I più incisivi tra loro riuscirono a procurarsi i mezzi adeguati a una politica di grandezza, che aveva il fine di ampliare e rafforzare il dominio temporale della Chiesa. Considerando che essi non mancarono mai di rispetto verso i dogmi, noi posteri non dovremmo lasciarci scandalizzare dai loro costumi.

Un osservatore tra i più perspicaci, Baldassar Castiglione, scriveva nel 1516: «Cessino adunque di biasimar i tempi nostri, come pieni de vizii: perché levando quelli, levariano ancora le virtù».[10] All'epoca quest'ultima parola aveva ancora il senso latino di «coraggio». L'uomo che nel tempo di cui ci occupiamo portava ancora il semplice nome di Rodrigo Borgia se ne mostrò assai ricco, e in più occasioni Lucrezia dette prova di essere sua degna figlia. Rodrigo, destinato a diventare papa Alessandro VI, era nato il 1° gennaio 1432 in Spagna, a Játiva, una cittadina nei pressi di Valencia. Fin dal XII secolo i suoi avi avevano potuto vantare il titolo di *Caballeros de la conquista*,[11] ossia cavalieri della riconquista del suolo iberico contro gli arabi. Nella loro provincia i Borgia erano personaggi di spicco, stimati alle corti di Castiglia e di Aragona; con il succedersi delle generazioni i vincoli matrimoniali stretti con casati aristocratici avevano conferito al loro nome un lustro sempre maggiore.

Le mura bianche della cittadina di Játiva, nel regno d'Aragona, si innalzano in uno scenario austero e ridente insieme. A oriente sorge una montagna brulla, ostile, coronata da un castello fortificato, mentre in lontananza si profilano gli speroni contorti, le cime frantumate e caotiche della sierra de Enguerra. A occidente invece la vista è molto più serena: un magico giardino delle Esperidi in cui si alternano aranci, melograni, limoni e risaie. Le palme si dondolano nel vento e ombreggiano i sentieri su cui scendono a precipizio i greggi di capre. È una terra arroventata dal sole che al tramonto si rinfresca grazie alla presenza di due fiumi e alla vicinanza del mare. Nella città-oasi, dove sgorgano trecento fontane, gli uomini sono di carattere allegro, raffinati, passionali, spesso prodighi, e le donne amabili, innamorate del ballo, con la mente vivace e la tenerezza in cuore. «È un'eterna festa, eppure non avviene nulla di riprovevole, perché ognuno rispetta il suo prossimo» constata il viaggiatore Münzer. I contrasti tipici di queste terre, tra violenza e dolcezza, tra ascesi e gioia di vivere, furono in diversa misura peculiari ai Borgia; ma Lucrezia, a differenza dei suoi parenti, rimase incapace di violenza per tutta la vita.

Lo zio di Rodrigo, Alfonso Borgia, nel 1444 fu nominato cardinale e venne convocato a Roma per ricevere la porpora. Nella città eterna Alfonso si sentiva un estraneo, e per non rimanere del tutto solo a tener testa agli intrighi dei suoi confratelli reclamò la presenza del nipote. Quest'ultimo non mostrò la minima fretta di aderire al richiamo dello zio: accompagnato dal fratello Pedro Luis, nel 1449 lasciò la città natale per trasferirsi a Bologna dove completò gli studi, ma dovette attendere sei anni prima che lo zio diventasse papa Callisto III. Undici mesi dopo, il 20 febbraio 1456, durante un concistoro segreto, il nuovo papa conferì a Rodrigo il cardinalato, nominandolo al tempo stesso il proprio condottiero, difensore del trono papale, braccio destro e inoltre erede dei suoi beni. Ormai Rodrigo era in grado di scacciare i tiranni che pullulavano intorno a Roma, di apparire come un angelo sterminatore a turbare la tranquillità delle repubbliche vicine e di fondare una dinastia capace di perpetuare nella propria famiglia il potere transitorio e non trasmissibile conferito dal triregno papale.

Il «cardinale nipote» ventiquattrenne, esposto a tutti i tiri mancini che potevano preparargli la sclerosi amministrativa dello Stato pontificio e l'avidità dei piccoli despoti faziosi, doveva per prima cosa farsi le ossa. E Rodrigo non perse tempo: poiché un nobile di Ascoli aveva assassinato il tiranno cittadino per prenderne il posto, Rodrigo s'impadronì lui stesso della rocca e mandò il ribelle a Roma, sotto buona scorta. Un debutto energico che gli sarebbe valso «quanto gli anni d'esperienza che gli mancavano» ad assicurargli il posto di vicecancelliere, per l'appunto vacante. Questa era una carica poco meno eminente del papato stesso, in cui si concentravano tutte le responsabilità dell'organizzazione interna del Vaticano e insieme le funzioni di generale in capo e commissario di tutte le truppe pontificie. Rodrigo ottenne dunque la nomina nonostante la candidatura avanzata dal cardinale d'Estouteville: e aveva soltanto venticinque anni.

Il costume del nepotismo era avallato da prìncipi come Lorenzo de' Medici, il quale argomentava che mentre la dignità pontificia non è un patrimonio ereditario, tale possono essere invece considerati gli onori e i benefici di cui il papa gratifica i suoi.[12]

Era tempo: poco più di un mese dopo, il 21 luglio 1458, Callisto III fu colto da un violento accesso di gotta. Circondato da ceri che restavano accesi giorno e notte, entrò in un'agonia sontuosamente lugubre, alla moda di Spagna. Mentre i parenti, i fedelissimi, l'elemosiniere personale, mormoravano salmi intorno al giaciglio del moribondo, ormai staccato da ogni cura mondana, nella curia si scatenavano gli oppositori, e la città era in preda ai disordini.

Fino a quel momento Rodrigo aveva avuto successo in tutte le sue iniziative senza inimicarsi nessuno; al contrario del fratello maggiore, che nell'accumulare onori e cariche era riuscito soltanto a farsi odiare. Pedro Luis fu addirittura costretto a fuggire, sotto la protezione di Rodrigo. Dopo averlo accompagnato a Ostia a imbarcarsi per la Spagna, questi rientrò a Roma, dove il delirio del popolo si era scatenato contro tutto quanto di spagnolo si trovasse sulla sua strada. I ribelli scardinarono le porte della residenza del vicecancelliere e gettarono i mobili dalle finestre. Rodrigo assisteva impassibile al saccheggio, finché a un certo punto si avanzò, calmissimo, tra la folla delirante, la mano alzata nel gesto della benedizione. Protetto dalla porpora, ma ancor più dal suo prestigio personale, aveva saputo trovare d'istinto la mossa più adatta a placare la plebaglia, che rimase impietrita dalla sua audacia. Dopo di che, con la stessa intrepidezza imperturbabile, andò da solo in Vaticano, per vegliare lo zio Callisto III, abbandonato da parenti e amici nella sua interminabile agonia.

Pio II fu il nuovo successore di Pietro (era ancora il 1458), e in sostanza dovette la sua elezione al cardinale Rodrigo Borgia, al quale manifestò di buon grado la propria riconoscenza: tanto più che in quel magnifico chierico, eloquente, coraggioso, umanista, ritrovava la sua stessa gioventù. Quindici anni avanti, prima di ricevere la tiara pontificia, Enea Silvio Piccolomini era stato laureato poeta da Federico III (l'episodio è illustrato da un affresco del Pinturicchio che si trova nel duomo di Siena), per aver scritto una raccolta di poesie amorose in lingua latina: *Chrysis*. Più erotico il contenuto del suo *Eurialo e Lucrezia*: Eurialo, al seguito dell'imperatore Sigismondo, durante un soggiorno a Siena si innamora di madonna Lucrezia, la quale, benché maritata, corrisponde alla sua passione superando molti ostacoli. I due amanti riescono a unirsi, ma la loro estasi amorosa, scena culminante dell'opera, non avrà seguito: Eurialo è costretto a ripartire e Lucrezia muore di dolore.

Alcuni anni dopo, durante il pontificato di Paolo II, Gaspare Veronese descrisse Rodrigo in questi termini: «È bello, piacevole e sorridente d'aspetto, si esprime con eleganza e dolcezza. Non ha che da gettar uno sguardo su una bella donna per infiammarla d'amore nella più strana maniera; attrae le donne a sé più fortemente che la calamita il ferro». E per sua disgrazia, il cardinale Borgia rispondeva volentieri alle sollecitazioni femminili. Pio II, che in gioventù amava dire: «Temo la continenza», dovette richiamare all'ordine quel suo cardinale troppo focoso, e così gli scrisse, nel suo latino da umanista:

> Abbiamo udito tre giorni fa che un gran numero di donne di Siena, abbigliate con tutta la vanità mondana, si riunì nei giardini del nostro beneamato figlio Giovanni de Bichis, e che Vostra Eminenza, trascurando la dignità della sua posizione, stette con loro dall'una alle sei della sera, e che era in vostra compagnia un altro cardinale, al quale almeno l'età, se non l'onore della Santa Sede, avrebbe dovuto ricordare i suoi doveri. Si dice che i balli erano sfrenati, che le seduzioni amorose non avevano limite e che voi stesso vi siete comportato come un giovane del mondo secolare. Arrossirei, in verità, se volessi specificare tutto ciò che si dice di quel che è successo colà. Non solamente la realtà di queste cose, ma il solo parlarne disonora le file alle quali appartenete. Ai mariti, padri, fratelli e parenti che accompagnavano queste giovani, fu proibito di entrare, per dare maggiore libertà al vostro divertimento. Voi due, con qualche servitore, foste gli unici organizzatori e istigatori del ballo. [...] Il Vicario di Cristo, lui stesso, è soggetto al disprezzo, perché credono che egli faccia finta di niente innanzi a tale comportamento.
>
> Voi presiedete, amato figlio, alla Chiesa di Valenza, la quale è una delle più importanti in Spagna; avete anche il governo della cancelleria pontificia [...]. Al vostro giudizio noi ci rimettiamo affinché diciate se si confà alla vostra alta carica lusingare le ragazze, inviare loro le frutta ad ogni momento, provare il vino e quindi farlo portare a quella che vi piace di più; trascorrere un giorno intero da spettatore compiaciuto in ogni genere di festa...[13]

L'avventura galante di Rodrigo suscitò in alcuni il sorriso, in altri lo scandalo. È vero che l'impudenza con la quale i prelati avevano fatto chiudere le porte in faccia agli uomini della famiglia, mentre si davano al bel tempo con le donne, non poteva non suscitare rancore e sete di vendetta. La festa era durata quattordici ore, e i pettegolezzi dilagarono a Siena e a Petriolo, perché, come concludeva il pontefice rammaricato, «ai bagni, dove vi è un buon numero di ecclesiastici e secolari, siete lo scherno del pubblico».

Bartolomeo Bonatto, ambasciatore di Mantova, riferì di questi spassi a Federico I Gonzaga, precisando che si trattava dei festeggiamenti in occasione di un battesimo:

Altro non mi accade di scrivere a Vossignoria se non che essendosi oggi fatto qui un battesimo... ad un gentiluomo di questa terra, al quale sono intervenuti compari monsignor di Rohan [il cardinale d'Estouteville] e il vicecancelliere [Rodrigo Borgia]: invitati ad un orto del compare [vi] si condussero, e lì fu portata la figlioccia ed eravi tutto quello che di buono ha questa terra, ed è stata una bella festa ma non v'è entrato nessuno che non porti chierica...[14]

E aggiunge che uno degli invitati, spirito malizioso, commentò: «Per Dio, se quelli che nasceranno fino ad un anno venissero al mondo coi panni dei padri, sarebbero tutti preti e cardinali».

Rodrigo chiese perdono al Santo padre, e l'ottenne: «Le vostre azioni non possono essere esenti da colpa, anche se qualche volta sono meno gravi di quel che in principio si diceva».

Nell'agosto 1464 la regione fu colpita da un'epidemia di peste, aggravata dall'eccezionale canicola. Pio II morì; gli succedette Pietro Barbo, cardinale di San Marco, con il nome di Paolo II; quindi fu il cardinale Francesco della Rovere, divenuto Sisto IV, a salire sul trono di Pietro. Il 22 agosto 1471 Rodrigo, in qualità di decano dei cardinali diaconi, incoronava il nuovo pontefice, il quale, come il suo predecessore, gli doveva l'elezione. Rodrigo sapeva influire sulle scelte dei conclavisti con abilità e senza imposizioni, sapeva astenersi dal manifestare la minima ambizione per se stesso. Nondimeno aveva una padronanza dei problemi ecclesiastici e giuridici e un senso politico che lo rendevano ogni giorno più influente, rassicurando i suoi sostenitori. Rodrigo Borgia aveva il dono di esprimersi con spontaneità e vivacità, in latino non meno bene che in italiano e spagnolo, e la sua capacità di persuasione incantava l'uditorio.

Così lo descrive Giasone del Maino, oratore di Milano: «Con il portamento elegante, l'espressione distesa, la sua fisionomia ha un'impronta di liberalità e maestà: il suo aspetto è regale, ed egli somiglia a un dio». Se dobbiamo credere ai contemporanei, Rodrigo Borgia non rispecchiava affatto i canoni della bellezza classica: il cancelliere, così traboccante di linfa vitale, era alto di statura, corpulento ma maestoso, aveva colorito acceso, occhi neri e magnetici, una bocca golosa, curiosamente segnata dalla bontà; e dall'insieme della sua persona si sprigionava la più autentica gioia di vivere.

A trentott'anni era padre di tre figli, avuti da donne diverse: Pedro Luís, nato nel 1467 o 1468, Jerónima, nata intorno al 1469, e Isabella, del 1470. Un anno dopo eccolo divenuto cardinale vescovo: ma per accedere a questa funzione aveva dovuto ricevere gli ordini maggiori e far voto di castità e di celibato. Rodrigo si era assoggettato alla norma non senza qualche riserva mentale, ben sapendo quanto la fede dell'uomo di Chiesa fosse accompagnata in lui da una naturale inclinazione ai peccati della carne: tanto più che nella sua vita era appena entrata Vannozza Cattanei, dalla quale ebbe, prima di Lucrezia, due figli maschi: nel 1475 Cesare, poi Juan nel 1476. La relazione, poco meno che coniugale, di Vannozza con colui che più tardi il vescovo di Modena, Gian Andrea Bocciacci, definì «il più carnale homo», giunse all'apoteosi con la nascita di Lucrezia, nel 1480, e di Jofré, nel 1481.

Lucrezia nasceva dunque in un mondo in piena ebollizione, dove la giustizia era spesso assente, ma la bellezza mai, dove la violenza era regola e la cultura aveva il posto d'onore, dove nei grandi balli di cerimonia facevano talvolta irruzione i tiranni, dove tornei e corti d'amore si potevano svolgere mentre imperversava il fuoco nemico, dove i sicari, amanti di Virgilio e di Orazio, maneggiavano daghe cesellate da Ercole Fedeli e si facevano ritrarre da Piero della Francesca, Pinturicchio e Tiziano, dove Raffaello allestiva le feste e Michelangelo le cerimonie funebri.

Quest'epoca di torbidi era destinata a rivelarsi una delle più feconde e più decisive per l'umanità: dall'inizio dell'era cristiana le leggi e le anime non avevano mai attraversato una paragonabile fase di rinnovamento. Il destino di Lucrezia Borgia, lacerata fra l'amore del padre e l'ambizione del fratello, fu di di essere la posta nel gioco dei matrimoni; a sua volta essa dovette recitare una parte che senza dubbio non avrebbe voluto, ma non per questo ci appare meno degna di rispetto e simpatia.

II
L'EPOCA D'ORO DEI BASTARDI

Una donna capace di tenersi accanto per una quindicina d'anni colui che non era forse il più volubile, ma certo il più affascinante fra i cardinali, merita la nostra attenzione. Grazie alla sua bellezza e alle doti del suo cuore Vannozza Cattanei seppe conservare, se non la fedeltà, certo l'amore di un uomo fuori del comune come Rodrigo Borgia. Un caso unico, perché mai principe della Chiesa si mostrò altrettanto costante: un attaccamento che gli fa onore e lo differenzia dai suoi predecessori.

La lunga relazione con Vannozza aveva finito con l'assumere l'aspetto di un matrimonio morganatico. Per quanto si deduce da un quadro anonimo conservato dalla Congregazione della Carità di Roma, e dal ritratto eseguito da Girolamo da Carpi e conservato a Villa Borghese, l'amante del cardinale vescovo era una bellezza florida, languida e focosa insieme. Aveva capelli biondi e serici, lo sguardo sfolgorante sotto le nere e folte sopracciglia, gli occhi verdi, il naso diritto, cesellato, con le narici ben segnate, labbra carnose e vermiglie: tutti elementi che davano al viso grande forza e sensualità. Il mento volitivo e il portamento regale del capo indicavano energia e senso della propria dignità. La sua interiorità aveva plasmato l'aspetto esteriore. Questa donna bene in carne, dalla struttura salda come le Veneri di Tiziano, probabilmente di alta statura come il suo amante, aveva un potere di seduzione capace di rispondere all'esuberanza del cardinale Borgia. Fu un'ottima madre e la compagna ideale per un uomo d'azione.

Si ritrovano dei Cattanei a Roma e a Venezia come a Mantova; Vannozza è un diminutivo di Giovanna e il cognome Cattanei deriva da «Capitaneus». Il Litta, autore di una grande opera sulle famiglie italiane storiche, con un certo slancio della fantasia le attribuisce come padre Ranuccio Farnese. La troviamo invece nominata, nel *Diarium* del cerimoniere di Alessandro VI, come madonna Vannozza di casa Cattanei, probabilmente romana, appartenente alla piccola nobiltà o alla borghesia. È sicuro in ogni modo che il suo nome non compare mai negli elenchi di cortigiane dell'epoca giunti fino a noi.

I genitori di Lucrezia Borgia si erano conosciuti nel 1469; Vannozza aveva allora ventisette anni e la sua bellezza era al culmine. Rodrigo ne aveva trentasette e, come abbiamo detto, non era certo il tipo di un Antinoo: prestante, infaticabile, dotato di una salute gagliarda fino all'insolenza e di una forza non comune, era destinato a non perdere il vigore virile con l'avanzare dell'età. Dalla sua energica persona emanavano equilibrio e maestà, i suoi interlocutori erano immediatamente consapevoli di trovarsi di fronte a un uomo chiamato a un grande destino.

Rodrigo ebbe fortuna sia nelle attività episcopali sia nella vita affettiva, e sembra aver conosciuto insieme alla sua compagna una felicità patriarcale di cui non abbiamo altri esempi. In omaggio alle convenienze, fu trovato un rispettabile funzionario apostolico quinquagenario – Domenico d'Arignano – che aveva acconsentito a comparire di fronte al mondo come il padre di Cesare. Quanto al resto, Rodrigo mostrava un vigore giovanile, un'allegria, addirittura un'audacia, da sbalordire chiunque. Un giorno per esempio non esitò a far deviare il percorso di una processione, così da poter sfilare, reggendo l'ostensorio, sotto le finestre della neo signora d'Arignano. Quando poi nel 1476 nacque Juan, e il signor d'Arignano era già morto, Rodrigo maritò Vannozza a Giorgio della Croce, un milanese, conferendogli la carica di segretario apostolico di Sisto IV, come aveva fatto con il suo predecessore. Il novello sposo non era sprovvisto di beni; possedeva infatti tra l'altro una magnifica villa sull'Esquilino, nei pressi di San Pietro in Vincoli, circondata da un parco, con un frutteto e una vigna.

Vannozza era donna di buon senso, prudente e abile: amava la ricchezza e riusciva a fare ottimi investimenti. Divenne infatti proprietaria di diverse locande, alcune nei pressi del Borgo, come la «locanda del Leone» o quella «dell'Angelo», altre nel quartiere dei Parioli, in particolare «la Scala» o la «Locanda della Vacca», che acquistò nel 1500. E per finire, la sua stessa casa, in piazza Pizzo di Merlo, dono di Rodrigo e poco lontana dai palazzi vaticani, non faceva che confermare una onorabilità indiscussa.

Ai primi del 1480 Vannozza rimase di nuovo incinta, e come la maggior parte delle dame romane consultò gli astrologi per conoscere il sesso del nascituro. All'epoca quest'arte divinatoria, detta *di maschio e femina*, era una professione sempre più redditizia. Infatti tra le romane si era diffusa l'abitudine di fare scommesse su questi oroscopi; per tenere sotto controllo la situazione, la Santa sede dovette limitare a quaranta il numero degli astrologi di corte e accordare loro il monopolio. Gli indovini, spagnoli o italiani, predissero a Vannozza la nascita di una figlia, e lei decise di partorire a Subiaco, nell'antica rocca dei Borgia.

Subiaco è una cittadina medievale a centosei chilometri da Roma, che da ripidi pendii ricoperti di querce si affaccia su tre laghi artificiali. Ricca di vestigia dell'antichità, vantava fra l'altro le rovine di una villa di Nerone (che la superstizione popolare credeva abitata da diavoli e fantasmi), sarcofagi antichi e le rovine di dodici conventi fondati nel V secolo da san Benedetto da Norcia, insieme a Scolastica, sua sorella gemella. Rodrigo aveva comprato la rocca che sovrastava il monastero: una costruzione massiccia, capace di reggere un assedio, che si innalzava in un paesaggio nobile e armonioso, ispiratore di spiritualità e di poesia: tutta la vita di Lucrezia era destinata a essere segnata da entrambe le esigenze.

A Subiaco, culla del monachesimo, i religiosi potevano appagare il loro amore per la solitudine, e la figlia del papa non mancò di fare altrettanto dopo ogni prova difficile della sua esistenza. Sedici anni prima Arnold Pannartz e Conrad Schweinheim vi avevano fondato la prima stamperia italiana.

Il 18 aprile 1480, dunque, Vannozza dava alla luce Lucrezia, circondata da una corte di personaggi discreti e colti, fra musici e poeti. Disdegnando i nomi delle sante, il padre l'aveva chiamata così in ricordo della più casta fra le matrone romane. La Lucrezia dell'antica Roma era figlia del prefetto Spurio Lucrezio e sposa di Tarquinio Collatino; dopo essere stata violentata da Sesto, figlio di Tarquinio il Superbo, aveva narrato al marito, al padre, a Bruto, l'oltraggio subìto, chiedendo loro di vendicarla, e subito dopo si era uccisa sotto i loro occhi. Da quella tragedia era scoccata la scintilla della rivoluzione che aveva posto fine alla monarchia e dato origine alla repubblica.

Nonostante la distanza da Roma, a Subiaco giunsero molti visitatori carichi di doni, che furono esposti nella vasta sala. Vannozza riceveva gli ospiti distesa su un letto da cerimonia, con lenzuola di seta intessute di fili d'argento, guanciali ricamati con perle vere e trapunte ornate di ghiande; cortine di velluto cremisi la proteggevano dagli spifferi. I visitatori conversavano lietamente, bevendo vino e mangiando biscotti e dolciumi presentati su piatti d'oro. Il chiacchiericcio proseguì durante il pasto della puerpera, che le fu servito su un vassoio circolare, il «desco da parto», decorato con scene mitologiche: il giudizio di Paride, il ratto di Elena. Quanto alla colazione, fu molto sobria: Vannozza, seguendo il consiglio dei medici, allattava personalmente la sua ultima nata. E quindi, per avere latte che fosse «di color bianco e non verde, né giallo, né soprattutto nero, di odore grato e gusto quasi dolce, né salato né amaro, che non facesse schiuma e fosse omogeneo», la puerpera si nutriva di «lattuga, mandorle, noci e zuppe alla francese».[1]

Spesso le donne di un certo rango delegavano le cure materne a una nutrice, ma Vannozza condivideva l'opinione di Sadoleto: «Non è vera madre colei che nega [al neonato] le proprie mammelle, che non le sono state date per solo ornamento del petto, ma altresì per nutrire i figli... inoltre il latte secreto da un corpo retto da una mente temperata conferisce le stesse qualità alla natura del bambino».[2] Secondo Vannozza la pratica dell'allattamento serviva ad approfondire i legami della consanguineità e a generare un vivo affetto, mentre una balia estranea avrebbe forse potuto guastare il carattere del neonato.

Così come osservava le prescrizioni alimentari, l'amante del cardinale seguiva con cura altrettanto meticolosa i dettami dell'igiene infantile: tutti i giorni le serve facevano un bagno tiepido alla piccola Lucrezia, di sola acqua, senza aggiunta di erbe aromatiche. La pulizia era tenuta nel massimo conto: le stanze da bagno dei palazzi erano decorate addirittura da artisti come Raffaello.

Sul sonno della bambina vegliava una balia delegata a questo preciso compito: badare che la neonata dormisse con la bocca chiusa per non lasciar entrare i grilli, che venisse cullata – ma non dopo i pasti – sull'aria di quel canto che «riconforta il corpo e lo spirito e fa cessare il pianto causato dall'impressione di tante cose nuove».

Dopo la canicola estiva Vannozza rientrò a Roma. L'anno dopo dette alla luce un figlio, Jofré: la sua nascita, come quella di Lucrezia, fu legittimata da Rodrigo grazie al privilegio che Sisto IV gli aveva accordato con speciali bolle; i figli del cardinale Borgia ricevevano il titolo ufficiale di nipoti.

I rapporti fra il padre naturale e quello putativo erano quanto mai armoniosi. Giorgio della Croce era affettuoso con i piccoli Borgia e sempre più premuroso verso la moglie. Poiché con la nascita di Jofré erano cessati i rapporti intimi tra Rodrigo e Vannozza, Giorgio si ritenne autorizzato a comportarsi da marito a tutti gli effetti: così nacque Ottaviano.

Nonostante la nascita illegittima, Lucrezia seppe fin dall'infanzia di essere destinata a un futuro di grandezza. Nei suoi commentari il futuro Pio II, Enea Silvio Piccolomini, osservava che i prìncipi italiani erano quasi tutti nati fuori dal matrimonio. Quando Commynes, anni dopo, giunse in Italia, si stupì del gran numero di figli illegittimi appartenenti alle grandi famiglie, dei diritti che essi godevano e del fatto che legittimi e bastardi fossero trattati alla pari. I cosiddetti figli dell'amore non mancavano certo di genio: si pensi per esempio a Erasmo, che aveva per padre un prete di Rotterdam; o a Filippino Lippi, nato da una suora e da un monaco; a Leonardo da Vinci, figlio di un notaio e d'una contadina; a Pomponio Leto, generato da un principe di Sanseverino. Lucrezia aveva per compagni di gioco i figli di personaggi come i cardinali d'Estouteville e della Rovere, di Sisto IV o di Innocenzo VIII, soprannominato «il padre di Roma». Il suo abbigliamento era simile a quello delle donne adulte: vesti di seta imbottita, tuniche di broccato fermate da cinture ornate da pietre preziose, mantelli di velluto verde o rosa, con guarnizioni in taffetà di Alessandria, e stivaletti dorati. Ma i giochi che condivideva con il fratello Cesare – di volta in volta tenero o brutale, che le raccontava storie interminabili di cavalieri e crociate, in cui le razzie si intrecciavano agli eroismi sublimi – erano la moscacieca, gli astragali, le carte: lo *scartino*, con figure di dèi e di animali,[3] gli indovinelli che a seconda della risposta facevano precipitare nelle fiamme dell'inferno o in mezzo alle dolcezze dell'Eden.

Il passatempo più emozionante tuttavia era sempre il nascondino, che permettevano ai bambini di spaziare nell'intero palazzo, di intrufolarsi nelle sale di rappresentanza, di insinuarsi dietro gli arazzi o gli stipi carichi di vasellame d'oro e di coppe cesellate, o sotto i tavoli monumentali di marmo, sovraccarichi di antichità: mani, teste, piedi, lucerne a olio, un autentico guazzabuglio di oggetti ricavati dagli scavi sempre più frequenti, allora, nel sottosuolo di Roma e di Ostia.

Cinque anni prima, nel 1480, nei giardini del cardinale della Rovere vicino a Grottaferrata, era stato riportato alla luce l'Apollo del Belvedere, copia antica di un originale del IV secolo a. C. attribuito a Leòcare. La scoperta non avrebbe potuto suscitare più scalpore se avesse riguardato una sacra reliquia, ma per i ragazzi Borgia e i loro complici tali testimonianze di una civiltà diversa non rappresentavano nulla, e perciò essi non si facevano scrupolo di devastare le collezioni di famiglia, sfidando le inevitabili punizioni, poiché come dice il proverbio: «Buona femina e mala vuol bastone».[4] La sera tutti erano relegati nelle rispettive camere, vere e proprie ghiacciaie individuali. Infatti, nelle dimore patrizie le sale di rappresentanza erano riscaldate, o da giganteschi camini decorati da marmi che riproducevano a grandezza naturale figure accostate e intrecciate l'una nell'altra, o da bracieri in cui ardevano polveri odorose: ma le camere da letto, sebbene ornate da spessi tappeti di lana che ne attenuavano l'austerità, somigliavano quasi sempre a celle monacali. Né arazzi di soggetto mitologico, né cortinaggi di seta: Lucrezia e la sua governante avevano a disposizione due lettini stretti e due semplici tavolini. In un angolo, un grosso vaso di terraglia non smaltata, e infine – unica macchia di colore – un quadro della Madonna davanti al quale ardeva una lampada a olio, e dove ogni giorno, secondo le esortazioni del padre, la bambina diceva il rosario, prima di immergersi nel *Zardino delle orationi*.[5]

Se si esclude il quotidiano ludico e crudele, i figli del cardinale Borgia trovavano maggiori motivi di attrazione all'esterno del palazzo. Salendo su uno scranno potevano raggiungere la loggia, e da quella contemplare a occhi sgranati l'andirivieni di cavalieri, di dame in maschera, di carrozze dalle cortine accuratamente chiuse lanciate in corsa fragorosa, di cardinali montati su mule bianche dai finimenti d'argento; o addirittura, come avvenne nel febbraio 1487, la sfilata di cento mori in catene, che il re Ferdinando d'Aragona inviava in dono al papa. Per Cesare, Juan e Lucrezia l'esterno era *terra incognita*, tutta da scoprire: i vicoli stretti e scuri della città eterna, lordati da sozzure e detriti di ogni genere, soprattutto nella zona del Foro e del Campo Vaccino, dove, tra le colonne spezzate o semisepolte, i mendicanti venivano in tutta tranquillità a depositare i loro escrementi al riparo di una statua, mentre luridi monelli seminudi giocavano fra marmi, pietre e immondizie, i vaccari riconducevano le mandrie verso le stalle e i muratori spingevano carriole cariche di travertino. Sul monte Palatino (da Blatinus: il luogo dove muggiscono i buoi) si abbattevano a colpi di piccone gli antichi templi ancora invasi dalle capre, oppure si smembravano le statue a martellate per ricavarne calce. Solo l'Arco di Costantino, come per miracolo, restava in piedi fra le macerie. I più bei palazzi del Rinascimento erano quindi costruiti con materiali ricavati da Roma antica, mentre da Rodi arrivavano navi cariche di antichità a prezzi esorbitanti.

Castiglione constata che ai suoi tempi «sul terreno degli scavi, i furti si trasformano in onesti furtarelli». Alcuni secoli dopo, nel

Viaggio in Italia, anche Taine si sarebbe stupito: «Non si è più ripetuta un'epoca in cui la ruvidezza e la cultura fossero così mescolate, in cui nella stessa persona i modi dell'uomo di spada si accompagnassero al gusto dell'antiquario».

Numerosi pellegrini in abiti esotici cadevano vittime dei commercianti ambulanti e dei falsi preti che vantavano a gran voce i meriti dei loro tesori, profani o sacri: il piede di una statua di Diana o una spina della corona di Cristo. Il vero e il falso si mescolavano senza posa. Per esempio, proprio nell'aprile del 1485, accanto al chiostro di Santa Maria Nuova, vicino alla via Appia, era stato ritrovato il sarcofago di una giovane romana morta prima dell'era cristiana. L'aspetto della giovanetta – circa quindicenne, perfettamente conservata, con un incarnato quasi fresco, le labbra semiaperte su denti bianchissimi, le ciglia nere e i capelli raccolti in una rete ornata di gemme – suscitò un'impressione fortissima: in tutta Roma si gridò al miracolo. Per settimane intere i romani non ebbero occhi che per la morta giovanetta, subito proclamata figlia di Cicerone dalla voce popolare. Un corteo alla moda antica la trasportò sul Campidoglio, dove le folle vennero a visitarla in un vero e proprio pellegrinaggio. Per far cessare questo sussulto di paganesimo, Innocenzo VIII ordinò che la salma fosse inumata in segreto, in una località oltre la porta Pinciana. Ma l'immaginazione popolare non si placò neppure davanti al sarcofago vuoto. Quelli di casa Borgia non si sottrassero all'impressione generale, e nacquero innumerevoli leggende.

Il ritratto di Rodrigo, raffigurato nel fasto della porpora cardinalizia, aveva evidentemente il posto d'onore nel palazzo di Vannozza, e quando poi egli arrivava in carne e ossa, era un esplodere di gioia e di manifestazioni d'affetto. Tutti si inginocchiavano per baciargli la mano. Certo doveva essere forte la disparità fra quel gigante vestito di una tonaca di seta, con la croce d'oro sul petto, e la fragile bambinetta, traboccante di adorazione e devozione per un padre che con il suo splendore illuminava la loro dimora. Vannozza poteva permettersi di intrattenere nel fasto gli amici di famiglia, i più intimi confidenti del cardinale, fossero spagnoli oppure romani, come gli Orsini, i Porcari, i Barberini. A tavola i convitati vuotavano in gran quantità i boccali di vino di Malaga o di Alicante. Non dimentichiamo inoltre che la ricchezza di una casa si valutava in base al numero e alla bellezza delle serve di cui poteva disporre: spesso alcune di loro, musiciste o danzatrici, erano trattate più da amiche che da domestiche. Infatti non si poteva concepire una festa o un banchetto in cui mancassero gli arpeggi di chitarra, i sistri delle danze moresche, le note gutturali delle cantatrici esotiche, le acclamazioni, le risa, il tutto accompagnato dalle vibrazioni dei pesanti portali che ruotavano sui cardini, dai nitriti delle giumente, dai tintinnii degli anelli di bronzo, dai cigolii delle ruote, dal calpestìo degli zoccoli sull'acciottolato della via.

Lucrezia aveva sei anni quando morirono, a distanza di pochi giorni l'uno dall'altro, il marito di sua madre, Giorgio della Croce, e il loro figlio Ottaviano. Conoscendo il temperamento amoroso della sua ex amante e non volendo esporla alle tentazioni, il cardinale Borgia si accinse ancora una volta a maritare Vannozza.

I pretendenti alla mano della vedova non mancavano: per attirarne gli sguardi e le ambizioni Vannozza aveva tutto, patrimonio, posizione sociale, opulenta bellezza. Il principe consorte della *bella donna* del cardinale si assicurava una fonte di profitti non trascurabile, e per di più poteva contare su una sposa appassionata, incline ai giochi d'amore, genitrice di figli belli, vivaci e allegri come puttini. Fu grande la sorpresa in Vaticano quando si seppe che il cardinale Borgia – e si ammirò il suo buon gusto – aveva prescelto un letterato, circondato da una fama quanto mai lusinghiera che l'aveva seguito da Mantova, la città dalla quale si era trasferito a Roma. Era il mantovano Carlo Canale, colui che doveva iniziare Lucrezia alla poesia. All'epoca di cui parliamo il nuovo marito di Vannozza era rinomato per talento e dottrina nella raffinata cerchia dei Gonzaga, signori di Mantova. Camerlengo del cardinale Francesco Gonzaga, grande cultore delle lettere, nel 1474 aveva aiutato il giovane Agnolo Poliziano, allievo del filosofo neoplatonico Marsilio Ficino, a mettere in scena davanti alla corte il suo *Orfeo*, «la prima opera moderna» secondo il giudizio di Romain Rolland.[6] Dopo la morte del cardinale Gonzaga, Canale era venuto a Roma per mettersi al servizio del cardinale Sclafenati di Parma. Fedele alla famiglia del suo antico signore, si era adoperato con successo per procurare il galero al fratello minore di Francesco, Luigi Gonzaga.

Il contratto di matrimonio, seguito dalla benedizione delle nozze, fu stilato l'8 giugno 1486 davanti al notaio di casa Borgia, Camillo Beneimbene, ed ebbe a testimoni Francesco Maffei, segretario apostolico e canonico di San Pietro, Lorenzo Barberini de Catellinis, Giuliano Gallo, borghese romano, e vari altri signori di rango, in particolare Boccardo Barberini di Canarris. La dote di Vannozza era di mille fiorini d'oro; al suo consorte era attribuito l'ufficio di Sollecitatore delle Bolle, nell'aspettativa di una prossima nomina a segretario della Penitenzieria con la guardia della Torre di Nona.

L'unione portò un mutamento importante nella vita di Lucrezia, perché la famiglia abbandonò la casa di piazza Pizzo di Merlo per traslocare in piazza Branca. Due anni dopo nasceva un figlio, al quale fece da padrino Luigi Gonzaga. Difficile dire se Carlo Canale fosse marito di Vannozza a tutti gli effetti, e non un semplice prestanome. Le sue insegne erano ormai affiancate a quelle dei Borgia. Ai figliastri era affezionatissimo, soprattutto a Lucrezia, così promettente da farlo sentire un Pigmalione: si occupava dell'istruzione della giovanetta, le regalava libri di argomento religioso, illustrati con miniature dorate, azzurre e vermiglie.

Sotto la guida del patrigno umanista, Lucrezia studiò il greco sulla famosa grammatica di Costantino Lascaris. Canale guidò i suoi primi passi nella lingua di Omero e in quella di Virgilio. Ogni giorno, poi, si ripeteva la ginnastica mentale della recita di una favola o di un apologo: detti con il tono, la modulazione, la respirazione giusti, per esprimere l'armonia nel modo migliore; altrettanto avveniva per le melodie che la ragazzina traeva dalla viola. Canale era un pedagogo che cercava in tutti i modi di sollecitarne la mente e la curiosità, mettendola a parte delle sue stesse passioni: le mostrava un disegno a penna raffigurante una sagoma umana, gli schizzi architettonici in cui Filarete aveva delineato la città ideale, i progetti per il frontespizio di un opuscolo destinato ai pellegrini, libri di aritmetica e di astronomia; oppure le satire di Giovenale illustrate con disegni erotici, che da parte di Cesare, Juan e la stessa Lucrezia suscitavano domande alle quali il patrigno rispondeva senza la minima ipocrisia.

Si possono indovinare due ragioni per le quali Lucrezia si mostrava tanto desiderosa di imparare. La prima era l'ammirazione incondizionata per il padre, che, per legittimo orgoglio, la induceva a cercare di essere degna di lui per guadagnarsi il suo amore. La seconda era la lodevole ambizione a dedicarsi con il massimo zelo a non deludere il maestro. Di fronte a un'allieva così volenterosa, Carlo Canale, dotato di ottimo fiuto per scoprire i talenti nascosti, ebbe forse il presentimento che Lucrezia fosse destinata a essere amica e ispiratrice di poeti, come di fatto si verificò quando divenne duchessa di Ferrara.

Per quanto riguarda lo sviluppo fisico, la madre di Lucrezia lo seguiva con la massima attenzione: «Eccellente Signore» scriveva al cardinale «la vostra illustre figliuola sta bene, è un vero piacere vederla montare il suo cavallino nuovo, sia in sella, sia dietro il cavaliere». Lucrezia e i suoi fratelli praticavano anche il nuoto, ma solo nelle belle giornate, quando la famiglia fuggiva la canicola romana per andare in villeggiatura a Subiaco o in altre località alla periferia di Roma.

Nel quartiere della Suburra, a Santa Lucia in Selce, Vannozza possedeva una vasta casa, protetta da un grande parco disseminato di lillà e di glicini. Nei pressi dell'orto era stata costruita una vasca di marmo in cui i bambini potevano sguazzare a volontà. Il cardinale Borgia, in abito di cavaliere romano, compariva sempre all'improvviso. I due schiavi mori addetti a vigilare sui bambini, e i due ragazzi, dal colorito poco meno bronzeo, formavano un vivace contrasto con la fanciulla, vestita solo dei suoi capelli color di sole.

Lucrezia fece la prima uscita ufficiale il 17 dicembre 1487. Quel giorno la città era pavesata a festa in onore di Maddalena de' Medici, seconda figlia del signore di Firenze, Lorenzo, e di Clarice Orsini. Per prudenza il Magnifico aveva preferito restare nella propria città. Maddalena, quattordicenne, andava sposa al figlio di papa Innocenzo VIII. Il papa si era alleato con i fiorentini per trovare un sostegno nel contrasto che lo opponeva al re di Napoli Ferdinando, e per suggellare l'unione aveva offerto di maritare la figlia di Lorenzo a Franceschetto Cybo, un quarantenne che alla fanciulla adolescente sembrava un nonno: ma nel corredo di nozze del fidanzato il pontefice inseriva l'assicurazione di una brillante carriera ecclesiastica per Giovanni de' Medici, allora dodicenne.

Per celebrare il fidanzamento le strade erano ornate da striscioni colorati appesi da una finestra all'altra, ai balconi erano stesi drappi su cui erano ricamate o tessute le insegne medicee, e il percorso era cosparso di rami d'alloro. L'onore di ricevere la famiglia e il seguito della fidanzata toccò al vicecancelliere vaticano Rodrigo Borgia, che possedeva una dimora adeguata. Il suo palazzo, costruito secondo le sue direttive nel 1470, sorgeva tra ponte Sant'Angelo e Campo dei Fiori, e il cardinale stesso aveva fama di essere il più ricco del corpo cardinalizio. Come scriveva il cardinale Ascanio Sforza al fratello Ludovico il Moro: «Tutti sono convinti che abbia oro e ricchezze d'ogni genere in misura maggiore rispetto a ogni altro prelato, con l'eccezione del cardinale d'Estouteville».

Al termine di quel pomeriggio Lucrezia e i suoi fratelli andarono dunque a trovare il loro padre, che secondo le sue abitudini li accolse con fierezza, felice di mostrare i propri figli ai grandi di questo mondo. Una soddisfazione estetica che Innocenzo VIII non era certo in grado di ottenere dalla sua progenie; e ancor meno che dagli altri figli, dallo sposo di Maddalena, simile com'era a un bovaro nella fisionomia e a un carrettiere nel modo di esprimersi.

Per la cerimonia della presentazione dei due promessi, nell'immenso vestibolo quadrato il vicecancelliere aveva fatto disporre delle pedane, che in parte nascondevano quattro arazzi di argomento religioso. Sulle pedane avevano trovato posto l'aristocrazia, la Chiesa e l'élite intellettuale della città. Ben presto si udirono scalpitare i cavalli del corteo mediceo, e al chiarore delle torce resinose crepitanti sotto la gelida acquerugiola invernale, Lucrezia vide apparire una donna superba, imbacuccata in una cappa di seta imbottita, e con un portamento che ne esaltava la maestà. Era Clarice, moglie di Lorenzo il Magnifico, che si inchinò a baciare la mano ornata dall'anello cardinalizio, simbolo del potere; poi presentò a Rodrigo la figlia Maddalena, che gli rivolse il medesimo omaggio. A sua volta il fidanzato si inginocchiò, prima davanti alla futura suocera, quindi davanti alla promessa. Il contrasto fra la giovinetta aggraziata e l'uomo appassito era evidente agli occhi di tutti. Ma poiché tutti gli eventi, tristi o lieti, sono comunque destinati a concludersi a tavola, subito dopo ebbe inizio il banchetto. Cominciava così, d'altronde, anche uno scambio di favori: pochi mesi dopo il papa concedeva la porpora al secondogenito di Lorenzo de' Medici.

L'indomani vi fu in Vaticano la cerimonia religiosa, in una cornice dal lusso quasi orientale. Era la prima volta che vi si celebrava lo sposalizio del figlio riconosciuto di un pontefice. Anni dopo le nipoti di Innocenzo VIII avrebbero avuto lo stesso onore. Fra Maddalena de' Medici e la figlia del cardinale Borgia quel giorno nacque un'amicizia, quale si sarebbe potuta creare tra due sorelle di età diversa. La giovane fiorentina rappresentò per Lucrezia un modello di perseveranza e di coraggio. Benché giovanissima, Maddalena fece il possibile per ricondurre il marito a una regolarità di vita: Franceschetto era un nottambulo, noto per le sue scorribande notturne e le gozzoviglie alle quali si abbandonava insieme a una compagnia di amici; in quelle occasioni attaccava briga con i borghesi e terrorizzava le donne, quando non arrivava a rapirle. Per un certo periodo tuttavia sembrò che Maddalena fosse riuscita ad avere sul marito un influsso benefico, grazie alle sue doti di amabile assennatezza, di fascino e di bontà innata. Ma durò poco. Due anni dopo, la nascita di una figlia lasciò indifferente Franceschetto; di nuovo non si parlava d'altro che dei suoi debiti di gioco, del commercio delle indulgenze al quale ricorreva per riuscire a pagarli, delle tariffe di impunità che aveva fissato per gli assassinii. Bastavano 150 ducati per potersi sbarazzare di un nemico senz'avere il minimo fastidio. Insomma, Franceschetto aveva l'unico merito di essere il figlio amatissimo del Santo padre.

Lucrezia si affezionò a Maddalena, un'eroina della vita quotidiana, capace, giovanissima com'era, di conservare il sorriso sotto i feroci colpi del destino: la morte di Lorenzo, le contrarietà di una difficile successione. Senza saperlo, dal canto suo Lucrezia si preparava ad affrontare un'esistenza che si annunciava tormentata, in una famiglia ben lontana dal consueto. Durante l'anno 1488, Maddalena le fece leggere certi versi di Lorenzo che si riferivano alla precarietà del nostro passaggio sulla terra:

> Quant'è bella giovinezza, che si fugge tuttavia,
> Chi vuol esser lieto sia, di doman non v'è certezza...
>
> ...Ogni cosa è fugace e poco dura
> Tanto fortuna al mondo è mal costante
> Solo sta ferma e sempre dura morte...

Carlo Canale non era stupito di vedere quanto la presenza di Maddalena de' Medici contribuisse a far sbocciare le doti della figliastra: si trattava pur sempre di un'allieva del Poliziano, il suo protetto di Mantova. Perciò comunicò al cardinale Borgia la felice evenienza, sollecitandolo ad affidare l'educazione di Lucrezia alla cugina, Adriana Orsini,[7] che del resto era zia di Maddalena. Il consiglio del patrigno di Lucrezia, che avrebbe allontanato l'adolescente dalla madre, potrà stupire: ma si pensi che si trattava di assicurarle l'iniziazione alla vita intellettuale e alla società di prìncipi in cui Lucrezia era destinata a vivere.

Adriana era figlia di don Pedro, cugino germano di Rodrigo Borgia e nipote del papa Callisto III; intorno al 1472 aveva sposato Ludovico Orsini, signore di Bassanello. Il matrimonio l'aveva introdotta in una delle famiglie più antiche di Roma, aprendole le porte dei molti palazzi Orsini, fra gli altri quello di Monte Giordano, presso il ponte Sant'Angelo. Rimasta vedova con un figlio, di nome Orso, Adriana continuava a godere di una reputazione eccellente presso i contemporanei.[8]

In Adriana il cardinale Borgia trovò una parente affezionata, una confidente alla quale rivelare debolezze, progetti, intrighi; una donna di testa, che già viveva praticando il motto di Commynes (le cui *Mémoires* uscirono più tardi, nel 1491): «Dov'è il vantaggio, là è l'onore», e grazie alla sua ambizione arrivò a diventare una sorta di eminenza grigia del Vaticano, a ricevere i più grandi finanzieri dell'epoca e i più illustri aristocratici di passaggio, oltre alla curia intera.

Nel palazzo Orsini si usava parlare latino piuttosto che italiano. Lucrezia, che vi abitava, non si dava pensiero né d'intrighi né di politica, non sapendo di essere destinata a diventare una carta preziosa nel gioco del padre: ma di fatto, grazie ad Adriana ricevette l'istruzione più avanzata, imparò le lingue dell'antichità, e inoltre spagnolo, musica, canto, disegno e, beninteso, i lavori d'ago. «Assicuratevi innanzitutto di aver qualcosa da dire», ripeteva Adriana. «Poi esprimetelo con semplicità e franchezza, evitando le ricercatezze. Voglio che impariate a pensare e non a spaccare il capello in quattro».[9] L'istruzione religiosa fu invece impartita a Lucrezia nel convento di San Sisto sulla via Appia, uno dei pochissimi che godesse di una reputazione immacolata.

Lucrezia aveva una mente piena di curiosità, sapeva esprimere un garbato complimento in latino, recitare le egloghe di Petrarca, cantare accompagnandosi al liuto e danzare le figure più complesse. La zia la circondava di una sollecitudine in cui c'era più attenzione che affetto. Ma poiché era figlia di un cardinale potentissimo, tutta la Roma che contava la teneva in grande considerazione, trattandola come una principessa legittima. Le sue amiche, Battistina e Peretta Usodimare, nipoti di Innocenzo VIII, avevano come lei un rango pari a quello delle figlie dell'aristocrazia.

Nella mentalità degli uomini e delle donne del Rinascimento, che si ritenevano eredi del pensiero e della filosofia greci, l'illegittimità della nascita, anziché una tara, era un dono degli dèi, soprattutto se accompagnata dalla bellezza. E Lucrezia diventava ogni giorno più bella: dal padre aveva ereditato il carattere gioviale, ma per il resto non gli somigliava affatto. Bionda quanto Rodrigo era bruno, aggraziata quanto lui era massiccio: i suoi occhi erano laghi verdeazzurri, ancora non sfiorati da nessuna burrasca, mentre gli occhi del padre erano due soli neri.

Nel 1488 Adriana fidanzò il figlio con Giulia Farnese, figlia di una sua cugina, imparentata con gli Orsini. Orso, che beninteso non era stato affatto consultato, attendeva impaziente con Lucrezia la sposa che gli era destinata.

La famiglia Farnese risaliva al XII secolo, e dal castello di Farneto, nei pressi di Orvieto, regnava sui suoi possedimenti nei dintorni di Bolsena. Terre fertili, che tuttavia non consentivano grandi lussi: e perciò nel castello di Capodimonte i Farnese conducevano una vita quotidiana semplice, anzi spartana, illuminata dal ricordo illustre di

Ranuccio Farnese, che dal 1431 al 1447 era stato uno dei generali più abili di papa Eugenio IV. Morendo, Pier Luigi Farnese aveva lasciato alla vedova quattro figli: Angelo, il maggiore, che aveva scelto la carriera militare, il secondogenito Alessandro, destinato alla Chiesa, Girolama sposata a un Pucci di Firenze, e Giulia, da poco proficuamente accasata nel clan degli Orsini.

I quattro fratelli e sorelle erano dotati di fascino, intelligenza e abilità, ma la minore era destinata a imprimere uno slancio prodigioso alla sua disagiata famiglia. All'epoca Giulia aveva quattordici anni ed era arrivata in pratica alla statura di adulta: il viso era ancora infantile, ma lo splendore dello sguardo, la bocca e i capelli emanavano una sensualità intensa. Arrivando a palazzo Orsini dovette sottoporsi alla *traductio*, ossia la cerimonia ufficiale dell'ingresso nella dimora del fidanzato, durante la quale la promessa sposa era autorizzata a baciare il futuro marito.

Dopo questa giornata tutta Roma guardò Giulia con gli occhi di Orso, o meglio l'occhio, poiché l'infelice era orbo. I romani la soprannominarono *La Bella*. Per Lucrezia l'arrivo della cugina fu una rivelazione: nelle due fanciulle si incontravano due civiltà, quella nata in seno al mondo sofisticato e crudele del Rinascimento, e l'altra, maturata in una regione di laghi e di vulcani spenti, dove predominavano i vigneti e la pesca. Giulia, l'ondina, pescava con le sue reti le anguille[10] del lago di Bolsena, accompagnava i fratelli durante i giri di ispezione nelle proprietà di famiglia. Lucrezia aveva scoperto una sorella del cuore, come Maddalena de' Medici; Giulia aveva però il vantaggio di vivere sotto il suo stesso tetto. Così, la partenza di Cesare per l'università di Perugia, che avrebbe potuto addolorarla, la lasciò quasi indifferente, come del resto la morte del fratellastro Pedro Luís, duca di Gandía, fidanzato a una nipote del re di Spagna. L'assenza di Cesare le sembrò addirittura un sollievo: il fratello aveva ormai quattordici anni, e, pur facendo carriera nella gerarchia ecclesiastica, si sentiva sempre meno portato a proseguirla. Nonostante gli onori e i benefici, Cesare era divorato dal rancore, e per colmo di disgrazia, fu Juan ad essere designato a succedere nel titolo al primo duca di Gandía.

Alla fine dell'inverno 1489, un evento dei più straordinari veniva a coronare la diplomazia del Vaticano. La sera del 13 marzo Giulia, Orso, Lucrezia, Adriana e Vannozza assistevano all'arrivo di Gem Sultan,[11] atteso da settimane: il basso clero lo vedeva destinato all'inferno, mentre per l'alto clero era un pegno prezioso; nelle favole delle balie era un orco, e per le cortigiane un cliente esotico.

Gem non avrebbe mai potuto avere una vita pacifica: era infatti figlio di una principessa serba, cristiana, e di un padre che era nientemeno il celebre conquistatore di Costantinopoli, Mehmed (ovvero Maometto) II. Alla morte di questi aveva cercato invano di impadronirsi del potere, e alla fine si era rifugiato a Rodi, chiedendo asilo al Gran maestro dell'Ordine di San Giovanni di Gerusalemme, Pierre d'Aubusson. Questi lo aveva dapprima accolto come ospite, ma poi se ne era servito come di un prigioniero, un oggetto di scambio quanto mai lucrativo nei suoi commerci con il fratello di Gem, il sultano Bayazid. In cambio della promessa di non restituire mai più la libertà a Gem, l'Ordine ottenne da Bayazid non solo 45.000 ducati l'anno a titolo di spese per il mantenimento del principe, ma soprattutto l'impegno a cessare ogni ostilità nei confronti dell'Ordine stesso. Gem, però, temeva molto le iniziative del fratello maggiore, e quindi non chiedeva altro che starsene il più lontano possibile dalla Turchia. Da principio Pierre d'Aubusson lo mandò in Alvernia, presso una commenda dell'Ordine, dove Gem rimase sette anni, dal 1482 al 1489. Può darsi che a Carlo VIII e a Gem venisse il desiderio di incontrarsi, ma i cavalieri di San Giovanni riuscirono a far credere a entrambi che l'uno nutrisse per l'altro soltanto odio. Al punto che alla fine fu la Santa sede a ricavare il maggior vantaggio da tutta la faccenda, perché disponeva di tutte le carte più vantaggiose: in particolare, il galero per Pierre d'Aubusson. Così il carceriere di Gem, Guy de Blanchefort, priore d'Alvernia e nipote del Gran maestro, lo consegnò a Niccolò Cybo, plenipotenziario di Innocenzo VIII, e al cardinale La Balue.[12] I due ecclesiastici lo accompagnarono via mare fino a Ostia: dal porto la comitiva risalì il Tevere su una galea, sbarcando nei pressi di Porta Portese.

Una folla brulicante accompagnò l'insolita processione fino a castel Sant'Angelo, dove il cerimoniale riprese il sopravvento. Si riformò il corteo, che attraverso anguste viuzze giunse fino al Vaticano: qui le alte sfere laiche e religiose attendevano l'incontro fra il capo della cristianità e l'infedele. Lucrezia aveva piena coscienza della bizzarria della situazione, grazie all'istruzione ricevuta dalle suore di San Sisto, che la tenevano al corrente di tutti gli alti e bassi della Chiesa. Trentasei anni prima Costantinopoli, abbandonata dall'Occidente, aveva capitolato, assalita per l'appunto dal padre del principe ormai ridotto in cattività, e ospite del Santo padre. Dalla loggia del Vaticano, accanto alla zia Adriana e a Giulia, Lucrezia vide avvicinarsi il curioso corteo, alla testa del quale procedeva Domenico Doria; lo seguivano i gentiluomini francesi, gli scudieri del papa, i senatori di Roma, il cerimoniere Burcardo, poi Gem, che sarebbe stato ribattezzato Zizim dai romani, e quel giorno aveva alla sua destra Franceschetto Cybo, il figlio del papa, e Guy de Blanchefort a sinistra. Davanti al portone di San Pietro, l'ambasciatore del sultano d'Egitto, accompagnato da una decina di cavalieri, si fece avanti per presentare al principe le sue dichiarazioni di fedeltà, di gran lunga più magniloquenti di quelle che si usavano nei confronti del sommo pontefice. Quindi Zizim entrò negli appartamenti che il protocollo gli aveva assegnato in Vaticano, in attesa di essere presentato al papa il giorno successivo.

Il 14 marzo 1489 i cardinali del Sacro collegio e i loro familiari assistettero alla presentazione ufficiale, tutti impressionati dall'alta statura e dalla bella fisionomia del principe turco, molto somigliante al padre come l'aveva ritratto il Bellini, ma con sopracciglia folte che lo incupivano, e l'ulteriore singolarità di un paio d'occhi celesti, uno dei quali, semichiuso, era strabico.

Lucrezia aveva sentito spesso parlare di Gem, della sua prigionia dorata e della sua ghiottoneria. Il Mantegna, in quel periodo intento ad affrescare la nuova cappella del Belvedere (un'opera che abbandonò sei mesi dopo, scorato per l'indifferenza e la spilorceria di Innocenzo VIII), le raccontò: «Mangia cinque volte al giorno, beve molto e tra un pasto e l'altro dorme». Ma questa fase di ghiottoneria sonnolenta non era destinata a durare: da quell'anno in poi Gem sarebbe diventato a Roma l'uomo alla moda, ricercato da tutti e soprattutto dai figli del cardinale Borgia.

Nello stesso periodo, intanto, nel palazzo del vicecancelliere si svolse un'altra cerimonia: le nozze di Giulia Farnese e Orso Orsini, due giorni di festeggiamenti, il primo dei quali era dedicato agli uomini di legge e alla firma del contratto nuziale, stilato dal notaio Camillo Beneimbene, alla presenza del padrone di casa e della sua famiglia, con il vescovo di Segovia Martini, due canonici spagnoli, Garetto e Carenza, e un nobile romano, Giovanni Astalli, come testimoni. La famiglia Farnese era rappresentata dallo zio della sposa, don Niccolò Caetani, e dal protonotaio Giacomo. La dote di Giulia si rivelò peraltro più cospicua del previsto: 9500 ducati. Come spesso accadeva in quell'epoca, il parentado, accorgendosi che uno della famiglia faceva un matrimonio redditizio, non solo non badava a spese, ma anzi, puntava sull'avvenire.

Il secondo giorno, nel quale ebbero luogo gli sponsali, il fasto della cerimonia superò ogni aspettativa. Rodrigo attese l'arrivo del corteo sulla soglia del palazzo, con accanto i figli – tranne Cesare, impegnato negli studi – e tenendo per mano Orso. Spettava infatti al capo della famiglia Borgia di accogliere Adriana e Giulia. La sposa, nella veste di un bianco immacolato disseminata di gemme, scese dalla giumenta e si inginocchiò per baciare l'anello vescovile. Rodrigo la fece alzare e le porse la mano di Orso, guidando la processione degli invitati verso la «sala delle Stelle», sul cui soffitto era raffigurato un cielo notturno. Qui Juan Borgia benedisse le nozze, e poi i tre figli del cardinale Rodrigo precedettero i convitati nelle sale da ricevimento dove si trovavano le tavole del banchetto. Le pareti erano ornate di arazzi che riproducevano il celebre *Traité de chasse* di Gaston de Foix, divenuto quasi un eroe leggendario, dalla chioma bionda che ricordava quella di una cometa, e che era perciò detto Gastone Febo. Il banchetto nuziale fu, come si conviene, interminabile, ma per fortuna rallegrato da intermezzi: Lucrezia recitò un poema sulle sventure di Orfeo; sulle tavole, tra i vassoi di maiale dorato, pavone arrosto e piccioni confettati, si aggiravano prestigiatori, mimi, giocolieri. Il quindicesimo e ultimo servito era accompagnato da una forma di spettacolo più ricercato e assai bizzarro, detto «il cavaliere e la gatta»:[13] si trattava di rinchiudere in una gabbia un uomo e una gatta; l'uomo, nudo fino alla vita, doveva aizzare e far infuriare l'animale, e poi ucciderla senza servirsi né delle mani né dei denti. S'intende che il divertimento del pubblico era tanto maggiore quanto più il cavaliere usciva malconcio dal duello.

L'ingresso dei nani segnò la fine del banchetto, secondo l'uso. La tavola, sgomberata di cristalli, maioliche e ori, diventava il palco più sontuoso per accogliere i lazzi dei buffoni, che vestendo panni di cortigiani, condottieri, prelati, strigliavano allegramente la buona società. Il loro specchio deformante non disturbava nessuno, tanto il loro spirito era sottile e divertente. «Sarebbero capaci di far ridere i santi e gli angeli del paradiso, e davanti a loro perfino Cerbero nel suo inferno si dimenticherebbe di abbaiare» riferisce Guido Torelli.

Non deve affatto stupire che il cardinale Borgia ospitasse nel proprio palazzo la cugina per celebrarvi le nozze del figlio di lei. Il suo senso della famiglia non può essere messo in dubbio; Rodrigo aveva semmai la gioia ingenua di mettere in mostra i figli, i nipoti, la propria ricchezza, e soprattutto aveva quel gusto delle feste che la figlia avrebbe ereditato, coltivandolo più tardi a Ferrara.

In quella fine d'anno tutto sembrava sorridere a Lucrezia, non meno che a suo padre. Il Rinascimento prendeva lo slancio; così Guicciardini, nonostante il suo innato pessimismo, ricorda lo stato di grazia di quegli anni: «Perché manifesto è che (da poi che l'impero romano, disordinato principalmente per la mutazione degli antichi costumi, cominciò, già sono più di mille anni, di quella grandezza a declinare, alla quale con maravigliosa virtù e fortuna era salito) non aveva giammai sentito Italia tanta prosperità, né provato stato tanto desiderabile, quanto era quello, nel quale sicuramente si riposava l'anno 1490, e gli anni che a quello e prima e poi furono congiunti».[14]

III
UNA EDUCAZIONE PAGANA E CRISTIANA

La bellezza di Lucrezia, benché lontana dai canoni dell'epoca, che esaltavano le dee prosperose, si venne rivelando nel corso dell'adolescenza: era la bellezza piena di promesse di una donna bambina. Certi autori le hanno attribuito una capacità di seduzione fatale e provocante, ma i ritratti eseguiti dai contemporanei, come Pinturicchio e Bartolomeo Veneto, o le medaglie su cui compare la sua effigie, non solo rivelano un tipo di avvenenza ben diverso da quello esaltato dai contemporanei, ma anche una certa fragilità, che ancor oggi suscita tenerezza.

Il viso, ovale e armonioso, è espressivo e tenero, i grandi occhi chiari colpiscono per la luce interna che li anima, il naso minuto e diritto si stacca dal piccolo incavo del labbro superiore e dalla lieve sporgenza del labbro inferiore; dal collo slanciato sboccia un mento ancora rotondo. Dal «candidissimo» insieme emana una casta grazia, ravvivata dall'aureola dorata dei capelli biondi. L'aspetto pudico e fiero indica un'anima avida di amare e di soffrire: sensibile e appassionata, Lucrezia sembra aspettarsi tutto dalla vita.

Mentre Lucrezia usciva pian piano dalla crisalide, il cardinale Rodrigo suo padre si rendeva conto che per arrivare alla tiara avrebbe dovuto appoggiarsi ai compatrioti spagnoli, mentre non avrebbe potuto affatto contare sugli italiani. Quindi, ogni giorno di più si circondava di guardie e segretari di origine iberica, tanto più devoti in quanto egli era l'arbitro assoluto della loro fortuna. Rodrigo era allora uno dei prelati più facoltosi della Chiesa. Così lo descrive Jacopo da Volterra:

> È un uomo il cui ingegno è capace di tutto e di una grande intelligenza; parla abilmente e nei suoi discorsi sa valersi molto bene di conoscenze letterarie mediocri; conduce gli affari con una maestria meravigliosa. È ricchissi-

mo e la protezione di diversi re e prìncipi gli dà lustro. Abita in un bel palazzo che ha fatto costruire tra ponte Sant'Angelo e Campo de' Fiori. Ricava immense rendite dalle sue funzioni ecclesiastiche, da diverse abbazie che possiede in Italia e dai tre vescovati di Valenza, Porto e Cartagine; la sola carica di vicecancelliere gli frutta ottomila fiorini d'oro l'anno. La quantità di vasellame d'argento, di perle, di stoffe ricamate d'oro e di seta, e di libri scientifici di ogni genere che egli possiede è notevole, e di un lusso degno di un re o di un papa.[1]

Rodrigo voleva che i suoi figli avessero successo, non solo perché li amava, ma perché in essi vedeva altrettanti strumenti di potere e carte vantaggiose da giocare in politica. Cominciò quindi a interessarsi ai giovani rampolli di illustri famiglie valenziane che potessero essere degni di imparentarsi con lui. Mentre Lucrezia proseguiva gli studi di greco e di filosofia, e Giulia Farnese le insegnava a intrecciare i lunghi capelli e a truccarsi le guance delicate, il padre cercava tra le grandi famiglie della sua terra natale quella con cui avrebbe potuto intessere proficui legami usando la figlia come pedina di scambio. Fu allora che un nobile di Valenza, il conte d'Oliva, gli propose il fratello minore, signore di Val d'Ayora, con l'incantevole nome di Cherubino de Centelles. Un quindicenne, che ancora non era mai uscito dalla Spagna e non era stato mai visto da nessun abitante di Roma, come del resto il conte d'Oliva non aveva mai incontrato Lucrezia, della quale gli avevano soltanto parlato i messi del cardinale. Ma le due famiglie trovavano l'unione così vantaggiosa che gli accordi in vista del fidanzamento furono presto conclusi. Il contratto di matrimonio, stilato nel dialetto di Valenza, porta la data del 26 febbraio 1491, e indica la fidanzata in questi termini: «*Señora doña* Lucrecia de Borgia, donzella, al presente abitante a Roma, figlia carnale del suddetto reverendissimo cardinale». Nell'atto si precisava l'importo della dote: 100.000 *timbres*, o soldi, di Valenza, in contanti e gioielli, e 11.000 soldi che dovevano essere versati dal fratellastro di Lucrezia Pedro Luís, primo duca di Gandía, il figlio avuto dal cardinale Rodrigo prima di conoscere Vannozza. Essendo considerata ancora troppo giovane – Lucrezia doveva compiere undici anni due mesi dopo – la fidanzata avrebbe dovuto essere condotta in Spagna solo due anni più tardi, e il matrimonio sarebbe stato celebrato e consumato dopo altri sei mesi, in modo da «arrivare così alla ragionevole età di tredici anni».

Ma nello stesso periodo in cui si stipulava questo accordo matrimoniale, un altro candidato si era fatto avanti: Gaspare da Procida, un ricco spagnolo con notevoli possedimenti terrieri in Italia, e perciò un fidanzato più soddisfacente agli occhi del cardinal Rodrigo, che aveva sempre maggiori pretese a mano a mano che si accresceva il suo patrimonio.

Gaspare, il secondo pretendente, era figlio di don Giovanni da Procida, conte di Aversa; un personaggio di rango, legato alla casa d'Aragona. Le sue cospicue ricchezze si trovavano nel regno di Napoli, e quindi più vicine a Roma, e soprattutto più facilmente controllabili. Tant'è vero che il 30 aprile il cardinale Rodrigo dette un banchetto nel suo palazzo per consacrare il nuovo fidanzamento di Lucrezia, due volte promessa.

Gli atti dai quali risulta questo aggrovigliarsi di progetti matrimoniali sono custoditi negli archivi dell'ospedale Ad Sancta Sanctorum. Vi si legge come il «padre carnale» si impegni nello stesso momento a mandare la figlia in Spagna, a proprie spese, e a darla in sposa a due fidanzati. Non sappiamo come sia riuscito, alla fine, a rompere il contratto con i Centelles: questi ultimi, che a quanto sembra l'avevano presa bene, meno di due anni dopo ebbero la loro ricompensa; infatti, salito Rodrigo al trono di Pietro con il nome di Alessandro VI, troviamo un Guglielmo de Centelles protonotaio e tesoriere di Perugia. Invece la rottura con la famiglia d'Aversa fu un affare più spinoso. Se è vero che nell'arco di neppure tre mesi Lucrezia era stata fidanzata una prima volta e poi una seconda, con la prospettiva di sfidanzarsi di nuovo, senza peraltro esser mai stata consultata, è anche vero che non ebbe d'altronde mai un solo incontro con Gaspare da Procida, di cui si diceva che fosse bellissimo. Lucrezia era abituata a inchinarsi alla volontà del padre e di Adriana, e si sottometteva come aveva visto sottomettersi Maddalena de' Medici, e poi il cugino Orso e la cugina Giulia. Nelle famiglie principesche i matrimoni erano stabiliti fin dalla culla, come osserva nelle sue memorie Lorenzo il Magnifico, con un succinto accenno: «Presi in moglie donna Clarice, o piuttosto, ella mi fu data». Lucrezia non si perdette d'animo di fronte a una prospettiva ignota: non cedeva all'angoscia, anzi neppure alla malinconia, tanto più che Roma era in festa.

Infatti nella primavera del 1492 Ferrandino, principe di Capua, si presentò al papa recando la promessa del nonno, il re Ferdinando di Napoli, di corrispondere al Vaticano il tributo annuale pattuito: 36.000 ducati, 20.000 cavalieri e cinque triremi. Per coronare il ritorno alla concordia, Luigi d'Aragona, altro nipote di Ferdinando, sposava Battistina Usodimare, nipote di Innocenzo VIII, nata da Teodorina Cybo e da Gherardo Usodimare. Sua Santità benedisse gli sponsali alla presenza di nobili e cardinali. Nessuno menava scandalo di queste nozze nell'ambito della famiglia papale, sebbene Burcardo trovasse sconveniente che al banchetto seguito alla cerimonia il papa ammettesse alla propria tavola il «gentil sesso»: il protocollo infatti avrebbe escluso ogni presenza femminile da pranzi o cene ai quali partecipasse il Santo padre. Il gran cerimoniere vaticano, trapiantato dalla sua Strasburgo nel cuore di un paese mediterraneo, non riusciva a capire la forsennata smania di godimenti che allora caratterizzava i prìncipi della Chiesa.

Sulla tavola del festino, in mezzo a una vera e propria arca di Noè – cicogne, gru, fagiani, storioni, anguille – si pavoneggiava Amore, un bambino nudo, dorato, con un paio d'ali, che spruzzava i convitati con l'acqua di un bacile d'argento. Fra una portata e l'altra compariva Orfeo che pizzicava la sua lira, mentre la sala era attraversata dal carro di Cerere, tirato da tigri, e Perseo liberava Andromeda. A ogni intermezzo questi personaggi dell'antichità classica declamavano versi infiorati da frequenti allusioni ai novelli sposi.

Dei personaggi mitologici Lucrezia sapeva tutto. Nel palazzo di suo padre avevano trovato asilo molti greci, fra i quali la regina di Cipro e di Gerusalemme, Caterina Cornaro, una protetta del cardinale Borgia. Lucrezia si era entusiasmata per la vedova dell'eroico Giacomo da Lusignano, costretto due anni prima a cedere il proprio regno alla repubblica di Venezia. La coraggiosa principessa trentasettenne, «alla quale le parole escono di bocca come un torrente, secondo l'abitudine dei greci», come osservava Innocenzo VIII, teneva corte a Roma, e si era affezionata a Lucrezia, che appariva ai suoi occhi dotata di un'eccellente educazione unita alla più rara eloquenza, e di una bellezza non comune che si accompagnava alla modestia. Su sua richiesta, Lucrezia recitò in pubblico alcuni versi delle *Bucoliche*, smentendo il detto dell'Italia medievale: «Da mula che raglia e da femmina che parla latino, liberaci o Signore». Per sua fortuna invece Lucrezia era stata iniziata agli autori greci e latini da Pomponio Leto,[2] filosofo innamorato dei classici antichi (le sue opere sarebbero state pubblicate nel 1521) che godeva del favore del cardinale Borgia. Lucrezia lo aveva sentito parlare a casa del padre e della zia Adriana.

Era nato un rapporto di affinità fra l'umanista omosessuale, figlio naturale di un principe di San Severino, e la figlia del cardinale Borgia, ancora nella fase androgina, ma già in un'età in cui i suoi talenti cominciavano a sbocciare. Nei secoli XV e XVI le ragazzine, dai dieci anni in poi, venivano a sedersi sui banchi dei corsi pubblici di studi.

Mentre nel Medioevo le fanciulle erano votate ai santi, in epoca rinascimentale erano consacrate alle Muse. Dal settimo anno in poi, fanciulle e fanciulli di talento, fianco a fianco, si disputavano la palma del sapere. Nel suo *De plurimis claris selectisque mulieribus*, Giacomo Foresta (Giacomo da Bergamo, 1497) parla con fervore della *Virago*: un epiteto lusinghiero che si applica alla gentildonna o alla damigella dotate di intelligenza, di erudizione e di un'istruzione classica; quando poi a simili attributi si aggiunge la grazia esteriore, il culto che esse meritano diventa ancor più zelante.

Sebbene brutto e balbuziente, Pomponio Leto aveva un fascino magnetico, e riusciva a far condividere agli ascoltatori la sua passione per i racconti e le favole: quando commentava il *Narciso* di Ovidio[3] si trasformava in tutta la persona, gli scintillavano gli occhi, e la sua eloquenza acquistava un'irresistibile forza trascinante, che faceva scoppiare in lacrime le sue allieve. Era un ometto bruttino, calvo, malvestito, che riusciva a rendere interessanti gli argomenti più aridi; il suo spirito vivace e caustico, le frequenti allusioni ai fatti e ai personaggi contemporanei gli attiravano un pubblico vivace e variegato. Giovani e vecchi lo ascoltavano con rispetto e Lucrezia si legò a lui con un affetto inalterabile. Il cardinale Borgia seguiva con la massima attenzione gli studi della figlia, le imponeva di scrivergli nella lingua nobile degli antichi e di commentare le epistole di Cicerone, e arrivò a inviarle una sorta di attestato di benemerenza: «La tua lettera mi ha colmato di gioia, perché a un'età così tenera, scrivi in latino con purezza ed eleganza».

In un ambito piuttosto profano, il nome di Pomponio Leto è legato indissolubilmente a quello di Plauto, del quale egli allestiva le opere, in veste di regista, nei palazzi dei cardinali o dell'aristocrazia romana. La corte interna del palazzo Borgia, ornata da colonne antiche, si prestava in modo particolare a servire da sfondo. Lucrezia si divertiva molto alle rappresentazioni di Plauto, autore di una commedia umana dallo stile ricco, vivido, popolare, che senza cadere nella trivialità esprimeva le idee delle persone più semplici.

Questo genere di situazioni le erano divenute familiari attraverso la lettura del Boccaccio, raccomandato dai precettori «pur non essendo in versi»: agli albori del XVI secolo giovanetti e giovanette leggevano i racconti licenziosi del *Decamerone*. Nessuno ignorava che i comandamenti di Dio erano praticati in strane maniere; per esempio si riteneva che là dove il Decalogo imponeva alla «creatura di carne» di contrarre un solo matrimonio, intendesse suggerire di scegliersi come amanti soltanto le persone già sposate. Senza dubbio l'amoralità regnava, ma per Lucrezia adolescente la distanza fra le letture e la pratica rimaneva molto grande. E poi, per temperare la licenziosità di certi autori, restavano Aristotele, Tito Livio, Sallustio, Tucidide, Senofonte, Erodoto, o ancora lo studio dell'arte dei suoni: «La musica penso» diceva Castiglione «che insieme con molte altre vanità sia alle donne convenientesi [...] & ricordarò quanto sempre appresso gli antichi sia stata celebrata, & tenuta per cosa sacra [...]».[4] Durante il Rinascimento si credeva che la musica fosse d'aiuto alla contemplazione; dal canto suo, Lucrezia suonava la cetra, il liuto e l'arpa. Quest'ultima era allora uno strumento molto piccolo, che si teneva appeso al collo con un cordone e una nappina di seta, e permetteva alla suonatrice di compiere gesti molto aggraziati, come si vede nel dipinto di Domenico Bartoli a Siena.

Lucrezia non era affatto una bambina prodigio, ma l'istruzione che le veniva impartita la preparava ad assumere un ruolo di grande importanza. In una società così raffinata, la conversazione rimaneva un passatempo essenziale, dove brillava soprattutto l'intelligenza femminile, più duttile, più attenta, più aerea, talvolta meno meticolosamente esatta di quella maschile. Alle donne si richiedeva una cultura almeno brillante, se non solida. Nel *Cortegiano*, Castiglione scrive: «...Voglio che questa Donna abbia notizia di lettere, di musica, di pittura: & sappia danzar & festeggiare: accompagnando con quella discreta modestia & col dar buona opinione di sé [...]».[5]

Tanta scienza non intralciava affatto l'istruzione religiosa. Il cardinale Borgia aveva una speciale venerazione per la Madonna, la cui devozione non si stancava di raccomandare nelle lettere ai figli. Fu lui a riprendere l'usanza di annunciare l'Angelus con le campane, che era stata abbandonata. Rodrigo era poi molto devoto di santa Caterina d'Alessandria e di Caterina da Siena, «quella povera donnetta che un secolo avanti aveva riportato a Roma, da Avignone, il timorato Gregorio XI».

Adriana, che aveva anche la responsabilità della formazione di Lucrezia, ma era indifferente alle pratiche devote, la mandò nel convento di San Sisto, dove, secondo Blaze de Bury, l'adolescente divenne «un modello di pratica virtuosa». Ciò non significa affatto che diventasse una bigotta, anche perché tale forma di affettazione era allora poco frequente, dato che il cristianesimo dell'epoca era fortemente intriso di antichità classica e di mitologia... Pio II, ecumenico prima di ogni altra cosa, scriveva: «Il cristianesimo non è che una lezione più completa del *Sommo bene* degli antichi». Dal canto suo, il cardinale Pallavicini dichiarava: «Senza Aristotele, la fede cristiana sarebbe lacunosa», e aggiungeva: «In più noi abbiamo l'Antico e il Nuovo Testamento».

Perciò Lucrezia, nutrita di autori classici, trovava legittimo che i predicatori dal pulpito infiorassero le loro omelie con versi tratti da Omero o da Orazio, paragonassero la Vergine Maria a una dea, Cristo a Giove e i Campi Elisi al paradiso. Anche per gli artisti questo sincretismo era naturale. Nelle chiese si vedevano ceri pasquali accostati a Zeus che fulmina i mostri marini e all'adorazione dei magi, e sulle porte del Vaticano erano raffigurati il dio Marte e la lupa romana con Romolo e Remo, opera di Antonio Averulino, che si faceva chiamare Filarete, «amico della virtù». Virgilio era diventato un precursore della fede; si chiedeva la canonizzazione di Aristotele e di Platone. Nell'intestazione di un'opera di Ovidio un autore scriveva: «Comincia qui il libro di Ovidio, nel quale egli invoca l'aiuto della Santa Trinità». *L'arte di amare*, ancora di Ovidio, diventava *L'arte di sedurre in onore della Vergine Maria*.

In alcuni, rari conventi – compreso quello di San Sisto, uno dei luoghi prediletti da Lucrezia – si poteva seguire l'ufficio sacro in un'atmosfera di quiete, mentre nelle chiese la messa era per lo più occasione di chiasso e di confusione. «Sembra di sentir schiamazzare un branco di oche», dice Bernardino da Siena, «chi chiama Giovanna, chi Caterina, chi Francesca... è questo il vostro raccoglimento?»

La notizia della conquista di Granada giunse a Roma il 31 gennaio 1492. L'ultimo bastione della fede musulmana in Europa era caduto nelle mani di Isabella la Cattolica e del re Ferdinando. Per una spagnola come Lucrezia, e per i suoi fratelli, la vittoria ottenuta dalla loro patria d'origine, baluardo della cristianità, fu sentita quasi come un trionfo personale del padre. Il cardinale Rodrigo, che veniva a trovarsi al centro della vita pubblica romana e amava il fasto, ordinò subito di celebrare lo straordinario successo ottenuto contro l'Islam.

La sera, mentre le campane suonavano a festa, sotto la pioggia battente i fedeli romani, con una candela in mano, seguirono il vicecancelliere lungo le vie della città illuminata, fino a piazza Navona, alla chiesa degli spagnoli. Il giorno dopo, seguendo le istruzioni dei messaggeri venuti dalla Spagna, sulla stessa piazza fu innalzata una torre di legno che raffigurava Granada, intorno alla quale si sarebbe rappresentata la caduta dell'ultimo emirato di Andalusia.

Dalla tribuna d'onore, dove si trovava insieme ai familiari, Lucrezia contemplava lo spettacolo, che si svolgeva sotto lo sguardo delle effigie dei monarchi di Spagna, incorniciate da un arco di trionfo ai piedi del quale giaceva il re dei Mori, sotto un cumulo di trofei.

Il giorno dopo, il 5 febbraio, il cardinale Borgia offrì ai romani lo svago delle corse di tori, in un'arena collocata in piazza di Testaccio, luogo consacrato ai festeggiamenti di popolo. Lucrezia assistette con i suoi alla corrida, in cui cinque tori possenti furono liberati nel recinto dell'arena e uccisi.

Terminata l'esplosione di esultanza collettiva, venne alla luce il rovescio della medaglia, ossia l'espulsione degli ebrei. I racconti delle vittime dovettero lasciare un segno profondo nell'animo di Lucrezia, che più tardi avrebbe ricordato la tragedia di questi anni, quando, ormai divenuta duchessa di Ferrara, avrebbe accolto nelle sue terre marrani e sefarditi perseguitati. Infatti, il 31 marzo Ferdinando d'Aragona e Isabella di Castiglia ingiunsero ai figli d'Israele di convertirsi al cattolicesimo oppure, se non volevano farsi battezzare, di lasciare il paese, senza il diritto di portare con sé né oro né argento. Furono pochissimi quelli che abiurarono la loro fede, mentre circa 300.000 persone partirono per l'esilio, in pratica privi di tutto. In quelle giornate si disse che si poteva comprare da un ebreo la casa in cambio di un asino, o il vigneto in cambio di un vestito. Molti dei profughi non riuscirono ad arrivare in Italia. Joseph Ha-Cohen racconta: «Durante la traversata i marinai li aggredirono, spogliandoli delle vesti, li presero alla gola, e dopo aver disonorato le donne sotto i loro occhi, li portarono in una regione arida e disabitata dell'Africa. I loro figli chiedevano invano del pane. Alcuni si scavarono la fossa e gridavano alle montagne: ricopriteci!».[6]

I fuggiaschi approdati nel porto di Genova furono accolti malissimo, al punto che chiesero di sbarcare a Roma, dove però i loro correligionari, temendo la concorrenza, offrirono al cardinale Borgia mille ducati perché li respingesse. Rodrigo ne fu indignato, scacciò i postulanti e concesse agli esuli di installarsi liberamente nella città. Da quel momento in poi la salute sua e dei suoi familiari rimase affidata a tre medici ebrei: di Lucrezia si occupava Bonet de Latès, che veniva dalla Provenza (e che fabbricò un «anello astronomico» dedicandolo a Rodrigo, suo cliente e protettore), mentre Andrea Vives e Gaspare Torella si prendevano cura dello stesso cardinale. Gli esuli ormai affluivano in gran numero. Si erano accampati nei pressi della tomba di Cecilia Metella, e furono addirittura colpiti da una pestilenza, ma il vicecancelliere rimase fermo nel suo proposito. Su sua richiesta, ogni venerdì nelle chiese romane si recitavano preghiere per gli ebrei e i cristiani. Rodrigo sapeva privilegiare certi valori, come la tolleranza e l'umanesimo.

Mentre il cardinale Borgia difendeva il popolo eletto, il papa Innocenzo VIII cercava di assicurarsi il favore di Bayazid. Animato da analoghe intenzioni concilianti nei confronti del pontefice romano, tutore e protettore del principe Gem, suo fratello, il sultano si era detto pronto a fargli avere, tramite un ambasciatore straordinario, la Santa Lancia con la quale il soldato romano Longino aveva trapassato il costato di Gesù sulla croce: una reliquia che si conservava ancora a Costantinopoli dopo la conquista della città compiuta da Mehmed II. Vi erano testimoni abbastanza vecchi da averla veduta esposta alla venerazione del pubblico prima del 1453. Si poteva pensare, quindi, che fosse proprio quella la lancia che Bayazid intendeva consegnare al papa. Di conseguenza Innocenzo VIII decise di accoglierla con la massima solennità, al punto che i romani furono di nuovo entusiasmati dall'arrivo di un tesoro non meno inestimabile dell'Apollo del Belvedere o della loro giovane concittadina scoperta nel sarcofago.

A ricevere la sacra reliquia allo sbarco nel porto di Ancona si recarono due prelati, Niccolò Cybo, arcivescovo di Arles, e Luca Borscano, vescovo di Foligno, accompagnati dall'ambasciatore turco. Il 27 maggio la portarono a Roma, a Santa Maria del Popolo, dove furono accolti dal figlio del papa, Franceschetto Cybo, e da un'immensa folla di spettatori che si prendevano a gomitate per riuscire a vedere lo scrigno di cristallo e d'oro preparato dagli orefici vaticani.

Il 31 maggio 1492, festa dell'Ascensione, Innocenzo VIII giunse alla chiesa vestito con l'amitto, il camice, una stola preziosa su una mozzetta bianca, e dopo aver deposto la mitra, tra le grida di gioia del popolo, baciò lo scrigno. Si avviò allora il corteo di cardinali che attorniavano la reliquia, per deporla infine a San Pietro in modo che tutti potessero vederla. Le grandi famiglie seguivano il clero, ma i Colonna e gli Orsini entrarono in lite per questioni di precedenza, ritardando l'arrivo della processione. Alla fine Innocenzo VIII benedisse la folla con la Lancia stessa. Il popolo, accorso da ogni parte alla cerimonia, manifestò il proprio giubilo con tanto maggiore entusiasmo in quanto – questa almeno è l'opinione di Burcardo – le maggiori fontane cittadine erano state collegate con delle botti in modo che ne sgorgasse vino invece di acqua.

Nel frattempo la salute del sommo pontefice si era guastata: lo assalirono disturbi alla vescica, gotta, vari piccoli attacchi, e inoltre gli si aprì una piaga sulla gamba. In piazza Venezia si cominciava ad almanaccare sull'identità del successore, fino a scommettere ingenti somme. All'improvviso aggravarsi del papa, i cardinali, che nella canicola estiva avevano abbandonato il Vaticano, si affrettarono a tornare, con il loro seguito di soldati e artiglierie. L'esercito pontificio e ottocento armati al comando di Jean de la Groslaye, governatore di Roma, sorvegliavano porte e ponti della città. I membri del Sacro collegio temevano che il sultano Bayazid approfittasse di un momento di incertezza come il conclave per far assassinare o rapire il fratello, e il cardinale Borgia sistemò il principe al sicuro, in un appartamento composto da diverse stanze nel sottosuolo della cappella Sistina.

Il Santo padre ebbe una lunga agonia. Giaceva sul suo letto, circondato dai cardinali, due dei quali non lo lasciavano mai: erano Giuliano della Rovere (il futuro Giulio II) e Rodrigo Borgia, che gli manifestavano una sollecitudine ostinata e febbrile. Entrambi volevano assicurarsi castel Sant'Angelo, perché ciò equivaleva a rendersi indirettamente padroni del Vaticano. Le due eminenze si fronteggiavano furibonde, senza risparmiare gli insulti reciproci, come Antonello da Salerno riferiva al marchese di Mantova il 21 luglio.

I medici del papa si prodigavano per curarlo: sembra addirittura che uno di loro gli preparasse una pozione con il sangue di tre bambini di dieci anni salassati a morte. Ma tutto fu inutile. La mattina del 25 luglio il papa rese lo spirito.

IV
HABEMUS PAPAM

Si preparava un periodo di turbolenze: il cardinale Borgia aveva esortato Orso, Giulia e Lucrezia a premunirsi contro le violenze che si sarebbero potute scatenare dopo la designazione del nuovo pontefice, prima fra tutte il saccheggio del palazzo del neo eletto, un'usanza ormai consacrata da una lunga tradizione.

Il 6 agosto in piazza San Pietro si vide la figura massiccia di Rodrigo che saliva i sei scalini della Basilica, così come si riusciva a distinguere la gigantesca stazza del cardinale Sanseverino. Mentre si chiudevano le porte del conclave, si verificò un curioso fenomeno celeste, osservato da molti spettatori. Tutti i romani affermarono di aver visto sorgere, a oriente, tre soli identici: secondo gli astrologi il presagio indicava l'avvento di un pontefice capace di dominare sia le potenze terrestri, sia quelle spirituali.

Nel palazzo di Monte Giordano l'effervescenza era al colmo. Adriana, Vannozza e Lucrezia faticavano a sopportare l'attesa: sarebbe stato eletto Rodrigo? Prima del conclave il cardinale aveva confidato loro che si preparava a salire alla cattedra di san Pietro in virtù di un duplice patrocinio: in primo luogo quello di papa Alessandro III, per il quale egli nutriva una vivissima ammirazione. Questi era un uomo di carattere e d'azione, che nella seconda metà del XII secolo aveva garantito l'indipendenza della Chiesa, lottato contro Enrico II d'Inghilterra (costringendolo a far penitenza dopo l'assassinio di Thomas Becket) e soprattutto aveva tenuto testa all'imperatore Federico Barbarossa. Per la sua fermezza Alessandro si era guadagnato il titolo di *Propugnator* della libertà italiana. Il secondo patrono era Alessandro il Grande, al quale il padre Filippo II, re di Macedonia, aveva detto, prevedendone il meraviglioso destino: «Cercati un altro regno, perché quello che ti lascio sarà troppo piccolo per te».[1] Il cardinale Borgia dichiarava poi che come papa avrebbe avuto l'obiettivo di consolidare il potere temporale della Chiesa, il che avrebbe rafforzato, inevitabilmente, l'autorità religiosa: Cristo non aveva forse conferito a Pietro il potere di legare e sciogliere ogni nodo, in cielo e in terra?

All'apertura del conclave Adriana, donna assennata, aveva mandato i propri informatori, per essere avvertita appena fossero stati scalzati i primi mattoni dalle finestre della cappella Sistina, così che la sua famiglia e lei stessa fossero sul posto al risuonare della frase di rito: *Habemus papam*. Adriana sapeva che se il vicecancelliere fosse stato eletto, l'intero clan dei Borgia avrebbe potuto disporre di una parte delle rendite degli Stati pontifici e ne avrebbe occupato i posti chiave.

I cardinali, tagliati fuori dal mondo, vedevano ogni giorno diminuire le loro razioni alimentari: una consuetudine che aveva lo scopo di pungolarli a compiere la loro scelta con la massima celerità. Dopo sette giorni i pasti erano costituiti soltanto di pane e di acqua appena arrossata dal vino.

All'alba dell'11 agosto cominciarono a smurare le finestre del conclave, secondo la folla con un ritmo troppo lento. Alla fine comparve la croce, fu pronunziata la frase di rito e una voce potente annunciò l'elezione di Rodrigo Borgia, con il nome di Alessandro VI.

Terminava così una lotta feroce, nella quale il cardinale Borgia sembrava fosse partito in grande svantaggio – lui stesso lo riconosceva – rispetto al cardinale Giuliano della Rovere. Ma, per buona fortuna del nuovo pontefice, il della Rovere aveva fama di essere troppo dipendente dalla Francia: il re Carlo VIII aveva infatti dispensato oltre 200.000 ducati per assicurare il successo al suo candidato preferito. L'altro pretendente, il cardinale Ascanio Sforza, sarebbe potuto diventare facilmente un fantoccio del fratello Ludovico il Moro, che con la sua ambiziosa avidità allarmava l'Italia intera: infatti l'elezione del cardinale Sforza, assicurando il predominio di Milano, avrebbe risuscitato l'antica rivalità fra Napoli e Carlo VIII, pretendente al trono napoletano in quanto erede degli angioini.

I cardinali, invece, non volevano né la supremazia francese né l'egemonia di Milano: il padre di Lucrezia poté quindi negoziare i voti che alla fine si concentrarono su di lui. Tutti, del resto, ricevettero un adeguato ringraziamento: il cardinale Sforza ebbe la carica di vicecancelliere, il cardinale Orsini diverse piazzeforti importanti, il cardinale Colonna l'abbazia di Subiaco. Quanto al cardinale Gherardo, che aveva novantacinque anni, per convincerlo bastò una borsa di 5000 ducati.

Non c'è da scandalizzarsi per questo scambio. Le elezioni precedenti erano state segnate da una corruzione assai più profonda: i prìncipi erano intervenuti per mezzo dei loro ambasciatori o agenti segreti, che offrivano ai cardinali vari benefici, o forti somme depositate presso i banchieri, che speculavano sul risultato. In effetti nell'elezione di Alessandro VI non si può parlare tanto di simonia quanto di generosità, tenendo conto che dopo la consacrazione il nuovo pontefice si trovò in pratica rovinato, sebbene in seguito i beni della Chiesa gli consentissero di rifarsi delle spese alle quali doveva l'ascesa al trono di Pietro.

Beninteso è impossibile sapere con precisione ciò che avvenne durante il conclave, i cui dibattimenti rimanevano segreti. Nonostante però le indiscrezioni divulgate in seguito da alcuni dei cardinali sconfitti, Hartmann Schedel, che allora si trovava a Roma, plaudiva alla scelta dei conclavisti nel suo *Liber chronicarum*, uscito a Norimberga l'anno successivo: «Uomo di scienza e d'esperienza, Alessandro VI è stato scelto a proposito per guidare la barca di Pietro». Sembra del resto che il vicecancelliere avesse ricevuto il voto unanime dell'intero collegio cardinalizio: lo confermano Michele Fermo, Giovanni Stella, Sigismondo de' Conti. Dal canto suo, il nuovo papa scriveva ai fedeli sudditi di Terni che i suoi pari gli avevano dato tutti il proprio voto, senza eccezione.

Appena smurata la porta del conclave, Lucrezia, Vannozza e Adriana, giunte in quel momento ai primi gradini della basilica, si trovarono sospinte nell'interno, dove si svolgeva una scena sbalorditiva, degna dei giochi di Olimpia: il cardinale Sanseverino, a forza di braccia, sollevava in alto Rodrigo, già vestito di bianco, per presentarlo al popolo prima di insediarlo sul trono. Nello stesso istante saliva dalla piazza un clamore assordante. Il popolo esultava di vedere elevato al trono papale un uomo energico ma benevolo che, dopo l'esosità di Francesco Cybo, avrebbe riportato l'ordine a Roma, assicurando la pace e difendendo la libertà contro la tirannia dei baroni. I suoi predecessori, per ragioni di parentela, erano stati costretti a venire a patti con l'una o l'altra famiglia di feudatari, ovvero a combatterle; invece lo spagnolo, che non aveva legami di sangue con la nobiltà romana, avrebbe potuto lottare contro tutti. Finalmente diventava possibile sottrarsi alle faide mortali che ormai da lustri insanguinavano la città.

I romani si ripetevano l'un l'altro che il Borgia era un uomo coraggioso e dalle ambizioni elevate, come si addiceva al nome prescelto. Fin da quel primissimo momento il nome stesso di Alessandro VI venne pronunciato con rispetto, e il nuovo papa fu riconosciuto come un sovrano.

L'elezione provocò in Rodrigo Borgia un'euforia che egli, in uno slancio di esultanza, non cercava neppure di dissimulare: «Eccomi dunque papa, sovrano, pontefice e vicario di Cristo». Adriana Orsini si chiedeva sbalordita come fosse possibile che la vanità di un titolo, per quanto eminente, e gli omaggi che ne discendevano, riuscissero a inebriare un uomo ragionevole come suo cugino. D'altra parte Lucrezia, precoce e intuitiva, coglieva invece nel navigatissimo *homo politicus* una qualche ingenuità, un candore infantile, la capacità di meravigliarsi. L'ascesa di Rodrigo al soglio pontificio suscitò grande emozione in tutta Italia e soprattutto a Roma, quasi Dio avesse eletto questo principe per farne lo strumento dei propri disegni particolari. «È arrivato alla dignità di pontefice unicamente per i suoi meriti», riconosceva il governo di Siena. «Non si sarebbe potuto trovare un pastore migliore, un capo dotato di maggiore esperienza», affermava Venezia. Al coro di lodi si univano Lucca, Ferrara, Mantova, Firenze, Genova; perfino Ferdinando, il re di Napoli, rivolgeva al papa il più ipocrita fra i tanti elogi.

La sera dopo ottocento borghesi di Roma, a cavallo e con le torce in mano, vennero a rendere omaggio al Santo padre. Poi cominciarono i festeggiamenti. Il popolo ballava intorno alle fontane illuminate, vie e piazze erano decorate di motti latini e figure mitologiche; su palchi improvvisati, al chiarore di qualche lucignolo, i comici mimavano la gloria di Alessandro, mentre nelle taverne si distribuivano vino e cibarie al popolo romano, rumoroso e bonaccione. La festa durò diversi giorni. Come davanti a uno spettacolo, tutti guardavano passare gli imponenti cortei di ambasciatori stranieri, venuti a porgere le loro felicitazioni al vicario di Gesù Cristo.

Le allocuzioni degli inviati erano tutto un gareggiare in iperboli oratorie che dovettero divertire molto Lucrezia. Giasone del Maino, per esempio, dichiarava: «Tu non hai nulla da imparare dagli altri, sei il solo che non si possa accusare di ignoranza... nella tua grande saggezza non hai bisogno di nessuno; consultati con te stesso; obbedisci a te stesso, segui le tue inclinazioni, prendi te stesso a modello... non cadrai mai in errore». Non dimentichiamolo: Lucrezia, nutrita degli scritti di Cicerone e Demostene, sapeva bene come valutare simili ditirambi, anche se i panegirici dei messi di Ferdinando d'Aragona e di Ludovico il Moro[2] – due sovrani che avrebbero volentieri avvelenato il sommo pontefice – potevano suscitare il sorriso. L'afflusso di oratori proseguì per due settimane, sollevando in qualche caso delicati problemi di etichetta: per esempio, a chi toccava la precedenza, al re d'Ungheria o al re di Scozia?

Ecco dunque Lucrezia proiettata sul proscenio della vita mondana, accolta nell'intimità da Sua Santità che le manifestava la tenerezza di sempre. Infatti Alessandro non aveva la minima intenzione di rinnegare i propri figli, e Lucrezia sapeva che avrebbe trovato le porte del Vaticano sempre aperte. E per cominciare poté assistere alle feste che celebravano l'incoronazione papale, a differenza dei fratelli ai quali era stato ordinato di restare fuori città per quella giornata.

Il 26 agosto Alessandro VI lasciò il proprio palazzo per stabilirsi in San Pietro. Mentre varcava la soglia della basilica, un canonico che lo precedeva incendiò un fascio di stoppa, simbolo dell'effimera magnificenza della sua funzione. Poi il vicario di Cristo celebrò la messa, e infine, circondato da una nube d'incenso, si diresse verso il sagrato della chiesa, dove, di fronte alla folla ammassata sulla piazza, i vescovi di Ostia, di Albano e di Porto gli imposero la tiara, il «triregno» in cui erano simboleggiati i tre poteri: imperiale, reale e sacerdotale. Dopo l'omaggio dei cardinali, una processione di prelati e di baroni romani accompagnò Alessandro VI fino a San Giovanni in Laterano, la cattedrale di Roma. Il corteo era aperto da preti e dignitari ecclesiastici; seguivano arcieri, cavalieri vestiti con abiti magnifici e copricapi a turbante di foggia turca, degni del gran muftì di Istanbul; quindi la prelatura, i membri della quale erano circondati ciascuno da dodici scudieri poco più che bambini, radiosi nelle loro tuniche bianche e d'oro; poi i vassalli della Chiesa: i «tiranni» di Perugia, di Camerino e di Bologna; la guardia palatina, con le alabarde scintillanti, guidata dal conte Antonio della Mirandola, che brandiva lo stendardo papale su cui comparivano il bue, la tiara e le chiavi di san Pietro con tre bande nere su campo vermiglio; e infine, il conte Niccolò Orsini di Pitigliano, capitano della Chiesa, che scortava i portatori del santo Sacramento e quindi precedeva Alessandro VI.

Il papa, in sella a una chinea dalle briglie d'argento, era riparato dal sole da un baldacchino a righe gialle e rosse, sorretto dai prìncipi romani, mentre i cardinali Piccolomini e Riario gli reggevano la pesante cappa di broccato tessuta di fili d'oro e costellata di gemme. Michele Ferrer, discepolo di Pomponio Leto, ci ha lasciato questo ritratto:

Sua Santità è in sella a un cavallo bianco come la neve, ha la fronte radiosa, lo splendore della sua dignità è un lampo, il popolo che egli benedice lo saluta e lo acclama. La sua presenza rallegra, si annuncia come presagio di felicità. Quale mitezza nei suoi gesti, quanta nobiltà nei suoi tratti e generosità nel suo sguardo, e quanto l'augusta statura accresce la venerazione che egli ispira!

Alessandro VI piaceva. La sua naturale maestà s'imponeva e il popolo era sensibile a queste cose. «Cleopatra» scriveva un altro cronista dell'epoca «non ricevette da Antonio omaggi comparabili... è uno spettacolo degno delle feste antiche, in cui le baccanti precedevano Bacco.»

Su un percorso di sei chilometri le case erano ornate da arazzi e drappi con le armi dei Borgia, dappertutto erano stati innalzati loggiati e archi di trionfo (uno dei quali riproduceva l'arco di Costantino), davanti ai loro palazzi i nobili avevano eretto strutture decorative mosse da meccanismi nascosti, fanciulle declamavano versi e gettavano mazzi di fiori, sui sagrati delle chiese gruppi di attori mimavano la grandezza del dio toro: «Viva diu Bos! Borgia viva!», l'apoteosi del bue Api. Sulla via seguita dalla processione, un protonotaio innalzava un orifiamma su cui stava l'iscrizione: «Roma era grande sotto Cesare, oggi è grandissima sotto il regno di Alessandro, Cesare era un uomo, lui è un dio». Dalla fine dell'impero romano nella città eterna non si era mai accalcata una folla così fitta. I colpi delle bombarde di castel Sant'Angelo, sulle torri del quale si stagliavano i soldati, i fumi degli artificieri, il caldo soffocante, la nube di polvere così densa che «quasi non si vedeva l'aria, tanto che molti parvero accecati o storditi», come scrisse un cronista dell'epoca, le mosche che ronzavano intorno ai cavalli e ai muli e l'accalcarsi della moltitudine provocavano svenimenti o malori.

Quando, giunti ai piedi di castel Sant'Angelo, gli ebrei presentarono al papa la Torà posata su un leggìo circondato di ceri, Alessandro VI si inchinò, dichiarando che approvava la Legge ma deplorava l'interpretazione che ne davano i rabbini; tuttavia confermava loro l'autorizzazione a vivere a Roma.

Giunto al Laterano, dove lo attendeva il capitolo, il pontefice fu colto da un malessere improvviso e si abbatté fra le braccia del cardinale Riario. Per qualche minuto i presenti si chiesero addirittura se il neo eletto non fosse destinato a raggiungere ben presto il suo predecessore Innocenzo VIII. Ma il maestro delle cerimonie, dopo averlo alleggerito della triplice corona, lo asperse generosamente d'acqua e il papa riprese i sensi.

Cadeva la notte, ma Roma era rischiarata a giorno e il tripudio della folla non si calmava. Intorno al Vaticano i cavalieri montavano la guardia, la fanteria li illuminava con le torce, costituendo con il chiarore una corona di fuoco che a tutti sembrò una nuova costellazione venuta dal cielo, un messaggio divino rivolto al successore di san Pietro, il 218° papa.

V

GIOVANNI SFORZA: UN MATRIMONIO POLITICO

Da principio Lucrezia era stata soltanto una spettatrice privilegiata, ma ormai era in procinto di assumere un ruolo da protagonista. Per consolidare la sua casata, Alessandro VI voleva sistemare i figli, fra i quali Juan, fidanzato alla cugina del re di Spagna, sembrava destinato all'avvenire più brillante. Si trattava adesso di dare a Lucrezia uno sposo degno di lei e di suo padre, e quindi rompere il fidanzamento con don Gaspare da Procida; e poi piegarsi alle esigenze della politica, che costringevano Alessandro VI ad allearsi con Ludovico il Moro per contrastare la potenza napoletana. Nell'autunno del 1492 il figlio di Innocenzo VIII, Franceschetto Cybo, aveva da poco venduto le città e i territori che possedeva a nord di Roma, nel Viterbese e intorno a Bracciano, a Virginio Orsini, comandante in capo delle truppe di Ferrante di Napoli. Poiché però il re non aveva rispettato le assicurazioni date alla Santa sede al momento del matrimonio fra suo nipote, Luigi d'Aragona, e la nipotina di Innocenzo VIII, celebrato diciotto mesi prima, Roma correva il rischio di trovarsi alla sua mercé, e inoltre alla mercé del cardinale della Rovere, che aveva fatto da intermediario nella compravendita dei territori. Il della Rovere era un nemico accanito dei Borgia (quando poi divenne papa con il nome di Giulio II arrivò addirittura a scomunicare Lucrezia e il suo terzo marito, il duca di Ferrara), e benché legato al re di Francia, non aveva disdegnato di accettare i segni di liberalità dispensati dal pontefice al momento dell'elezione: canonicati in Francia, prevosture, abbazie, in particolare quella di Camaldoli di San Bartolomeo d'Arezzo, il monastero di Saint-Hubert nelle Ardenne, l'abbazia di Rieux, la legazione di Avignone, la fortezza di Ronciglione, collocata in posizione dominante su Roma, e dalla quale si potevano tenere sotto controllo gli Stati pontifici. Ben presto Alessandro VI manifestò al concistoro la propria indignazione e inquietudine, biasimando pubblicamente il cardinale intermediario.

Il nuovo vicecancelliere, Ascanio Sforza, fratello di Ludovico il Moro, che avrebbe voluto giocare la carta di Milano contro quella di Napoli, cominciò col proporre al papa di accettare come genero un suo nipote: Giovanni Sforza. Alessandro VI, che era ormai alla testa di uno dei quattro Stati più importanti d'Italia – gli altri tre erano il regno di Napoli, il ducato di Milano e la repubblica di Venezia – si sentiva in dovere di maritare Lucrezia in modo da curare al meglio gli interessi della Chiesa, che aveva nemici sia nel Nord, sia nel Sud della penisola, e di comportarsi da uomo politico oltre che da supremo pastore. Rodrigo si considerava l'erede dell'imperatore Augusto e sognava di diventare «signore e maestro del gioco del mondo». Fin dal 1414 un oratore del concilio di Costanza dichiarava: «Pensavo un tempo che fosse buona cosa una netta separazione dell'autorità religiosa dal dovere secolare, ma in seguito ho imparato che la virtù senza potere è ridicola».

A Milano, pochi mesi prima, il 26 agosto 1492, Ludovico il Moro, influenzato dal fratello Ascanio Sforza e manifestando un certo quale spirito cortigiano, aveva celebrato l'elezione di Alessandro VI con pubbliche feste, in cui aveva il posto d'onore l'emblema dei Borgia, con un toro che pascolava sulla terra e in cielo. Ludovico si credeva ormai «un mezzo papa». In Vaticano il cardinale Sforza, che grazie alla sua posizione era in grado di sorvegliare il pontefice e di sventare i pericoli, ovvero le richieste di matrimonio, scriveva: «Qui si pratica da molti di far parentado con il papa [per mezzo] di quella sua nipote [in realtà figlia]: ad ogni uomo se ne dà speranza: il re [di Napoli] anche vi concorre». Beatrice, la diciassettenne figlia di Ercole d'Este duca di Ferrara, sposa di Ludovico, nutriva ambizioni forsennate. Dotata di bellezza e di intelligenza, manovrava abilmente per ridurre il potere del regno di Napoli. Per esempio, senza neppure conoscere Lucrezia, incoraggiò Ascanio a negoziare l'unione con il nipote. Mentre il rischio delle nozze napoletane sembrava sfumare, gli Sforza temevano però un eventuale accordo con qualche nobile famiglia di Roma; ma si sbagliavano, poiché Alessandro VI era rimasto spagnolo nel profondo, e non aveva la minima intenzione di elargire favori agli aristocratici romani, il cui potere avrebbe preferito semmai indebolire, in ciò concordando con il giudizio di Commynes: «Il patrimonio di san Pietro sarebbe il paese più gradevole della terra se non ci fossero i Colonna e gli Orsini». Se il papa fosse riuscito a neutralizzare queste casate feudali avrebbe fatto cessare le loro pretese di egemonia politica, e avrebbe costituito nell'Italia centrale un regno composto dai dominii ecclesiastici, ai quali si sarebbero dovuti unire Perugia, Siena, Piombino, l'Elba, il ducato di Urbino, le Romagne con Ravenna, le signorie di Rimini, Cesena, Forlì, Faenza, Imola, Camerino, Modena e Reggio.

Quasi tutti i vari potentati della penisola dovevano la propria esistenza a un'usurpazione abbastanza recente; nessuno degli autocrati che li governavano riconosceva senza riserve gli altri. Il bisogno di ingrandirsi e di ostentare la propria forza è caratteristico di tutti i prìncipi illegittimi: una regola cui non sfuggivano Ferdinando I (1458-1494), primo re di Napoli, figlio naturale di Alfonso V, né Ludovico il Moro, che aveva spodestato l'erede legittimo, il nipote Gian Galeazzo Sforza. Il conte Gaspare da Procida, informato della presenza del rivale, andò su tutte le furie. L'ambasciatore di Ferrara Andrea Bocciacci riferiva in questi termini al duca Ercole:

> Fa gran chiasso il progetto di matrimonio del Signore di Pesaro [Giovanni Sforza]: il secondo fidanzato è ancora qui e si abbandona a grandi rodomontate, da buon catalano. Giura che andrà a protestare presso tutti i prìncipi della cristianità, ma dovrà ben calmarsi, lo voglia o no. Dio non voglia che le nuove nozze portino qualche sventura. Sembra che a questo proposito il re di Napoli sia scontento. L'affare è ancora in forse, al secondo e al terzo fidanzato si offrono soprattutto tante belle parole. Da per tutto si crede che Giovanni Sforza sarà il vincitore, soprattutto perché la sua causa è perorata dal cardinale Ascanio, che è uomo potente nelle parole e negli atti.[1]

Giovanni, conte di Pesaro, era tutt'altro che sicuro della vittoria. Nulla era ancora certo; il 9 dicembre, l'agente di Mantova Fioravante Brognolo scriveva al marchese Gonzaga: «L'affare dell'Illustre signor Giovanni è ancora sospeso, sembra che il messere spagnolo al quale era promessa la nipote [eufemismo ufficiale] di Sua santità non voglia ancora desistere; tanto più che egli gode di forti appoggi in Spagna, sì che il papa vuol lasciar maturare le cose prima di prendere una decisione», e così far cessare la guerra dei nervi... La somma di 3000 ducati sarebbe servita a rifondere i danni subiti dall'ex spasimante o a placarne l'avidità.

Fidanzata, sfidanzata, rifidanzata nell'arco di due mesi, Lucrezia non aveva più molte illusioni sulla sacralità del matrimonio. Senza averlo voluto, era diventata l'oggetto della rivalità fra due pretendenti, e per la prima volta, causa di pubblico scandalo. Ma poiché per lei i due candidati erano rimasti entrambi una pura astrazione, i pettegolezzi non la toccavano.

Essendo ormai un personaggio in vista, Lucrezia doveva presentare al mondo una *forma di vivere*[2] ineccepibile. Tutti gli ambasciatori del mondo osservavano minutamente il suo comportamento, la sua maniera di camminare, di vestirsi, di danzare, di esprimersi, di ridere; per dare un giudizio su di lei se ne soppesavano i gesti, la voce, la bellezza, le risposte. Era dotata di una grazia naturale che la rendeva immune da ogni affettazione, come tutto il suo ambiente riconosceva; di una sorridente spontaneità che non era mai a sproposito; i gesti delle sue mani delicate non erano un mezzo per metterne in risalto la finezza, bensì una scelta opportuna e adeguata. Tutte qualità che la danza le consentiva di mostrare al meglio. «Che sappiano danzare», dice Francesco da Barberino, «sì che non si dica che sono prive d'intelletto.»[3]

Beatrice d'Este voleva avere notizie sulle attrattive di Lucrezia appunto a questo proposito: «Ho voluto chiedere se fosse goffa e impacciata, mi hanno risposto di no, che al contrario era molto dotata, perché sapeva conversare e cantare, e quindi non dubito di tutto il resto». Così il maestro di ballo scelto da Adriana divenne un personaggio importante; gli ebrei protetti da Alessandro VI avevano una sorta di privilegio come insegnanti di questa disciplina. Lucrezia prendeva due lezioni al giorno, di arpa e di liuto; il suo maestro aveva inoltre l'incarico di allestire dei balletti e raccomandava che i «movimenti [fossero] aggraziati e dolci, leggeri quelli dei piedi, i gesti ben formati, lo sguardo non deve vagare qua e là. Completate le figure, la dama si congederà dal cavaliere con un sorriso che essa gli rivolgerà guardandolo bene in viso, e gli farà un'onesta riverenza proporzionata al saluto del cavaliere stesso». Chi si accompagnava a Lucrezia in queste coreografie? Sia i giovani e le fanciulle dell'aristocrazia, sia i cardinali. Alcuni prelati, come si sa, erano appassionatissimi di ballo. I personaggi più paludati potevano partecipare alle figure della danza senza che nessuno degli spettatori se ne scandalizzasse.[4]

Lucrezia sapeva rispettare il suo ruolo alla perfezione, sia nella pratica artistica sia nell'esercizio della conversazione, il passatempo preferito di quella raffinatissima società, che dava il massimo risalto al suo spirito brillante. La pedanteria d'altronde era sconosciuta nella Roma di quegli anni: con la stessa cura con cui si adoperavano a sapere tutto, le dame si studiavano di far credere di non sapere nulla.

Fino a quel momento la figlia del papa non si era preoccupata di seguire la moda, sapendo bene di essere bella. Dotata in partenza del privilegio di una lunga chioma ondulata e bionda, di una pelle luminosa, di uno sguardo limpido – non è forse vero che il celeste è il colore degli occhi delle dee? – aveva già molti elementi che la differenziavano dalle sue contemporanee. Oltre alla *dueña*, Lucrezia aveva al suo servizio una schiava mora di diciassette anni, venuta dalla Barberia, che curava la sua toeletta, preparava i bagni di vapore, la massaggiava con l'olio profumato, le curava i denti e soprattutto la chioma, che lavava con uova sbattute e argilla in polvere. Per asciugarle i capelli dopo averli pettinati, la serva sistemava la padrona su una terrazza al sole, badando di metterle una visiera di paglia per proteggere il viso. D'inverno la stessa operazione si compiva davanti al camino. Nelle giornate in cui non si dovevano ricevere ospiti, la domestica le intrecciava i capelli con acconciature di fiori freschi, mentre negli altri casi usava fili d'oro o di perle a seconda dell'importanza dei visitatori. Nessun artificio occorreva per l'incarnato, che Lucrezia non aveva né troppo acceso né troppo bianco, anche se tendente al pallore. La freschezza infantile della sua pelle le permetteva di fare a meno degli impiastri con cui le donne più anziane si spalmavano il viso come con una maschera di bellezza: poi però non potevano neppure ridere, per non farla sgretolare. Infine, Lucrezia doveva indossare ogni giorno un abito diverso. In linea di principio, dai dodici anni in poi era vietato alle donne «scoprire il petto e le mammelle», ma nella realtà l'editto era ben poco rispettato.

Adriana aveva insegnato a Lucrezia che per godere della stima altrui non doveva essere suscettibile, né mostrare avversione per la compagnia e le conversazioni un po' più ardite, anche se doveva guardarsi dal dire parole disoneste o dal mostrare eccessi di familiarità nel comportamento. Lucrezia si accorse che in casa della zia la distanza fra teoria e pratica era notevole, ma le serbò riconoscenza per le attente cure ricevute. La sua alimentazione tendeva a bandire tutto quanto potesse sovreccitare i sensi e intorpidire l'intelligenza; il vino era annacquato, da bere in piccole quantità per evitare l'alito cattivo; il venerdì di ogni settimana si osservava il digiuno prescritto dalla Chiesa: tutto ciò aveva in pratica lo scopo di imbrigliare l'eventuale slancio delle passioni. «I crateri dell'Etna o del Vesuvio non hanno fuochi paragonabili a quelli del temperamento di un giovane infiammato dagli eccessi della buona tavola» afferma Vives. Perciò, all'alba del giorno che seguiva a un banchetto particolarmente copioso, Lucrezia, ormai divenuta una perfetta amazzone, partiva per una gita a cavallo nella campagna romana accompagnata da Giulia e Orso, così da ristorare la mente e il corpo. Due paggi e due armati vigilavano sulla sicurezza della cavalcata, che si concludeva sempre a San Sisto, dove la priora accoglieva il gruppo con una merenda. Dopo il caldo, la polvere e il vento, quanta dolcezza nella fresca penombra violacea del refettorio! Dopo il rinfresco, Lucrezia e i suoi accompagnatori riprendevano la via Appia al galoppo. In lontananza si stagliavano rovine di color fulvo, solitari testimoni di un'altra civiltà, e poi colonne abbattute, file di cippi, prima che alla vista si profilasse Roma, con i suoi colli tondeggianti, le linee ombreggiate del Palatino e i suoi bastioni rosati dall'alba del giorno. Oggi come ieri, a queste macerie seminascoste il tempo attribuisce un destino diverso, il tempio si trasforma in chiesa, al piedistallo di una statua scomparsa si accosta una bottega, sulla piazza la croce sormonta l'obelisco, i bassorilievi cementati nei muri rafforzano i palazzi.

Ogni cosa parlava loro della grandezza antica della città: perfino i barcaioli ormeggiati nei meandri del Tevere sembravano portare addosso un riflesso giallo del vecchio fiume. A fine giornata la città, dai contorni morbidi e dai colori netti, si rannicchiava sotto un vapore tiepido, mentre i campanili davano l'impressione di flettersi e soltanto le cupole sembravano dominarla con i loro carapaci di tegole rossastre.

Una provocazione del re di Napoli costrinse il papa ad accelerare i suoi piani matrimoniali: Ferdinando, che paventava l'unione tra Lucrezia e il nipote di Ludovico il Moro, scrisse al cugino, il re di Spagna, rimproverando al Santo padre di «non mostrare il minimo rispetto per il suo trono. Il suo solo scopo è migliorare a qualsiasi prezzo la condizione dei suoi figli. La frode e la dissimulazione segnano tutti i suoi atti». Queste accuse pubbliche irritavano Alessandro VI, ma più ancora lo irritava la presenza costante delle armate di condottieri napoletani, troppo vicine agli Stati pontifici. Le piazzeforti di Cerveteri e dell'Anguillara, dominate da Virginio Orsini, rappresentavano una minaccia per il papa; per spezzarne la morsa e rafforzare la lega che Ludovico il Moro e il cardinale Ascanio avevano formato con Venezia, Siena, il duca di Ferrara e il marchese di Mantova, così da fornire al papa le truppe necessarie per togliere agli Orsini le nuove acquisizioni, Alessandro VI non esitò oltre e decise di suggellare l'alleanza con Milano per mezzo dell'unione tra Lucrezia e Giovanni Sforza. «Tre sono le cose difficili da scegliere», diceva Francesco Sforza, prozio del promesso sposo, «un melone buono, un buon cavallo, una buona moglie. Quando si vuol fare una di queste tre scelte, bisogna raccomandarsi a Dio, tirarsi il berretto sugli occhi e andare a caso.» Ed ecco Lucrezia fidanzata, per una scommessa politica, con un principe feudatario appartenente a una famiglia di rassicurante potenza.

Giovanni, il fidanzato, si era ritirato a Pesaro, e lasciava che i suoi protettori si dessero da fare a suo vantaggio.

Il 2 febbraio 1493 fu firmato l'atto di matrimonio in Vaticano, alla presenza dell'ambasciatore di Milano e del mandatario del papa. Giovanni era rappresentato dal suo procuratore, Niccolò da Saiano. Lucrezia riceveva una dote di 31.000 ducati oltre a 10.000 ducati in abiti, gioielli e mobili, che dovevano essere consegnati dal fratello Juan, da parte del primo duca di Gandía, il loro fratello maggiore Pedro Luís. Fu davanti al notaio e non davanti al prete che Niccolò da Saiano, a nome di Giovanni Sforza, infilò la fede matrimoniale all'anulare della sposa «perché da questo dito parte una vena che ritorna al cuore».

Lo sposo, di nascita illegittima come Lucrezia, era figlio di Costanzo Sforza conte di Cotignola, signore di Pesaro, che si era distinto come condottiero al servizio dei veneziani. Sisto IV, e poi Innocenzo VIII, l'avevano aiutato a conservare il principato. La prima moglie di Giovanni, Maddalena Gonzaga, sorella del marchese di Mantova e della duchessa di Urbino, era morta di parto l'8 agosto 1490. Il vedovo ventiseienne aveva fama di intelligenza e di una certa cultura, sebbene fosse senza dubbio vanitoso e interessato, e con un carattere violento e rancoroso che l'educazione non aveva saputo mitigare.

È verosimile supporre che Lucrezia, se avesse potuto esprimere un parere, non avrebbe mai scelto un compagno simile, vecchio il doppio dei suoi anni e con una reputazione che non le piaceva affatto. Giulia Farnese, in quell'epoca non ancora l'amante del papa, la persuase: era necessario che entrasse nel mondo degli adulti. In ogni modo la vita di Lucrezia cambiava. Suo padre le aveva appena donato il palazzo di Santa Maria in Portico, un edificio recente, fatto costruire dal cardinale Zeno, vescovo di Tuscolo, a sinistra della basilica di San Pietro, nell'area che più tardi sarebbe stata occupata dal colonnato del Bernini.

Adriana Orsini dirigeva la casa della nipote, con Giulia in funzioni di dama di compagnia, e Pentesilea, una nuova venuta, come governante. In pochi mesi la nuova residenza era diventata un punto di riferimento mondano, frequentato da inviati delle case principesche come Andrea Bocciacci, venuto a Roma a chiedere il cappello cardinalizio per Ippolito d'Este, secondogenito del duca, al quale

Lucrezia aveva risposto: «Lo faremo cardinale malgrado la giovane età» (Ippolito aveva quattordici anni). Ma la casa era frequentata anche da nobili gentildonne, da parenti, amici, adulatori di ogni specie. Adriana era la sapiente concertatrice dei ricevimenti, senza che la sua tutela apparisse mai gravosa: donna di polso, con la sua facondia spagnola sapeva crearsi attorno un'atmosfera di calore, di apparente spensieratezza. Cesare era tornato a Roma e frequentava con piacere la casa della sorella; di lui l'ambasciatore di Ferrara ci ha lasciato questo ritratto, inviato al duca Ercole, successivo alla sua visita del 1493:

> Ho incontrato Cesare nella sua casa di Trastevere, andava appunto a caccia in abito affatto mondano, cioè dire vestito di seta e armato, solo con una piccola chierica da semplice tonsurato. Cavalcando fianco a fianco abbiamo conversato. Sono in grande familiarità con lui. È persona di ingegno grande et eccellente e di indole squisita; i modi sono di figlio di un gran principe; particolarmente l'umore ha sereno e gaio e tutto festa... Il suo contegno è di molto maggiore e preferibile effetto che non quello del fratello, il duca di Gandía. Ancora lui è dotato di bone parti; non ebbe mai inclinazione per lo stato ecclesiastico, ma il beneficio di cui gode gli rende oltre 16.000 ducati.

Qui l'inviato di Ferrara allude all'avversione che Cesare nutriva per l'abito clericale, da lui indossato in obbedienza al padre. Pur essendo arcivescovo, Cesare aveva ricevuto soltanto la prima tonsura e non salì mai oltre gli ordini minori: il che al momento opportuno gli avrebbe permesso di abbandonare la carriera ecclesiastica per sposarsi.

Tra le persone ricevute a Roma, troviamo in questo periodo il principe erede di Ferrara, Alfonso, inviato dal padre per raccomandare al papa i suoi stati. Alfonso fu accolto con tutti gli onori e alloggiato in Vaticano come figlioccio di Sua Santità; il capo della casata d'Este non poteva non mostrarsi sensibile ai riguardi usati verso il figlio, come attesta la seguente lettera:

> Santissimo padre e signore.
>
> Bacio i piedi della Vostra Beatitudine e mi affido umilmente a Voi. Sapevo già da tempo di essere debitore a Vostra Santità delle più grandi grazie, ma le missive del vescovo di Modena e di altri, che mi sono state inviate, non solo dal mio primogenito Alfonso, ma anche da tutti coloro che lo accompagnavano, mi hanno confermato in questa opinione. Dalle lettere ho appreso che Vostra Santità ha riversato su tutti, ma soprattutto su di me e sui miei, la sua bontà, la sua liberalità, la sua grazia, la sua umanità e il suo amore inesprimibile, all'arrivo di mio figlio e per tutta la durata del suo soggiorno a Roma. Mi dichiaro perciò particolarmente e più ancora obbligato a Vostra Santità e le porgo eterni ringraziamenti...

È la lettera di un cortigiano, poiché il duca dipendeva dalla Chiesa. I prìncipi o le repubbliche che rientravano nella sfera d'azione della Santa sede o avevano con essa un vincolo feudale, spiavano con diffidenza le intenzioni del papa, a cominciare dai suoi progetti nepotisti. Nella fattispecie i legami familiari tra gli Sforza e gli Este avrebbero fatto di Lucrezia una loro parente, poiché Alfonso d'Este aveva sposato a quindici anni Anna Sforza Visconti, sorella di Gian Galeazzo, e la sorella Beatrice d'Este aveva sposato Ludovico il Moro. Perciò Alfonso nutriva grande curiosità per l'adolescente dai capelli d'oro che viveva a Santa Maria in Portico (trascorsi nove anni, e dopo molti tragici eventi, la fidanzata di Giovanni Sforza sarebbe diventata sua moglie, e avrebbe presieduto a Ferrara una delle corti più importanti d'Italia). Lucrezia non poté non notare quel giovane cavaliere, robusto di struttura e d'aspetto un po' ruvido. Alfonso aveva la fronte ombreggiata da folti capelli neri, il collo nascosto da una fittissima barba. Ma aveva anche il vantaggio di un'aria intelligente, decisa, attenta: Lucrezia lo accolse con particolare benevolenza. I modi taciturni, da soldato, temperati dalla nobiltà del tratto, erano in netto contrasto con quelli dei cardinali nelle loro tonache di seta.

Poiché il palazzo del Vaticano era in comunicazione con quello di Santa Maria in Portico, Alessandro VI non aveva difficoltà a passare da San Pietro alla casa in cui vivevano le donne così presenti al suo cuore. Nella loro residenza egli assaporava un'intera gamma di sentimenti: l'affetto complice e consolidato che aveva per Adriana, l'amore paterno traboccante di tenerezza e di ammirazione per Lucrezia – *svisceratissimo amore*, come si espresse lo storico Paolo Giovio – e infine la passione per Giulia Farnese, a cui quella famiglia dovette poi la sua fortuna. Alessandro VI aveva ancora le civetterie di un giovanotto, era sensibile alle belle stoffe, affascinato dai gioielli e dagli anelli preziosi. A Lucrezia regalò anelli di lapislazzuli, nonostante l'editto che proibiva alle dame romane di portarne più di due, e un brillante da 18.000 ducati acquistato dai Fugger, i banchieri di Augusta. La felicità, o più precisamente l'innalzamento, della figlia suscitava la sua sollecitudine. Osserva infatti Paolo Capello, l'ambasciatore di Venezia: «Il papa ha della ambizione per suoi figli, mai fù visto il più carnale homo; l'hama questa madona Lucrezia *in superlativo gradu*». I primi segni dell'adorazione che Alessandro VI cominciava a provare per Giulia, moglie di Orso Orsini, non intaccavano minimamente la tenerezza che egli manifestava alla figlia, e del resto Lucrezia non provava la minima gelosia. Poteva al massimo porsi qualche interrogativo circa la durata di questa predilezione, iniziata dopo il trasferimento delle tre donne a Santa Maria in Portico, e nella quale sembravano trovare il proprio vantaggio l'ambizione della nuora quanto quella della suocera.

Dal canto suo Orso aveva capito benissimo la situazione. Lasciando che la moglie operasse per costruire la grandezza dei Farnese, si ritirò nel proprio castello feudale di Bassanello per radunare le truppe destinate a raggiungere l'armata napoletana. Stendhal scrive più tardi che «Alessandro VI visse con Giulia Farnese onestamente, come Luigi XIV con la signora di Montespan» (*sic*); ma all'epoca, gli epicurei designavano Giulia con l'appellativo di «sposa di Cristo», i letterati la chiamavano «Europa rapita dal toro di Spagna»; Burcardo, che non si dava pena di ricorrere a eufemismi, la definiva semplicemente «la concubina del papa»; e per il popolo fu sempre «Giulia la Bella».

Il 2 giugno Giovanni Sforza faceva il suo ingresso a Roma dalla porta del Popolo, accolto dal Sacro collegio e dal duca Juan di Gandía con Cesare Borgia, i due futuri cognati, oltre che dagli ambasciatori. Quando risuonarono in lontananza i trombetti della cavalleria, Lucrezia si fece alla finestra del palazzo, seguita dalle dame d'onore. Adriana e Giulia l'aiutarono a insediarsi nella loggia del primo piano, sciogliendo sul suo abito cremisi ornato di passamanerie d'argento la chioma scintillante disseminata di perle. L'abito da cerimonia era di stoffa così rigida che, secondo l'opinione delle sue dame, sarebbe riuscito a tenere in piedi Lucrezia anche da solo. Verso di lei salivano mormorii di ammirazione. Poi il sussurro tacque e fu il silenzio assoluto: ecco giungere il cavaliere a rendere omaggio alla sua signora. Giovanni trattenne il passo del cavallo e, sollevatosi sulle staffe più in alto che poté, si piegò in un profondo inchino rivolto alla loggia d'onore dove Lucrezia splendeva di innumerevoli luci. I loro occhi si incontrarono. La sposa rispose al saluto con un sorriso grazioso e riservato; vedeva nel fidanzato un uomo robusto, dalla fisionomia gradevole, ravvivata dai lunghi capelli ondulati come la barba. Il naso dalla lieve curva aquilina imprimeva carattere al viso, la fronte scoperta e convessa indicava vivacità di mente.

Alessandro VI fissò la data delle nozze soltanto dieci giorni più tardi, badando a evitare il mercoledì, giorno nefasto come attestava il noto detto:

Sposa mercorina è peggiore della brina,
Sposa mercorina fa andare il marito alla ruina,
La sposa mercorina nun se gode la curtina.[5]

Ormai Vannozza non si trovava più al fianco della figlia: tuttavia continuò a seguire il destino di Lucrezia, con tenerezza e diplomazia. Non sembra che né l'una né l'altra abbiano sofferto della scarsità di contatti, evidentemente ben certe della reciprocità dei loro sentimenti.

D'altra parte Lucrezia si rendeva conto di essere immersa in un turbinìo frastornante che doveva servire a farle dimenticare le realtà incombenti su di lei: le lettere da scrivere in ringraziamento dei doni di nozze, inviati da tutta Europa, gli ambasciatori da ricevere, il corredo da preparare sotto la guida di Adriana. Mercanti d'Inghilterra, Francia, Germania, Italia venivano a presentare pelli di zibellino o di «gatti di Spagna», da farne certe mantelline corte dette «sbernie» di cui lei stessa aveva lanciato la moda; oppure offrivano «tela di Rensa» (di Reims), la più fine di tutte; o broccati con motivi di leopardi, colombe, aquile. Alla loro sfilata seguiva quella dei gioiellieri e degli incisori su gemme, incaricati di montare ametiste o smeraldi ricavandone anelli, braccialetti, collane, pendenti, e inoltre di provvedere i monili a carattere religioso, i rosari d'ambra nera, di sferette d'oro o di corniole.

La giovane Lucrezia non si preoccupava in modo particolare del matrimonio in sé, una formalità alla quale i suoi familiari più stretti sembravano attribuire un'importanza relativa – ne erano la prova i suoi stessi fidanzamenti annullati, le separazioni di coppie come quelle di Orso e Giulia, o di Maddalena de' Medici e Franceschetto Cybo – quanto piuttosto della commedia coniugale che l'aspettava. Lucrezia, che aveva sempre vissuto protetta da suo padre, aveva un istintivo terrore della violenza. Soltanto Giulia, maggiore di lei di tre anni, sapeva dissipare i suoi timori.

Al termine di quel pomeriggio del 12 giugno il duca di Gandía andò a far visita alla sorella. Lucrezia uscì dal palazzo, attorniata da sei giovani che indossavano lunghe tuniche di camoscio ticchiolato. Il figlio del papa suscitò un'impressione sensazionale: seguendo la moda esotica che furoreggiava a Roma dopo l'arrivo del principe Gem, indossava un abito di tessuto bianco con fili d'oro intercalati da grosse gemme, una collana di rubini e un copricapo alla turca: un voluminoso turbante guarnito da un brillante enorme. Alla folla che lo guardava passare sembrò una sorta di forziere, quasi che gli orefici gli avessero messo addosso tutti i loro tesori. Anche allora non era frequente vedere una sola persona portare indosso oro e gioielli per un valore di 150.000 ducati. In quell'occasione il duca di Gandía, del quale si diceva che era il più fastoso fra i giovani romani, aveva superato se stesso. Camminava tenendo per mano il fratellino undicenne Jofré, a sua volta ornato e addobbato come un idolo. In quel lusso stravagante Cesare, che aveva un ruolo di spettatore piuttosto che di attore, con la sua nera veste clericale portava una nota di sobrietà.

Adriana si era preoccupata per la gracilità di Lucrezia, e a fine giornata le fece indossare un vestito color indaco a fregi d'oro, disseminato di perle. Un cordoncino passato sotto il seno lo metteva in risalto e tratteneva la ricchezza della stoffa che le fluttuava intorno al corpo mossa dal vento, sottolineando la giovinezza e il pudore della fanciulla. I soli gioielli erano un diadema che le incoronava i capelli e una collana di crisoprasio costata 15.000 ducati – che richiamava il verdeazzurro dei suoi occhi.

Sebbene il tragitto dal palazzo dei Borgia al Vaticano fosse molto breve, i romani attesero a lungo il corteo. Il lastrico grezzo della via era ingentilito da un tappeto di bianche calle giganti. Juan di Gandía, maestro delle cerimonie, procedeva al lato sinistro della sorella, il cui strascico era sorretto da una piccola schiava che aveva la pelle nerissima e lucente, e si muoveva con la vivacità di una lucciola. Facevano da seguito alla sposa la nipote di Innocenzo VIII, Battistina, e Giulia Farnese, alla testa di centocinquanta gentildonne romane. Il corteo si fermò davanti a un nastro rosa che attraversava la via, e Lucrezia dovette, secondo il costume dell'epoca, «far il serraglio», ovvero tagliare il nastro.[6] Un giovinetto scelto tra i più belli di Roma le offrì un mazzo di fiori. Tra gli spettatori era una gara a chi manifestava meglio il proprio entusiasmo. La sposa avanzava immateriale e luminosa, con un incedere così maestoso che sembrava non muoversi neppure.

Per questo ricevimento estivo Alessandro VI aveva scelto la frescura delle sale dove Pinturicchio non aveva ancora terminato la decorazione, e già le pitture si sposavano così felicemente con l'architettura in cui erano collocate, da rivestire i muri come la pelle il corpo. L'impiantito era coperto in parte da tappeti orientali, fino al trono pontificale sistemato in fondo alla sala, dove sedeva il Santo padre, con il rocchetto e la mozzetta di raso, circondato da dieci cardinali in cappa scarlatta. Nel momento in cui si aprirono le porte, la confusione e l'eccitazione erano così grandi che gli invitati dimenticarono di inginocchiarsi davanti al pontefice, scandalizzando Burcardo, che in questa trascuratezza vide un presagio di anarchia. Dal canto suo il fidanzato, come il futuro cognato, arrivò a sua volta indossando «una turca alla francese», e con una magnifica collana presa a prestito dal marchese di Mantova, un particolare subito colto dall'ambasciatore dei Gonzaga, che sorrise del puerile espediente: lo Sforza, diviso tra l'orgoglio per il suo nuovo imminente destino e il desiderio di pavoneggiarsi, aveva chiesto in prestito il monile al fratello della moglie defunta.

Cesare, arcivescovo di Valencia, prese posto alla sinistra del papa, mentre Juan restava all'ingresso della sala, lasciando che la sorella si avvicinasse al trono. Il passo leggero, come sospinta da un interiore ritmo di danza, Lucrezia pareva quasi non toccar terra: non si sentiva che il fruscìo della sua veste e il tintinnìo dei suoi gioielli. La sposa si avvicinò al capo della Chiesa fissandolo con occhi colmi di candore, s'inchinò in una profonda riverenza, sfiorando con le labbra la pantofola del padre. Giovanni Sforza si fece avanti verso la fidanzata, che gli tese timidamente la mano, poi la ritrasse, e infine gliela concesse, quando Alessandro VI l'ebbe pregata di riprovare una seconda volta, con meno riserbo.

I due sposi si inginocchiarono su cuscini di velluto e il notaio propose le domande di rito: «Illustre signore, penso che abbiate conservato il ricordo del recente contratto stretto fra l'illustre donna Lucrezia Borgia qui presente e mastro Niccolò vostro procuratore. Voi ricorderete i termini del contratto, l'ammontare della dote e le altre sue parti. Perciò non mi sembra necessario rileggerlo qui. Acconsentite a rispettare questo contratto nella lettera e nello spirito?». «Lo conservo perfettamente nella memoria» rispose Giovanni. «Lo accetto e mi impegno ad osservarlo.» Il notaio si rivolse dunque ai cardinali, pregandoli di voler fare da testimoni alla cerimonia che sarebbe seguita, quindi riprese a parlare al promesso sposo: «Acconsentite a prendere per vostra legittima sposa e moglie l'illustre madonna Lucrezia qui presente e promettete di trattarla come moglie legittima?». «Lo voglio di buona voglia» dichiarò Giovanni con voce sonora. Alla stessa domanda Lucrezia rispose con un semplice sussurro: «Lo voglio».[7]

Dopo lo scambio delle promesse il vescovo di Concordia si avvicinò al proprio sovrano, che gli consegnò le fedi nuziali: egli le dette agli sposi inginocchiati e li benedisse, mentre il conte di Pitigliano, capitano generale della Chiesa, levava la spada sopra la testa della coppia. Lucrezia, a mani giunte, il capo piegato, come assorta nella contemplazione del pavimento policromo, sembrava estranea alle proprie stesse nozze. I cori eseguivano «canti di grazie» e mottetti di Ockeghem, il maestro di cappella del re di Francia.

Al termine della cerimonia Alessandro VI procedette a conferire allo sposo l'Ordine di San Pietro; quindi, poiché nel frattempo l'assemblea si era spostata nel salone di rappresentanza, egli la seguì, salendo su un trono che era circondato da uno stuolo di graziose dame sedute ai suoi piedi. Era il segnale d'inizio dei divertimenti.

Duecento valletti cominciarono a offrire agli astanti marzapani, frutta e vini; i resti del rinfresco sarebbero poi stati gettati al popolo: con grande orrore di Burcardo, cinquanta chili di dolci finirono calpestati dalla folla. A questo «spuntino» seguì il nutrimento intellettuale: la rappresentazione dei *Menecmi* di Plauto, allestita dagli scudieri del cardinale Colonna, suscitò qualche sbadiglio, mentre fu accolta meglio una commedia più lieve di argomento matrimoniale, recitata dagli studenti romani con i loro professori.

Prima del pasto serale gli invitati si dispersero nei giardini, da dove si diffondevano in città i suoni di musiche e canti e gli scoppi dei fuochi d'artificio.

Il papa presiedette la cena familiare, con Lucrezia alla sua destra e Giulia a sinistra; ciascuno dei dieci cardinali invitati si trovò del resto seduto accanto a una bella gentildonna, in un ritmico alternarsi di tonache color porpora e di spalle femminili scoperte e ingioiellate.

Il giorno dopo fu offerto un banchetto in onore di Lucrezia, durante il quale Giulia ottenne il ruolo di favorita. Tre mesi prima «Giulia la Bella» aveva messo al mondo una figlia, Laura, di cui i pettegoli attribuivano la paternità al papa, ma a torto. Quella sera i valletti presentarono ai commensali bacili d'argento pieni d'acqua di rose da usare per rinfrescarsi il viso; poi ebbe inizio la sfilata di vivande elaboratissime: carni dorate, animali ricostruiti, accompagnati da vini di Smirne e di Siracusa. A un certo punto quattro cherubini posarono accanto alla tavola un gigantesco pasticcio in crosta, il cui ripieno era formato da braccialetti, collane e orecchini che Lucrezia sorteggiò fra gli invitati. Il chiarore delle torce fissate alle pareti e delle fiaccole impugnate dai paggi e le fiammelle delle candele di cera distribuite sulla tavola si moltiplicavano riflettendosi nell'oro e nell'argento del vasellame. Con una punta di malizia, Infessura scrive: «Chi mai avrebbe immaginato che la Chiesa possedesse tanta argenteria», o che la conversazione potesse essere così salace? La interruppe Josquin Desprès, che eseguì brani delle sue opere «la sol fa re mi» e la frottola *El grillo è bon cantore*, suscitando il vivo apprezzamento dei convitati.

Verso mezzanotte i valletti sgombrarono le tavole e deposero al centro della sala i doni di nozze. Bocciacci, l'ambasciatore di Ferrara, ne scriveva così al suo signore il 13 giugno 1493:

[...] Depositis mensis... per parte dell'Ill.mo Duca di Milano fu fatto il donativo suo alla sposa e fu di cinque pezze de vari broccati d'oro, con due anelli: videl. un diamante e un rubino [...]: poi io feci quello di V. Ill.ma Sig.ria con le accomodate parole di congratulazione e letizia del parentado, e oblazione amplissima: molto piacque al papa il dono, il quale ultra tutti gli altri fu laudato e commendato, e meritamente per essere sei vasi molti onorati e ricchi: videl. due bacili con dei boccali grandissimi tutti dorati alla ragusea, e due fiaschi secondo Lei ben sa. Oltre la sposa e sposo il Papa ne riferisce infinite grazie a V. E.ma Sig.ria: la non potria credere quanto le sia stato grato. Poi Ascanio fece il suo, che fu un apparecchio di credenza, cioè XII tazze, tante scatelle, tanti quadri, un bacile di buona grandezza col suo boccale, quattro piatti pur di grandezza; una confettiera dorata piana alla romanesca: si dice un mapo, e due coppe da bevere piane dorate: il resto senz'oro e lavoro sottile tutti politi; si crede di valuta di ducati mille o circa. Il Card. di Monreale due anelli vid. uno zaffiro e un diamante molto degni del prezzo di 3000 circa: il protonotaro Cesarino un bacile col suo boccale polito, poteva esser di valuta di 800 ducati. [...] Dapoi si attese a danzare per le donne, e intermedio si fece una degna commedia, con molti canti e suoni sempre assistente il papa e tutti noi altri. Quid in pluribus moror? Saria un lungo scrivere. Totam noctem consumpsimus; judicet modo Ex.ma Dominatio vestra si bene o male [...].

A ogni offerta Lucrezia rispondeva con parole garbate: i donatori osservarono che la sposa badava soltanto alla bellezza degli oggetti, mentre lo sposo attribuiva maggior importanza al valore materiale dei pezzi. Terminata la presentazione dei doni, Alessandro VI, sapendo che alcuni personaggi non avevano dato nulla, dichiarò semplicemente: «Gli altri cardinali e ambasciatori suppliranno a quanto mancherà». Stefano Infessura, un cronista che non amava i Borgia, riferisce di uno svago a cui si dedicarono i convitati, a suo avviso un po' ardito, sebbene l'ora tarda e la situazione di festa potessero autorizzare certe libertà: i confetti contenuti in 150 coppe furono gettati nella generosa scollatura delle dame, e poi... acchiappa chi può! Il papa stesso diede l'esempio gettando i confetti *in sinu mulierum*, precisa Infessura, con un'espressione che si potrebbe però tradurre anche «in grembo alle dame». La sua penna tende ben presto a trasformare questo gioco in una sorta di orgia che in seguito avrebbe acceso l'immaginazione e le fantasticherie di molti romanzieri. Lucrezia, sempre affabile, mai superba, mai pudibonda, all'inizio parve tenersi un po' in disparte rispetto al rumoroso divertimento degli altri; poi il riserbo cedette alla gaiezza e infine all'esuberanza. Arrossendo di piacere, si slanciò con grazia nel ballo, e danzò una indiavolata gagliarda al suono di viole, pifferi e tamburini.

Quando il papa ricondusse i novelli sposi al palazzo di Santa Maria in Portico, il giorno stava per spuntare. Sotto l'attento sguardo di Adriana, Lucrezia fu condotta verso il talamo nuziale, dove attese lo sposo, in compagnia del padre e del cardinale Ascanio Sforza. A questa circostanza si riferisce l'osservazione di Burcardo: «Si raccontano molte altre cose che non scrivo; potrebbero essere vere, e se lo sono, le ritengo incredibili». Si tratta della prima, pesante allusione ai rapporti fra Alessandro VI e la figlia. Nel suo diario, Infessura commenta il testo spiegando come, secondo l'usanza, il padre abbia sostato un momento nella camera dopo che Giovanni e Lucrezia si furono coricati nel letto matrimoniale, «dove finalmente lo sposo si congiunse alla sua donna». Ma che festa per i nemici e i detrattori del papa, che esultanza: dunque quell'anima nera non aveva voluto rinunciare ad assistere allo spettacolo! Tuttavia, come scrive Portigliotti, «nulla permette di supporre che il Borgia avesse voluto coronare in questo modo la festa notturna». E a scorno dei calunniatori ignari, dai memoriali dell'epoca si ricava come nei matrimoni principeschi i genitori degli sposi, o altri personaggi qualificati, fossero tenuti ad accertarsi che le nozze fossero consumate. Così, tre anni dopo, Burcardo descrive il matrimonio del fratello di Lucrezia, Jofré, principe di Squillace, con Sancia d'Aragona:

> Dopo il pranzo la sposa fu condotta dal legato del papa e dal re suo padre nel suo palazzo, che era subito fuori della porta del detto castello. La precedevano lo sposo e gli altri che formavano il seguito. I novelli sposi entrarono nella camera dove era stato preparato il talamo, mentre il legato e il re aspettavano fuori. Nella detta camera le damigelle d'onore e le donne spogliarono lo sposo e la sposa, e li posero insieme nel letto, lo sposo a destra della sposa. E mentre essi giacevano nudi sotto le coltri, entrarono il legato e il re, alla presenza dei quali le damigelle scoprirono gli sposi fin quasi all'ombelico, e lo sposo baciò la sposa senza vergogna. Il legato e il re sostarono colà conversando per circa mezz'ora, quindi uscirono tutti, lasciando gli sposi da soli. I cardinali tornarono nel palazzo vescovile, il re invece si recò nel suddetto castello.

Dunque, con l'assistere mentre Lucrezia e Giovanni venivano messi a letto, Alessandro VI non aveva fatto altro che adottare le usanze delle famiglie reali, per quanto oggi esse possano sembrarci bizzarre.

Due anni prima, quando il principe ereditario di Ferrara, Alfonso d'Este, aveva sposato Anna Sforza, si era svolta una cerimonia analoga, di cui un testimone ci ha lasciato la descrizione:

Gli sposi furono messi a letto e noi andammo tutti loro intorno, motteggiandoli. Madama Anna, la sposa, conservò il buonumore; tuttavia a tutt'e due loro sembrava ben strano vedere il letto circondato da tante persone che dicevano tutte qualche parola scherzosa, com'è d'uso in simili casi.[8]

Rimane tuttavia un interrogativo: quella notte, dopo che i testimoni si furono congedati, la figlia del papa e il marito si conobbero davvero carnalmente? Oppure non si saranno accontentati di mimare l'atto d'amore davanti a coloro che li avevano accompagnati nella camera nuziale? Molti indizi farebbero propendere per la seconda ipotesi. La prima moglie di Giovanni Sforza non aveva la minima affinità con la fragile e minuta Lucrezia, quasi angelica e probabilmente ben lontana dalla maturità sessuale. Possiamo immaginare che essa sia rimasta inibita da un coniuge ben deciso a piantare il suo «chiodo d'oro», fino al punto di rifiutarglisi? Giovanni, abituato alla opulenta Maddalena Gonzaga, trovò forse la sua seconda compagna – di tredici anni appena – troppo poco sensuale per i suoi gusti? Fu magari scoraggiato dalla prospettiva di dover sostenere il ruolo di Pigmalione? Sia come sia, resta il fatto che pochi giorni dopo il novello sposo si mostrava altrettanto impaziente di lasciare Lucrezia quanto era stato ansioso di raggiungerla fino a poco prima.

Meno di due mesi dopo le nozze, la peste che infieriva su Roma gli servì da pretesto per tornare nelle sue terre pesaresi senza farsi accompagnare dalla nuova contessa, e dedicarsi a una serie di attenti calcoli dai quali poté constatare che il matrimonio gli era costato molto caro. D'impulso, prese dunque la penna per esigere dal suocero 5000 ducati con i quali pagare i propri debiti. Alessandro VI, già abbastanza irritato da un genero che si mostrava così poco assiduo nei confronti di Lucrezia, trovandolo per di più avido, cominciava a pensare al modo di sfruttare la solitudine coniugale della figlia per stringere alleanze più proficue di quella con Milano. Tuttavia, per il momento promise allo Sforza non solo di rifondergli le spese per l'ammontare richiesto, ma di aggiungere i 30.000 ducati della dote, a condizione che egli consumasse il matrimonio: «Stipuliamo che a partire dal 10 o 15 del prossimo ottobre, quando l'aria sarà più fresca e sana, tu venga presso di noi *per la piena consumazione del matrimonio* con detta moglie tua». La lettera, datata 15 settembre 1493, evita di urtare la suscettibilità del genero, suggerendo che il ritorno possa avvenire dopo che l'aria di Roma sia diventata più salubre, una volta dispersi i miasmi della pestilenza.

Giovanni però fece ritorno soltanto il 10 novembre, «per rendere omaggio a Sua Santità e stabilirsi completamente in compagnia della sua illustre sposa». Di fatto la convivenza non modificò affatto la vita di Lucrezia. Giovanni, come condottiere al soldo della Santa sede e della repubblica di Venezia – un accumulo di ruoli che non era affatto eccezionale – si spostava di continuo da un capo all'altro della penisola per riportare all'ordine le signorie dei suoi due padroni. Era ben poco adatto a fare il principe consorte, e nella sua posizione incomoda fra due corti reciprocamente ostili, fra il timore che gl'incuteva il papa e quello dei suoi parenti di Milano, Giovanni evitava di vivere a Roma. Mancando di sufficienti doti diplomatiche per saper manovrare con eleganza e senz'affanno tra due temibili scogli, ed essendo d'altra parte coraggioso in guerra ma poco portato agli intrighi, ignaro di astuzie e di finezze, era soprattutto assillato dagli Sforza, che volevano conoscere le intenzioni della Santa sede nell'eventualità di un'invasione francese. L'ipotesi di un riavvicinamento fra Alessandro VI e il regno di Napoli preoccupava molto Giovanni: la posizione che gli era apparsa splendida cominciava a rivelarsi instabile. Tuttavia, secondo i cronisti, che erano sempre di vedetta, il suo legame matrimoniale si faceva sempre più stretto: essi osservavano le manifestazioni di stima che la giovane moglie aveva in pubblico verso il marito.

D'altra parte, grazie all'appoggio di Lucrezia Giovanni cominciò ad attribuirsi certe prebende, a usare e abusare della sua posizione per sostenere la candidatura di amici suoi a vari incarichi pontifici. Lucrezia, ancora inesperta degli arcani della politica, non era certo in grado di consigliarlo o guidarlo: tuttavia sapeva bene che lei stessa e il marito erano pedine non trascurabili nelle trattative condotte da Alessandro VI.

VI
DUE PEDINE SULLA SCACCHIERA DEL PAPA: JUAN E JOFRÉ

Nel palazzo di Santa Maria in Portico le giornate seguivano un programma rigoroso. Gli ambienti più frequentati erano le sale di rappresentanza, dove risuonavano le voci di Pomponio Leto che declamava brani del *Catalepton*, una serie di epigrammi attribuiti a Virgilio, e quella del famoso cantore Tromboncino, che Lucrezia accompagnava sul liuto, con il seguito che non si staccava mai da lei: i suoi cani, i suoi nani, i suoi gatti d'angora.

Venuta la sera, agli artisti succedevano aristocratici e prelati, riuniti in banchetti seguiti da danze, e come scrive un contemporaneo, «la maggior parte di coloro che vogliono conseguire grazia dal papa passa da questa porta». Adriana, Giulia e Lucrezia, che coabitavano in perfetto accordo, godendo della benevolenza del pontefice senza la minima rivalità, ricevevano tante suppliche da riempire bauli interi. Ma, come scrive Carlo Canale al marchese di Gonzaga, per ottenere i favori di Alessandro VI non si poteva avere «migliore né più espediente intercessore» di Juan. Nel cuore di suo padre Juan occupava il posto d'onore, e poteva ben credere di essere destinato a un avvenire brillante, per aver ereditato, dopo la morte del fratellastro, sia il ducato di Gandía, sia la stessa fidanzata del defunto: Maria Enriquez, figlia del conte di León e di donna Maria de Luna, cugina del re di Spagna. Purtroppo Juan non aveva la stoffa del condottiere valoroso. Bello e giovane com'era, non aspirava ad altro che a godere delle sue fortune: frequentava con assiduità le cortigiane e si dilettava di sedurre giovanette e dame della società romana; in tal modo si poteva illudere di uscire vittorioso dal solo genere di battaglie che gli fosse congeniale. Nella sua monumentale vanità, disposto a tutto pur di brillare, aveva preso a modello il principe

Gem, che lo affascinava per quel suo misto tutto speciale di indolenza e di energia.

I romani osservavano il corteo pontificio, che si snodava attraverso la città, con divertimento piuttosto che con scandalo. Alla testa della processione, su due cavalli identici, avanzavano il principe turco e il neo duca di Gandía, entrambi vestiti all'orientale, in capo il turbante che contraddistingueva i nemici della cristianità; li seguiva la croce, portata dal cardinale Ascanio, e infine Alessandro VI. Lo spettacolo, in cui l'esotismo si mescolava allo sfarzo degli addobbi sacerdotali, entusiasmò i passanti: la folla sorrideva ai sedici anni di Juan, si mostrava timorosa dell'infedele, si inchinava a ricevere la benedizione del Santo padre.

Grazie all'imminente matrimonio con la nipote del re di Spagna, Juan sarebbe entrato in una delle case regnanti, il che giustificava l'ampio credito concessogli dal papa presso i migliori gioiellieri. Scriveva Andrea Bocciacci: «Abita sotto casa mia, in una bottega, un singolare orefice, il quale già da mesi non ha fatto altro che legare gioie in anelli e collane e di qualunque apprezzata sorte. Tutto mi mostrava: infinite perle grosse, rubini diamanti smeraldi zaffiri e balasci [spinelli nobili, pietre preziose di color rosso] in perfezione». Broccati, velluti, pellicce di lince e di ermellino, arazzi, tutto destinato alla futura nuora di Sua Santità, si accumulavano nei cassoni da corredo, sui quali erano dipinte scene del paradiso terrestre e la caduta di Adamo ed Eva.

Tuttavia, l'affetto paterno non offuscava la lucidità di Alessandro, che collocò accanto al figlio il vescovo di Oristano don Ginés Fira, canonico di Cartagine, con funzioni di segretario, e Mossen Jayme Pertusa, come tesoriere. La loro missione era di sorvegliare il duca di Gandía, riferendo al papa tutte le sue gesta, sotto pena di scomunica.

Il 4 agosto Juan si imbarcò a Civitavecchia sulle galee spagnole. Il 24 la famiglia Enriquez e l'erede al trono, Juan d'Aragona, accolsero il figlio del pontefice che sbarcava a Barcellona. Due mesi dopo giungevano a Roma dicerie preoccupanti sul suo comportamento: Juan si mostrava indifferente verso la giovane sposa – un altro matrimonio che sembrava destinato a non essere consumato – e passava le notti a perdere denaro, fino a duemila ducati e più, tanto che – si diceva – per pagare i debiti era stato costretto a tagliare le rendite del suo ducato.

Le notizie indignarono Alessandro VI e gli fecero temere la collera del re di Spagna. Il papa scrisse quindi una lettera di ammonimento in un tono corrispondente alla delusione e all'irritazione che lo dominavano, e per di più chiese a Cesare, cardinale di recente nomina, di richiamare all'ordine Juan. Cesare scrisse perciò al fratello: «La mia gioia per essere stato elevato al cardinalato è minore del dispiacere che provo nell'apprendere della Vostra cattiva condotta, secondo quanto è stato riferito al papa. A Barcellona passate le notti ad aggirarvi per le strade uccidendo cani e gatti, frequentando i bordelli, giocando forti somme, invece di obbedire a Vostro suocero don Enriquez e rendere a donna Maria l'omaggio che le dovete... Sua Santità è profondamente accorata e languisce di tristezza».[1]

Juan fece orecchi da mercante. Nella sua residenza di Gandía, dove si trovava per ordine del padre, si curava ben poco della moglie e la lasciava sola per andarsene a caccia di cinghiali. Insomma il beniamino di Alessandro si annoiava a morte e mandava ai familiari messaggi di smentita e di protesta: «Quello che più mi affanna, è che V. S. abbia prestato credito a cose che non hanno aspetto di verità». La famiglia si riunì per esaminare il suo caso e anche Lucrezia dovette esprimere un parere, che fu molto cauto: la giovane donna aveva già abbastanza da fare con il proprio marito senza doversi far carico di un fratello minore prodigo, meschino, egoista e vanesio. Frequentando la corte vaticana, brulicante di trabocchetti, aveva cominciato a comprendere la necessità di aprire gli occhi sulle nubi che si andavano infittendo. Suo padre aveva sempre il primo posto nei suoi affetti, e tuttavia Lucrezia cominciava a sentire le difficoltà della posizione di Cesare, che mordeva il freno, trovandosi condannato alla vita ecclesiastica, poco amato, sfavorito a vantaggio del mediocre Juan.

Cesare, fatto uomo di Chiesa suo malgrado, bramava il potere, la gloria delle armi: e d'altro canto la sua condizione di bastardo lo ostacolava nell'elevazione alla porpora. Per rimediare, Alessandro VI fece preparare a suo nome un certificato di stato civile in cui testimoni compiacenti dichiaravano Cesare figlio di Vannozza, nato all'epoca in cui essa era la legittima consorte di Domenico d'Arignano. In tal modo il «vizio della bastardigia» cadeva e le forme erano rispettate. Eppure, nonostante che in quello stesso giorno, il 19 ottobre 1493, Alessandro VI avesse firmato un'altra bolla, destinata a restare segreta, in cui si riaffermava padre di Cesare, quest'ultimo continuava a risentirsi per quel primo documento, ed era ancor più ostile a Juan, minore di lui di due anni, il quale restava non solo indiscutibilmente figlio del papa, ma per di più gli rubava i privilegi cui Cesare sentiva di avere pari diritto.

Il 20 settembre, quando il pontefice creò dodici nuovi cardinali, uno per ciascuno dei paesi alleati, la nomina di Cesare fu quella che ebbe maggiore spicco. L'ascesa al cardinalato di Ippolito d'Este, quindicenne, o quella di Alessandro Farnese, che aveva dieci anni di più, avevano suscitato il sorriso dei romani. Il primo era un bell'atleta, noto «per i suoi fasti e sregolatezze»; il secondo, fratello di Giulia, portava il soprannome di «cardinale gonnella» o di «cardinale fregnese», con allusione piuttosto esplicita al suo debole per le belle signore: padre di tre figli e di una figlia, con il nome di Paolo III divenne poi l'ultimo grande pontefice del Rinascimento.

Soltanto nel novembre 1493 giunse a Roma la notizia incredibile, recata da tre italiani residenti in Spagna: un anno innanzi, Ferdinando e Isabella la Cattolica avevano inviato delle caravelle «di là dal mare», al comando di Cristoforo Colombo, e questi, figlio di un lanaiolo genovese, aveva scoperto terre sconosciute e una specie umana diversa. Così spiegava Ponzone da Ferrara: «Sono uomini della nostra stessa statura, ma con la pelle color rame e un naso come quello delle scimmie. I loro capi portano appesa alle narici una piastrina d'oro che arriva fino alla bocca. Le donne hanno la faccia grande come una ruota, e sono tutti nudi, maschi e femmine. Sembrano intelligenti, sono molto docili e miti. Nessuno comprende la loro lingua. Mangiano tutto quel che viene loro presentato, ma non gli si dà vino». Secondo Giambattista Strozzi: «Questi uomini somigliano ai tartari, alti e vivaci, con lunghi capelli sciolti sulle spalle. Si nutrono di carne umana, mettendo gli uomini all'ingrasso come noi facciamo con i volatili da cortile, e si chiamano cannibali». Il cronista prosegue narrando come i compagni di Colombo avessero trovato nel paese «alberi che producono bella lana, altri che portano la cera e le fibre di lino». Luca Fancelli dichiara invece: «In questa contrada, dove gli abitanti sono molto accoglienti e ospitali, c'è abbondanza di oro. Vi sono palme in quantità, di oltre sei specie diverse, e alberi di un'altezza prodigiosa. Vi sono altre isole, cinque delle quali hanno ricevuto un nome, e una di esse è grande quasi quanto tutta l'Italia. Vi sono fiumi in cui scorre l'oro. Nel paese manca il ferro, ma abbondano il rame e altre meraviglie».

Erano queste le prime notizie giunte dalla Spagna sull'argomento, inviate da tre dotti italiani al sovrano pontefice: la gloria di Ferdinando e Isabella e del loro navigatore – sebbene quest'ultimo fosse genovese – riverberava sulla casa dei Borgia, portando alle stelle la popolarità di Alessandro VI. Su di lui i contemporanei pronunciavano giudizi come questo: «È sempre pronto a sobbarcarsi il fardello dell'interesse pubblico, a dare udienza, a rispondere con la parola e la presenza a tutto quanto è richiesto dalle sue funzioni». Ai romani il pane non mancava; la vita costava poco, e i più poveri erano grati al papa che sapeva opporsi efficacemente alle pretese dei baroni.

In autunno i Farnese invitarono Lucrezia nelle loro terre, nel castello di Capodimonte, dove la madre di Giulia, Giovannella, dette una serie di feste in suo onore. Per la contessa di Pesaro, non scontenta di trovarsi lontana dal marito e dagli intrighi del Vaticano, fu un diversivo molto gradito. La sorella maggiore di Giulia, Girolama, e il marito Lorenzo Pucci, insieme al cardinale Alessandro, coinvolgevano la loro ospite in grandi spedizioni di caccia, durante le quali la comitiva consumava rustici pasti presso i contadini al servizio della famiglia. Tornati a Capodimonte, tutti gli invitati si riunivano intorno a fuochi giganteschi, e Lucrezia cantava i *Leys d'Amors*, accompagnata sul liuto da Giulia, ristorando il corpo e lo spirito lontano dalle pompe dell'ufficialità.

Di nuovo a Roma, la nuora e la nipote di Adriana ripresero la vita consueta nel palazzo di Santa Maria in Portico. Durante la mattinata si dedicavano alla cura della persona. I capelli dovevano essere lavati tre volte alla settimana. Dopo la Beatrice di Dante o la Laura cantata dal Petrarca, tutte le eroine dei poeti non potevano avere altro che i capelli d'oro; le brune che volevano riparare al loro difetto di natura erano costrette a ricorrere all'allume bollito con il comino o il rabarbaro, all'edera distillata negli alambicchi, alla cenere di frassino scortecciato o alle radici di noce. Già nel suo *La mania delle donne*, pubblicato nel 1475, Morpurgo ammoniva contro i guasti di una moda seguita dalle popolane quanto dalle borghesi: «Che dire del loro incarnato; e dei loro capelli che ognuna vuole lunghi e biondi, ma per ottenerli bisogna stare al sole; a che servono tante cure! Esse badano ben poco alle faccende di casa e passano tre ore a rimirarsi, ad asciugarsi, ad arricciarsi».

Nel caso di Lucrezia, queste abluzioni erano una necessità, per evitare le emicranie. La sua chioma ricadeva fino a terra, ed era così bionda da suscitare invidie e maldicenze, la prima delle quali era che il color d'oro fosse dovuto ad artificio. D'altronde, essa seguiva i dettami della moda anche nel tingersi le ciglia di nero, per mettere in risalto la sua carnagione di perla. Così tutte le belle romane cercavano di far concorrenza alla silfide Borgia. Lorenzo Pucci descrive l'atmosfera d'intimità che caratterizzava la vita quotidiana di Lucrezia in una lettera del 24 dicembre al fratello Giannozzo:

Andai in casa di Santa Maria in Portico a veder madonna Giulia; la trovai che s'era lavato il capo, ed era insieme con madonna Lucrezia figliola di nostro Signore, con madonna Adriana accanto al fuoco [...] Madonna Giulia si è ingrassata e fatta bellissima: in mia presenza si scapigliò e si fece acconciare i capelli, i quali gli andavano insino ai piè, ed ha i più belli; e si abbigliò con un cuffione di rensa e con una certa rete sottile come fumo con certi profili d'oro che invero pareva uno sole [...] Aveva un fodero addosso alla napolitana e così madonna Lucrezia, la quale dopo un breve intervallo andò a cavarselo e tornò poi con una veste foderata quasi tutta di raso pavonazzo. [...] Madonna Giulia voleva ch'io vedessi la fanciulla la quale è già grande et, ut mihi videtur, est similis Pontifici [...].

Le due cugine formavano dunque un quadro a forte contrasto: l'una sontuosa e in pieno sboccio, l'altra fresca, aggraziata e piena di promesse. «Non si è mai visto niente di più bello» concludeva Lorenzo.

Pinturicchio e la sua scuola avevano appena terminato gli affreschi commissionati da Alessandro VI. *La disputa di Santa Caterina* era un vero e proprio ritratto di famiglia, nel quale l'artista celebrava i figli del Borgia con un intuito che sconfinava nella divinazione; si direbbe che il loro tragico avvenire sia rimasto iscritto fino a oggi sulle mura del Vaticano.

Il papa aveva una particolare devozione per Caterina d'Alessandria, ed era riuscito a far condividere alla figlia la predilezione per la martire, al punto che Lucrezia aveva accettato di prestarle la sua fisionomia come si accetta un onore. Durante le sedute di posa, iniziate un anno prima, aveva avuto tutto il tempo di entrare in dimestichezza con l'ascesa al sacrificio dell'eroina del IV secolo, fin quasi a confondere il proprio destino con quello della santa.

Caterina è un personaggio fuori del comune: figlia del re Costa, è invitata dall'imperatore Massenzio a sacrificare agli idoli. Senza mostrare alcuna timidezza, lo affronta con queste parole: «Io vengo a ossequiarti sia per deferenza verso la tua carica, sia perché voglio adoperarmi a distoglierti dal culto degli dèi, sì che tu riconosca il solo vero Creatore». E qui Caterina si accalora a discutere con Massenzio, ricorrendo a sillogismi, allegorie e metafore secondo la più dotta retorica. Colpito dalla sua scienza e dalla sua bellezza, e non sentendosi in grado di ribattere, l'imperatore convoca cinquanta retori e filosofi di corte, scelti fra i più sapienti, che invano moltiplicano gli sforzi per indurla a rinunciare alla fede: è invece Caterina che li converte. Esasperato, Massenzio condanna gli eruditi al rogo, e la principessa al supplizio della ruota. Tanta crudeltà suscita l'indignazione dell'imperatrice, che si converte a sua volta. Il marito la condanna a essere mutilata delle mammelle e quindi decapitata; uno dopo l'altro, gli ufficiali dichiarano al loro comandante di essere diventati cristiani e si dicono pronti a morire. L'imperatore li fa decapitare. A questo punto gli angeli trasportano il corpo di Caterina sul monte Sinai, traslazione alla quale si fa risalire l'origine del magnifico santuario ivi eretto in suo onore.

Nell'affresco del Pinturicchio la figlia e il figlio del papa occupano il centro. A destra, di profilo, il frivolo duca di Gandía, in abiti di foggia orientale, si pavoneggia sul suo cavallo e rivolge la sua attenzione al fratello Jofré, giovane cavaliere biondo che si protende verso di lui con un gesto ricercato della mano. A sinistra del trono lo scuro Gem, con un turbante immacolato, e accanto a lui, in guarnacca rosa e con un berretto rosso in capo, Andrea Paleologo, nipote di Costantino I. Al centro sorge l'arco di Costantino, che celebra la gloria del papa ed è ornato dal toro Borgia con l'iscrizione *Pacis cultori* (a colui che difende la pace).

In quest'ambientazione sontuosa e campestre si svolge il certame oratorio: l'imperatore è circondato dai retori che consultano febbrili i loro trattati per cercare una replica alle sfide scagliate da un'erudita di diciotto anni. L'imperatore Massenzio assiso in trono ha i tratti di Cesare, un felino pronto a scagliarsi sulla preda, e la preda è Lucrezia-santa Caterina, l'adolescente cresciuta troppo in fretta, sovraccarica di gioielli, di drappi pesanti e preziosi. Il suo contegno grave di fronte alla belva accentua il clima da duello, in cui speranza e abbattimento racchiudono la giovanissima donna non meno del suo mantello rosso. Le mani affilate sono congiunte, come a supplicare una mitigazione del proprio destino, o come in preghiera, e si ha il presentimento che al tramonto della vita, rinunciando ai suoi splendidi ornamenti, essa porterà il cilicio.

Il principe degli artisti, e artista dei prìncipi, ci racconta in realtà tutta la storia di Lucrezia. Il pittore raffigura anche se stesso, con modestia e senza indulgenza, alle spalle del Paleologo: un viso devastato, con labbra e naso grossolani. È un miracolo che si deve alla scelta di Alessandro VI. Nel pieno dei fasti della sua ascesa al trono papale, e nel fitto degli intrighi politici, il Santo padre seppe comprendere che questo genio brutto e deforme gli avrebbe donato una visione d'incanto.

Sugli appartamenti Borgia, rimasti inaccessibili per quattrocento anni, nacquero le leggende più fantasiose. Si diceva che vi si trovassero i ritratti delle concubine del papa raffigurate in pose lascive, affreschi erotici al limite dell'oscenità: Alessandro VI inginocchiato davanti a Giulia, il toro Borgia che monta il bue Api, Iside e Osiride che raffiguravano l'incesto fra Cesare e Lucrezia, e così via. Perciò, quando nel 1897 Leone XIII tolse l'interdetto e ordinando il restauro delle stanze aprì al pubblico il «tempio del vizio», la meraviglia fu generale. Sulle mura, sulle volte di oro fulvo e azzurro oltremare, la luce gioca sulle figure di sogno, fragili nelle vesti ondulate, oppure protette da ricchi carapaci, da splendide armature cesellate, ornatissime, che risaltano come un riflesso marezzato sullo sfondo del paesaggio umbro. Pinturicchio, straordinario illuminatore, ritrattista veggente, mostra i Borgia in carne e ossa e soprattutto ne sorprende i segreti.

Grazie a lui Lucrezia si vedeva meglio che in uno specchio. Illustrandole gli altri affreschi, Pomponio Leto le spiegò il senso esoterico della leggenda egiziana, in particolare l'amore fra Iside e Osiride e la morte violenta di questi, provocata dalla gelosia di Tifone. Lucrezia, sensibile alla bellezza tragica del mito, certo si rammentò, sei anni dopo, delle spiegazioni ricevute dal vecchio erudito, quando anche lei, come Iside, pianse sul cadavere dello sposo ucciso dal fratello.

Nel frattempo, il presente era motivo di festa, non di pianto. La figlia di Alessandro VI riceveva numerosi prìncipi stranieri, sovrani deposti e letterati. La sua corte assumeva caratteri orientali, le mode alle quali si era ispirato Benozzo Gozzoli nella sua *Adorazione dei magi* si diffondevano. Il principe Gem – preziosa garanzia di buona condotta da parte del Gran Turco – a questo punto lasciò il Vaticano per trasferirsi nel palazzo di Santa Maria in Portico, dove si sentiva libero, accolto come in famiglia. Nessuno gli faceva una colpa di essere figlio del conquistatore che aveva stabilito su Costantinopoli il dominio della Mezzaluna: piuttosto era commiserato perché aveva un fratello che cercava di farlo assassinare. L'espressione del suo viso, in cui si mescolavano orgoglio, astuzia, crudeltà, ma anche tristezza, suscitava attrazione e turbamento insieme. Incuteva timore il fatto che fosse stato un potente, ridotto ormai in una condizione pietosa. Accanto a Lucrezia e ai suoi amici, che lo trattavano come uno di loro, Gem dimenticava le asprezze del suo destino; erano gli ultimi raggi di luce prima della penosa prigionia cui sarebbe stato costretto nel cupo castel Sant'Angelo.

Con l'ospite-ostaggio si conversava su svariati argomenti, per esempio la follia. Il domenicano fra Mariano Fetti dava per certo che ognuno dei suoi uditori portava in sé «qualche seme di pazzia», come riferisce il Castiglione. Il gioco consisteva nell'interrogarsi sulle possibili stravaganze, sulle scintille che avrebbero potuto esserne provocate: una prefigurazione della confessione pubblica, ma con modalità ludiche. «Di questo gioco si rise molto, né alcun era che si potesse tener di parlare: chi diceva io impazzirei nel pensare: chi nel guardare: chi diceva io già son impazzito in amare, & tai cose». Anche Pandolfo Collenuccio, apprezzato umanista, era di casa da Lucrezia: aveva appena terminato la *Defensio Pliniana* che lo avrebbe reso celebre. Era stato al servizio del duca di Milano, e alla sua eloquenza Giovanni Sforza doveva la signoria di Pesaro, concessa dai papi Sisto IV e Innocenzo VIII sebbene Giovanni fosse un bastardo di Costanzo Sforza. Il filosofo che si divagava a casa della figlia del papa non era indifferente ai divertimenti che vi si svolgevano, nei quali spesso la parola andava oltre l'intenzione, come succedeva nel «passafiore».[2] In questo gioco Lucrezia e gli invitati erano seduti in cerchio: ciascun giocatore doveva offrire un fiore al vicino dicendo prima la formula: «L'amore non può essere perfetto se il cuore non si perfeziona», e proseguendo con un commento che in qualche caso poteva diventare una dichiarazione d'amore più o meno dissimulata. I perdenti, ossia gli infelici che rimanevano muti, interrompendo il cerchio magico, dovevano sottomettersi a penitenze spesso perfide. Ad alcuni si ordinava di togliere la giarrettiera a una dama senza scoprirle la gamba, a un altro di prenderle con la bocca una forcina per capelli che essa teneva tra i denti, ma senza toccarle le labbra: in questo la maliziosa Lucrezia dimostrava una stupefacente sicurezza. Eppure, a quattordici anni essa non aveva ancora provato l'amore, a differenza di molte sue coetanee. Giovanni Sforza, probabilmente sconcertato dalla moglie bambina, non aveva saputo entrare in sintonia con la sua compagna. Senza darsi pena dei prolegomeni, era passato all'attacco, da buon soldato, soggiogandola come una città assediata. Come vedremo, la brutalità legittimata e ripetuta aveva colto per qualche tempo di sorpresa l'inesperta Lucrezia, che si adeguò senza piacere all'uso di un gioco meccanico e monotono, senza che ciò le suscitasse la curiosità di domandarsi come sarebbero potute andare le cose con un compagno diverso.

Peraltro ai primi del 1494 la situazione politica dello Sforza cominciava a complicarsi, o addirittura a declinare. Fino a quel momento la Santa sede aveva assicurato a Milano la propria alleanza, ma il 25 gennaio il re di Napoli, Ferdinando, era morto «sine luce, sine deo», lasciando il trono al figlio Alfonso di Calabria, subito riconosciuto da Alessandro VI come sovrano. A questo punto Carlo

VIII dichiarò che contestava alla casa aragonese ogni diritto sul regno napoletano, rivendicandolo per se stesso in quanto erede di Luigi d'Angiò, re di Napoli nel secolo precedente. Ludovico Sforza, detto il Moro, che vedeva con timore il riavvicinamento tra il Vaticano e gli Aragona, sostenne le pretese di Carlo, dando alla circostanza il valore di un vero e proprio *casus belli*. Il pontefice, non potendo permettere al re di Francia di esercitare una pressione su di lui, il 18 aprile decise di inviare a Napoli come proprio legato il figlio cardinale Juan Borgia, per incoronare Alfonso II e celebrare le nozze dell'altro figlio Jofré con Sancia d'Aragona, figlia naturale del nuovo sovrano. A questo punto Lucrezia, sposa di uno Sforza, manifestò al padre le proprie ansie per un voltafaccia diplomatico che di fatto avrebbe voluto impedire la discesa delle armate di Carlo VIII fino a Napoli. Per tutta risposta Alessandro VI le suggerì di recarsi a Napoli con il marito per assistere alla cerimonia e far da guida al fratello minore, il promesso sposo, appena dodicenne. Giovanni respinse il cosiddetto invito, troppo somigliante a una sfida, e cercò di indagare più a fondo i veri sentimenti del suocero. Il colloquio lo lasciò tuttavia perplesso, e così egli ne scrisse allo zio, Ludovico il Moro:

> Ieri sera il papa mi ha interpellato: «Giovanni, che cos'hai da dirmi?». «Santo padre, a Roma tutti pensano che abbiate stretto un accordo con il re di Napoli, nemico del duca di Milano. È vero? Io mi verrei a trovare in una posizione difficile: al servizio di Vostra Santità sarei costretto a servire il napoletano contro il milanese. Grande sarebbe la mia angoscia! Napoli o Milano? Supplico la Santità Vostra di non costringermi a farmi avversario del mio stesso sangue e a infrangere i doveri ai quali sono tenuto verso Vostra Santità e verso lo stato milanese.» Il papa mi ha risposto: «Vi date troppo pensiero delle mie faccende, restate al soldo di entrambi». Signore, se avessi saputo prevedere di trovarmi in una situazione simile, avrei preferito vedermi ridotto a mangiare la paglia su cui mi corico. Mi getto tra le Vostre braccia e prego Vostra eccellenza di non abbandonarmi, di soccorrermi con la Vostra benevolenza. Custoditemi la situazione e il piccolo nido che grazie a Milano i miei avi mi hanno lasciato. Colui che nella sua persona e nelle sue milizie sarà sempre al servizio di Vostra eccellenza.[3]

Giovanni Sforza riferì allo zio anche le sue ansie per la conservazione del feudo pesarese: egli temeva che il papa progettasse di eliminare i tiranni e i vicari degli Stati pontifici. Per il momento Alessandro VI gli chiedeva di radunare la sua armata a Pesaro e di prepararsi a una battaglia in Romagna, in collegamento con i napoletani, per respingere una possibile invasione dei francesi. Giovanni dunque avrebbe dovuto raggiungere i suoi uomini; prima però assistette al matrimonio di Jofré Borgia, «di bello e gradevole aspetto», che in Vaticano fu sposato per procura alla principessa d'Aragona, rappresentata dallo zio Federico.

Il 15 aprile 1494, accompagnato da Virginio Orsini, capitano generale delle truppe di Aragona, e dal nobile Ferrando Dixer, governatore, Jofré lasciò i suoi partendo per Napoli. Lucrezia lo preferiva agli altri suoi fratelli: Gandía era troppo vanitoso; Cesare, il cui ascendente sul padre si rafforzava di giorno in giorno, cominciava a farle paura. Così le prime notizie che ricevette da Napoli furono motivo di grande gioia. Durante le cerimonie per l'incoronazione di Alfonso II, Jofré era stato fatto cavaliere dal nuovo sovrano, il quale, sfiorandogli con la spada l'orecchio sinistro, aveva proclamato: «Che Dio e san Giorgio ti facciano buon cavaliere». Jofré aveva poi ricevuto i titoli di principe di Squillace e conte di Coriata, e inoltre l'Ordine dell'Ermellino, che aveva per motto «Morire piuttosto che tradire».

Il 7 maggio si celebrò il matrimonio religioso nella cappella del Castel Nuovo: al tradizionale quesito del vescovo di Tropea il futuro sposo rispose con un ardore così febbrile da suscitare ilarità fra gli astanti. In una lettera a Lucrezia, Jofré raccontava tutti i riti della messa, meravigliandola con la descrizione di usanze sconosciute a Roma. Per esempio, al momento della comunione, l'officiante, il vescovo di Gravina, aveva baciato sulla bocca il diacono, che aveva trasmesso il bacio allo sposo, il quale a sua volta lo aveva dato alla sposa. Si può essere sorpresi dai dettagli, come questa serie di abbracci a ripetizione, ma nell'insieme il servizio divino non presentava nessuna differenza importante. Al momento in cui gli sposi andarono a coricarsi, le dame del seguito di Sancia d'Aragona li misero a letto e si ritirarono per lasciar entrare il re e il cardinale di Monreale. I motti di spirito e gli incitamenti dei testimoni non disturbarono affatto l'attività della coppia, e il marito ricevette le congratulazioni del sovrano e del cardinale Borgia, i quali ammirarono quanto il principe fosse stato «grazioso e animoso». Sorgeva l'alba quando il talamo nuziale fu benedetto dal legato del papa, il quale a sua volta confidò a Lucrezia la propria gioia per aver potuto vedere il giovane mostrarsi così valente: «Avria pagato una bella cosa perché gli altri lo avessero visto come l'ho visto io».

Tuttavia, nella primavera del 1494 l'orizzonte si andava oscurando di fitte nubi. Dapprima a Roma, dove imperversava la pestilenza e sembrava confermata l'imminenza della guerra. Fin da allora il primo pensiero di Alessandro VI davanti alla tempesta incombente sull'Italia era di mettere al sicuro tutti i suoi; decise di inviare a Pesaro, sull'Adriatico, tutte le donne che gli erano care. Quindi il 25 maggio l'ambasciatore di Mantova a Roma, Fioravante Brognolo, scrisse al marchese Gonzaga: «L'illustre Giovanni partirà lunedì o martedì con le quattro dame che secondo gli ordini del papa resteranno a Pesaro fino al mese di agosto».

VII
ASTRI E DISASTRI: LUCREZIA E GIOVANNI

La partenza era stata fissata per il 31 maggio 1494. Il corteo era senza dubbio degno della famiglia papale. Adriana e Juana Moncada, nipote di Alessandro VI, viaggiavano in spaziose lettighe, mentre Giulia e Lucrezia, in sella a bellissime chinee, conversavano allegramente con Giovanni, felice di aver infine lasciato Santa Maria in Portico. Nonostante le circostanze, gli sorrideva la prospettiva di presentare la sposa ai suoi sudditi. Il viaggio sarebbe durato nove giorni, con una media di trenta chilometri al giorno, attraverso la campagna umbra, poi quella marchigiana e la provincia boscosa di Fossombrone. La carovana attraversò la contrada misteriosa degli etruschi, dove sepolcri in rovina fiancheggiavano la via Flaminia lastricata di basalto; poi passò ai piedi del monte Soratte, che si ergeva a piramide mentre in lontananza si affacciavano le vestigia degli acquedotti, testimoni della *pax romana*. Dopo qualche difficoltà sui disagevoli sentieri appenninici, dove l'eccesso di piogge aveva gonfiato i torrenti, tanto da costringere gli uomini della scorta a trasportare le dame a forza di braccia, i viaggiatori scoprirono a Fano una primavera tardiva che strappava loro esclamazioni gioiose. La graziosa cittadina portuale doveva il proprio nome a un tempio dedicato alla Fortuna, Fanum Fortunae, innalzato dai romani per commemorare la vittoria del 207 a. C. su Asdrubale, fratello di Annibale.

Le rigorose istruzioni impartite dal sovrano pontefice permettevano appena alla comitiva di ammirare l'arco di trionfo di Augusto, poiché il governatore della città attendeva gli ospiti nel palazzo della Ragione: questa doveva essere l'ultima tappa prima di Pesaro, che li avrebbe accolti al termine della serata. Finalmente l'8 giugno Lucrezia e il marito giunsero nel loro feudo, ai piedi dell'ampia cerchia di mura irta di torrette e guardiole. Il corteo sfilò nella città pavesata a festa, in mezzo a un brulicare di folla curiosa che si riprometteva di ottenere grandi favori dalla figlia del papa. Purtroppo gli ardori dei sudditi furono raffreddati da un temporale, o per meglio dire da un diluvio: così la cavalcata giunse fradicia di pioggia e infreddolita nel palazzo dove li attendevano grandi camini accesi (ed era giugno!). In gran fretta i servi prepararono un cambio di abiti asciutti mentre i paggi servivano bevande calde. «Per questa sera» scrisse Giovanni al suocero «non si attese ad altro che ad asciugarsi.»

Già la mattina dopo il sole risplendeva su un mare di smeraldo: per la prima volta in vita sua Lucrezia poteva assaporare un delizioso senso di libertà. Lontana da Roma, separata dal Vaticano dalla barriera dell'Appennino, sentiva di essere sfuggita alla diretta influenza del padre e del fratello, nonostante che la signoria di Pesaro fosse tributaria della Chiesa.

La fondazione di Pisarum, sul fiume Pisarus, risale ai siculi, conquistatori della Sicilia nel primo millennio a. C. Sotto Augusto, la città era diventata una ricca colonia di Roma, con una cerchia di mura fortificate, otto templi, un circo, le terme e l'arco di trionfo. Alla caduta dell'impero romano fu distrutta, e ricostruita sotto il generale bizantino Belisario, per passare sotto il dominio papale nel IX secolo. Più tardi Innocenzo III attribuì il feudo di Pesaro ad Azzo d'Este, signore della Marca e di Ancona; nella contesa che oppose gli Hohenstaufen al papato il territorio passò di mano più volte, ora sotto Federico II, ora sotto la Chiesa. In seguito i Malatesta divennero podestà della città, finché nel 1445 Galeazzo Malatesta, incapace di difendere il suo possesso contro le pretese di un parente, il tiranno di Rimini Gismondi, lo vendette agli Sforza per 20.000 fiorini. Dopo la caduta dei Visconti fu investito del feudo Alessandro Sforza, marito di Costanza Varano; dalla coppia nacquero due figli: Battista, celebrata per virtù e bellezza, sposa di Federico duca di Urbino, e Costanzo, il padre di Giovanni, che aveva sposato Camilla d'Aragona, della casa regnante di Napoli.

Dal momento che per i «tiranni» di Pesaro la figlia di Alessandro VI rappresentava il partito matrimoniale che meglio corrispondeva alle loro ambizioni, gli abitanti del feudo le fecero premurosissima accoglienza, e ben presto Lucrezia si trovò circondata da molti amici.

Pesaro sorge al centro di un anfiteatro di colline verdeggianti che si aprono sul mare. Ai due estremi dell'emiciclo sorgono due ripidi promontori, il monte Accio e l'Ardizio. La città è protetta da una cinta di mura che allontana i rischi delle mareggiate. L'incantevole località adriatica, dove il sole si riflette sulle onde scintillanti e il suo calore è mitigato dalla brezza marina, suscitava immagini sorridenti nell'animo di Lucrezia. Pesaro, città felice, con le sue strade rettilinee, i palazzi gotici e rinascimentali, i conventi, si stendeva lungo il Foglia, il fiume che un tempo era detto Pisarus. Il monumento più vistoso era il castello, fiancheggiato da quattro bastioni e cinto da un fossato. All'epoca si trovava tra la città e il mare, mentre oggi la Rocca Costanza è inserita fra la via Piave e il viale Vittoria: la terraferma si è estesa a spese del mare.

Lucrezia non abitava nella fortezza, notevole esempio di architettura militare, terminata nel 1483, bensì nel palazzo costruito dagli Sforza ai primi del XV secolo, dove aveva vissuto Camilla d'Aragona, matrigna di Giovanni, esiliata a Parma da quattro anni. La sua partenza aveva fatto scomparire la vita di corte del piccolo Stato, che Lucrezia e Adriana avrebbero cercato di riportare all'antico splendore. Grazie al suo seguito e alle persone di rango che abitavano nei paraggi, la giovane contessa di Pesaro poté dare il segnale dei festeggiamenti.

Al primo ballo dato da Lucrezia, si scatenò una vera e propria gara fra Lucrezia stessa, Giulia e la bella Caterina Gonzaga, sposa del conte Ottaviano di Montevecchio. Le due cugine affilarono le armi, togliendo dai bauli gli abiti più preziosi, coprendosi di gioielli. Durante la festa i notabili vennero presentati a Lucrezia; più tardi Giulia riferì: «Pareva che avessimo spogliata Fiorenza di broccati, e tutti li circostanti stavano spantati [sbalorditi]».

Il giorno dopo Lucrezia mandava al padre un ritratto della rivale alquanto riduttivo: «Le bellezze della quale [Caterina Gonzaga, contessa di Montevecchio] narrerò in qualche parte a Vostra Beatitudine, perché sono certa che lo avrà accetto per la gran fama sua. Primo, ella è più grande di Madonna Julia sei dita, ha belle carni e bianche, bella mano e bella persona, poi ha brutta bocca e denti bruttissimi, occhi bianchi e grossi, il naso più brutto che bello, la faccia lunga, brutto colore di capelli, ed ha molto cera da uomo, ha buono ed accomodato parlare; io l'ho voluta veder ballare, della qual cosa non mi ha molto soddisfatta; in fine, di ogni cosa, *presentia minuit famam*».[1] Lucrezia riservava tutti i suoi entusiasmi per Giulia, non smentita da un contemporaneo come l'umanista Jacopo Dragazio, che scrive al suo signore Cesare Borgia: «Un colorito bruno, occhi neri, viso rotondo e un certo ardore [*quidam ardor*] ornano Giulia».

Pochi giorni dopo una spagnola del seguito di Lucrezia, donna Lucrecia Lopez, figlia di un datario pontificio, sposava Gianfrancesco Ardizio, medico degli Sforza. Dopo la cerimonia religiosa Lucrezia presiedette il banchetto nuziale al piano nobile del palazzo. Sulla gigantesca tavola scintillavano i candelabri con innumerevoli candele accese, i colori dei vetri di Murano danzavano con i loro riflessi nella luce, mentre i piatti di maioliche pesaresi portavano una nota brillante. I passi discreti dei valletti, calzati di scarpe dalle suole di feltro, non impedivano di ascoltare l'ode recitata in onore degli sposi e accompagnata dal mormorio delle fontane. Sui convitati si diffondeva una sensazione di benessere, una felice disposizione, come la reciproca intesa nell'assaporare la gioia della giornata, nella quale la piacevolezza del conversare si mescolava alle salse speziate delle lamprede e alla fragranza dei vini. A poco a poco la fisionomia meditativa di Lucrezia, dai tratti delicatamente cesellati, si animava fino a prendere parte alla festa, ma senza mai abbandonare un certo riserbo.

I suoi contemporanei dubitavano ancora che essa fosse in grado di accogliere veramente i piaceri dei sensi, di accettarne le arditezze. Tuttavia le accadeva di manifestare una certa disposizione alla voluttà, che si traduceva in una foga improvvisa, resa piccante dall'innocenza.

Grazie a Camilla d'Aragona, Pesaro era diventata un centro di produzione della maiolica artistica; Lucrezia poté ammirare opere pregevoli come quella – oggi conservata al museo Correr – che rappresenta Salomone in adorazione davanti a un idolo. Lucrezia visitò le officine ceramiche e, incantata da quest'arte, decise di cimentarvisi, sotto la guida del padre di Raffaello. Giulia riferiva intanto al papa le pacifiche cronache della loro vita quotidiana:

> La sua Lucrezia si comporta a meraviglia, la sua ospitalità verso i Greci che hanno fuggito la tirannia dei Turchi sviluppa qui una effervescenza dello spirito. Di continuo si balla si canta si suona... essendo assente da Vostra Santità, e dipendendo da quella ogni mio bene ed ogni mia felicità, non posso con nessuno mio piacere e soddisfazione gustare tali piaceri, perché dove è il mio tesoro, è il cuore mio... tutto è burla se non stare ai piedi di Vostra Santità.[2]

Un miscuglio di adulazione, di sincerità, d'irriverenza (il mio tesoro!) e di rispetto: in poche righe ecco rivelata la complessa personalità di Giulia. Affascinata dal sommo pontefice, lusingata dalla consapevolezza di saperlo a sua volta affascinato, ambiziosa non per sé ma per la sua famiglia, Giulia ricorre a tutti i registri della lusinga, civetteria compresa. Per esempio canta maliziosamente le lodi della rivale, Caterina Gonzaga, provocando una significativa replica da parte del suo amante:

Nel diffonderti e nel dilatarti [a narrare] le bellezze di quella persona che non sarebbe degna di scalzarti le scarpe, conosciamo che ti sei portata con gran modestia e sappiamo perché l'hai fatto: perché essendo tu informata che ognuno che ci ha scritto dice che quando tu le eri appresso lei pareva una lucerna vicino al sole: facendola tu assai bella, noi comprendiamo la perfezione tua, della quale veramente mai ne siamo stati in dubbio, e vorremmo che così come noi conosciamo chiaramente questo, così tutta [tu] fossi destinata e senza mezzo, e [de]dicata a quella persona che più di ogni altra ti ama. E quando avrai fatto questa deliberazione, se fino a mo non l'hai fatta, ti conosceremo non meno savia che perfetta.[3]

L'espressione «tutta [...] e senza mezzo» usata da Alessandro VI fa supporre che il papa temesse un ritorno di Orso Orsini al fianco della moglie Giulia.

Lucrezia rimaneva estranea a questi scambi epistolari: nello stesso periodo si trovava a letto, prostrata, circondata da medici che non riuscivano a comprendere la natura del suo male. Perfino gli scherzi e le birichinate dei suoi nani e dei suoi buffoni non riuscivano più a rallegrarla. Francesco Gaçet, allarmatissimo, informava il papa della morte imminente della figlia. Ogni giorno da Pesaro partivano messaggi per il Vaticano, da dove il padre di Lucrezia, sconvolto, rispediva messi altrettanto celeri. Ma dopo una settimana Lucrezia si era ristabilita e poteva rassicurare il pontefice, che subito le rispondeva:

Donna Lucrezia, figliola carissima: veramente tu ci hai dato quattro o cinque dì dolorosi e pieni di grave affanno per le cattive e acerbe novelle che sono state divulgate per tutta Roma che tu eri morta, ovvero caduta in tal infirmità che nessuna speranza si aveva della vita tua. Puoi pensare quale dolore sentiva lo animo nostro per il cordiale ed immenso amore che ti portiamo quanto a persona in questo mondo, e fin a tanto che abbiamo visto la lettera che ci hai scritto di propria mano mai siamo stati con la mente riposata. Ringraziamo a Dio e a la gloriosa Nostra Donna che ti abbiano scampata da ogni pericolo e sii certa che mai staremo contenti fintanto che personalmente ti abbiamo visto.[4]

Ai primi di luglio del 1494 si profilava abbastanza chiaramente l'invasione francese, una doppia minaccia per Giovanni Sforza. Attraverso Lucrezia il papa propose al genero di abbandonare il servizio dello zio Ludovico il Moro, che lo pagava in modo irregolare, e in avvenire forse l'avrebbe pagato ancor meno, «perché» come scriveva Alessandro VI «lo stato di Milano vedendo noi essere alleati con re Alfonso e sapendo quello che è a noi detto signor Joanni, che [il quale] non ha a fare altro che quello che vogliamo noi, non gli vorrà dare i suoi denari». Prendesse dunque, Giovanni, il comando di una brigata napoletana, e ne desse sollecita notizia al papa. Per il conte di Pesaro il dilemma era terribile: lo Sforza dipendeva dal suocero in quanto feudatario, ma anche dalla propria famiglia, che era legata a Carlo VIII. Non sapendo decidersi in un senso o nell'altro finì col tenere il piede in due staffe, accettando di comandare un reggimento napoletano e nello stesso tempo informando i parenti milanesi delle forze e dei movimenti dell'esercito in cui militava.

Lucrezia non sospettava nulla, ma Alessandro VI aveva qualche dubbio, e date le circostanze avrebbe preferito vedere le tre donne rientrare a Roma. Ma prima voleva che Adriana si informasse sui veri progetti del genero, e le scrisse così:

> Se fin qui, lui [Giovanni] non ve ne ha fatta menzione alcuna fate[la] cautamente e discreta, voi, e messer Francesco [Gaçet] per la via che vi parrà, de intendere l'animo suo: perché, se detto signor Joanni si contenterà che donna Lucrezia venga con voi e lui resta a Pesaro per metter in punto la sua gente d'arme e guardar la città e Stato suo, massime adesso che vengono li Franciosi per mare e per terra, noi scriveremo e manderemo più presto per voi altri, perché non ci par bene che in simil tempo vi trovate a Pesaro per la moltitudine di gente d'arme che si ritroverà in questo paese.[5]

Mentre Giovanni Sforza tremava per il suo avvenire, Alessandro VI confermava il patto di alleanza con Alfonso II durante un vero e proprio consiglio di guerra che ebbe luogo a Vicovaro, poco lontano da Roma, il 14 luglio. Tre giorni prima Giulia aveva saputo dal cardinale Farnese che il fratello maggiore di entrambi, Angelo, era morente. Subito, all'alba del 12 luglio, d'accordo con Lucrezia, ancora convalescente e quindi nell'impossibilità di muoversi, la giovane donna era partita per Capodimonte accompagnata da Adriana, per assistere il congiunto nelle ultime ore di vita e recare conforto alla cognata, Lella Orsini. Il viaggio avrebbe avuto effetti imprevisti e fuori misura: primo fra tutti una lettera inviata dal papa alla figlia, e in cui le frasi amabili dell'inizio sono seguite da toni ben diversi:

> Ecco dunque parecchi giorni che non abbiamo ricevuto tue notizie. Siamo molto sorpresi che tu non degni scrivere più spesso e tenerci al corrente della tua salute e di quella del Signore Giovanni, nostro amatissimo figlio. In avvenire cerca di essere più attenta e più diligente. Madonna Adriana e Madonna Giulia sono arrivate a Capodimonte dove hanno trovato il fratello morto. In verità il Signore Giovanni e te stessa avete avuto molto poco riguardo per Noi in occasione della partenza di Madonna Adriana e Madonna Giulia, poiché le avete lasciate partire senza il nostro formale permesso; il vostro dovere era di prevedere che un così brusco allontanamento a nostra insaputa sarebbe stato causa della mia più viva contrarietà, e se pretendi che lo hanno deciso solo perché il cardinale Farnese lo aveva ordinato ti risponderò che avreste dovuto domandare prima di tutto se ciò conveniva al Papa. Ed ora è fatto, ma un'altra volta saremo più attenti e saremo più co-

scienti di considerare in quali mani rimettiamo i nostri affari. Grazie a Dio e alla Gloriosa Vergine siamo in ottima salute. Abbiamo avuto un incontro con l'illustre Re Alfonso che ci mostrò altrettanto amicizia e ubbidienza come se fosse stato il nostro proprio figlio. Non sapremmo esprimere con quale soddisfazione e piacere reciproco ci siamo lasciati. Puoi essere persuasa che Sua Maestà sacrificherebbe per servirci la sua propria persona e tutto quello che possiede in questo Mondo.

Non mi resta più che raccomandarti di vegliare sulla tua salute e pregare assiduamente la Madonna.[6]

La notizia della partenza di Giulia, peraltro più che legittima, aveva provocato in Alessandro uno strano furore nei confronti di Lucrezia e del marito. Forse era il presentimento di un doppio tradimento, di Giulia e del genero; così potrebbe interpretarsi la frase: «Un'altra volta saremo più attenti e saremo più coscienti di considerare in quali mani rimettiamo i nostri affari». Infatti il papa mette in contrasto questa «negligenza» con il comportamento di Alfonso II, che gli mostrava la stessa amicizia e obbedienza che se fosse stato suo figlio. Lucrezia era avvertita. Ed era troppo intelligente, troppo figlia di casa Borgia per non rendersi conto che il marito si trovava in una situazione falsa. In quel momento lo Sforza era partito per Urbino, dove intendeva valutare l'entità delle forze aragonesi al comando di Guidobaldo da Montefeltro. Durante l'assenza del marito Lucrezia cercò di placare il padre, il quale per tutta risposta continuò a farle soltanto rimproveri, accusandola di essere sciocca e di aver poco amore filiale perché non manifestava il minimo desiderio di tornare a Roma. Il latore dell'immeritato messaggio osservò che la lettera aveva provocato «grandissima malinconia» nella contessa di Pesaro. Lucrezia supplicò Alessandro VI di credere al suo affetto, protestando di non aver altro desiderio «se non di continuo stare a li piedi di Vostra Beatitudine, de la qual cosa umilmente e quanto posso la supplico che me ne faccia degna perché fin ch'io non ci arrivo non starò mai contenta». Di fronte a tanta carezzevole dolcezza, per il momento il toro Borgia si ammansì, e Lucrezia fu perdonata.

Con Giulia invece Alessandro VI non si calmava affatto. Compiuto il proprio dovere di sorella, essa manifestò il desiderio di restare qualche tempo presso la madre, con la sorella Girolama Pucci e il fratello Alessandro. Per di più il marito, Orso, esigeva che Giulia lo raggiungesse nel feudo di famiglia, a Bassanello; e lei, donna dal temperamento dolce e voluttuoso, «colma d'intelligenza e di saggezza» come osserva il veneziano Marin Sanudo, poco avvezza alla violenza, esitò, e riferì al papa questo desiderio; il papa le ordinò di rientrare a Roma. Intanto il cardinale Farnese, che voleva evitare la rovina della sua casata, rifiutava di lasciar partire la sorella contro la volontà del marito di lei. Una situazione inestricabile che Giulia troncò con un piccolo scatto volitivo, dichiarando al papa che prima di lasciare Capodimonte e obbedirgli voleva ottenere il consenso del marito. Alessandro VI ne fu esasperato:

> Julia ingrata e perfida; una tua lettera abbiamo ricevuto per Navarrico, per la quale ci significhi e dichiari come l'intenzione tua non è di venire senza la volontà di Orsino e ben che fin qui comprendessimo l'animo tuo cattivo e di chi ti consiglia, non ci potevamo in tutto persuadere che usassi tanta ingratitudine e perfidia verso di noi avendoci tante volte giurato e data la fede di star al comando nostro e non accostar Orsino, che adesso voglia fare al contrario e andar a Bassanello con espresso pericolo della tua vita: non potrò credere che tu lo faccia per altro se non per impregnarti un'altra volta di quella equia di Bassanello [il senso probabile sembra quello di «stallone»; ma se l'interpretazione della parola originale – forse leggibile anche come *aqua* – è dubbia, l'intenzione spregiativa è evidente] e speriamo in breve che tu e la ingratissima madama Adriana vi accorgerete del vostro errore e ne porterete la penitenza condegna. E nientedimeno per tenor della presente sub pena excomunicationis late sententiae et maledictionis eterne ti comandiamo che non ti debba partire da Capo di Monte o da Marte ni manco andar a Bassanello per cose concernenti lo stato nostro.[7]

Bell'esempio di delirio furioso e amoroso che attribuisce alla donna desideri vergognosi per poter meglio disprezzarla, e attribuire a questi il movente dell'inganno. Il rischio della scomunica incombeva non solo sulle due donne, ma anche su Orsino, il quale però fu salvato dalla stessa debolezza del suo carattere, che lo indusse ad accettare di «monetizzare» la propria sconfitta, lasciando che Giulia si sottomettesse al volere papale.

Mentre si verificavano questi fatti tragicomici, e Carlo VIII si preparava a invadere l'Italia, Lucrezia, lontana dalle furie amorose del padre, conduceva una tranquilla esistenza provinciale, dividendo le sue giornate fra il castello di Gradara, sulla strada di Rimini, e la villa Imperiale, molto più cara al suo cuore. Per raggiungere la villa da Pesaro occorreva circa mezz'ora di viaggio, fino al monte Accio disseminato di olivi d'argento, da dove l'occhio spaziava sul mare e sulla terra. Alessandro Sforza l'aveva fatta costruire nel 1464: la prima pietra era stata posta dall'imperatore Federico III, dal quale la residenza aveva preso il nome. Al palazzo incantato era annesso un giardino fiabesco, degno di Armida, che avrebbe ispirato il Tasso della *Gerusalemme liberata*. I labirinti formati dalle siepi di bosso potate ad arte, le fontane di marmo in cui si specchiavano le Muse, i cipressi che, come punti esclamativi, si stagliavano contro il cielo color ocra, non cessavano di incantare Lucrezia. Il frutteto le ricordava quello di Subiaco, dove Vannozza la conduceva tutti i giorni. Da adulta, eccola accompagnata nelle sue passeggiate dai nani, che giocavano a saltare le zucche, caprioleggiando a quattro zampe sui grossi frutti gonfi di succo. Lucrezia assaporava la mitezza dell'aria in cui si diffondevano i profumi dolci e maturi del fogliame riscaldato dal sole, della terra riarsa, dei frutti ammaccati.

Nel cuore di quel paradiso terrestre si trovava una vasca esagonale, in cui le carpe affioranti rompevano la superficie dell'acqua sonnolenta, e su cui si specchiavano i platani. In onore dell'imperatore, Alessandro Sforza aveva creato un sistema di giochi d'acqua che utilizzava i tritoni collocati agli angoli dello specchio d'acqua, ancora in funzione a trent'anni di distanza.

Lucrezia dette vita a un cenacolo di artisti che si riuniva in quella residenza immersa in un paesaggio di sogno, tra il verde degli Appennini e l'azzurro dell'Adriatico. Fra i suoi invitati erano Caterina Gonzaga, Giorgio Diplovatazio, parente di Lascaris, i Comneni e i Paleologhi, che all'inizio erano venuti per curiosità, ma tornavano per il gusto di farlo. Tutti gli appassionati di musica trovavano il loro maestro in Ottaviano Petrucci, un protetto del duca di Urbino che a Venezia aveva fondato la prima stamperia musicale; per i suoi amici Petrucci componeva frottole sugli amori di Teseo e Arianna, che essi mimavano in spettacoli amatoriali. Nei giardini della villa Imperiale i mimi improvvisati sceglievano grandi massi coperti di edera come sfondo ideale per i lamenti delle vittime destinate al Minotauro. I diversi strumenti musicali evocavano ora le gioie della semplice vita pastorale, ora i muggiti del mostro. Ben presto compariva Teseo, guidato da Arianna, cioè Lucrezia, vestita di taffetà bianco, che a piccoli passi si avvicinava agli infelici destinati a morire. Dalla mano alzata lasciava lentamente svolgersi il lungo filo d'oro legato al polso di Teseo, invitandolo con il suo canto melodioso a inoltrarsi nel labirinto. Andrea Paleologo scrive: «La dolcezza della sua voce avrebbe fatto piangere i sassi, attirato le sirene fuori dall'acqua e incantato le belve feroci con la stessa magia di Orfeo». Il complicato intreccio dei passi di danza, la cantilena modulata da Lucrezia simboleggiavano i meandri del labirinto e il procedere a tentoni nelle tenebre, le esitazioni, i terrori, gli agguati, fino all'incontro con il mostro, la lotta e la morte del figlio di Pasifae, la cui testa rotolava ai piedi di Teseo. Arianna-Lucrezia si precipitava allora all'ingresso della grotta, le braccia tese verso l'eroe vittorioso, mentre la musica ne cantava le gesta. Un balletto che prefigurava il destino della figlia di Alessandro VI, poiché sei anni dopo nessun filo di Arianna sarebbe riuscito a salvare il suo primo e autentico amore. Per il momento, mentre si assoggettava agli assalti coniugali che la spossavano anziché innamorarla, Lucrezia senza dubbio avrebbe preferito attenzioni più cortesi, ma la sua amabilità verso il marito riusciva per il momento a tenere in vita l'illusione.

Tuttavia Giovanni aveva parecchi motivi di preoccupazione: l'invasione francese incoraggiata da Ludovico Sforza, l'arrivo a Milano di Carlo VIII e la fine sospetta di Gian Galeazzo Sforza, del quale lo zio Ludovico si era affrettato a occupare il posto. Il duca Gian Galeazzo, succeduto all'età di sette anni al padre, morto nel 1476, era dapprima rimasto sotto la tutela della madre Bona di Savoia, quindi fu incarcerato da Ludovico il Moro nel castello di Pavia, dove morì avvelenato nel 1494. Nonostante l'«incredibile dolore» ostentato da Ludovico, la morte dell'erede legittimo era proprio ciò che gli consentiva di assumere l'ambitissimo titolo di duca di Milano.

Da tre secoli l'Italia non conosceva una guerra vera e propria: le battaglie che opponevano l'uno all'altro i condottieri somigliavano piuttosto a tornei, e distruggere i raccolti, o incendiare le case, era considerato disonorevole. Scriveva Machiavelli: «[...] Erano ridotte le cose in termine che [...] Avevano [...] usato ogni industria per levare a sé e a' soldati la fatica e la paura, non si ammazzando nelle zuffe ma pigliandosi prigioni e sanza taglia [...]. E tutte queste cose erano [...] trovate da loro per fuggire [...] e la fatica e li pericoli [...]».[8] «[...] Il modo del vivere d'oggi [...] non impone quella necessità al difendersi, che anticamente era; perché, allora, gli uomini vinti in guerra o s'ammazzavano o rimanevano in perpetuo schiavi [...]. Ma oggi questa paura in maggior parte è perduta; de' vinti, pochi se ne ammazza; niuno se ne tiene lungamente prigione, perché con facilità si liberano. Le città, ancora ch'elle si sieno mille volte ribellate, non si disfanno; lasciansi gli uomini ne' beni loro, in modo che il maggior male che si tema è una taglia [...]»[9]

Dal 3 settembre di quell'anno 1494, l'esercito francese vittorioso si rovesciò sulla penisola, con l'inevitabile strascico di orrori. Secondo Guicciardini, si diffusero in Italia come un incendio o una pestilenza, e non solo modificarono le situazioni degli Stati, ma anche le usanze del governo e della guerra. La notizia della distruzione dell'esercito napoletano a Rapallo e del massacro dei prigionieri giunse a Pesaro, dove Lucrezia aveva saggiamente deciso di rimanere, e con ragione, come i fatti dimostrarono. Adriana, dal canto suo, che era ancora a Capodimonte, vincendo le proprie apprensioni il 29 novembre si decise a partire, con Giulia, Girolama Farnese e una scorta di trenta cavalieri, prima per Viterbo, dal cardinale Farnese, e poi per Roma. A poche leghe da Viterbo, invece, le viaggiatrici si trovarono la strada sbarrata da un contingente di soldati al comando di Yves de Tourzel d'Alègre, che aveva seguito Carlo VIII in Italia.

Appena il capitano francese ebbe compreso il valore della preda che gli era capitata fra le mani, condusse le prigioniere al castello di Montefiascone offrendo all'amante del papa e al suo seguito di riscattare la propria libertà con 3000 ducati. Il dramma si tingeva di commedia. Alessandro VI fece avere a Giulia la somma richiesta tramite il cubicolario Giovanni Marrades, così da assicurare l'immediata liberazione delle prigioniere. Inoltre mandò in missione presso il re di Francia Galeazzo di Sanseverino, legato agli Sforza. Il Sanseverino riferì al Santo padre in questi termini: «Mi trasferii al prefato cristianissimo re: e ripetuto alla Maestà sua il caso della retenzione delle prefate madonne [...] la pregai con quelle parole e modi che giudicai espedienti a voler gratificare la B.ne vostra della loro liberazione: la quale [Maestà] [...] mi rispose benignamente che non solamente voleva che fossero liberate ma deliberava che prima giungerà a sera di mandare uomo onorevole dei suoi ad accompagnarle a Roma [...]».[10]

Così quattrocento francesi le ricondussero fino alle porte della città, e nel Nord come nel Sud d'Italia fu tutto uno scatenarsi di chiacchiere su quest'avventura. Ludovico Sforza era sempre furibondo all'idea «che si fossero resi al papa cuore ed occhi». Trotti, ambasciatore di Ferrara alla corte di Milano, aggiungeva: «Queste donne sarebbero state lo strumento migliore di cui servirsi per strappare a Sua Santità tutto quanto si fosse voluto. I francesi hanno avuto soltanto un riscatto di 3000 ducati, mentre il papa ne avrebbe dati più di 5000».[11]

Lasciando da parte tutte le cure della politica, Alessandro VI partì con suprema noncuranza per andare loro incontro, fiducioso nella sua straordinaria capacità di ripresa e del tutto indifferente all'opinione pubblica. Il papa portava la spada al fianco ed era calzato e vestito alla moda spagnola, con una giubba nera a inserti di broccato d'oro: simili civetterie mostravano come fosse convinto che un'avventura così emozionante non potesse concludersi nel grigiore. La sera del 1° dicembre, al lume delle torce, giunsero infatti Adriana e la nuora. Secondo le cronache Giulia trascorse la notte in Vaticano,[12] e possiamo immaginare che non potesse non accorgersi dell'agitazione generale: gli oggetti preziosi venivano trasportati in castel Sant'Angelo, si dava per imminente l'arrivo dei francesi e l'eventuale partenza del papa per Gaeta... Roma sarebbe diventata città aperta? Per non deludere la sua amante, ma soprattutto per non lasciare campo libero ai nemici, Alessandro VI decise di restare. Civitavecchia era appena caduta in mano francese, e a metà dicembre gli Orsini offrivano al nemico la fortezza di Bracciano come quartier generale. Sebbene Orso non disperasse di poter riprendere la vita coniugale con Giulia, nulla permette di affermare che egli abbia avuto parte nel tradimento. Giulia dal canto suo viveva nel terrore. Temendo una seconda cattura, chiese aiuto al fratello, il cardinale Alessandro, che incaricò Jacobello Silvestri, vescovo di Alatri, di allontanarla da Roma con la massima celerità. E Giulia lasciò la città eterna all'insaputa del papa. Neppure due settimane dopo, vi entrava Carlo VIII. Terminava così la storia d'amore tra Alessandro VI e Giulia «la Bella». Giulia fece ritorno a Roma soltanto nove anni dopo, regnante Giulio II, per maritare la figlia Laura al nipote del papa, Niccolò della Rovere. Nel frattempo ebbe diversi ammiratori, amanti ed ex amanti trasformati in amici: possiamo dunque supporre che sotto le apparenze brillanti si celasse una donna dal grande cuore.

Mentre Giulia trascorreva ore molto movimentate, Lucrezia era a Pesaro. Cieli bassi, tempeste sull'Adriatico, rovesci d'acqua che si abbattevano sul palazzo, sfondando il tetto e arrivando a bagnare perfino il suo letto, camini che affumicavano le sale senza riscaldarle, mura trasudanti umidità, un marito fantomatico che non riusciva a scacciare la sua malinconia. Sollecitato dallo zio Ludovico, Giovanni lo teneva informato sui movimenti delle truppe napoletane, ma i rimorsi di coscienza lo rendevano rancoroso, per non dire brutale, verso la dolce Lucrezia. Conoscendo le difficoltà che lo assillavano, ma ignara del suo doppio gioco, Lucrezia cercò invano di placarlo, fino a dover constatare che l'epoca dell'educata indifferenza era tramontata. Ormai il marito le era di «cattiva compagnia», e scoraggiava i pochi vicini dal venire ad animare le sue giornate lunghe e glaciali.

Nonostante la corte, i paggi, i buffoni, la muta, Giovanni era soltanto un tirannello investito del potere di batter moneta e di riscuotere imposte, privo di qualsiasi peso di fronte al sommo pontefice, al re di Francia o al sovrano d'Inghilterra; Lucrezia andava scoprendo che il marito era «quasi insignificante». Nella sua nuova solitudine riprese a dedicarsi alla ceramica, e guidata dal maestro vasaio succeduto a Giovanni Santi, il padre di Raffaello, si perfezionò nell'arte della maiolica, dipingendo soggetti mitologici, come Orfeo che incanta con la sua musica le belve selvagge o Dafne mutata in alloro appena Apollo posa la mano su di lei.

Lucrezia, in ansia per suo padre, stava di vedetta per andare incontro al corriere, che arrivava sfinito dopo una lunga galoppata piena di rischi; prendeva il plico dalle dita intirizzite del messaggero, spezzava il sigillo pontificio per leggere la notizia che più l'atterriva: l'ingresso dei francesi a Roma, con la loro «armata spaventosa a vedersi, piena di avanzi di galera, di cattivi soggetti sfuggiti alla giustizia, molti dei quali marchiati sulla spalla col giglio di Francia», come avrebbe scritto più tardi Brantôme. Alessandro VI le comunicò di aver rifiutato l'offerta di Alfonso II di rifugiarsi a Gaeta, ma di aver deciso, poiché il Vaticano non era più sicuro, di ritirarsi in castel Sant'Angelo.

In quel 31 dicembre 1494, dalle tre del pomeriggio fino alle nove di sera, sotto un cielo plumbeo, al lume delle torce e con un rombo di tuono, i francesi conquistatori sfilarono dalla porta del Popolo. I mercenari aprivano la parata, tremila fra svizzeri e tedeschi nei loro corti costumi sgargianti, reggendo in spalla le picche lunghe più di tre metri; li seguivano cinquemila guasconi armati di balestre, «deformi e brutti a vedersi». Poi venivano ottomila nobili, vestiti di seta, con elmi dal pennacchio e catene d'oro. I loro stessi cavalli, con criniera e orecchie tagliate, ispiravano il terrore non meno dei trentasei cannoni di bronzo.

Il papa era impaurito da questa armata barbarica, ma ancor più era ferito dall'esultanza popolare che si era scatenata in città, e scriveva alla figlia: «La folla è sempre pronta ad acclamare il vincitore, soprattutto quando egli si presenta in maniera così magnifica». Il successore di san Pietro rimase invece deluso dall'aspetto di Carlo VIII, che gli si presentò accompagnato dai suoi nemici, Ascanio Sforza e il cardinale Giuliano della Rovere. L'armatura scintillante, la mantellina cremisi con fregi d'oro non riuscivano a dissimulare il corpo glabro del re, gli occhi a palla, le orecchie mostruose, il naso grosso e gonfio, le labbra pendule, la bocca sempre aperta, le mani scosse da accessi di tremito nervoso. L'avversario così gracile – «il gobbo», secondo il soprannome affibbiatogli dai libellisti romani – sembrava nato male, da un metallo mal fuso, e Alessandro VI se ne rincuorò, perché aveva tanto temuto la comparsa di un re cavaliere.

Il messaggero del pontefice informava Lucrezia anche sugli incendi e i saccheggi compiuti dalla soldataglia, in particolare quelli subiti dalle case di Vannozza, del cardinale Carafa e del vescovo di

Cosenza: oggetti rubati, mobili distrutti, fra l'altro alcuni preziosi mappamondi. Le sale dei palazzi erano diventate scuderie, sui pavimenti di marmo si ammucchiavano paglia, sterco, urina e vomito dei soldati ubriachi; nei bordelli scoppiavano interminabili risse, perché gli invasori bevevano e mangiavano a crepapelle senza pagare. Roma era diventata un porcile; i soldati di ventura dilagarono anche nel ghetto, stuprando le giovani ebree dopo averne ucciso i mariti. Ancora, il messaggero riferiva che il 5 gennaio, per la festa dell'Epifania, il papa aveva ammesso il fior fiore della cavalleria al bacio della sacra pantofola, respingendo tuttavia le richieste del re di Francia: abbandono di castel Sant'Angelo, consegna del principe Gem e di Cesare, investitura del regno di Napoli. Dal canto loro i cardinali Sforza, della Rovere, Savelli e Colonna esortavano il sovrano a convocare un concilio che destituisse il vicario di Cristo. Alessandro VI era preso in un vicolo cieco, dal quale non gli restava che una sola via d'uscita: castel Sant'Angelo, dove lo accompagnarono Cesare e il cugino Juan Borgia, arcivescovo di Monreale, per organizzare la difesa della fortezza. Di fronte all'artiglieria reale, già pronta a dare l'assalto, Alessandro VI comunicò a Carlo VIII e ai suoi cannonieri di essere pronto a salire lui stesso sui cammini di ronda del forte, con la tiara in capo e l'ostensorio fra le mani. Il monarca esitò. Entrare in San Pietro passando sul cadavere del capo della Chiesa sarebbe stata una partenza infelice per le sue ambizioni napoletane. Poche ore dopo una parte del bastione crollò, e il re attendeva la capitolazione del Santo padre. I quattrocento spagnoli che difendevano il forte non erano più in grado di opporsi agli invasori. Ma il papa ordinò di esporre sulla cima dei bastioni il velo della Veronica, e le reliquie delle teste di san Pietro e san Paolo, racchiuse nelle teche di cristallo: e per due volte gli assalitori furono costretti a fermarsi.

Alessandro VI desiderava arrivare a un compromesso, sia pure senza trovarsi costretto a diventare «schiavo dei francesi»; si dichiarò disposto a consegnare Gem e poi Cesare, e ad amnistiare i cardinali traditori. Circa l'incoronazione del re a Napoli, invece, non si pronunciò. Tuttavia Carlo VIII si ritenne soddisfatto, perché la presenza nel suo seguito di Cesare Borgia, legato papale, una volta rovesciata la dinastia aragonese gli garantiva l'investitura.

Il sommo pontefice aveva ottenuto l'essenziale: evitare il concilio, vedersi riconoscere la sua dignità. Il suo potere rimaneva intatto.

In questo padre pronto a farsi uccidere sulle rovine di castel Sant'Angelo, e uscito vittorioso da un duello così impari, Lucrezia vedeva un uomo pienamente degno di portare il nome dell'imperatore macedone. E lo stesso Cesare offriva alla sorella un nuovo motivo di orgoglio: il figlio del papa si unì per un tratto alla cavalcata al seguito del re di Francia (agli occhi del quale la sua affabilità e riserbo prelatizio erano altrettanti pegni di buona condotta), in una condizione che era piuttosto quella del prigioniero anziché del legato pontificio. Ma il 30 gennaio 1495, travestito da palafreniere, Cesare fuggì da Velletri, probabilmente d'accordo con il padre, per rifugiarsi a Roma presso Antonio Flores, auditore della Sacra Rota, e poi a Spoleto. Carlo VIII non era disposto a tollerare di essere stato giocato da un cardinale di vent'anni, e chiese spiegazioni al papa; questi lo assicurò che deplorava l'incidente, ma intanto confidava ai suoi: «I francesi hanno l'abitudine di accettare il fatto compiuto».

Il 25 febbraio Lucrezia riceveva con gran dispiacere la notizia della morte di Gem: come si ricorderà, essa aveva compatito le pene dell'esule trentaquattrenne, cercando di addolcirne la prigionia, e il principe musulmano non aveva nascosto quanta gioia gli desse frequentare il palazzo di Santa Maria in Portico, dove era trattato come uno di famiglia.

La data di questa morte è importante in quanto segna l'inizio degli attacchi, per lo più diffamatori, che col tempo avrebbero finito col sommergere i Borgia, insistendo ancora a lungo, molto tempo dopo la loro scomparsa dalla storia. In quei tempi, quando un principe moriva all'improvviso era normale insinuare che la causa fosse il veleno. Secondo Burcardo, la fine di Gem fu dovuta «a un alimento o a una bevanda dimostratasi incompatibile con il suo stomaco», ma i nemici di Alessandro VI ricordano le lettere che gli sarebbero state inviate dal sultano cinque mesi prima, nelle quali lo scrivente offriva 300.000 ducati purché il papa facesse sopprimere il fratello minore. Un secolo dopo, lo storico Paolo Giovio avrebbe accusato il papa «di aver mescolato alle sostanze zuccherine consumate da Gem nelle sue bevande una polvere avvelenata di mirabile bianchezza, di grato sapore, che non soffocava gli spiriti vitali in modo istantaneo, ma induceva un torpore mortale, diffuso pian piano nelle vene, ottenendo col tempo lo stesso crudele effetto». Il principe dunque sarebbe stato consegnato a Carlo VIII mentre era già portatore di un germe fatale.

Seguendo le orme dello storico Seadeddin, Guicciardini e Marin Sanudo ripresero e diffusero la stessa calunnia. Secondo costoro il veleno era l'arma prediletta dei Borgia, ma in effetti all'epoca il suo uso era già una consuetudine di lunga data. Quando Cosimo de'

Medici inviò ad Alfonso di Napoli un *Tito Livio*, i familiari del re si affrettarono a dissuaderlo dal toccarlo, per paura che le pagine fossero state impregnate di veleno. Prìncipi come gli Sforza o gli Aragona non avrebbero esitato a ricorrere al veleno per assicurare il proprio dominio. Un uomo esperto propose al Gran Consiglio della Serenissima di servire al sultano la «bevanda della fine», e poiché si trattava di un uso consueto, il progetto fu approvato, seppur non attuato in seguito. Paolo Giovio attribuisce a Cesare e ad Alessandro VI l'uso della *cantarella*, considerata anche un afrodisiaco. Più tardi Voltaire avrebbe scritto: «La *cantarella*, di cui si vuole che i Borgia facessero largo uso, era, a quanto si dice, preparata con la bava di un maiale reso furioso di rabbia, che veniva appeso per le zampe a testa in giù, e battuto a morte. Era un veleno efficace e violento quanto quello della vipera», concludendo saggiamente: «Forse tutto questo non è vero!». Sembra fosse usato più spesso il *venenum atterminatum*, una mistura a base di uova, che secondo Caterina Sforza, un'esperta in materia, agiva «a termine». Si legge anche che una goccia di *acqua tofana*, inodore e incolore, somministrata ogni quattro settimane, poteva dare eccellenti risultati... nell'arco di due anni. In una sua cronaca Stendhal riferisce come il principe Savelli si servisse di una chiave, munita di una impercettibile sporgenza appuntita, che veniva spalmata di una sostanza mortale e consegnata al gentiluomo del quale il principe voleva liberarsi: alla vittima designata si indicava un certo armadio, nel quale gli si chiedeva di cercare una carta; poiché l'armadio aveva la serratura rugginosa, l'uomo riusciva ad aprirlo solo con grande sforzo, senz'accorgersi, nel farlo, di essersi escoriato la mano con la chiave: e ne moriva entro ventiquattr'ore.

Che interesse avrebbe avuto Alessandro VI a far avvelenare Gem? Nessuno. Anzi, al contrario: alla morte di Gem, Bayazid avrebbe smesso di pagargli i 40.000 ducati di rendita annuale. Quanto alla proposta del sultano di offrire 300.000 ducati come «prezzo del sangue», riferita dai nemici del papa, non se ne trova traccia in nessun luogo. Il più seccato per la scomparsa di Gem fu Carlo VIII, che perdeva un buon argomento da far valere al momento della crociata. Per non avvelenare i rapporti con il Vaticano, il re accettò dunque di considerare la morte del principe turco come dovuta a cause naturali.

Tuttavia il papa, che non aveva dimenticato il saccheggio subito dalla sua città, preparava la rivincita. Ludovico Sforza riconosceva ormai di aver commesso un errore chiamando in Italia i francesi, e stava per compiere un radicale voltafaccia politico, che cominciò con una macabra processione per le strade di Milano: i cadaveri dell'armata di Francia, conservati nel sale e trasportati a dorso di mulo. In luogo di orazione funebre, il Moro pronunciò un commento beffardo: «Sono arrivati freschi, ripartono in salamoia».

Per il duca di Milano, che aveva in sé un misto della «golpe» e del «lione», fu coniata la parola *ludovicheggiare*, come sinonimo di «ingannare». Giovanni, il marito di Lucrezia, era destinato a capirlo a sue spese.

Carlo VIII entrò in Napoli da trionfatore, ma ben presto l'opinione generale gli si rivoltò contro, se dobbiamo giudicare da una canzoncina che si diffuse per le vie della città in onore del successore di Alfonso II, morto ai primi del 1494:

E viva il Re Fernando, fior dell'orto,
E mora il Re di Franza piede storto!
E viva il Re Fernando et le Corone
E mora il Re de Franza imbriacone!
E viva il Re Fernando incoronato,
E mora il Re di Franza e sia squartato!
Il Re di Franza che ha male in calzone,
E tiene un naso come un corbellone,
E viva il Re Fernando e la bacchetta,
E mora il Re di Franza et chi l'aspetta![13]

Il sovrano era appena entrato in possesso del nuovo regno, quando comprese che i suoi alleati gli si erano rivoltati contro: la repubblica di Venezia, l'imperatore Massimiliano, il ducato di Milano, gli Stati della Chiesa. Per non trovarsi intrappolato dalla sua stessa vittoria, non gli restava che disporre l'immediato ritiro della spedizione verso le Alpi. Il papa rifiutò di ricevere una seconda volta quel barbaro che gli aveva fatto subire per tanto tempo le sue minacce, e perciò lasciò Roma, trasferendosi a Orvieto e poi a Perugia, dove per suo ordine lo raggiunsero Giovanni e Lucrezia, con una scorta di trecento fanti e cento uomini della cavalleria pesante. Pochi giorni dopo, dato che la *furia francese* sembrava ormai lontana, Alessandro VI fece ritorno in Vaticano, mentre la figlia e il genero si ritirarono a Pesaro, dove Lucrezia ritrovò la quiete della villa Imperiale; Giovanni, che era al soldo di Venezia, doveva invece partire per incalzare il nemico francese fra Parma e Pavia. Il 6 luglio Lucrezia ricevette notizia della battaglia di Fornovo. Entrambi i contendenti si attribuivano la vittoria, ma di fatto gli italiani, al comando di Francesco Gonzaga signore di Mantova, avevano fatto passare del tutto la voglia ai francesi di sostare più a lungo nella penisola.

Alessandro VI, di nuovo al sicuro in Vaticano, chiamò i figli a raggiungerlo, risparmiando al genero ogni rimprovero circa la condotta dello zio Ludovico e del cardinale Ascanio.

Il pontefice era del resto già soddisfatto di vedere umiliati i propri nemici, il cardinale della Rovere fra gli altri, e di essere uscito da questa avventura trionfante e più grande agli occhi dei romani. Secondo il papa Borgia, il cristianesimo aveva il torto di mettere la perfezione nell'umiltà, mentre gli antichi la vedevano nella forza del corpo e nelle vette dell'intelligenza. Egli era persuaso che fosse indispensabile rafforzare il potere temporale della Chiesa. La disastrosa invasione, con tutte le calamità connesse di raccolti perduti, carestie, popolazioni decimate, aveva lasciato il paese del tutto dissanguato, e per di più falcidiato dalla sifilide, il «mal francese» o «mal napoletano», o «bolle» – gli antichi la chiamavano «il calcio di Venere» –, flagello destinato a infierire con perfetta imparzialità su tutti, dai plebei ai prìncipi: Cesare stesso ne fu colpito.

E a chiusura del terribile anno 1495, dopo nevicate e piogge torrenziali, ecco il Tevere straripare e invadere le strade. Intorno al ponte Sant'Angelo era tutto un lago. Lucrezia, che era uscita per far visita a Battistina, dovette tornare indietro; finito il concistoro, i cardinali faticarono a raggiungere le proprie case. Le acque ricoprivano il ponte Sisto, terminato di recente, spazzando via legna, mulini, tavole; i romani, sorpresi nel sonno, furono costretti a fuggire dalle case inondate.

Vannozza si adoperò con grande energia per aiutare quegli infelici, assecondata da Lucrezia. Nelle dipendenze della piazza Branca furono allestiti dormitori e refettori. Madre e figlia, in funzione di Marta e Maria, assistite da uno stuolo di servitori, si aggiravano solerti nei diversi locali, dalle cucine alle infermerie. Marta-Vannozza si occupava dei problemi pratici, dell'approvvigionamento di legname e del cibo; Maria-Lucrezia portava conforto ai più diseredati, non senza individuare i mendicanti di professione, sempre seguiti da un codazzo di ragazzini, addestrati dai genitori all'esercizio dell'accattonaggio o del furto.

L'anno nuovo non si annunciava sotto auspici migliori, come osservavano i diaristi contemporanei: «In gennaio si è trovato un mostro straordinario sulle rive del Tevere. È verde, con testa di asino e corpo di donna, il braccio destro somigliante a una proboscide di elefante, ha il muso di un vecchio barbuto e la coda termina a serpente».[14] Come non vedere nella mostruosa creatura un presagio di nuove calamità, proprio nel momento in cui a Roma cominciavano ad arrivare le prime avvisaglie degli anatemi pronunciati dal Savonarola? Alessandro VI reggeva il governo con mano fermissima; per essere ben certo di dominare il Sacro collegio, il 9 marzo nominò quattro nuovi cardinali scegliendoli fra i suoi devoti: Bartolomeo Martini, Juan Lopez, Juan de Castro e il suo stesso pronipote, Juan Borgia detto il Giovane, nipote della sorella Juana.

Quindici giorni dopo faceva il suo ingresso a Roma Francesco Gonzaga, marchese di Mantova, ricevuto con i suoi cavalieri da Lucrezia e Giovanni alla porta del Popolo. Attraversò Campo dei Fiori acclamato dai romani come il liberatore d'Italia; passò il ponte Sant'Angelo salutato dalle bombarde del castello e giunse in Vaticano dove lo attendeva il pontefice, attorniato da otto cardinali, per consegnargli la rosa d'oro, segno della gratitudine della Chiesa. Durante il banchetto che gli offrì nel palazzo di Santa Maria in Portico, Lucrezia udì il racconto della battaglia di Fornovo dalle labbra dello stesso eroico protagonista. In un quadro che Francesco Gonzaga commissionò poi al Mantegna per commemorare il trionfo, il pittore lo rappresenta vestito dell'armatura che egli aveva indossato in battaglia, inginocchiato ai piedi della Vergine, che ha ai lati san Michele e san Giorgio. E per un'ironia della storia, l'ex voto del vincitore si trova oggi proprio in quella Francia allora sconfitta: *La Madonna della Vittoria* si può infatti ammirare al Louvre.

Allora Lucrezia fu particolarmente colpita e interessata da quell'uomo robusto, dai tratti marcati e riarsi dal sole, con una corta barba nera, il viso segnato, gli occhi neri e brillanti: una bruttezza molto attraente. Lucrezia ascoltava il racconto del guerriero vittorioso senza immaginare che un giorno egli avrebbe avuto una parte nella sua vita.

In marzo Giovanni lasciò Roma per tornare in aprile, ma in maggio era già ripartito per Pesaro. Gli ambasciatori prendevano nota delle sue scarse premure coniugali, constatando come lo Sforza tendesse per lo più a lasciare la moglie «sotto la protezione apostolica», sebbene il papa gli offrisse degli incarichi che egli peraltro rifiutava.

Lucrezia aveva grandi capacità di adattamento, era esperta nell'arte del ricevere e conosceva alla perfezione le regole del protocollo, oltre ad avere un comportamento di grande garbo ravvivato dalla spontaneità (aveva sedici anni!): perciò Alessandro VI era tanto più indotto a servirsi di una figlia che con i suoi talenti aggiungeva lustro alla corte pontificia ogni giorno di più. Il papa le affidò quindi l'incarico di ricevere il fratello Jofré, principe di Squillace, e la moglie Sancia d'Aragona. Lucrezia, un po' intimorita dalla fama di grande bellezza che precedeva la cognata, si circondò di un fasto quasi regale per riceverla con la massima solennità alla porta del Laterano, il 21 maggio del 1496.

Attorniata da venti damigelle d'onore, con due paggi montati su cavalli bardati l'uno di broccato d'oro, l'altro di velluto cremisi, Lucrezia era alla testa del corteo, scortata da duecento armati della guardia pontificia. Li seguivano senatori, cappellani, araldi, l'ambasciatore dei re cattolici, l'inviato del re di Napoli e quello dell'imperatore, i due delegati di Venezia e il rappresentante del duca di Milano; poi venivano i governatori della città, i cancellieri e infine una folla di cittadini che ci tenevano a rendere omaggio alla principessa d'Aragona e al marito. Verso le dieci il seguito regale, preceduto da una scorta di sei dame rallegrate da sei buffoni, fece il suo ingresso nella città.

Lucrezia, pallida di un pallore che le donava molto, osservò con interesse la nuova parente, che era montata su una bella ginetta grigia con gualdrappa di velluto e di raso nero. Sancia vestiva alla moda napoletana, con un abito scuro ornato da ampie maniche ricamate a punto di Spagna; era una bellezza bruna dall'incarnato di sole, con capelli di giaietto e occhi di zaffiro, una figura di grande eleganza. Le loro cavalcature si affiancarono, e le due giovani donne si scambiarono un bacio di cerimonia. Accanto alla sposa il figlio del papa, nonostante il viso abbronzato e i lunghi capelli dai riflessi di rame sciolti sulle spalle, sembrava piuttosto un paggio uscito dalle pagine di un romanzo galante, anziché il marito di una principessa d'Aragona.

Alessandro VI attendeva il loro arrivo stando di vedetta dietro la grata di una finestra, divertito dall'aspetto sdegnoso e severo assunto dal fedele Burcardo di fronte a «questa indecorosa agitazione». Appena i figli furono in vista, il papa si avviò in fretta verso il trono, circondato da undici cardinali. Ai suoi piedi erano stati disposti cuscini di velluto e sul pavimento quattro riquadri di raso porfido. Trascorsero pochi minuti, durante i quali si udirono, dalla stanza accanto, sussurri, voci femminili, risa soffocate, fruscii di sete, tintinnii metallici di speroni. Quando infine le porte furono aperte, Jofré avanzò per primo, baciò il piede del papa e rialzandosi si gettò fra le braccia del padre, che per un istante trattenne sul petto la testa del figlio, facendo poi lo stesso con Lucrezia e con la principessa d'Aragona. Poi il principe di Squillace e la sposa salutarono i cardinali, che a loro volta scambiarono con loro il bacio della pace; e infine le donne che accompagnavano Sancia furono ammesse a inginocchiarsi davanti al papa. «Le donzelle di Sancia non degenerano punto dalla maestra» riferì l'inviato di Mantova. Con una solennità che mescolava la mondanità al sacro, ciascuno prese il posto stabilito, e cominciò la conversazione, in tono allegro e scherzoso, fra le due giovani donne e il pontefice raggiante di gioia. Solo Cesare, seduto fra i cardinali, sembrava non condividere l'euforia della famiglia. Il suo sguardo fermo sulla principessa di Squillace non sfuggì all'oratore di Mantova, Scalona, il quale osservò come «la pecora in gesti ed aspetti si [sarebbe disposta] facilmente alla voglia del lupo».

Due giorni dopo era la Pentecoste, e all'ufficio sacro celebrato in San Pietro erano presenti il pontefice con tutta la famiglia. L'omelia, lunga e tediosa, fu pronunciata da uno spagnolo, cappellano del vescovo di Segorba Bartolomeo Martini. Tutti, compreso il papa, davano segni visibili di noia, sopportando a stento l'interminabile dissertazione abbellita da flaccide fioriture retoriche. All'improvviso, interrompendo il grigiore monotono del sermone, in un accesso di petulanza, Sancia trascinò Lucrezia verso gli stalli riservati ai canonici, la *cantoria*, dove di solito risuonavano i mottetti liturgici; tutte le graziose del seguito, che nonostante l'ingombro degli abiti non avevano affatto perso la loro agilità, si arrampicarono su questa sorta di pedana, e vi presero posto allargando le vesti attorno a sé. Lucrezia e Sancia dominavano lo sciame di fanciulle splendidamente abbigliate, che si fingevano attentissime al predicatore mentre avevano gli occhi scintillanti di malizia. Era ovvio che Burcardo s'indignasse: «Sancia accompagnata da Lucrezia e da molte altre loro donzelle si posero, a loro gran disonore, sopra e intorno alla pedana, *pulpitum*, e la loro scandalosa condotta suscitò scandalo fra il popolo».

L'idea dell'invasione veniva certo da Sancia. Lucrezia, allevata nel rispetto delle usanze ecclesiastiche, si era lasciata trascinare, come una bambina che morisse dalla voglia di far cessare la logorrea dell'oratore. All'epoca simili incidenti non avevano nulla di straordinario. Le effemeridi della città eterna riferivano per esempio che per la festa di sant'Agostino, nel convento delle Romite, «femmine pubbliche e altre persone di infimo rango si [erano] introdotte fra l'altare e i cardinali» e che «nella chiesa di San Celso due canonici si [erano] picchiati a sangue». Lo stesso Alessandro VI consentiva che il suo buffone preferito, Gabrieletto, alle sue spalle facesse finta di predicare in latino o in spagnolo, scimmiottando il padrone nell'impartire benedizioni alla folla.

Due mesi dopo, una curiosa scoperta sottolineava quanto la fede dei Borgia fosse rimasta viva e ingenua, quasi medievale, in un'epoca tanto ricca di contraddizioni: nel corso di certe riparazioni alla chiesa di Santa Croce gli operai dissotterrarono una cassa di piombo che sul coperchio di marmo portava l'iscrizione *Hic est titulus verae crucis*. Dentro, su una tavoletta corrosa dai vermi, fu decifrata la scritta in rosso *Jesus Nazarenus Rex Judaeorum*. Fu così che il 25 luglio 1496 Alessandro VI emanò una bolla per regolare il culto della Invenzione della Croce, celebrando per la prima volta la festa nella basilica di San Giovanni in Laterano, la chiesa cattedrale di Roma, fondata dall'imperatore Costantino il Grande. Quel giorno, circondato da una folla mista di popolani e di patrizi, saliva all'altare un Alessandro VI visibilmente commosso: tuttavia la sua messa fu recitata in gran fretta, e la comunione distribuita in modo così distratto che per ben due volte un'ostia gli sfuggì di mano e cadde in terra.

Alessandro portava continuamente addosso un'ostia consacrata racchiusa in una pisside d'oro: «Così vado con Dio», ripeteva ai suoi; ma il capo della Chiesa non si dava affatto pensiero di riformare con troppo rigore i costumi della corte vaticana, dove vigeva una notevole indulgenza per i peccati della carne. Del resto sant'Agostino aveva scritto: «Togliete le cortigiane, e tutta la società umana sarà sconvolta dallo scatenamento delle passioni». E più tardi Sisto V avrebbe detto, parlando di una setta eretica: «È una religione in cui non si fa l'amore, non potrà durare».

In quegli anni Firenze viveva l'ora del Savonarola. La città era trasformata in una sorta di monastero, dalle regole severissime: i giocatori colti sul fatto erano messi alla tortura, ai bestemmiatori si perforava la lingua, ovunque regnava la delazione, i figli facevano la spia ai genitori, i servi ai padroni. Suggestionati dal fanatico domenicano, anche Botticelli e fra Bartolomeo Veneziano, insieme ad altri, gettarono nel fuoco le loro opere profane durante il falò delle vanità del febbraio 1497. Il predicatore però, così sollecito a mandare sul rogo i suoi nemici, i dipinti empi e i loro autori, si tirò indietro di fronte a Francesco Puglia che lo sfidava alla prova del fuoco. Un anno dopo Alessandro VI, che da principio aveva mostrato una certa indulgenza, firmò la scomunica di Savonarola, l'idolo che i fiorentini avevano ormai rinnegato.

Jofré e Sancia portavano in Vaticano il profumo della giovinezza, se non della virtù, e Lucrezia e la cognata divennero amiche, per l'affinità nata dalla comune condizione di principesse subordinate alle esigenze politiche delle rispettive famiglie. Nessun accenno di gelosia turbava i loro rapporti, contrassegnati tuttavia da una certa circospezione reciproca. Entrambe erano abbastanza intelligenti da capire di avere due campi d'azione diversi.

La voluttuosa Sancia, che era preceduta da una fama di estrema libertà, poiché alla corte di Napoli la *pruderie* era del tutto sconsigliata, in pubblico copriva di baci il giovane marito che ben presto non le bastò più. La cronaca dei vicoli le attribuiva diversi amanti, ma in queste cose, forse per un certo spirito caritatevole, avviene spesso che uomini e donne rivelino una generosità inconsueta. Per la cognata di Lucrezia «l'amore è fra tutte le passioni quella che meglio si accetta, perché nessuno le sfugge, e ammesso che peccato sia, è un peccato dal quale tutti si assolvono»: così confidava Sancia alla figlia del papa. Audace fino all'improntitudine, rivolgeva la parola agli uomini che non conosceva, e provocava scene di gelosia da parte di quelli che conosceva fin troppo bene: eppure la principessa napoletana aveva il merito di esser la sola a tenere testa al terribile Cesare, lasciandogli tuttavia la speranza di arrivare presto o tardi a godere dei suoi favori.

Alessandro VI non aveva rinunciato a far procedere il secondogenito, Juan di Gandía, sulle orme gloriose del defunto fratellastro, e temendo che Ferdinando il Cattolico volesse infeudarlo lui stesso, e avendo a sua volta bisogno di un comandante per il suo esercito, lo richiamò in Vaticano. Juan lasciò quindi a Valencia la moglie incinta e il primo figlio, Juan II, terzo duca di Gandía, il quale fu più tardi padre di san Francesco Borgia, il futuro consigliere di Carlo V, poi viceré di Catalogna e infine generale della Compagnia di Gesù.

Da maestro qual era nell'arte degli ingressi solenni, il papa inviò Cesare e Lucrezia ad accogliere il fratello a porta Portese, per accompagnarlo fino alla residenza preparata per lui nel palazzo apostolico. Juan cavalcava un sauro gualdrappato con ornamenti d'oro e sonaglini d'argento, aveva un cappello di velluto orlato di perle e un vestito marrone con le maniche ricamate di pietre preziose. Il «principe da commedia, tutto coperto di gemme», come lo descriveva l'ironico Burcardo, riuscì tuttavia a sbalordire i romani, che pure di lusso erano intenditori.

Con l'eccezione di donna Maria, tutte le persone più care a Lucrezia erano riunite poco lontano dal suo palazzo: il Gandía in Vaticano, Jofré e Sancia a casa del cardinale d'Aleria. Sebbene il marito fosse sempre a Pesaro, Lucrezia partecipava a tutte le feste, alle cavalcate, ai combattimenti di tori in piazza San Pietro, alle mascherate in Campo dei Fiori dove molti ecclesiastici in sella a cavalli arabi, abbigliati con costumi ungheresi, mimavano accaniti duelli alla scimitarra. Le cronache contemporanee, nel descrivere questi svaghi, non riferiscono affatto che questi suscitassero scandalo, né avanzano critiche alla vita privata di Lucrezia. Trovandosi a vivere in intimità con Sancia – che spinse l'attaccamento ai legami familiari fino a diventare l'amante prima di Cesare e poi del duca di Gandía, arrivando così a essere tre volte nuora del papa – la figlia di Alessandro VI si mostrava doppiamente meritevole per il suo comportamento virtuoso. Certo non le sarebbero mancate le occasioni per concedersi un'avventura clandestina, ma poiché Lucrezia viveva allora con gli occhi di tutti costantemente puntati addosso, se i contemporanei tacciono, significa che davvero non doveva ancora esserci niente da dire.

Mentre Jofré proseguiva la carriera in Spagna e Cesare saliva a uno a uno i gradini delle cariche curiali, Juan di Gandía, «l'occhio destro del papa», sembrava a tutti destinato ad assicurare la grandezza di casa Borgia.

Dopo aver dichiarato decaduti dai loro diritti i baroni romani che contrastavano l'estensione del potere temporale vaticano, e averne confiscato i possedimenti, Alessandro VI nominò Juan gonfaloniere della Chiesa, ossia capitano generale delle milizie pontificie, con l'obiettivo di sterminare gli Orsini. Non avendo però un'assoluta fiducia nelle sue doti militari, il papa gli affiancò Guidobaldo duca di Urbino.

All'inizio la campagna ebbe successo, e le truppe pontificie riuscirono a togliere agli Orsini dieci castelli. I problemi cominciarono con la fortezza di Bracciano, difesa da una coppia di veri e propri guerrieri: Alviano e Bartolomea Orsini. Questi respinsero gli attacchi del Borgia sconfiggendone le armate, arrivando perfino a levarsi il gusto di mandargli un asino con una scritta sulla groppa: «Fatemi passare, perché sono inviato come ambasciatore al duca di Gandía», e un messaggio beffardo appeso alla coda. Suprema insolenza, gli Orsini riuscirono a far arrivare i propri armati fino ai dintorni di Roma: Cesare, che era andato a caccia nei pressi di Tre Fontane, rischiò addirittura di essere fatto prigioniero. Fu una vera e propria rotta; i guerrieri apostolici tolsero l'assedio e poi si scontrarono con Vitellozzo, famoso capitano di ventura, che il 25 gennaio 1497 ottenne su di loro una schiacciante vittoria. Il duca di Urbino Guidobaldo, che avrebbe dovuto spalleggiare Juan, fu catturato dai nemici; lo stesso Juan rimase ferito ma riuscì a fuggire. Tornò in Vaticano ad affrontare la collera paterna, ma poi fu compensato con le terre di Benevento, Terracina e Pontecorvo, concesse in feudo trasmissibile ai discendenti. Lo strano modo in cui il papa si comportò con il figlio dopo la disfatta doveva avere gravi conseguenze per la famiglia Borgia.

Dal maggio al dicembre 1496, sebbene non riuscisse a convincere Giovanni Sforza a raggiungere Lucrezia a Roma, Alessandro VI continuò a considerarlo al proprio servizio. Dopo avergli invano chiesto di unire le sue truppe a quelle di Juan per attaccare gli Orsini, il 5 gennaio gli ordinò formalmente di rientrare a Roma. Lucrezia ritrovava così il suo strano consorte, semplice pedina collocata dal padre sullo scacchiere politico.

Giovanni fu ricevuto molto meglio di quanto si aspettasse; ma come fidarsi delle moine di un Alessandro VI o di Cesare? Lo zio Ascanio, il cardinale, che in Vaticano aveva una posizione sempre più precaria (eppure, a un certo momento era stato quasi un vicepapa), tentava con ogni mezzo di allontanare da sé il disfavore del papa, ma gli interessi dei Borgia divergevano sempre più da quelli degli Sforza, finché giunsero a trovarsi diametralmente opposti a quelli della casata milanese. Questa evoluzione era cominciata quando Ludovico il Moro si era impadronito del potere, nel 1494, e quando lo stesso Ludovico, sperando di rovesciare la dinastia aragonese e di conservare per sé il ducato di Milano, aveva fatto entrare in Italia Carlo VIII.

In un clima così deleterio, Lucrezia cercava, con le sue deboli capacità, di tenere occupato il marito. Per divertirlo invitava Aurelio Brandolini, che eseguiva sul liuto le sue opere più recenti, oppure Serafino Aquilano, «il Petrarca del suo tempo». Cesare, che aveva la passione della poesia, presentò alla sorella un suo protetto, Francesco Sperulo, che più tardi servì sotto le sue bandiere e cantò le sue imprese. Altri poeti, come Emilio Boccabello e Fausto Evangelista Maddaleni Capodiferro, recitavano i loro versi, mentre i tre fratelli Mellini, Mario, Girolamo e Celso, brillavano come cantori e retori. Dal canto suo Gerolamo Porzio, l'adulatore in carica, aveva appena terminato un opuscolo sul «toro dei Borgia» che glorificava la famiglia in termini così affettati e pedanti da infastidire Lucrezia. Durante queste riunioni Giovanni Sforza raccontava con grande brio come, mentre egli si trovava a Milano, lo zio avesse chiesto a Leonardo da Vinci di dipingere una *Ultima cena* sul muro del modesto refettorio di Santa Maria delle Grazie. L'opera, commissionata due anni prima e non ancora terminata, era diventata un punto d'incontro per la corte: gentiluomini, dottori e umanisti venivano a vederla e davano il loro parere. A volte Leonardo arrivava alle prime luci dell'alba, si arrampicava sulle impalcature, e lavorava senza sosta, a oltre due metri dal suolo, finché il crepuscolo lo costringeva a interrompersi; poi, per giornate intere non toccava più i pennelli, e contemplava i suoi personaggi. Il priore del convento, che si lagnava della sua lentezza, si era sentito rispondere dall'artista: «Ho passato lunghe ore a vagare tra bische e bettole, nei ritrovi dell'infima feccia di Milano, senza incontrare un Giuda che facesse al caso mio; ma se continuate a farmi fretta, volentieri prenderò voi per modello».

Giovanni Sforza era fiero di essere il nipote di un patrono delle arti, e di fronte all'ottima accoglienza ricevuta dai suoi aneddoti, ostentava una certa condiscendenza verso Lucrezia e i suoi amici, che non avevano conosciuto né sovvenzionato Leonardo. Una boria ingiustificata nei confronti dei Borgia, che avevano concesso il loro patrocinio ad artisti come Pinturicchio, Botticelli e molti altri.

Ebbero inizio le feste di carnevale, cui parteciparono Giovanni, Lucrezia, Jofré e Sancia. Sebbene dopo le piogge scroscianti di quel periodo Roma si fosse mutata in una cloaca, i quattro giovani, il viso nascosto da una mascherina di seta, si mescolavano alla folla del Corso: non volevano mancare di scommettere sulla gara di corsa da piazza Venezia a piazza del Popolo, a cui partecipavano centoventi concorrenti, chiusi fino alla vita in sacchi di tela, ciascuno contrassegnato dai colori della sua squadra. Tra la folla alcune maschere inalberavano sul naso dei falli eretti. I ladruncoli approfittavano della calca per alleggerire le tasche agli sfaccendati o alle dame troppo compiacenti; in un bailamme terribile, fra grida e risate, si scatenavano battaglie a colpi di uova e di farina che a volte degeneravano in risse vere e proprie; zingari, acrobati e altri saltimbanchi si esibivano in ogni sorta di buffonate. Il giorno dopo un'altra gara fu organizzata dagli ebrei: cento partecipanti, tenendo in una mano un ramo d'olivo, nell'altra una bandiera con l'insegna di Alessandro VI, corsero da castel Sant'Angelo a piazza San Pietro, dove, sul sagrato della basilica, Giovanni e Lucrezia attorniati dai senatori premiarono il vincitore con un pallio scarlatto.

Alessandro VI, indispettito dalle sconfitte militari subite dal figlio, non prese parte ai festeggiamenti del carnevale. Per cancellare l'umiliazione, il papa ricorse a Gonzalvo da Cordova, inviato in Italia da Isabella la Cattolica a scacciare i francesi dal reame di Napoli. Il 21 febbraio il generale spagnolo lasciava Roma con Juan, Giovanni, seicento cavalieri armati e mille fanti. Il primo obiettivo era la capitolazione di Ostia, ancora in mano alle truppe di Carlo VIII. Meno di un mese dopo lo spagnolo sarebbe rientrato a Roma vittorioso, portando come trofeo l'intera guarnigione di Ostia.

Il 19 marzo, domenica delle Palme, il marito di Lucrezia e il cognato Juan sfilarono in testa al corteo trionfale delle truppe vittoriose. Sui gradini del trono papale eretto nella cappella Sistina, entrambi ricevettero la palma benedetta dalle mani di Sua Santità. Giovanni cadeva nel trabocchetto dell'affabilità senza rendersi conto che la potenza della propria famiglia era in declino. Alessandro VI non perdonava agli Sforza di essersi legati al sovrano francese.

Dei tre figli del papa rimasti allo stato laicale, Lucrezia era la sola ad avere un coniuge che non fosse né spagnolo né napoletano. In quel momento il pontefice tendeva più che mai a corteggiare la Spagna e Napoli, ed era sempre convinto che per sigillare un patto politico il mezzo migliore fosse un matrimonio. Cesare disprezzava il cognato Sforza, che per non aver saputo scegliere si era trovato di volta in volta al soldo di Milano, di Napoli e di Roma. Riuscì quindi a convincere il padre che Lucrezia doveva assicurare ai Borgia un alleato di ben diverso peso. In effetti la famiglia non aveva avuto altro pensiero da quando essa era giunta all'età da marito; ma fino a quel momento Alessandro VI aveva finto di non sapere nulla e aveva evitato gesti clamorosi, sebbene Cesare progettasse di pugnalare lo Sforza e gettarlo nel Tevere.

Da parte sua Giovanni si opponeva a ogni tentativo di fargli accettare lo scioglimento del suo matrimonio, adducendo l'amore per la moglie. Sul piano ufficiale il pontefice e suo figlio non gli imponevano la minima umiliazione, anzi evitavano con cura di attentare senza motivo alla sua dignità. Di fatto Giovanni Sforza si rese conto, un po' in ritardo, che la moglie avrebbe potuto aiutarlo. Lucrezia non era indifferente ai suoi timori e si dichiarò pronta a sostenerlo. Durante la settimana santa le apprensioni del conte di Pesaro furono confermate, come narra il cronista Pietro Marzetta:

> Una sera, essendo Giacomino, cameriere di messer Giovanni, nella camera di madonna Lucrezia, entrò Cesare, il fratello di lei. Per ordine di madonna Giacomino si era nascosto dietro la spalliera della scranna. Cesare credendosi solo con la sorella parlò liberamente, dicendo che l'assassinio del signore di Pesaro era deciso. Lucrezia pianse e implorò; Cesare uscì alzando le spalle. Quando se ne fu andato, essa disse a Giacomino: «Hai udito, vai ad avvisarlo» e il cameriere obbedì all'istante.[15]

Per non suscitare sospetti, su consiglio di Lucrezia, all'alba del venerdì santo Giovanni, alla presenza della gente di casa, salutò con ostentazione la moglie, dicendole che avrebbe colto l'occasione della sacra giornata per andare a confessarsi, o a San Crisostomo in Trastevere, o a Sant'Onofrio sul Gianicolo, facendo la visita penitenziale delle sette chiese. Giovanni lasciò il palazzo con una piccola scorta, superò il muro di cinta e attraversati gli Appennini in ventiquattr'ore, giunse a Pesaro, secondo il racconto di Marzetta, spaventatissimo, e «per il cavalcare presto molto stracco»; all'arrivo la sua nobile cavalcatura, stremata, cadde morta. Un altro cronista, Bernardo Monaldi, osserva «che il papa aveva fatto disegno di ritogliere la sposa al signore di Pesaro, o ammazzarlo, ma esso, ciò risaputo *dalla moglie*, sopra un cavallo tornò qui». Dunque, secondo entrambe le versioni dell'episodio sarebbe stata la stessa Lucrezia a rivelare al marito la congiura familiare.

Il giorno dopo la curia romana, che seguiva con passione gli eventi, si chiedeva che cos'avesse potuto indurre il genero del Santo padre a un simile comportamento, tanto più che Alessandro VI aveva dato lettura ufficiale del breve da lui stesso inviato al fuggiasco: «Quanto ci siamo doluti della tua inopinata partenza dall'Urbe, può considerarlo la tua prudenza, e poiché ad un fatto di tal sorta ci pare che nessun altro rimedio possa far riparo, esortiamo quanto più possibile la tua nobiltà, se brami di essere sollecito del tuo onore, che tu voglia ritornartene subito qui».

Combattuta fra un marito costretto a fuggire e un padre onnipotente che la teneva prigioniera nel suo palazzo, Lucrezia assisteva inerme a un duello impari. Giovanni esigeva di riavere la moglie, Alessandro VI gli rispondeva che l'avrebbe riveduta soltanto a Roma, sottolineando come fosse vana ogni resistenza, dato che sia il Moro, sia il cardinale Ascanio erano ormai entrambi alleati del papa. Per quanto il conte di Pesaro si affannasse a tempestare di missive i suoi due parenti per implorarne l'aiuto, le necessità della politica obbligavano gli Sforza a restare neutrali. Tanto per guadagnare tempo chiesero a Giovanni di spiegare la sua misteriosa partenza da Roma, e il 12 maggio lo Sforza scrisse allo zio che intendeva accompagnare Ascanio nel prossimo pellegrinaggio che questi stava per compiere a Loreto, per confidarsi con lui: «E questo faccio per non voler pubblicare questa cosa». La frase, dettata dalla paura, dall'ira e dalla vergogna, sarebbe stata gravida di conseguenze. Forse la solitudine forzata costrinse il marito di Lucrezia a meditare sugli inconvenienti del matrimonio. Per molti suoi contemporanei nella stessa parola latina *uxor* si compendiavano i molti pericoli ai quali ci si espone ammogliandosi. Infatti la U simboleggia una forca capovolta, la X una croce, la O una ruota, la R una scure. Lo Sforza avrebbe dovuto sapere che sposandosi rischiava la forca, la croce, la ruota, la scure.[16]

VIII
LA VERGINE INCINTA

Alessandro VI, deciso ad agire in fretta, mandò al genero come proprio emissario fra Mariano da Genazzano, padre generale degli agostiniani e acerrimo nemico del Savonarola, il quale espose a Giovanni la richiesta del papa: accettare il divorzio, o meglio l'annullamento del matrimonio. L'inviato, non tanto in veste di uomo di Chiesa quanto di giurista, seppe ricorrere a un'eloquenza persuasiva, che per strappare il consenso alternava con destrezza esortazioni e minacce. Per ammansire lo Sforza gli fu chiarito che i motivi di nullità potevano essere due: o la mancata consumazione o l'esistenza di precedenti accordi stretti con il primo fidanzato di Lucrezia, don Gaspare da Procida. Come gli scrisse Ascanio Sforza, la decisione del papa era questa: che Giovanni non dovesse affatto «congiungersi con la prefata madonna Lucrezia la quale voleva mandare in Spagna».

Per stanchezza, per paura, e forse perché in fondo non teneva poi troppo alla moglie, il conte di Pesaro accettò il divorzio fondandosi sul secondo argomento, ossia che il contratto concluso in precedenza da Lucrezia con don Gaspare da Procida rendeva nulle le sue successive nozze. Purtroppo i cardinali incaricati dell'inchiesta sentenziarono che il pretesto non era sufficiente, e fu giocoforza invocare la non consumazione. In Vaticano tale motivazione appariva tanto più credibile in quanto correva voce che la prima moglie di Giovanni, Maddalena Gonzaga, fosse stata «ingravidata da un altro, del che era morta». Anche nell'esistenza di un uomo giovane e piacente può verificarsi un periodo di passeggera impotenza, ma è assai dubbio che fosse questo il caso di Giovanni. Sembra certo, invece, che mentre da un lato lo Sforza poteva aver sofferto di un certo senso di inferiorità rispetto alla figlia del papa, superato comunque grazie alla dolcezza e alla pazienza di lei, non vi fossero nell'ambito di questa coppia intimità propriamente amorose, ma piuttosto amichevoli e, semmai, solo per rispetto delle convenienze.

Quando ai primi di giugno il papa andò da Lucrezia per annunciarle che il marito aveva infine ceduto, ed essa poteva considerarsi tuttora vergine, Lucrezia non poté celare il proprio stupore, in quanto lo aveva conosciuto, come disse lei stessa, «un'infinità di volte». Alessandro VI affermò in termini perentori che Lucrezia non era stata deflorata, e quindi nel suo caso valeva il decreto di Gregorio IX, in base al quale la donna può chiedere lo scioglimento di un matrimonio non consumato. Lucrezia s'inchinò e firmò la domanda di annullamento[1] in cui si precisava che durante i loro tre anni e più di convivenza «non vi erano stati congiungimenti carnali né copula; ed essa era pronta a giurarlo e a sottoporsi alla visita di un ostetrico». Soggiogata dall'autorità paterna, delusa e irritata per l'acquiescenza di Giovanni che non le aveva lasciato altra scelta che firmare, il 6 giugno all'alba Lucrezia lasciava all'improvviso il suo palazzo di Roma.

Accompagnata soltanto da poche dame e da una piccola scorta di servitori fidati, Lucrezia cavalcava verso il circo Massimo, sfiorando il palazzo di Settimio Severo alto sette piani, per dirigersi poi verso le terme di Caracalla, le cui rovine coperte di cespugli e di alberi sorgevano come una grandiosa vegetazione di pietra. Di fronte a queste vestigia dell'architettura imperiale si trovava il convento delle domenicane di San Sisto, con il campanile svettante tra i pini a ombrello e la flora lussureggiante. In un'oasi di pace riservata alle giovanette patrizie che rinunciavano al mondo, la figlia di Alessandro sperava di ritrovare pace e serenità. Chiedendo alla superiora di respingere tutti i contatti con l'esterno, compresi quelli sollecitati dal papa stesso, si chiuse con sollievo nella sua cella imbiancata a calce, con un letto a colonne chiuso da cortine di tela bianca e il pavimento di mattoni rossi coperto da un tappeto di canapa. La sobrietà monacale del luogo serviva a purificarla da tutte le pompe, le menzogne, gli intrighi e le dicerie che facevano giungere la loro eco fin sotto le mura di San Sisto, ma soltanto per spegnervisi. Fra quelle mura Lucrezia si sentiva meglio protetta di quanto potesse sentirsi nella fortezza più erta.

A mezzogiorno circolavano già per tutta Roma i pettegolezzi più stravaganti. Secondo alcuni, Lucrezia aveva voluto sfuggire alle imposizioni del padre e del fratello; secondo altri, si era decisa a consacrarsi a Dio per seguire le sue inclinazioni religiose e perché stanca della vita di corte. Due settimane dopo Donato Aretino confermava al cardinale Ippolito d'Este la situazione d'incertezza rispetto alle sue vere intenzioni: «Alcuni dicono che voglia farsi monaca, altri affermano molte cose che non è possibile affidare a una lettera». Quando Ascanio Sforza chiese al pontefice il motivo di una simile reclusione, Alessandro VI rispose di aver ordinato lui stesso alla figlia di ritirarsi a San Sisto, «per esser loco religioso ed onestissimo». Il che non gli aveva impedito, il 12 giugno, di mandare una pattuglia di armigeri a riprendere la fuggitiva per amore o per forza. La suora portinaia ebbe giusto il tempo di abbassare le grate, e se la priora Girolama Pichi non avesse fatto valere con energia la sua autorità, i soldati avrebbero violato la clausura.

L'arrivo di Lucrezia aveva già turbato la pace della vita quotidiana del convento: come scrisse il Cattaneo: «Il papa le ha mandato il bargello per averla»; e si possono immaginare l'emozione e i palpiti suscitati dall'inaudita circostanza fra le vergini consacrate. Da parte sua, e all'insaputa del padre, Cesare cercò di compiere una mossa analoga, senza riuscirvi perché la superiora, su suggerimento di Lucrezia, pretese di vedere il sigillo pontificio che egli ovviamente non aveva. Lo scacco sembra aver accentuato l'odio di Cesare per il fratello Juan di Gandía, responsabile ai suoi occhi del ritiro conventuale della sorella. La sua gelosia nei confronti di Lucrezia cominciava ad apparire quasi patologica, ma la diretta interessata l'ignorava o sembrava ignorarla. Si diceva perfino che la cortigiana da lui presa come amante, Fiammetta, somigliasse molto alla figlia del papa.

Pochi giorni dopo, mentre ancora si trovava nel suo ritiro, Lucrezia seppe che il duca di Gandía, suo fratello, era stato assassinato, e già i romani accusavano Cesare. visto che da tempo Alessandro VI lo trascurava, favorendo il fratello minore. Cesare, che ostentava per la vita altrui un disprezzo pari a quello che aveva per la propria, aveva il gusto del rischio o meglio della provocazione, e lungi dal voler lasciare a Dio la cura di castigare un rivale, era sempre pronto a farsi giustizia da sé. Nel perseguire la grandezza e la felicità era pronto a commettere ogni sorta di eccessi, fino al delitto, e tuttavia poteva anche abbandonarsi a quella sorta di compiacimento accidioso che si soleva definire con il termine di *tristizia*.

Con Lucrezia era venuta anche Vannozza a rifugiarsi nella pace del chiostro, e fra le due era senza dubbio la madre a ispirare maggior compassione: Caino e Abele nel 1497! Da lei Lucrezia seppe tutti i particolari della tragedia.

Così scrive il Guicciardini: «[...] Avendo [Alessandro VI], insino da principio del suo pontificato, disegnato di volgere tutta la grandezza temporale al duca di Candia suo primogenito, il cardinale di Valenza il quale, d'animo totalmente alieno dalla professione sacerdotale, aspirava all'esercizio dell'armi, non [poteva] tollerare che questo luogo gli fusse occupato dal fratello [...]».[2] Così, ai primi di giugno Alessandro VI aveva deciso di inviare a Napoli entrambi i suoi figli: Juan per ricevere una nuova investitura, quella del ducato di Benevento; Cesare come legato del papa per incoronare Federico d'Aragona, succeduto a Fernando che era morto l'anno prima.

La loro madre, consapevole dell'ingiustizia di cui Cesare era stato vittima, desiderava da tempo che i suoi figli si riconciliassero. Prima della loro partenza per Napoli aveva dato un convito nella sua vigna nei pressi di San Pietro in Vincoli, acquistata per 500 ducati quattro anni prima. La sera del 14 giugno Vannozza, che nel viso conservava ancora l'autorità della bellezza, aveva presieduto in allegria la cena campestre allestita sotto la pergola, tra il frinire dei grilli, lontano dalla calura di Roma. Oltre ai suoi due figli erano invitati il cardinale di Monreale Juan Borgia e il capitano apostolico Rodrigo Borgia. All'improvviso era comparso un uomo mascherato che si era avvicinato a Juan per mormorargli una frase all'orecchio, allontanandosi poi senza che nessuno gli facesse caso. Da oltre un mese lo si vedeva accompagnare il duca in occasione di qualche avventura galante. Alla fine della serata tutti erano ripartiti sulle loro mule, scortati dagli staffieri. Più tardi si era saputo che quando il duca di Gandía era arrivato a palazzo Cesarini, dove abitava il vicecancelliere Ascanio Sforza, lo stesso uomo era uscito dall'ombra, e il duca lo aveva preso in sella, dicendo alle guardie del corpo che le lasciava «per andare a spassarsi un poco». Un solo palafreniere lo aveva accompagnato.

Il mattino dopo non era ricomparso. Il papa si era preoccupato per la sua assenza, ma pensando a una scappatella amorosa, aveva raccomandato di mantenere il segreto. La sera si trovò il palafreniere, abbandonato morente in un vicolo, incapace di dare altro che indicazioni vaghe. Subito l'intuito popolare accreditò la voce che il duca di Gandía fosse stato assassinato e gettato nel Tevere. La stessa sera Burcardo riferiva: «Alessandro VI, sconvolto fin nelle viscere e temendo il peggio, ordina le ricerche». Giorgio Schiavino, un marinaio che faceva la guardia a un carico di legname, ormeggiato nel porto di Ripetta poco lontano dal mausoleo di Augusto, riferì di aver visto, la notte fra mercoledì 14 giugno e giovedì 15, in un luogo dove sboccavano le fogne e si scaricavano le immondizie, due uomini, ai quali si era unito poco dopo un cavaliere, che portava un cadavere di traverso sulla sella, la testa da un lato e i piedi dall'altro. Questi aveva fatto voltare il cavallo di spalle al fiume, in modo da lasciar scivolare il corpo nel Tevere, nel punto in cui si scaricavano gli escrementi. Il mantello del morto sarebbe rimasto a galla ancora a lungo se qualche sassata ben mirata non l'avesse fatto sprofondare nei gorghi. Quando gli fu chiesto come mai non si fosse fatto avanti prima, il marinaio dette una risposta che la dice lunga sulla scarsa sicurezza della vita a Roma: «Ho visto gettare nel Tevere almeno un centinaio di cadaveri, e quindi non ho fatto più caso a questo che agli altri». Furono allora assoldati trecento pescatori e nuotatori, e alla fine del pomeriggio il corpo di Juan fu ricuperato da un certo Battistino del Taglia: liberato dal suo sudario di fango, il cadavere apparve sfigurato da nove ferite, di cui una profondissima alla gola. La vittima portava ancora pugnale e guanti infilati nella cintura, e una borsa con trenta ducati: quindi il movente dell'omicidio non era stato il furto. Per l'occasione Sannazaro compose un distico:

Piscatorem hominum ne te non, Sexte, putemus
*Piscatoris natum retibus ecce tuum**.

Il cadavere fu trasportato su una chiatta fino a castel Sant'Angelo, dove il maestro delle cerimonie Bernardino Guttieri lo lavò e lo rivestì dell'abito di capitano generale della Chiesa prima che il papa venisse a vederlo. La disperazione di Alessandro VI fu atroce, le sue urla si udivano fino al ponte Sant'Angelo. «Era preda di un dolore tanto più cocente» osserva Burcardo «in quanto suo figlio era stato gettato fra le sozzure.»

La sera, mentre i soldati spagnoli stavano allineati lungo tutto il percorso, con le spade sguainate, e duecento torcieri scortavano la bara aperta fino a Santa Maria del Popolo, un popolo silenzioso di romani contemplò con curiosità il passaggio del principe ventenne che sembrava addormentato.

Più tardi, Pedro Caldes o Calderon, detto Perotto, cubicolario del papa accreditato presso il convento di San Sisto, narrò a Lucrezia lo spaventoso dolore del padre. Per tre giorni e tre notti il pontefice aveva singhiozzato senza ritegno, chiuso nelle sue stanze, rifiutando il cibo, respingendo tutti i visitatori. Dalle porte chiuse filtravano ur-

*«Affinché non si dubiti, o Sesto, che tu sia pescatore di uomini, eccoti pescare con le reti il tuo stesso figlio.»

la intercalate a imprecazioni. Infine il 19 giugno Alessandro VI riunì il concistoro. Il papa di qualche giorno innanzi, superbo, raggiante di energia e di salute, aveva lasciato il posto a un vecchio spezzato, vacillante, oppresso dal peso delle insegne pontificali. L'assemblea dei cardinali e degli ambasciatori ne fu scossa, e nella violenta emozione che colse tutti i presenti nessuno si adombrò del fatto che un papa piangesse in pubblico la morte del proprio figlio. «Un colpo più forte non ci poteva toccare» dichiarò il papa con il suo caratteristico accento spagnolo, «perché noi amavamo il duca di Gandía sopra ogni altra cosa al mondo... Daremmo volentieri sette triregni per richiamarlo in vita... Iddio ci ha punito dei nostri peccati, perché egli non meritava una morte così terribile e misteriosa... Si è sparsa la voce che ne sia autore Giovanni Sforza: noi siamo convinti che sia innocente, e ancor meno colpevoli sono Gian Galeazzo Sforza e il duca di Urbino». [3] Alessandro VI concluse il discorso facendo pubblico voto di condurre una vita esemplare e manifestò l'intenzione di realizzare una drastica riforma delle norme che reggevano la città pontificia: gli uffici sacri sarebbero stati seguiti col massimo scrupolo e si sarebbe rinunciato a tutte le vanità mondane.

Ascoltando il racconto di Perotto, Lucrezia capì quanto il padre dovesse essere stato toccato sul vivo, per arrivare a proclamare l'inanità di quello stesso trono papale per il quale aveva tanto brigato, e si chiedeva quali sarebbero state le sue reazioni alla scoperta del colpevole. Applicando a questo caso il classico motto latino *hic fecit cui prodest* si ottiene una sola risposta. Machiavelli, come la maggior parte dei suoi contemporanei, non esitò, e scrisse al Consiglio dei Dieci di Venezia[4] la lettera seguente: «Circa mezzo il mese fu morto il duca di Candia. Per allora non si seppe da ché: poi si tenne per certo che il cardinale di Valenza, o per suo ordine, fusse stato lui autore di questo omicidio per invidia e per conto di Mona Lucrezia».

Dietro suggerimento delle monache di San Sisto, preoccupate di salvaguardare la reputazione dei Borgia e quindi quella del Vaticano, Lucrezia consigliò alla madre di recarsi dal papa per chiedergli di mettere a tacere la tragedia, poiché si sapeva benissimo che i colpevoli non si trovavano né nel clan degli Orsini né in quello degli Sforza. La visita di Vannozza in Vaticano sarebbe stata determinante: venti giorni dopo l'assassinio Alessandro VI dette ordine di sospendere le ricerche, e come dicevano i cronisti dell'epoca l'assassino non sarebbe stato mai scoperto, perché era troppo «gran maestro». «A Roma tutto è permesso, e se uno vuol pugnalare un nemico, purché agisca con discrezione, raramente viene perseguito»: così avrebbe scritto Stendhal, molto tempo dopo.

Il 22 luglio 1497 Cesare lasciò Roma per andare a incoronare il re di Napoli. Dopo questa data il capo della Chiesa sembrò subire sempre più l'ascendente del figlio. «Il papa ama ed ha grande paura del figliuolo Duca» riferiva l'ambasciatore di Venezia. Di ritorno da Napoli dopo un mese e mezzo di assenza, Cesare si presentò in concistoro, accompagnato dal cardinale di Siena Francesco Piccolomini e da diversi prelati che avevano fatto il viaggio con lui. Si inchinò davanti al padre che dopo averlo abbracciato non gli rivolse la parola e si allontanò. Sull'episodio, e sul silenzio del papa, si sono avanzate le congetture più varie: secondo Burcardo il comportamento di Alessandro VI dimostrava la colpa di Cesare, ma in questo caso potrebbe spiegarsi con le esigenze del protocollo. Infatti, al termine della seduta, fuori dall'ufficialità, Cesare andò dal padre il quale, secondo il contemporaneo Tommaso Tomasi, «lo ricevette con viso così lieto che appariva chiaro come il dolore causato dalla morte del duca di Gandía fosse stato dimenticato». Cesare poteva ormai senza rimorsi occupare il posto del fratello, era finalmente scoccata l'ora dell'azione intrepida e senza scrupoli. Ben presto Lucrezia ne sarebbe stata la vittima, e i Borgia sarebbero entrati nell'epoca delle tempeste.

Le monache di San Sisto mostravano affetto e simpatia per la figlia del loro pontefice. Insegnanti e allieve le ricordavano la felice stagione della sua prima giovinezza, quando le era stato caro il silenzio del chiostro, i giochi di ombra e luci sotto i porticati, le figure raccolte delle madri e delle sorelle che si avviavano alla messa a due a due, piegando la testa sotto la volta. Nella cappella del convento Lucrezia ritrovava gli effluvi degli incensieri, i canti serafici delle suore intercalati dalla voce profonda dell'officiante, l'oro dell'altare prolungato negli affreschi in cui un malizioso arcangelo Gabriele annunciava a una Maria poco più che bambina un destino umano e divino, mentre di fronte appariva la nascita del Messia in un presepio idealizzato sotto una cupola cerulea. Era una sinfonia di colori e di profumi che per Lucrezia erano un anticipo di paradiso. La quiete del chiostro non bastava a dissipare l'angoscia del presente, e la sola persona che riuscisse a strapparle un sorriso era il giovane spagnolo Perotto, incaricato da Alessandro VI di farle visita ogni giorno.

Nella sua volontaria reclusione Lucrezia rimaneva soggetta all'autorità paterna. Prima della fuga egli l'aveva «informata» del suo stato virginale: adesso occorreva certificarlo in via ufficiale, con una commissione di giuristi che dichiarasse: «Non essendovi mai stata copula, il detto matrimonio non è mai esistito». Sapendo quanto fosse inutile ogni resistenza, Lucrezia si rassegnò a firmare il documento amministrativo.

La notizia si diffuse nelle corti italiane, suscitando quasi ovunque scetticismo e ilarità. Chi non rise fu il conte di Pesaro. L'amore può dimenticare, ma l'amor proprio non dimentica. Un condottiere della sua tempra, far la figura del marito impotente: era troppo! In incognito, Giovanni partì per Milano a cavallo di gran carriera, e si gettò ai piedi dello zio Ludovico per chiedergli protezione. Ludovico il Moro era ancora sconvolto dalla morte della moglie ventunenne, Beatrice d'Este, e poco si curava delle difficoltà del nipote. L'unico consiglio che poté dargli fu di dare dimostrazione della sua virilità davanti a testimoni, o con Lucrezia, che sarebbe stata convocata allo scopo, o con un'altra dama della città, scelta da lui stesso.

Questa sorta di esame prematrimoniale era spesso richiesto anche a giovani che avevano fama di donnaioli. Per esempio il nipote di Alfonso d'Este, Cesare, l'11 marzo 1584 non era riuscito a cavarsela con una vergine consenziente, scelta da un comitato di matrone; ma, per sua fortuna, qualche giorno dopo aveva potuto ripetere l'esperimento e portarlo felicemente a termine: agli osservatori bastarono una decina di minuti per attestare la sua potenza virile.[5]

Così, alcuni anni prima Ludovico il Moro, sapendo che il matrimonio del nipote Gian Galeazzo con Isabella d'Aragona non era stato consumato, l'aveva citato davanti al tribunale costituito dall'arcivescovo e dai giudici della città, e dopo averlo messo in ridicolo aveva potuto respingerne le pretese.

Le disgrazie che si erano abbattute su Giovanni offrivano a Ludovico l'occasione per far dimenticare il proprio comportamento verso il legittimo duca di Milano, oltre che per far buon uso del favore dei Borgia, in un momento in cui temeva una nuova invasione francese che lo spodestasse a vantaggio di Luigi d'Orléans. Perciò, accusando il nipote di voler tenersi la moglie soltanto per non dover restituire i 31.000 ducati della dote, ordinò che Giovanni fosse esaminato da un tribunale presieduto dal reverendissimo legato del papa Juan Borgia, cardinale di Monreale. Secondo Beltrando Costabili, ambasciatore di Ferrara a Milano e testimone giurato dell'ordalia, Giovanni, troppo nervoso, e temendo di non riuscire, rifiutò di sottoporvisi.[6] (Il che non gli impedì, più tardi, di generare una figlia.)

Contemporaneamente a queste vicissitudini, Lucrezia viveva giornate calme, ritmate dalla preghiera, dai canti corali e dalle dispute teologiche su sant'Agostino: una ristretta cerchia femminile, oscillante fra infantilismo ed erudizione, che cominciava a pesarle. Tra le mura del convento in cui era venuta a cercare Dio, aveva trovato non soltanto Dio, ma anche il giovane Perotto, bello e ardente ventiduenne. Appena separata da un marito che le era stato imposto, un uomo esitante, brutale o maldestro, ecco presentarsi il cubicolario, il messo del padre, tutto incanti, dolcezza e seduzione. Lucrezia si accingeva perciò a mettere in pratica l'aforisma di Castiglione: «[...] Penso ben che quelle che hanno i mariti convenienti, & da essi sono amate, non debbano fargli ingiuria: ma l'altre non amando chi ama loro, fanno ingiuria a se stesse».[7] Una colpa commessa per amore non vale forse tutti i doveri del mondo?

All'abbandono del cuore seguì l'abbandono dei sensi, e Lucrezia conobbe per la prima volta il piacere. Grazie a Perotto poté scoprire i desideri e le esigenze di una natura gioiosa e voluttuosa. La sua fedele compagna Pentesilea vigilava sulla sicurezza degli amanti, mentre le suore erano abituate alla presenza quotidiana del mandatario papale, e lo lasciavano circolare sia nei giardini del convento, sia nell'appartamento riservato alla figlia del pontefice, che fra le braccia del cubicolario dimenticava la tutela paterna e il proprio stesso destino, consistente nel servire alla grandezza della famiglia. Ma tutto ciò le fu riportato alla mente, nei termini più brutali, da un fatto che obbligava i due giovani a un duro scontro con la realtà: Lucrezia era rimasta incinta. E mentre a Napoli si intrecciavano le trattative per le nuove nozze, solo la sua snellezza e l'ampiezza delle vesti a vita alta prescritte dalla moda le permettevano di tenere nascosta la gravidanza, dissimulando la rotondità del ventre.

Intanto Giovanni Sforza, l'ex marito, cedendo alla pressione congiunta di Alessandro VI (che gli aveva concesso il godimento della dote), e di Ludovico il Moro, il 18 novembre 1497, nel palazzo di Pesaro, firmava l'attestato della propria inadempienza maritale alla presenza di dottori e teologi, autorizzando il cardinale Sforza a muovere i passi necessari per ottenere l'annullamento.

Giovanni si era lasciato strappare quella dichiarazione, ma fin da principio era la vittima destinata dell'intrigo ordito fra Alessandro VI, il cardinale Ascanio e il duca di Milano. Subito dopo cercò il modo di vendicarsi, e fu lui a lanciare la mostruosa calunnia destinata a riecheggiare nei secoli: «Anzi haver conosciuta infinente volte, ma chel papa non se l'ha tolta per altro se non per usare con lei». Una frase abilmente coniata, perché non afferma che Alessandro VI sia stato amante di Lucrezia, ma che ne avrebbe avuto l'intenzione. Di solito le calunnie si formulano appunto così: dapprima insinuando, suggerendo possibilità, poi affermando senza prove, finché si arriva alla certezza. Altre insinuazioni originate a Pesaro avrebbero poi dato i loro frutti: si diceva che Lucrezia era l'amante non solo del padre, ma anche dei fratelli; anzi Cesare avrebbe fatto gettare Juan nel Tevere per eliminare un rivale in amore. Scriveva Beltrando Costabili, ambasciatore di Ercole d'Este presso la corte di Ludovico: «Qui si proferiscono in pubblico ingiurie contro il sommo pontefice di una tale gravità che a Ferrara nessuno oserebbe scagliare neppure contro un *Torta* [nome di un traditore]».[8]

Insomma: un giorno i Borgia tacciano Giovanni di impotente, il giorno dopo egli li accusa d'incesto. Non si sarebbe spinto a tanto neppure Guido Posthumus, devotissimo agli Sforza, che con i suoi epigrammi vendicò l'affronto recato al suo patrono: più tardi lo stesso Giovanni, vergognandosi delle sue bugie, le avrebbe ritrattate.

Ma la calunnia era destinata a una lunga vita. Dopo una rapida diffusione, giunse all'apoteosi nel 1840, grazie alla fantasia di Victor Hugo alleata alla «furia» di Donizetti, in un'opera che suscitò echi non ancora spenti ai nostri giorni.

Lucrezia comparve dinanzi al tribunale ecclesiastico il 22 dicembre 1497, ossia cinque mesi dopo aver ricevuto a San Sisto i giuristi incaricati dell'inchiesta sulla mancata consumazione del matrimonio. In quell'occasione essa confermò tutto ciò che il padre le aveva fatto firmare, e i giudici canonici – i cardinali Pallavicini, San Giorgio e messer Felino Sandeo, uditore della Sacra Rota – ebbero il buon gusto di dichiararsene soddisfatti, senza farla visitare dalle matrone: tanto meglio, visto che la gravidanza di Lucrezia era ormai molto avanzata.

Abbigliata con il decoro richiesto dalle circostanze, ossia con il seno velato dalla radice al capezzolo, nonostante l'indulgenza concessa in materia dal gesuita Alberti, secondo il quale «questa parte non è più vergognosa delle altre», Lucrezia ascoltò la lettura della sentenza e ringraziò in latino, «con tanta eleganza e gentilezza che se fosse stata un Tullio non avrebbe potuto dire più argutamente e con maggior grazia», come scrisse l'ambasciatore milanese Stefano Taverna.

Terminate tutte le formalità, Lucrezia riprese il proprio posto alla corte pontificia, e con l'aiuto della fedele Pentesilea, e grazie alla moda degli abiti rigonfi, riuscì a nascondere il proprio stato. Poté quindi assistere con il padre allo scoprimento della *Pietà* di Michelangelo. L'artista, allora ventitreenne, lavorava da due anni a una commissione del cardinale de la Groslaye. Era un'opera rivoluzionaria, in cui lo spirito del Rinascimento soffiava sulle rovine dell'antichità. I primi spettatori furono sconcertati dalla giovinezza della Vergine, che la tradizione raffigurava come una donna devastata dal dolore: Maria appariva invece più giovane del proprio figlio. Lo scultore dichiarò che «la bella pittura è l'ombra del pennello di Dio, e così è per questa statua». Per difendere la sua opera Michelangelo si rifece all'idea neoplatonica secondo cui la nobiltà spirituale si manifestava nella bellezza fisica, e insistette sul fatto che egli aveva voluto eliminare dal suo poema di pietra e di fede ogni motivo di orrore o di spavento per lo spettatore, accentuando nella rappresentazione non il dolore della madre, bensì l'accettazione del proprio destino.

Ora che la sorella era di nuovo libera da vincoli coniugali, Cesare si sentiva tenuto a occuparsi del futuro di Lucrezia, per farla servire ai propri fini politici. Scoprirla incinta di un inferiore provocò quindi in lui una collera sfrenata. Per i Borgia, Perotto divenne una spina nel fianco: Cesare era risoluto a far scomparire le prove e i testimoni della colpa, tanto più che il cubicolario era rimasto il confidente del pontefice e sapeva troppe cose delle faccende vaticane. Un giorno, mentre Cesare aveva appena lasciato il palazzo di Santa Maria in Portico per andare in Vaticano negli appartamenti del papa, incontrò per caso Perotto. Questi non ebbe che a gettare un'occhiata su Cesare per comprendere il pericolo e sguainare la spada. Ma Cesare gliela strappò di mano con una presa di ferro. Perotto si dette alla fuga, inseguito dal figlio del papa, su per le scale che fece a quattro a quattro, per gettarsi infine ai piedi di Alessandro VI, gridando: «Santo padre, mi rimetto a voi». Ma anche Cesare irruppe nella sala delle udienze, il pugnale alzato, e sebbene il pontefice cercasse di salvare il proprio funzionario coprendolo con un lembo del mantello in segno di protezione, non riuscì a impedire che Cesare ferisse più volte il giovane spagnolo, e con tale violenza che, secondo l'ambasciatore Paolo Capello, «il sangue saltò in faccia al papa», e il manto papale foderato di ermellino, come pure la tonaca bianca, si macchiarono di lunghe striature purpuree. Secondo il cronista bolognese Cristoforo Poggio, che riferiva al marchese di Mantova, Perotto non sarebbe stato ucciso subito dalle ferite: «Perotto, primo cameriere di N. S. [il] quale non si ritrovava [più], intendo essere in prigione per avere ingravidata la figliola di S. S.tà M.na Lucrezia». In effetti il moribondo fu dapprima trasportato nei sotterranei di castel Sant'Angelo; il 14 febbraio si ritrovò sulle rive del Tevere il suo cadavere, legato mani e piedi, con quello di Pentesilea. Racconta

Burcardo: «Perotto è caduto nel Tevere suo malgrado; non c'è nulla che abbia meno valore della vita di un uomo». Tanto più la voce pubblica fu incline ad attribuire entrambi gli omicidii a Cesare, in quanto la polizia aveva avuto l'ordine di non ricercare l'assassino. E perché sacrificare anche la fedele Pentesilea? Evidentemente, perché conosceva il segreto della giovane Lucrezia.

In questo clima malsano circolavano le voci più infamanti, destinate a sopravvivere perfino alla morte di Lucrezia.

Le riporta l'Aretino: «Perotto fu amante del padre e della figlia, e Pentesilea amante del papa». Il 15 marzo 1498 Giovanni Alberto della Pigna, oratore di Venezia, annunciava a Ercole d'Este: «Da Roma accertasi che la figliola del papa ha partorito».[9] In effetti Lucrezia scopriva nel suo stesso palazzo le gioie molto effimere della maternità; il neonato ovviamente le fu subito tolto: soltanto tre anni dopo la madre poté avere la certezza che il bambino, indicato con il nome di «Infante romano», ottenesse lo statuto di figlio legittimo e fosse provveduto di un reddito. Per giustificare questa curiosa filiazione si resero necessarie ben due bolle papali, emanate cinque giorni dopo la celebrazione del terzo e ultimo matrimonio di Lucrezia.

Nei sei mesi successivi andò aumentando l'ascendente di Cesare sul Vaticano. Alessandro VI cominciava a temerlo, ma era anche stupito e sedotto dal suo genio, e senza dubbio per questo gli perdonò l'assassinio di Juan e non gli serbò rancore per avergli scannato tra le braccia il suo cubicolario favorito. Quanto a Lucrezia, il fratello non aveva più sollecitudine per lei di quanta ne abbia il giocatore di scacchi nel muovere la regina sulla scacchiera. Le sole libertà che le concedeva erano quelle legate alle amicizie letterarie e artistiche, e quindi Lucrezia poté accompagnare nell'ultimo viaggio l'amico e maestro Pomponio Leto. Uomo dotto e amabile, che aveva disprezzato le ricchezze e non aveva mai saputo cosa fossero invidia o maldicenza, lasciava il ricordo di una vita esemplare; aveva sempre usato la massima libertà di parola verso i superiori e la più grande compassione verso i diseredati. Pomponio Leto era stato un uomo fuor del comune, che aveva saputo insegnare a Lucrezia, e ad altri discepoli, l'entusiasmo e il rispetto per gli autori latini e greci. Nella chiesa di Aracoeli la figlia del papa, con gli ambasciatori e quaranta vescovi, assistette alle esequie solenni in onore di un uomo di spirito ecumenico, che aveva saputo riconciliare mondo cristiano e mondo pagano.

Già in quest'epoca si presentavano i candidati alla mano di Lucrezia. I pretendenti non si erano lasciati scoraggiare né dalle accuse di

Giovanni Sforza, né dall'assassinio di Perotto, né dalla nascita di un bastardo: fra i primi a farsi avanti furono Appiano da Piombino, Francesco Orsini duca di Gravina, Ottaviano Riario, figlio di primo letto della contessa di Forlì Caterina Sforza, e il figlio del principe di Sanseverino, Antonello. Quest'ultimo era molto sgradito al sovrano di Napoli, perché la sua famiglia, di simpatie angioine, era tra le più potenti del regno appunto grazie ai suoi legami con Carlo VIII e con il suo successore.

Tuttavia le trattative erano cominciate: allo sposo sarebbe andato il titolo di capitano generale della Chiesa, con l'obbligo di risiedere a Roma sotto la protezione del Santo padre. Subito il re di Napoli, Federico, intervenne pregando il cardinale Ascanio Sforza di usare tutta la propria influenza per mandare a monte il progetto, pericoloso per il ducato di Milano quanto per il suo stesso regno, ormai riconciliati per opporsi al pericolo comune: l'alleanza tra Luigi XII e il papa.

In un primo tempo Alessandro VI sembrò vedere con favore la candidatura di Sanseverino, ma era solo per mascherare il suo vero interesse per il fratello di Sancia, Alonso, figlio naturale di Alfonso II re di Napoli, morto nel 1495, e di donna Tuscia Gazullo. Fu una mossa efficace, perché Federico I intavolò i negoziati: Lucrezia doveva portare una dote di 40.000 ducati, mentre al giovane Alonso sarebbero stati concessi il principato di Salerno e i ducati di Bisceglie e di Quadrata. Così il matrimonio era destinato a servire all'ampio disegno politico di Alessandro VI, che mirava a schiacciare le grandi baronie e insieme a consolidare il regno d'Aragona e di Napoli, così da poterne fare in seguito il regno d'Italia. Ciò serviva anche ai progetti di Cesare, che dopo aver rinunciato alla porpora, e tornato allo stato laicale, si proponeva di sposare la figlia legittima del re Federico, Carlotta, allevata alla corte della regina Anna di Bretagna.

Considerando le recenti difficoltà del regno napoletano, Alessandro VI giudicava il momento favorevole per sostituire l'attuale dinastia, facendo salire sul trono lo stesso Cesare. Perciò inviò il cardinale Sforza a informare il sovrano che il figlio sarebbe tornato allo stato laicale, e il papa aspirava a vedergli concessa la mano della principessa.

Un castello di carte politico che minacciò di rovinare per un incidente farsesco: l'arrivo a Roma di Gaspare da Procida. Questi, sebbene sposato e padre, probabilmente attratto dall'entità della dote, proclamava che il suo contratto di fidanzamento con Lucrezia era sempre valido. Per togliere ogni fondamento giuridico alle sue pretese, il 10 giugno Alessandro VI dovette pubblicare un breve in cui, mentre riconosceva l'irregolarità della rottura con don Gaspare, dichiarando che la figlia si era impegnata «con leggerezza, sotto l'impulso di una momentanea attrazione, per sposare un impotente», la assolveva dallo spergiuro commesso e le restituiva la facoltà di prendersi uno sposo a sua scelta.

Mentre si svolgevano le trattative, nessuno degli interessati veniva consultato. Il contratto, firmato il 20 giugno, precisava che Alonso avrebbe dovuto trascorrere un primo anno a Roma insieme alla sposa, mentre essa non avrebbe comunque avuto nessun obbligo di recarsi a Napoli, perdurante la vita del padre. Fino al giorno del matrimonio, fissato a un mese di distanza, Alessandro VI affidava la figlia alla custodia del venerabile cardinale Juan Lopez. Lucrezia attendeva il nuovo sposo che le veniva imposto. Sancia le aveva vantato le virtù del fratello, bello, amoroso e amabile, ma quale valore si poteva dare alle affermazioni dell'orgogliosa e capricciosa principessa d'Aragona?

IX
ALONSO D'ARAGONA: UN MATRIMONIO D'AMORE

Per quanto sembri curioso, fu il principale artefice del primo matrimonio di Lucrezia con Giovanni Sforza, il cardinale Ascanio, devoto ormai anima e corpo al re di Napoli, a rappresentare Alonso nella cerimonia del fidanzamento, che ebbe luogo in Vaticano il 20 giugno 1498.

Ai primi di luglio il principe d'Aragona, accompagnato da una trentina di cavalieri che indossavano la livrea pontificia, si avvicinava a Roma percorrendo la via Appia, già detta *Regina viarum*, la regina delle strade, per i suoi ammirevoli lastricati ricavati da un torrente di lava proveniente dai colli Albani; i diversi passaggi delle armate francesi l'avevano parecchio rovinata, e ormai non le restava che il nome di strada, tanto erano profondi i solchi scavati dalle ruote dei carri. La via Appia, soffocata da una nube di calore e di polvere, alla periferia della città eterna era affollata da portantine che racchiudevano viaggiatori di rango, da muli stracarichi di balle di stoffa o di sacchi di granaglie, da carri su cui erano ammassati blocchi di marmo estratti dalle colline circostanti. Il corteo che scortava il fidanzato, tenuto alla puntualità, faticava a farsi largo. A ogni svolta della strada che l'avvicinava al suo destino, il giovane duca di Bisceglie si rattristava sempre più: poiché era figlio di Alfonso II, la sua famiglia lo vendeva al papa.

Quando passarono davanti alla tomba di Cecilia Metella, costruita nel primo secolo dell'era cristiana, il precettore Brandolini gli fece notare il fregio di bucrani, insegna dei Borgia, intrecciati alle ghirlande di fiori: se il «capo di bove», altro nome con cui si indicava il mausoleo, poteva ricordare Alessandro VI, forse le ghirlande di fiori avrebbero potuto simboleggiare la dolce Lucrezia, della quale Sancia diceva meraviglie. Comparvero alla vista le rovine del circo di

Massenzio, con la porta Libitina dalla quale gli schiavi facevano uscire i morti, ricordo dei crudeli giochi degli antichi, a cui altri giochi si erano sostituiti.

A mano a mano che la sua lettiga procedeva, il giovanetto vedeva le rovine della Roma pagana cedere il passo alle prime vestigia del cristianesimo, con la chiesetta «Domine quo vadis» che sorgeva alla sua sinistra. Secondo la pia leggenda, in quel punto san Pietro aveva chiesto a Gesù: «Dove vai, Signore?». «Vado a Roma, a farmi crocifiggere di nuovo»; e l'apostolo, comprendendo il rimprovero implicito nella risposta, era tornato sui suoi passi e rientrato a Roma per affrontare il martirio. Il fidanzato di Lucrezia non faceva che interrogarsi, lungo tutto il percorso della sua strana *via crucis*, che a ciascuna stazione pareva ripetere il leitmotiv di un *De profundis* di pietra. Ma quando tra gli alti pini mediterranei apparve la grande porta di Capua (oggi porta San Sebastiano), rosata dal sole al tramonto, semisepolta tra gli oleandri, i napoletani si rincuorarono. Dovettero comunque procedere in un dedalo di viuzze tortuose e di piazze sterrate che servivano da deposito di immondizie, ma all'improvviso videro ergersi di fronte a loro le mura ciclopiche delle Terme di Caracalla, dopo di che il corteo risalì verso il centro cittadino per scoprire alla propria destra il Colosseo, e a sinistra uno spettacolo desolante, il colle Palatino, dove gli edifici imperiali erano ridotti a un cumulo di rovine. Nel Foro soltanto quattro colonne restavano in piedi, con l'arco di Costantino intatto fra le macerie. L'effetto di abbandono e di decadenza che aveva colpito i viaggiatori svanì davanti al Pantheon, da poco tempo sbarazzato dalle catapecchie che ne incrostavano i muri come altrettante verruche.

Quando si faceva buio, uomini d'arme accendevano le lucerne protette da gabbie di ferro: le vie prendevano un'aria di festa, sudiciume e miseria sembravano cancellati, anche le botteghe si illuminavano.

Il corteo aragonese superò il ponte di legno che sovrastava le acque limacciose del Tevere, e proseguì lungo castel Sant'Angelo che all'aspetto non richiamava affatto lo splendore dell'arcangelo, ma piuttosto le tenebre di Lucifero. Svoltando da un vicoletto i viaggiatori scoprirono il palazzo di Santa Maria in Portico, illuminato dalle torce. Neppure da paragonare con il fasto che aveva accolto Giovanni Sforza cinque anni prima: il nuovo sposo non trovava ad attenderlo un apparato di solennità, ma la mancanza di cerimonie non gli dispiaceva.

Alonso, che aveva un anno meno di Lucrezia, nutriva qualche apprensione sul suo conto. Perciò fu grande il suo stupore quando vide una giovane colma di tanta ineffabile grazia, *somma bellezza e somma bontà*, seduta su cuscini di seta, che conversava animata con uno sciame di graziose fanciulle romane. La sua veste era raccolta in una massa di pieghe ai lati della figura, che la avvolgevano come una conchiglia, mentre i capelli sparsi sulle spalle facevano pensare al riflesso delle messi mature. La sua voce aveva i toni carezzevoli e la spontaneità che erano il lascito di un'infanzia da poco trascorsa, rimasta inalterata attraverso tutte le vicissitudini familiari.

Nel momento in cui Lucrezia ebbe di fronte il promesso sposo, a dire dei presenti ebbe un vero e proprio colpo di fulmine. L'emozione la fece ammutolire; le sembrava di «bere il cielo». Con le guance imporporate, gli occhi lucidi di lacrime, Lucrezia si slanciò fra le braccia del principe d'Aragona.

> Piccola bocca e labbra coralline
> più meraviglia che mai non fu corallo
> Lucrezia avea, d'esser baciate degne
> e morse dolcemente, senza far male.
> Dentini candidi più che cristallo
> fra i quali la sua lingua armoniosa
> dava un suono piacevole e cordiale
> con il canto e la voce melodiosa...

Così scriveva Octavien de Saint-Gelais.

Da quel giorno l'ombra di Perotto svanì, e per la prima volta Lucrezia provò riconoscenza per la politica paterna, che corrispondeva finalmente alle sue aspirazioni.

I contemporanei di Alonso sono unanimi nel riconoscere in lui «l'adolescente più bello che si sia mai visto a Roma, capace di intenerire il cuore di tutte le donne». Ma la sua prodigiosa somiglianza con Lucrezia colpì e commosse tutti. Jofré Borgia improvvisò un poema per celebrare la nascita della loro passione:

> Guardate attorno a voi il mondo tutto intero,
> è l'opera d'Amore quanto è in esso di raro.
> Amano cielo e mare, ama la terra ancora,
> e questa stella pure che sovrasta l'aurora...
> Vedi com'essa ride e riluce in quest'ora,
> dell'amante sul seno sembra ch'essa si mora...[1]

Ma per non farsi travolgere dalla commozione, soggiunse con un'improvvisa capriola che «nella coppa d'amore sta più aloè che miele», ricordando alla sorella che la parola *amare* compendia in sé l'amore e l'amaro.

I fidanzati, assorti l'uno nell'altra, a quanto si dice ricevettero i doni nuziali nella più completa indifferenza: vasi, anfore da acqua d'argento massiccio, giumente arabe dal manto immacolato, addestrate dai migliori palafrenieri di Mantova, sparvieri da caccia, falconi con cappucci di seta e guinzagli d'oro, due arazzi di Fiandra, copritavola di cuoio, candelabri ecc. Senza dubbio a causa dell'agitazione seguita all'assassinio di Perotto fu deciso che il matrimonio si celebrasse nell'intimità, in Vaticano, il 21 luglio.

Quel giorno Lucrezia fece la sua comparsa vestita con un abito di tela di Cambrai, con le maniche sbuffanti a intagli di raso cremisi; una cintura di perle chiudeva la blusa di seta bianca con applicazioni ricamate di velluto nero incrostato di gemme. L'oro dei suoi capelli era coronato da un diadema ingemmato e ornato da un velo che la sera prima era stato benedetto nel convento di San Sisto. Alonso sfoggiava i colori di Napoli, giallo e rosso. Officianti erano i cardinali Juan Borgia il Giovane, Juan Lopez e Ascanio Sforza. Dopo aver ricevuto la benedizione, Alonso, con un gesto spontaneo, sfiorò la spalla della sposa, dicendo: «Col suo permesso carissima Lucrezia». Il gesto così rispettoso e tenero illuminò il viso della figlia del papa e commosse gli astanti, che vi lessero una promessa di felicità per la nuova duchessa di Bisceglie.

In casa Borgia l'intimità non escludeva la magnificenza. Tuttavia un incidente turbò l'inizio del ricevimento di nozze, per una lite che scoppiò tra i parenti di Cesare e quelli di Sancia: entrambi i gruppi pretendevano la precedenza sull'altro, e la disputa fu così violenta che due vescovi furono presi a pugni. Lo stesso pontefice finì col trovarsi solo, lontano dai domestici, in mezzo alle spade sguainate dei combattenti. L'arrivo di Cesare riportò la calma perché nessuno se la sentiva di affrontare la sua collera.

Cominciarono i divertimenti, prima negli appartamenti Borgia dove la luce era filtrata da leggeri tendaggi con le armi del papa. I raggi del sole giocavano sulla superficie cesellata dei bicchieri veneziani, sui piatti di smalto sorretti da satiri, tra le cornucopie cariche di frutta e le piramidi di zucchero colorato. L'incarnato dei convitati era ravvivato da guizzi di luce rosata e d'oro. Alessandro VI era servito da due cardinali in funzione di maggiordomi, e da Sancia che gli versava da bere. Tornata la calma, ordinò che cominciassero le danze. Alonso liberò allora Lucrezia dai veli, rivelandone la nudità delle spalle e la bellezza più candida del cristallo. I musici ammutolirono, e nel silenzio Lucrezia eseguì le figure del ballo insieme alla cognata. Dissipata la prima emozione, gli artisti ripresero gli strumenti e Lucrezia poté infine danzare con il primo uomo che avesse amato. Fu poi il turno di Cesare, che aveva indossato un costume da unicorno, simbolo di purezza e di lealtà... Poi una serie di scene di caccia permise ai commensali di danzare tutti insieme il *branle*, mascherati da volpe, giraffa, oca di mare, cervo o liocorno. Il papa «fece cose da giovine [...] [e] balli e rappresentationi durarono fino all'alba».

Questa volta gli sposi non dovettero subire la consacrazione pubblica del momento in cui «lo sposo si congiunge alla sposa»; gli intimi li accompagnarono fino al palazzo, ma nessuno si soffermò. Era presente soltanto la moretta di Lucrezia, che l'aiutò a slacciare il diadema e i braccialetti d'oro a treccia, la svestì, le fece il bagno e la profumò, facendole infine indossare una camicia di lino bianco.

Ed ecco gli sposi isolati dal mondo, nell'ora in cui i primi abbandoni alla voluttà sono sempre misteriosi. Gli occhi di Lucrezia splendono come stelle in un cielo sereno, le labbra dal disegno delicato si aprono soltanto alla felicità. Dopo la fusione dei corpi che è anche delle anime, la notte sarà infine sconfitta dal rapimento e dall'appagamento amoroso.

La sera dopo nel palazzo del Belvedere una compagnia di comici venuti da Napoli recitò un libero adattamento del *Sogno di Polifilo* di Francesco Colonna, commissionato da Sancia come omaggio a Lucrezia: una commovente fantasia, in cui la ninfa Polia per ottenere la pace si consacra a Diana, e trova infine la gioia nell'amore di Polifilo. Questi, perdutosi nella foresta, la cerca disperato e giunge infine al palazzo della regina Eleutheride, che per compensarlo di tanta fedeltà, gli concede la vergine Polia. Dopo tante prove i due eroi possono gustare appieno la bellezza della vita.

Non c'è dubbio che Alonso e la sua sposa fossero incantati l'uno dell'altra, come attesta l'ambasciatore di Mantova nella sua relazione per Francesco Gonzaga: «Sedotta dalle sue attenzioni e dalla sua bellezza, madonna Lucrezia ha per il marito un'autentica passione». Da molto tempo non si era vista a Roma una coppia così armoniosa: i loro sguardi e sorrisi intenerivano il popolo, i vecchi canterellavano «piovono baci».

Meno di un mese dopo il matrimonio della sorella, Cesare, d'accordo con il padre e secondo quanto era stato previsto, si presentò al concistoro in vesti cardinalizie, chiedendo di essere restituito allo stato laicale in quanto non aveva la minima vocazione per la vita religiosa, cui era stato costretto. Un anno prima, in una lettera a Carlo

VIII il papa aveva già prospettato al re la rinuncia del figlio al cardinalato, necessaria per consentirgli di sposare la vedova di Fernando I, oppure la stessa donna Sancia, sebbene questa fosse già la moglie di suo fratello. Così riferisce Sanudo nei suoi *Diarii*: «...madonna Sancia, la qual però era stata a marito col fratello già anni due. Et *dicitur etiam* che [il papa] dispensava le nozze prime del principe di Squilazi, attento che, per esser giovene [Jofré aveva sedici anni], non avea consumato matrimonio. *Tamen, non erat verum, et ut intellexi,* da molti mesi questo cardinal Valenza usava con la cognata etc.».[2] Burcardo infine ristabilisce la verità: Jofré fu un vero marito per Sancia, così come essa fu davvero l'amante del cognato.

Cesare cambiava l'abito, non il costume; tuttavia Alessandro VI decise di chiedere a nome del figlio la mano di Carlotta, figlia di Federico I re di Napoli. Tommaso Tomasi osserva: «Se il cardinale di Valenza avesse potuto mettere un piede nel regno, sposando una donna di sangue reale e ottenendo il principato di Taranto che aveva chiesto come dote della sposa, e perfino ricevendo delle milizie grazie alla Chiesa di cui lo Stato era feudatario, avrebbe potuto con facilità deporne il sovrano, militarmente debole, povero di risorse finanziarie e molto malsicuro circa la fedeltà dei sudditi, alcuni dei quali propendevano ad opporsi agli Aragona». Il re Federico comprese subito che il matrimonio aveva l'unico fine di scacciarlo dal trono. Ma, mentre in privato esclamava: «Non intendo dare mia figlia a un prete figlio di prete», nella sua risposta al papa non era libero di esprimersi con altrettanta chiarezza. L'essenziale era guadagnare tempo per scoraggiare i Borgia. Perciò scrisse che prima di impegnarsi voleva chiedere consiglio ai genitori, i sovrani di Spagna. Dal canto suo l'interessata, cresciuta alla corte di Anna di Bretagna, diceva chiaro e tondo che rifiutava di farsi chiamare «la cardinala». Insomma, alla fine, come scrisse l'ambasciatore di Venezia a Roma, «la noze del cardinal di Valenza e la figlia del re Federico era andata in fumo».

Lucrezia e Alonso divennero le vittime più immediate dell'inganno di Cesare, che attribuì al cognato la responsabilità del fallimento: in fondo, se i Borgia gli avevano dato in sposa donna Lucrezia era proprio perché, come contropartita, Carlotta veniva ad essere tacitamente promessa a Cesare. Una umiliazione aggravata dalla gelosia nei confronti del giovane principe che aveva saputo sedurre sua sorella.

Respinto dagli Aragona, Cesare si rivolse alla casata rivale, quella dei re di Francia. Luigi XII era appena salito al trono e aveva bisogno dell'appoggio di Alessandro VI per una faccenda che univa l'utile al dilettevole: ottenere il ducato di Bretagna e la mano della regina Anna che ne era l'erede, vedova di Carlo VIII, donna ben più seducente dell'attuale consorte del sovrano francese. Ma soltanto il sommo pontefice poteva annullare l'unione. Per ottenere questo, Luigi XII promise a Cesare una moglie di sangue reale, gli conferì il titolo di duca di Valentinois concedendogli la contea di Diois nel Delfinato, la signoria di Issoudun e una pensione di 20.000 lire all'anno. Ossessionato dall'ambizione e dal desiderio di cancellare il fiasco napoletano, il figlio del papa fece ogni sforzo per convincere il padre, servendosi del suo ascendente su di lui. Alessandro, che era rimasto spagnolo nell'anima, non aveva nessuna voglia di favorire il re di Francia: ma ormai era dominato dal figlio, e si piegò alle sue ragioni, incaricandolo di consegnare a Luigi XII la bolla che autorizzava il re a sposare Anna di Bretagna.

A Roma non si parlava d'altro che della partenza di Cesare, rimandata di giorno in giorno per uno sfogo che gli aveva invaso la faccia, sfigurandolo: una conseguenza del «mal francese» contratto a Napoli nel 1495. Infine, il 1° ottobre il novello duca di Valentinois, ventitreenne, si congedava dalla famiglia e partiva, vestito di damasco bianco con bordi d'oro, avvolto in una cappa di velluto nero, in testa un berretto con pennacchio per mascherare la tonsura. L'eroe del giorno, in sella a un baio proveniente dalla scuderia dei Gonzaga, lasciò il Vaticano passando dai giardini, con un seguito di trenta gentiluomini, di paggi, scudieri, buffoni, musicisti, più dodici carri con i bagagli e oltre cento muli. Le galere inviate da Luigi XII si armarono a Civitavecchia per trasportare il nuovo «cugino» del re di Francia, il «figlio di Dio», come lo chiamavano allora i burloni. Dopo aver morso il freno per anni, il maggiore dei Borgia vedeva finalmente scoccare l'ora della rivincita e della vendetta.

Grazie a Lucrezia e ad Alonso, ma anche per l'assenza di Cesare, il Vaticano si riempì di dolcezza. Vicino ai due sposini il papa si sentiva ringiovanire, e per loro organizzava battute di caccia al capriolo e al cervo nei dintorni di Ostia. Oltre ai battitori e ai cani della muta, si inoltravano nei boschi anche i musici, che eseguivano arie di caccia. Tutta la compagnia gustava la buona tavola insieme a Sancia e Jofré e a qualche cardinale accompagnato dalla sua «bella donna». Per la prima volta Lucrezia scopriva la serenità nell'ambito della sua stessa famiglia, e il suo amore per il duca di Bisceglie ne traeva una sfumatura di sensibilità materna e protettiva – senza dubbio perché

Lucrezia conosceva bene gli sbalzi d'umore che caratterizzavano suo padre. Il duca era stato allevato alla corte di Napoli dalla madre, la mirabile donna Tuscia, ricevendo una formazione di umanista e di soldato insieme; aveva imparato a godere la vita, a conversare, a scherzare, a rispettare gli altri, a mostrarsi galante. A Roma la sua prodigiosa moglie traduceva in concreta realtà i suoi sogni di adolescente. L'ardore iberico intriso di fascino napoletano si esprimeva con una passionalità ben lontana dallo scherzo boccaccesco, così consueto in quella fine secolo. Lucrezia, che fino a quel momento aveva prestato soltanto un orecchio distratto alle appassionate dichiarazioni degli ammiratori, si accorgeva che le bastava vedere il viso dell'amato, sentire il suo passo o la sua voce lieta e tenera, per sentirsi battere il cuore più in fretta.

Impossibile che non la commuovesse un comportamento così nuovo per lei, di un uomo rispettoso e amoroso, capace di esprimere con lo sguardo ben più che con mille parole. Non dice forse Platone che nel bacio l'anima sale alle labbra per traboccare fuori dal corpo? La felicità in cui Lucrezia viveva aveva già cominciato a dilagare oltre i confini della sua cerchia più intima. La sua generosità ormai la spingeva verso i poveri di Roma, i quali invece di portare le loro suppliche al pontefice, presero l'abitudine di rivolgersi alla figlia, divenuta loro patrona presso il papa. Lucrezia era totalmente assorta nella sua felicità, e anche se la sua vita religiosa era più moderata, i prelati spagnoli non la biasimavano per questo, giudicando che «Lucrezia mostrava tutti i segni di una coscienza immacolata».

Il 9 febbraio 1499 Lucrezia, in attesa di un figlio, era ospite del cardinale Lopez, dove si era riunita tutta la gioventù romana. Correndo tra i filari della vigna, inciampò e trascinò con sé nella caduta un'accompagnatrice, che le cadde addosso. Lucrezia svenne, fu riportata a casa e «la notte a nove ore disperse, maschio o femina non so», come riferisce il Cattanei. L'aborto addolorò Alessandro VI, ma due mesi dopo il duca e la duchessa di Bisceglie gli annunciarono una nuova gravidanza.

In quel momento Lucrezia godeva in pieno del favore del padre e si comportava come la sovrana della città eterna. Mentre ricevevano gli ospiti a Santa Maria in Portico, Alonso e la moglie erano circondati dai buffoni di corte, una presenza indispensabile in tutte le occasioni di divertimento, se vogliamo credere a ciò che scrisse più tardi il cardinale di Bernis: «Sapendo dare alle loro buffonate un lato profondo, serio e talvolta perfino malinconico, essi sanno che ai prìncipi è necessario il divertimento più che l'adorazione; per questi buffoni soltanto Dio ha allegria sufficiente per non stancarsi di tutti gli omaggi che riceve». I più assidui a Santa Maria in Portico erano i cardinali – i Medici, i Farnese, i Riario, gli Orsini, i Cesarini – come pure i predicatori di fama, i frati Mariano da Genazzano, Egidio da Viterbo, Aurelio e Raffaello Brandolini dell'ordine agostiniano, e gli umanisti: Inghirami, Marso e Sabellino, o il poeta Serafino Aquilano, celebre per la sua interpretazione di *Adieu mes amours*, composta l'anno prima a Roma da Josquin Desprès. Justolo da Spoleto e i discepoli di Pomponio Leto mantenevano vivo il ricordo del loro maestro. Fausto Evangelisto si destreggiava con pari abilità nell'elogio e nella satira. Aldo Manuzio veniva a presentare gli ultimi incunaboli stampati a Venezia: le opere di Virgilio e di Petrarca. Nel palazzo di Lucrezia si incontravano anche Michelangelo o Simone del Pollaiuolo, un architetto che era stato soprannominato *il Cronaca*, ossia l'antiquario, per la sua passione per i monumenti antichi, e a sua volta disseminava chiese in tutti gli Stati italiani.

Quelle serate, di cui Lucrezia diventava l'ispiratrice con le sue amabili repliche e il suo spirito riflessivo, erano frequentate anche dai nobili e dalla finanza: i Massini, i Santa Croce, gli Altieri o i Valle si incontravano con banchieri come Altovici o Antonio Chigi.

Nel 1499 Alessandro VI affidò a Bramante l'incarico di dipingere lo stemma dei Borgia nella basilica di San Giovanni in Laterano. Alla presenza di Alonso e Lucrezia che spesso venivano a vederlo lavorare, l'artista cinquantenne sembrava ritrovare la vivacità dei vent'anni. In quello stesso anno fu affidata a Copernico la cattedra di astronomia della Sapienza, un edificio nuovo nel quale doveva trovare sede una sorta di università ispirata alle accademie della Grecia antica, in cui si alternavano aule, deambulatorii e portici. Sappiamo che il duca e la duchessa di Bisceglie e il cardinale Farnese furono tra i primi uditori del corso inaugurale dello studioso polacco, il quale in seguitò dedicò al fratello di Giulia *De Revolutionibus Orbium*.

La schiarita purtroppo terminò. Il 23 maggio 1499 giunse in Vaticano un messaggero del duca di Valentinois, un certo Garcia, che appena arrivato, a briglia sciolta, crollò a terra per lo sfinimento. Il resoconto che fece al papa, a voce, durò sette ore. Cinque giorni innanzi Cesare aveva sposato, a Chinon, un'altra Charlotte. Costei, dama d'onore della regina Anna, era «più che amabile, bella e d'alto lignaggio, sorella del re di Navarra e figlia di Alain d'Albret, duca di Guyenne». Il corriere lesse poi la lettera del suo padrone, in spagnolo, nella quale Cesare si vantava di avere, nella notte di nozze, «spezzato otto lance mentre Luigi XII ne aveva infrante soltanto quattro». Veramente, alla corte di Francia si raccontavano cose un po' diverse; per esempio Robert de la Mark, signore di Fleurange, scriveva: «Il figlio del papa chiese allo speziale certe pillole per far onore alla sua donna, ma ne ebbe gran danno, perché in luogo di quelle che aveva chiesto, gli fu dato un medicamento purgativo, sì che tutta la notte il duca non fece che andare al comodo, come riferirono le dame di compagnia la mattina dopo». Cesare del resto non si attardò oltre alla corte di Luigi XII: il 31 luglio era a Lione e il 16 ottobre a Milano. Dal canto suo Charlotte rimase in Francia, destinata a conservarsi fedele a un marito sempre assente.[3] A Roma il pontefice intendeva celebrare le nozze con luminarie e fuochi di festa, in particolare davanti al palazzo di Lucrezia e a quelli dei cardinali. Il fedele Burcardo, che non condivideva l'entusiasmo generale, osserva: «In realtà è un grande disonore, una vergogna per Sua Santità e la Santa sede».

In effetti i festeggiamenti ufficiali sono innanzi tutto l'indice di un mutamento della politica vaticana che non cessava di allarmare gli Aragona. Lucrezia era consapevole del pericolo che la minacciava, nonostante l'affetto che il padre aveva per lei. Il nuovo re di Francia aveva riconfermato in prima persona le pretese avanzate da Carlo VIII sul regno di Napoli, anzi vi aveva aggiunto quelle proprie su Milano, basate sul fatto che sua nonna era una Visconti e Ludovico il Moro un usurpatore.

Cesare, sempre divorato dall'ambizione, si faceva chiamare «Cesare di Francia» e sul suo blasone aveva accostato il giglio al toro dei Borgia. Le avvisaglie di una prossima alleanza con Luigi XII sembravano confermate. Nonostante le sue inquietudini, Alessandro VI ostentava una posizione neutrale e assicurava la figlia che il sovrano francese non aveva pretese se non sul ducato di Milano, e che finché lui fosse stato vivo Napoli non sarebbe stata mai toccata. Ma i suoi figli non erano sciocchi, sapevano bene che il padre si limitava a prendere tempo.

Sancia ne ebbe la prova quando andò in Vaticano a difendere Jofré, ferito gravemente sul ponte Sant'Angelo da un soldato di ronda, che per poco non l'aveva mandato «a ritrovare il duca di Gandía nel Tevere». La duchessa di Squillace protestò con veemenza, scambiando con il papa «frasi molto alterate e poco onorevoli dall'una e dall'altra parte», poiché considerava Alessandro VI responsabile dell'aggressione, resa possibile dall'ostilità che il papa mostrava verso gli Aragona.

Nel frattempo il duca di Bisceglie si sentiva sempre più indesiderato. Il cardinale Ascanio, divenuto suo amico, irritato contro il capo della Chiesa che si preparava a favorire i progetti tirannici di Cesare, lo persuase che i Borgia erano più maldisposti verso gli Aragona che verso gli Sforza. Conoscendo il Valentino fin dall'infanzia, Ascanio non si faceva la minima illusione sul suo carattere e sulle sue reazioni, e per amicizia mise sull'avviso il marito di Lucrezia: il figlio del papa non avrebbe mai dimenticato l'offesa subìta per il rifiuto di re Federico di accordargli la mano di Carlotta; e appena avesse avuto il cognato alla sua mercé, avrebbe trovato il modo di vendicarsi su di lui.

Il vicecancelliere propose allora al giovane principe di ritirarsi con lui a Genazzano, feudo dei Colonna situato fra i monti Sabini. Ma Alonso, senza osar di comunicare il progetto alla moglie per paura che il Santo padre ne venisse a conoscenza, rinunciò ad accompagnare il cardinale Sforza. Era però spaventato dall'ostilità che si sentiva crescere intorno, e il 2 agosto lasciò Roma, come aveva fatto il suo predecessore Giovanni, invano inseguito dagli arcieri della città. Nei giorni seguenti supplicò più volte la moglie di raggiungerlo, ma i suoi messaggi furono intercettati da Alessandro VI.[4]

Prigioniera a tutti gli effetti nel suo palazzo, Lucrezia si disperava: aveva preso le parti del marito contro il padre, e lo supplicava piangendo di lasciarla allontanare da Roma, in modo da rendere più facile il ritorno del principe d'Aragona. La sua determinazione fece sì che Alessandro VI non vedesse altra soluzione che affidare alla figlia delle responsabilità politiche: la nominò quindi governatore di Spoleto e Foligno, inviando alle autorità cittadine delle due località un breve che oggi si conserva nell'archivio municipale di Spoleto: «Abbiamo affidato alla nostra cara figlia in Gesù Cristo, la nobile dama Lucrezia de Borgia, duchessa di Bisceglie, per il bene e la pacifica amministrazione di codesti luoghi, l'incarico di custodire la rocca e governare le nostre città di Spoleto e Foligno, come pure il contado e il distretto che ne dipendono. Vi prescriviamo, per evitare di incorrere nel nostro dispiacere, di obbedire alla predetta duchessa Lucrezia, vostra reggente, come alla nostra propria persona, e di eseguire i suoi ordini con ardore e zelo». L'incarico affidato a Lucrezia non era una sinecura, perché le due fortezze avevano una notevole importanza strategica; per di più gli spoletini non cessavano di manifestare inquietanti velleità d'indipendenza: turbolenti e ambiziosi, uscivano allora allora da un conflitto con la città di Terni per il possesso del borgo di Cesi.

Se Lucrezia fosse o no dotata delle qualità necessarie per un simile compito di responsabilità, la scelta di Alessandro VI lo avrebbe dimostrato. Ma il papa tradiva la fiducia della figlia lasciandosi persuadere da Cesare a scegliere di fatto l'alleanza con il re di Francia, il quale fin da giugno aveva inviato le sue truppe a Grenoble, in vista dell'offensiva; in questo modo Jofré e Lucrezia, legati per matrimonio alla dinastia napoletana, venivano a trovarsi in una situazione drammatica. Infatti con la sua scelta Alessandro VI pretendeva che essi rinunciassero ad aiutare la loro famiglia, ossia si opponessero all'invio di soldati da parte del re Federico alla signoria di Milano, per il momento alleata degli Aragona.

Si trattava di un doppio gioco, esaltato da Machiavelli per la sua finezza, che la figlia di Alessandro VI non poteva immaginare nel momento in cui lasciava Roma, l'8 agosto 1499, al sesto mese di gravidanza. Lucrezia partì da Santa Maria in Portico accompagnata da Jofré, per andare a salutare il padre che li aspettava nella loggia del Vaticano. Senza smontare da cavallo, fratello e sorella si tolsero i cappelli inchinandosi in segno di rispetto, «di modo che la chioma bionda della duchessa e i capelli color mogano del giovane principe brillarono sotto uno stesso raggio», come riferisce un testimone. Il pontefice li benedisse tre volte e il corteo si avviò, scortato dal capitano della guardia palatina e da numerosi prelati fino alla porta Salaria, secondo il cerimoniale seguito a ogni partenza dei prìncipi.

Fuori città Lucrezia scese di sella per prendere posto in una confortevole lettiga munita di cortine, con un materasso di raso a fiori e due cuscini di damasco bianco, mentre sulla groppa della sua giumenta veniva fissata una poltrona rivestita di stoffa, per quando avesse preferito lasciare il palanchino. Una muta di muli trasportava i suoi mobili in quattro carri, e «tutto ciò», come osserva Burcardo, «a onore e gloria della Santa Sede». La accompagnavano uomini di Chiesa, arcieri, e Fabio Orsini, divenuto suo cugino dopo il matrimonio con Jerónima Borgia. Nonostante il percorso si snodasse tra foreste e castagnaie, il viaggio si svolse sotto una canicola implacabile, mai attenuata da una sia pur minima brezza, e sgradevole agli anziani quanto ai più giovani; ma fu soprattutto penoso per Jofré, separato dalla moglie Sancia per volontà paterna. Soltanto Lucrezia, che a ogni giro delle ruote si ritrovava più lontana da Roma e più vicina al marito, sembrava soddisfatta. Il poeta Giovanni Marrades Labronio ricorda il viaggio con questi versi:

> Sulla strada per Spoleto bruciante
> Sotto il sole d'agosto, lentamente
> Cavalcava Lucrezia nel mezzo di un fulgido corteo

Di preti e di gentiluomini
La fulva bellezza della sua ridondante chioma
Faceva ombra al brillio dei suoi occhi semichiusi.

Il senatore, stanco, era silenzioso
A lato della duchessa
Come il più giovane dei figli di Vannozza
I preti imbronciati sognavano
La frescura del Vaticano...

La sosta a Terni, patria di Tacito, consentì ai viaggiatori di apprezzare il refrigerio delle sale racchiuse nelle spesse mura del palazzo medievale di Mazzancolli. A pochi chilometri da Spoleto, nel castello di Porcaria, Lucrezia e il seguito indossarono gli abiti da cerimonia per l'ingresso solenne. Quattrocento armati le erano già venuti incontro per portarle l'omaggio della città. La duchessa di Bisceglie entrò quindi in città a cavallo, sotto un baldacchino ricamato d'oro sorretto da quattro araldi, e scortata dai suoi cavalieri. Passò tra gli stendardi, le bandiere e le acclamazioni della folla, sotto gli archi di trionfo, ascoltando i discorsi di benvenuto, e raggiunse la fortezza solo al tramonto.

La spagnola Lucrezia era infine giunta nella ammirevole rocca di Spoleto, già restaurata da un altro spagnolo, il cardinale Alvarez Carrillo de Albornoz. Il giorno dopo vennero a salutarla i priori, ai quali essa consegnò il breve citato sopra, come attestato ufficiale della sua autorità, e in cui Alessandro VI ordinava inoltre che ogni mese, fino al 31 gennaio seguente, fossero versati «1260 fiorini all'illustre madonna Lucrezia».

La nuova reggente cominciò a lavorare fin dai primi momenti del suo arrivo: esaminava le suppliche, ascoltava i reclami; a spese del comune, costituì un corpo di gendarmeria a cavallo responsabile del servizio di polizia, incaricando il cancelliere della città, Antonio degli Umilioli da Gualdo, segretario di Cristoforo Piccino, di dirimere in veste di giudice le contese fra privati cittadini. Il suo rigore rimane testimoniato da numerosi decreti che portano la sua firma, con la dicitura *in arce Spoleti*. Lucrezia sapeva farsi capire e obbedire con uno stile del tutto personale, senza né alterigia né familiarità, ma con una costante attenzione. Riuscì perfino a imporre una tregua di tre mesi fra Spoleto e Terni, che consentisse di trattare la pace.

Il 9 settembre Lucrezia ebbe la sorpresa di scorgere, dall'alto della rocca, un corteo di cavalieri con i colori aragonesi. Poco dopo, al suono di pifferi, trombe e tamburi, Alonso faceva il suo ingresso in città accompagnato da Pignatelli, un ex favorito del re Fernando. Il sorriso della moglie, le prime parole intrise di tenerezza e d'inquietudine: «Tu mi vedi, io ti rivedo» annunciavano che il dolore della separazione era ormai dimenticato. Lucrezia diffondeva la gioia tra coloro che la circondavano: la reggente aveva lasciato il posto alla donna innamorata. Nella cornice sontuosa del castello, arroccato come un nido d'aquila sopra la città e le fertili pianure dell'Umbria, irrigate dal Tevere e dal Clitumno, i due sposi seguivano le orme dei poeti che avevano frequentato quei luoghi da Virgilio in poi, e quelle del passaggio di Annibale, le vestigia degli dèi, i ricordi di Teodorico; ma anche si abbandonavano semplicemente agli effluvi di timo portati dal vento che scendeva dal Monteluco. Alonso e Lucrezia trovavano il tempo di amarsi, mentre la natura accentuava la loro esaltazione, che si estendeva a comprendere i paesaggi, la fragranza delle foglie sparse sul terreno come maschere bruno-dorate a presagire l'autunno: il caldo ancora intenso non riusciva molesto perché il fresco della notte dava ristoro dopo la canicola meridiana.

Lontani dalle tempeste incombenti, Alonso e Lucrezia cercavano di custodire il loro giardino segreto, perché Alessandro VI, in veste di Giano, pur nel suo appassionato attaccamento per la figlia, era ormai dedito alla causa delle ambizioni di Cesare, deciso a costruirsi un regno in Italia. In Francia il matrimonio gli aveva portato senza dubbio molti onori, ma anche molti commenti beffardi. Gli studenti parigini avevano rappresentato una commedia satirica così infamante per il Valentino da costringere Luigi XII a inviare il conte di Ligny per far cessare lo scandalo.

Da quel momento «Cesare di Francia» si rese conto di non doversi aspettare appannaggi dal sovrano francese, né dalla famiglia dei suoceri, gravati da una prole numerosa, e con molta amarezza si affermò nella propria convinzione: doveva farsi re o rassegnarsi a scomparire. Da allora in poi il suo motto sarebbe stato «Aut Caesar aut nihil», inciso sulla spada da cerimonia.

E da quello stesso momento il papa non smise più di ingannare Lucrezia, cullandola di vane speranze. Alonso non doveva occuparsi d'altro che di render felice la moglie, e quanto al resto, piegarsi alla volontà di Alessandro VI. Per assicurarsi la riconoscenza del genero, il 4 settembre il papa emanò una bolla con la quale si attribuivano ai coniugi la città di Nepi e i territori annessi. Di fatto la città fortificata apparteneva alla Chiesa: il cardinale Ascanio Sforza, che ne era stato nominato reggente nel 1495, l'aveva restituita alla Santa Sede, tanto che il 25 settembre il pontefice poteva accogliere a Nepi il duca e la duchessa di Bisceglie, come se non avesse affatto mutato politica. In ap-

A destra: Lucrezia Borgia ritratta dal Pinturicchio nella *Disputa di Santa Caterina* dell'Appartamento Borgia, Sala dei Santi, Roma, Vaticano. «Venusta», «gentile», «graziosa», «amabile»: questi gli epiteti riservati a Lucrezia dai contemporanei. «Non bisogna darsi pena del domani», diceva, «né soffermarsi troppo sul lato triste delle cose; e del passato conservare soltanto il gusto migliore che ce ne lascia.»

Sotto, a sinistra: Girolamo da Carpi, *Ritratto di Vannozza Cattanei*, Roma, Galleria Borghese. (Hachette) L'amore che legò Vannozza al cardinale Borgia, poi papa Alessandro VI, durò più di quindici anni. Ne nacquero quattro figli, tra i quali Lucrezia. *A destra*: Alessandro VI in un'incisione antica.

11 agosto 1492. L'ascesa di Alessandro VI al soglio pontificio (qui raffigurata in un'incisione coeva di collezione privata) entusiasmò i romani, che ne apprezzavano la naturale maestà. Lucrezia divenne una pedina sullo scacchiere politico del padre.

Pagina accanto: Anonimo, *Ritratto di Ludovico il Moro*, Milano, collezione privata. L'alleanza di Alessandro VI con Ludovico Sforza, futuro duca di Milano, fu confermata dal matrimonio di Lucrezia con il nipote di lui, Giovanni Sforza, conte di Pesaro. In questa città (*sotto*) Lucrezia tenne una corte brillante dove giunsero in visita Caterina Cornaro, regina di Cipro, e la bella Giulia Farnese (*a destra*) che in seguito, grazie alla relazione con Alessandro VI, portò molto in alto le fortune della famiglia. (D.R.)

ORIENS
PEZARO
S. Domenico
DEPINGEBAT GEOR.
HOEFNAGLE

Vittore Carpaccio, dalle *Storie di Sant'Orsola*, Venezia, Gallerie dell'Accademia. Secondo Taine, a giudicare dagli studi conservati al British Museum, Carpaccio si sarebbe ispirato a Lucrezia per la figura di Sant'Orsola (inginocchiata) e ad Alessandro VI (molto smagrito!) per quella del papa Ciriaco. Sullo sfondo, castel Sant'Angelo, la fortezza imprendibile dove si rifugierà la famiglia Borgia alla morte di Alessandro VI.

Sopra, a sinistra: Anonimo leonardesco, *Presunto ritratto di Alonso di Aragona*, Parigi, Louvre.
A destra: Altobello Melone, *Presunto ritratto di Cesare Borgia*, Bergamo, Accademia Carrara. Cesare, fratello di Lucrezia, fece strangolare il principe d'Aragona sotto gli occhi.di lei.
A fianco: Pinturicchio, *La disputa di Santa Caterina*, Sala dei Santi, Appartamento Borgia, Roma, Vaticano. (Roger-Viollet)
Con una straordinaria intuizione, Pinturicchio celebra i Borgia iscrivendo sui muri del Vaticano la sorte tragica di Cesare e di Juan. Da sinistra a destra, Cesare nelle vesti dell'imperatore Massenzio; Gem, il fratello del sultano Bajazid, col turbante; Lucrezia nelle vesti di Santa Caterina, dalle mani affilate che si congiungono come a scongiurare il destino; oltre l'arco di Costantino, sullo sfondo, il frivolo Juan, di profilo su di un cavallo bianco, e di fronte a lui, sempre a cavallo, il fratello minore Jofré.

Diritto e rovescio della medaglia di Gian Cristoforo Romano detta dell'*Amorino bendato*, raffigurante Lucrezia Borgia. Milano, Castello Sforzesco.

Ferrara (qui raffigurata in una incisione di collezione privata) divenne grazie a Ercole d'Este la prima città moderna d'Europa. La residenza di Alfonso e Lucrezia era il castello, che tuttora si leva con la sua mole massiccia al centro della città.
A fianco, sopra: *Ritratto del duca Ercole d'Este*, collezione privata.
Sotto: Tiziano, *Ritratto di Alfonso I d'Este*, Firenze, Pitti.
Dopo un matrimonio d'amore finito tragicamente, Lucrezia uscì dall'inferno dei Borgia con un matrimonio di buon senso, patrocinato da Luigi XII e negoziato, ducato su ducato, nei sotterranei del Vaticano. Il padre di Alfonso era traduttore di Plauto, patrono di pittori e di musicisti come Josquin des Prés; il legame tra gli sposi fu la stima reciproca.

Valerio Belli, *Ritratto di Francesco Bembo*, Hampton Court.
Bembo, il «principe dei poeti», immortalò Lucrezia dedicandole gli *Asolani*.

Tiziano, *L'amor sacro e l'amor profano*, Roma, Galleria Borghese.
Questa allegoria è un duplice omaggio a Lucrezia: a destra l'amore celeste, spogliato di ogni vanità terrena, regge in mano la lampada accesa dell'aspirazione al sacro; a sinistra Venere, riccamente vestita, simbolizza l'amore profano.

Giulio II (incisione di collezione privata).
Dalla scomunica da lui lanciata
contro di loro, Alfonso e Lucrezia
trassero una gloria di cui Bayard
si fece portavoce alla corte di Francesco I.

La chiave del potere
di Lucrezia?
Senza dubbio l'essersi
dedicata alla terza virtù
teologale, che esorta
ad «amare il prossimo
come se stessi».

parenza dunque nulla si opponeva al ritorno del genero a Santa Maria in Portico, tanto che sei giorni dopo, tornato in Vaticano, il papa non si curò neppure di avvertire Lucrezia e Alonso dell'imminente arrivo a Milano di Luigi XII e di Cesare: poco dopo infatti essi entravano nella città che Ludovico il Moro aveva abbandonato, fuggendo verso il Tirolo.

Molti prìncipi, come Francesco Gonzaga a Mantova o Ercole d'Este a Ferrara, che un giorno sarebbero rispettivamente diventati cognato e suocero di Lucrezia, si erano schierati dalla parte dei vincitori, nella speranza di salvare così il loro Stato da una disastrosa invasione. A Napoli la resa di Milano mise in angoscia Federico, che arrivò a minacciare Alessandro VI di ricorrere all'aiuto dei turchi se il papa non lo avesse protetto contro i francesi. Il papa gli dette una risposta tortuosa, in cui esercitava tutto il suo ingegno per non apparire troppo legato a Luigi XII agli occhi della dinastia napoletana. La sua politica consisteva nel nutrire il Nord di speranze, e il Sud di chimere. In questo clima ambiguo, degno della corte di Bisanzio, il 14 ottobre Lucrezia, Alonso e Jofré fecero ritorno a Roma, ricevuti all'antica porta Flaminia dai mimi, giocolieri e buffoni di corte inviati da Alessandro VI. I due coniugi rientravano in Santa Maria in Portico con qualche apprensione, ben presto dissipata dalle paterne premure del papa e dal ritorno di Sancia, che era stata relegata a Napoli per qualche tempo. Alonso finì col giudicare del tutto infondati i propri timori.

Nella notte fra il 31 ottobre e il 1° novembre Lucrezia dette alla luce un maschio, cui fu posto il nome del nonno, Rodrigo. La gioia di Alessandro VI fu sincera e grandissima, e la notizia della nascita fu comunicata la notte stessa a tutti gli ambasciatori.

L'11 novembre, in occasione del battesimo, la sala delle udienze, parata di arazzi con i colori degli Aragona e dei Borgia, era stata addobbata con un fasto degno di soddisfare i gusti sontuosi del Santo padre. «In quei superbi saloni pareva di essere in paradiso», scrive Burcardo. Lucrezia, ancora troppo debole per alzarsi, era distesa sul suo letto, sorretta da guanciali di raso rosso ricamati d'oro, la testa bionda come un fascio di spighe mature su un campo di papaveri.

Il corteo che doveva rendere omaggio al discendente degli Aragona si formò nella cappella del palazzo, attraversò la basilica di San Pietro e giunse nella cappella Sistina, decorata dai ventiquattro ritratti dei primi papi, immortalati da Botticelli, dagli affreschi del Perugino e del Pinturicchio, di Signorelli e del Ghirlandaio. C'era di che far girare la testa ai napoletani, che ancora non avevano mai visitato il sacro luogo.

L'aria era satura degli aromi di mirra, incenso e cannella, mentre in onore di Rodrigo il maestro della cappella pontificia intonava con i coristi *Las cantigas* di Alfonso il Savio.[5] Sedici cardinali, fra i quali Oliviero Carafa, aprivano la processione. Secondo l'ordine fissato dal protocollo seguivano poi gli ambasciatori di Francia, Inghilterra, Venezia, Napoli, Savoia, delle repubbliche di Firenze e di Siena, i funzionari di palazzo e le guardie pontificie.

Preceduto dagli scudieri del papa, dai cubicolari vestiti di panno rosa «come nella processione del corpo di Cristo», avanzava Juan Cervillon, valoroso capitano spagnolo, amico di Alonso; era protetto da un baldacchino e portava il neonato, avvolto in una sciarpa con i colori del regno di Napoli. Alla sua destra aveva il governatore di Roma, alla sinistra l'inviato dell'imperatore Massimiliano d'Austria, re dei romani. Giunto alla soglia della cappella, Cervillon depose Rodrigo fra le braccia di Francesco Borgia, arcivescovo di Cosenza, che si avvicinò a un fonte battesimale di argento dorato («dove d'oro ne era rimasto ben poco», come osservò Burcardo, notando anche un buco nella tovaglia dell'altare), collocato fra la tomba di Sisto V e l'altare. Il cardinale Carafa, ai lati del quale erano i due padrini, il cipriota Ludovico Podocathero, vescovo di Capaccio, e Giambattista Ferrari, vescovo di Modena, immerse il neonato nell'acqua. Dopo la cerimonia fu Paolo Orsini a prendere il bambino per restituirlo alla madre, sorreggendolo nella sciarpa cerimoniale: così Alessandro VI si mostrava amico verso la potente famiglia Orsini. Tuttavia le urla dell'infante, spaventato dal rumore dei tamburi, parvero un cattivo presagio. Dopo il battesimo Lucrezia ricevette quaranta gentildonne che le presentarono i loro doni e auguri. Un editto di Sisto IV aveva vietato che in occasione del sacramento fossero donati oggetti di ornamento profano, come vasellame d'oro o gioielli, ma il divieto non era più osservato da nessuno; i cardinali offrirono alla giovane madre due bomboniere d'argento, ciascuna contenente 1200 ducati al posto dei confetti. Il giorno dopo e i successivi la camera della puerpera continuò a essere affollata di visitatori, venuti a riferire i più recenti motti di spirito, pettegolezzi e scandali. Lucrezia, carica di ornamenti come un idolo, doveva sorridere a tutti, replicare e mostrarsi spiritosa, sotto gli sguardi d'approvazione del padre, felice di testimoniare il proprio amore per il nuovo piccolo Borgia.

In quel momento giunse Cesare, con il fedele Giovanni Marrades:

in quarantott'ore il duca Valentino aveva percorso circa quattrocento chilometri, da Modena a Roma. Per tre giorni, prima di riunirsi agli uomini di Luigi XII a Bologna, espose al padre i suoi piani per la campagna militare in Romagna, ed ebbe anche il tempo di constatare la felicità di Lucrezia. Ma di quanto gli veniva dagli Aragona il Valentino non sopportava quasi nulla; gli erano intollerabili sia il ricordo dello sdegnoso rifiuto da parte di Carlotta e di re Federico, sia il favore di cui al momento sembrava godere il cognato. Alonso era un intralcio alla conquista del regno di Napoli, un progetto che Cesare era deciso a realizzare per conto di Luigi XII: quest'ultimo a sua volta si impegnava in cambio a dargli il proprio aiuto allorché Cesare avesse avuto la buona occasione per ritagliarsi un regno. In questo progetto il sostegno paterno gli era indispensabile, e non era davvero il caso di rischiare che il pontefice mettesse ostacoli ai suoi piani perché invischiato nella rete di dolcezza e tenerezza in cui lo chiudevano i duchi di Bisceglie. Lucrezia, fin troppo consapevole della tenebrosa ambizione di Cesare, confidò le sue angosce a Cervillon, ma non osò parlarne al marito, tanto era l'orrore che provava per i delitti del fratello. Forse furono addirittura i suoi molteplici timori a prolungare oltre misura la convalescenza dopo il parto. Sta di fatto che Lucrezia andò a San Pietro, a piedi, appoggiata al braccio di un vescovo, soltanto il 29 novembre 1499, per compiere il rito del ringraziamento e trascorrere la serata con il papa.

Un secolo si concludeva, e su quello che stava per cominciare un astrologo aveva fatto predizioni nefaste. Per scongiurarle, il sommo pastore della Chiesa aveva deliberato di affidare alla figlia l'inaugurazione dell'anno giubilare, caratterizzato da un pellegrinaggio a tutte le chiese della città. Da tutta Europa i cristiani erano già in cammino verso Roma: uno di loro era Martin Lutero. Il 22 dicembre, quarta domenica di avvento, gli araldi percorsero le vie della città a dorso di mulo per leggere, prima in latino, poi in italiano, la bolla pontificia che proclamava l'apertura del giubileo, lettura preceduta e seguita da squilli di tromba. La vigilia di Natale vi fu la cerimonia dell'apertura della Porta Santa. I cardinali, reggendo ciascuno un cero di tre libbre, si erano riuniti in una sala, detta del Pappagallo[6] perché intorno al 1450 vi era stato collocato uno di quegli uccelli «dalla voce umana». Giunse poi il papa, con il triregno in capo, e si sedette sulla *sedia gestatoria*. Il corteo si avviò, sostando nella cappella «della Veronica» dove il mastro muratore porse ad Alessandro VI un martello d'argento, simbolo della potenza papale com'era stata definita dall'evangelista Giovanni: «Egli apre e nessuno chiude, chiude e nessuno apre». Fu Burcardo ad aiutare il vicario di Cristo a inginocchiarsi e a passare sotto l'architrave che portava la scritta: «Qui è la casa di Dio e la porta del cielo». Le campane della città e il bordone del Campidoglio suonavano a distesa. Prelati e suddiaconi, preceduti dalla croce, scortarono Alessandro VI e assistettero all'ufficio nella basilica. Li avevano seguiti Lucrezia, Alonso, Sancia, Jofré, come pure i notabili romani.

Lo stesso giorno la figlia e il genero del capo della Chiesa inauguravano la via Alessandrina che congiungeva castel Sant'Angelo e piazza San Pietro. Era stata costruita in otto mesi per ordine del papa, in modo da supplire all'insufficienza delle vie d'accesso aperte ai pellegrini. Una bolla papale aveva concesso dei vantaggi a quanti avessero costruito delle case di aspetto tale da essere «di ornamento alla città». La nuova via era stata lastricata col ricavato di una tassa pagata dalle cortigiane. Era stato necessario abbattere costruzioni capricciose, torri, terrazze, gallerie collocate in viuzze tortuose che facilitavano il compito a quelle «donne che bastava si mettessero a tirare sassi per ferire e mettere in fuga i migliori soldati di Sua Santità». Nel XIX secolo la strada portava il nome di Borgo Nuovo, ma un centinaio d'anni dopo, in epoca mussoliniana, sullo stesso tracciato fu operato un salasso molto controverso, per aprire via della Conciliazione.

La mattina di Natale, giorno considerato per tradizione a Roma il primo dell'anno, la duchessa di Bisceglie presiedette il giubileo secolare. L'affluenza era tale che «il vasto mondo pareva contenuto nella città». Lucrezia, su una chinea bianca con briglie di cuoio a borchie d'argento, ben coperta in un mantello di velluto celeste foderato di ermellino, lasciò il Vaticano insieme ad Alonso e a una dama del seguito. La precedevano il capitano della guardia, Rodrigo Borgia Lançol, succeduto a Juan Cervillon (ucciso a pugnalate due giorni prima, per aver osato chiedere a Cesare il permesso di andare a Napoli a rivedere moglie e figli), e Orso Orsini, al quale non era più proibito convivere con la moglie Giulia. Alessandro VI osservava il corteo da una loggia di castel Sant'Angelo, e impartiva la sua benedizione. La grazia dei giovani duchi di Bisceglie incantava i romani di ogni età, che al loro passaggio si abbandonavano ad acclamazioni giudicate troppo profane dai penitenti venuti dal Nord. Don Alonso d'Aragona e la «donna più bella del sole» entrarono così nell'anno di cui egli non avrebbe veduto la fine.

Per ottenere l'indulgenza plenaria, due giorni dopo Lucrezia e il marito visitarono Santa Maria Maggiore, dove sul soffitto a cassettoni, decorato con il primo oro proveniente dall'America, compariva il blasone dei Borgia.

Nel pomeriggio andarono a cavallo a San Clemente, nel cuore della Roma medievale, quindi proseguirono, attraversando lo sterminato deserto della campagna romana, fino a San Giovanni in Laterano.

Durante il giubileo, sacro e profano coesistevano fianco a fianco. Duecentomila cristiani, venuti dalla Scandinavia, dalla Germania o dall'Inghilterra, affollavano la nuova Babele. Molti, non riuscendo a trovare alloggio, per la notte avevano cercato rifugio nei luoghi sacri o tra le rovine circostanti. Prostitute, lenoni e briganti avevano il loro daffare. Lo stesso ambasciatore di Francia rimase vittima dei ladri nel tratto fra Montefiascone e Viterbo. Sanudo scriveva: «Ogni giorno qui si trovano cadaveri di morti assassinati, quattro o cinque per notte, perfino vescovi». La giustizia papale lasciava come segno della sua presenza una lunga fila di cadaveri appesi ai merli di castel Sant'Angelo: il fetore era tale che si evitava di passare a piedi sul ponte omonimo.

Molti pellegrini si lamentavano; un renano commenta: «Noi siamo buoni cristiani, ma da quando abbiamo visto quale vita conducono a Roma i preti e i grandi personaggi, c'è da temere non solo di perdere la fede, ma di diventare epicurei e dubitare dell'immortalità dell'anima».

Cesare invece non frequentava affatto le cerimonie del giubileo. Essendo un pragmatico, credeva ai fatti, ossia alle sue vittorie: e per il momento queste non erano all'altezza delle sue speranze.

Forte dell'aiuto di Luigi XII e di 16.000 uomini ben addestrati e ben armati, in particolare con i famosi cannoni francesi, il duca Valentino era arrivato sotto le mura di Imola, dove gli abitanti si erano arresi il 27 novembre, mentre la fortezza aveva capitolato soltanto il 13 dicembre. A Forlì – la città più forte dopo Milano – aveva trovato la cittadella difesa da Caterina Sforza, «una donna da bon tempo, allegra», con le mani «delicate come uno zibellino», ma anche un carattere d'acciaio, temprato dalle drammatiche vicende della sua vita: la morte del fratello Gian Galeazzo, il vero duca di Milano che Ludovico il Moro aveva costretto al suicidio o assassinato, l'assassinio del primo marito, Girolamo Riario, figlio di Sisto IV, e quello del secondo, Giacomo Feo, trafitto da un'alabarda e finito da due preti. Caterina Sforza si era anche vendicata, facendo massacrare cinquantotto persone che stavano dalla parte degli assassini; e ai sudditi che minacciavano di ucciderle i figli se non avesse abdicato, aveva gridato, tenendosi ben ritta e con le sottane tirate su fino all'ombelico: «Guardate bene, posso ancora farne degli altri!».

Pur disponendo di maggiori forze, Cesare era stato costretto a mordere il freno per tre settimane: soltanto il 12 gennaio la cittadella di Forlì era caduta, e Caterina era stata fatta prigioniera. Il vincitore le aveva fatto subire ogni possibile umiliazione, compreso lo stupro, prima di proseguire la marcia verso Pesaro, da dove Giovanni Sforza, il primo marito di Lucrezia, si apprestava a fuggire. Cesare aveva praticamente conseguito il proprio obiettivo, quando Trivulzio gli inviò una perentoria richiesta di restituire al più presto le truppe che gli aveva prestato, per scacciare Ludovico Sforza, tornato a Milano con un'armata austro-svizzera. Il suo slancio veniva così frenato: ma il Valentino poteva consolarsi constatando come le sue precedenti vittorie avessero fatto tremare i tiranni di numerosi Stati infeudati alla Chiesa, e signori potenti come il duca Ercole d'Este o il marchese Gonzaga cercassero di allearsi con lui. Quest'ultimo gli aveva addirittura proposto di far da padrino al figlio, in modo da legarlo a sé; e Cesare, lusingato per essere finalmente riconosciuto e considerato, gli aveva inviato una lettera di cerimonia:

> Ill.me et Excell.me Dne. tamquam fr. hon. Non con minore esultazione inteso avemo per lettere di V. Ex.tia la desiderata e felice natività del suo Ill. filiolo che se altrettanto inteso avessimo di uno nostro proprio, come desiderosissimi di qualunque aumento e felice successo di quella per la stretta e fraterna benevolenzia li portiamo. Volentieri adunque accettiamo d'esserne compatre, e a tale effetto per la presente constituimo n.ro speciale procuratore quello che la S. V. eligerà dei suoi consiglieri, e quale per noi intervenga a levarlo delle sacre fonti. Pregamo N. S.or Dio cel conservi ad effetto dei n.ri comuni desideri: e la V.a Ill.ma S. non si gravi congratularsene per noi con la Eccell.ma sua consorte: la quale speriamo avrà dato principio a numerosa prole e perpetua posterità di ambedue sì clarissimi e generosi parenti [...].
>
> Cesar Borgia de Francia Dux Valent. ac S. R. E. Confalonerius et capit. g.nalis.[7]

Tuttavia il «cugino del re di Francia» sa bene che, come ha scritto Baltasar Gracián, «gli uomini passano sempre da un estremo all'altro, dal plauso all'esecrazione», e che non è possibile procurarsi alleanze, o anche la semplice benevolenza altrui, se non mostrando la propria forza. Era giunto il momento di colpire la fantasia dei suoi contemporanei, preparando con cura minuziosa una grandiosa messinscena, tale da trasformare il suo rientro a Roma in un'apoteosi degna dei trionfi celebrati nell'antichità dai generali romani vittoriosi.

L'ora di Cesare suonò la notte del 26 febbraio, un mercoledì: alla porta della città, *detectis capitibus*, a capo scoperto, lo attendevano tutti i cardinali con il loro seguito, gli ambasciatori, i magistrati e ufficiali della municipalità, i funzionari di curia. Lucrezia, Jofré e Alonso superarono il ponte Milvio inoltrandosi nella campagna, al freddo, per oltre sette chilometri, per essere i primi ad annunciarne l'arrivo. D'un tratto, verso le undici, ecco comparire la testa del corteo, al chiarore delle torce. Dietro i carri carichi di bagagli avanzavano gli araldi, uno con i colori di Francia, l'altro con quelli dei Borgia. Alle loro spalle, mille uomini in tenuta da battaglia, poi cento staffieri della guardia privata del Valentino, che recavano sul petto il nome del loro padrone scritto in lettere d'argento. Poi la cavalleria. Infine, ecco arrivare Cesare, in un semplice abito di velluto nero, sul quale spiccava un solo ornamento: l'ordine di Saint-Michel, a ricordare la sua qualità di principe francese. Lo accompagnavano cinquanta gentiluomini, che chiudevano il corteo. Alla porta del Popolo Cesare Borgia si fermò e si scoprì il capo davanti ai prelati.

Il protocollo vietava a Lucrezia di comparire al fianco del fratello e del padre: alla testa del corteo si posero il principe di Squillace e il duca di Bisceglie, inoltrandosi nel Corso. Nonostante l'ora tarda, l'intera città era assiepata alle finestre e sui tetti; i romani si riversavano da tutte le strade sull'itinerario del corteo, ostacolando e rallentando il passo dei cavalli. Quando il corteo imboccò la via Alessandrina, dalla torre di castel Sant'Angelo costruita di recente da Alessandro VI, tutta imbandierata per l'occasione, la guarnigione rese omaggio al figlio del pontefice sovrano con una salva di duecento cannoni, che si confuse con i rintocchi delle campane. Sua santità, scortato dai cardinali Juan Borgia e Giuliano Cesarini, aspettava nella loggia. Seguito dal fratello e dal cognato, il trionfatore si avvicinò al papa, gli baciò i piedi, e Alessandro VI, dimenticando ogni usanza, lo strinse al cuore con un gesto pieno di passione; Burcardo li udì scambiare alcune frasi in spagnolo, con sua grande stizza. Fu un successo totale, grandioso. Il popolo, ma anche gli oratori, non vivevano altro che di spettacolarità, e nessuno ricordava più le voci sinistre che erano corse alla morte del duca di Gandía.

Per il giorno dopo Cesare Borgia, che non era tipo da far le cose a metà, aveva programmato la celebrazione di un trionfo, che suscitò grave scandalo fra i pellegrini giunti per il giubileo. Da piazza Navona partirono dei carri figurati diretti in piazza San Pietro, che dovevano sfilare davanti al papa. Il primo rappresentava il passaggio del Rubicone, ricostruito sulla base di un affresco dipinto dal Mantegna a Mantova; l'ultimo portava un attore che impersonava l'imperatore romano, incoronato di alloro e circondato dai littori. Il pontefice fu così soddisfatto dello spettacolo che volle rivederlo; Lucrezia vide la febbrile eccitazione del padre, e tutte le sue ansie trovarono conferma quando un mese dopo Alessandro conferì a Cesare la rosa d'oro, nominandolo gonfaloniere di santa romana Chiesa. L'eletto pronunciò in quell'occasione la formula sacramentale: «Io, Cesare Borgia di Francia, duca Valentino, gonfaloniere, vessillifero ovvero capitano generale S.R.E., da questo momento in poi giuro di essere fedele e obbediente al beato Pietro S.R.E. e a voi, mio santissimo Signore, Alessandro papa VI, e ai vostri successori canonicamente subentranti alla Santa sede romana; di non levare mai la mano sulla vostra persona, santissimo padre, o su quella dei vostri successori, per uccidervi o mutilarvi, e di non rivelare mai i vostri segreti, a dispetto di qualunque attentato contro di me». La promessa valeva anche per i Borgia legati agli Aragona? Cesare aveva avuto cura di ricordare loro la frase pronunciata dall'altro Cesare la sera del 10 gennaio dell'anno 49, prima di passare il Rubicone: «Se non passo questo fiume, il mio ritegno sarà all'origine dei miei guai, se lo passo, guai a tutto il genere umano».

Lucrezia sapeva a quale prezzo il duca di Gandía avesse dovuto pagare il privilegio di aver occupato il primo posto nel cuore del papa. Da quando Alessandro VI non aveva più un'amante in carica, era la figlia a prendersi cura della sua salute, e ne aveva motivo di preoccupazione. Il carattere del pontefice, un tempo molto vigoroso, si indeboliva di pari passo con le sue energie fisiche: il papa soffriva di frequenti svenimenti e di una sorta di scompenso nervoso, con bruschi passaggi dal riso al pianto; una instabilità d'umore che era molto propizia alle ambizioni di Cesare.

Il fatto che Lucrezia avesse un posto sempre più rilevante negli affetti paterni dava ombra al Valentino; altrettanto lo ingelosivano l'esistenza di Rodrigo, il figlio di Lucrezia, e quella di Alonso, che aveva costituito un partito ostile ai suoi piani, e perfino la corte di amici, poeti e artisti che gravitavano intorno ai duchi di Bisceglie, l'amicizia del cognato con i Colonna, i quali non facevano mistero delle loro simpatie per gli Aragona e della loro ostilità per la Francia, di cui si era lagnato con il Valentino lo stesso ambasciatore di Luigi XII. Cesare decise di farla finita. Doveva soltanto trovare, nella mente del papa, la minuscola crepa attraverso la quale insinuare il dubbio sull'eccesso di indipendenza mostrato da Alonso. L'occasione gli fu offerta da Beatrice d'Aragona, figlia naturale del re Ferdinando, vedova di Mattia, re d'Ungheria, la quale, ambiziosa e decisa a conservare il rango di regina, aveva sposato il successore del primo marito, Ladislao, senza rivelargli di essere sterile. Ben presto il nuovo monarca aveva chiesto a Roma l'annullamento del matrimonio, invocando questa circostanza come motivo di grave irregolarità. Invano cercarono di opporsi le corti di Napoli e di Spagna, che avevano preso le parti di Beatrice: in aprile Alessandro VI, istigato da Cesare, pronunciò la sentenza di annullamento. Ciò significava andar contro i sentimenti del marito di Lucrezia, e infatti Alonso non poté non prendere le parti della zia, proclamando a gran voce che il suocero non si sarebbe pronunciato in quel senso se non avesse dovuto subire la duplice pressione del figlio e di Luigi XII. Una così temeraria franchezza, in simili circostanze, dimostrava che Alonso non si sarebbe mai piegato a farsi docile strumento nelle mani dei Borgia, neppure a rischio di perderne il favore. Fu allora che nella mente di Cesare cominciò a farsi strada l'idea di sbarazzarsi del cognato. La scomparsa di Alonso avrebbe portato due vantaggi: la soppressione di un agente e partigiano dei napoletani, e la rinnovata disponibilità di Lucrezia a un terzo matrimonio, con un uomo più malleabile e arrendevole ai piani di Cesare. Lucrezia aveva qualche presentimento dei maneggi del fratello, ma voleva conservare la propria fiducia verso il padre, nonostante gli assassinii che da tre mesi continuavano a insanguinare Roma, come quelli di Cervillon – sulla salma di questi, sepolta in tutta fretta nella chiesa di Santa Maria in Traspontina, al Borgo Nuovo, non le era stato neppure concesso di pregare – o di Fernandino d'Almeida, vescovo di Ceuta, morto avvelenato dal proprio medico, devoto a Cesare.

Il compito di Lucrezia era ancor più complicato dalle stravaganze di Sancia. L'ostilità della principessa d'Aragona nei confronti del Valentino era ormai di dominio pubblico: Sancia aveva accordato i suoi favori a numerosi giovani baroni e cardinali, dopo l'ex cardinale di Valenza.

La notizia che i francesi avevano riconquistato Milano, costringendo alla fuga il loro nemico, Ludovico il Moro, non poteva non aggravare le ansie di Lucrezia, Alonso e Sancia. Ludovico era stato catturato da Luigi XII e rinchiuso nella fortezza di Loches, dove rimase prigioniero fino alla morte, avvenuta nel 1508. Questo successo avrebbe consentito al re di Francia di dare a Cesare un appoggio efficace; d'altro canto, grazie al giubileo il Valentino trovava le casse del Vaticano ben fornite di contante. La decima di guerra, imposta dalla Santa Sede a tutta la cristianità per respingere i turchi che minacciavano il Peloponneso, costituiva per lui un vantaggio non indifferente. Ma intanto l'abitudine a fingere l'obbligava a esporsi agli occhi del pubblico con iniziative spettacolari, per alimentare ancora la sua leggenda. Così, in occasione di una corrida che si svolse dietro la basilica di San Pietro, Cesare scese nell'arena vestito di un semplice giustacuore, e senz'altre armi che una spada corta e una muleta, in cinque passaggi abbatté altrettanti tori, uccidendo il quinto con un unico colpo di spada e decapitandolo davanti alla folla in delirio. Capello, l'ambasciatore veneziano, commentò: «Cosa che a tutta Roma parve grande». Non però a Lucrezia, che da questa sanguinosa esibizione trasse motivo di maggior disagio e allarme. Non era forse probabile che il re di Francia, ormai non più preoccupato per le sorti del ducato di Milano, si dirigesse verso Napoli come Carlo VIII, per scacciarne la famiglia di Alonso?

Il 29 giugno sopraggiunse poi la catastrofe che turbò moltissimo il papa e tutti i suoi. Un astrologo aveva consigliato ad Alessandro VI di stare in guardia in modo particolare durante l'anno santo del 1500, che avrebbe potuto essergli fatale. Quel giorno di giugno, dopo i vespri, si abbatté su Roma un violentissimo uragano, con chicchi di grandine grossi come fave. Sul tetto del Vaticano crollò un camino, sfondando due piani sottostanti e uccidendo tre persone. Più sotto ancora si trovava la sala delle udienze, dove il pontefice stava conversando con Juan Borgia, con l'arcivescovo di Capua e con il suo cubicolario Gaspare, succeduto a Perotto. Il soffitto cedette, trascinando nel crollo il baldacchino, che rovinò addosso al papa. I presenti lo credettero morto. Lucrezia e Alonso, che avevano udito il fragore e le urla, accorsero insieme alla scorta. Si precipitarono su per le scale ingombre di macerie, tra nubi di polvere, finestre divelte dalla forza del vento, travi spezzate, calcinacci, fino a raggiungere il luogo dove Alessandro VI era disteso, insanguinato, il capo piegato sul petto, mezzo sepolto da brandelli di tappezzeria. Armati di vanghe, il suo cubicolario, l'arcivescovo di Capua e la servitù pontificia cercavano di liberarlo. Quando finalmente riuscirono a estrarlo dalle macerie, il papa era svenuto ma vivo. La notizia si diffuse, com'era naturale, per tutta Roma, suscitando spavento in alcuni, esultanza in altri, a seconda che auspicassero la fine delle ambizioni di Cesare e la caduta dei Borgia o il trionfo degli Aragona.

Il duca Valentino, accorso al capezzale dell'infortunato, aveva subito fatto suonare a distesa le campane, per annunciare a tutti che il Santo padre era vivo e vegeto; inoltre aveva preso la precauzione di far chiudere le porte dalla guardia pontificia e di assicurarsi il possesso di castel Sant'Angelo.

Dal canto suo, Alessandro VI aveva ripreso conoscenza, e le sue prime parole, destinate a suscitare in Cesare la massima irritazione, erano state rivolte a Lucrezia, per accertarsi della sua presenza. Ormai la figlia del papa, aiutata da Sancia e da Alonso, non lasciava più né l'infermo né il Vaticano.

L'oratore di Ferrara venne a far visita al capo della Chiesa, e constatò come egli fosse «in ottima salute, niente potrebbe mettere a repentaglio la sua energia, paragonabile a quella del suo simbolo araldico, *la forza del toro*». Il pontefice dette una ulteriore prova delle sue soddisfacenti condizioni al visitatore successivo, l'ambasciatore di Venezia, al quale raccomandò Cesare. E infine, il 5 luglio fece celebrare una messa per ringraziare la Vergine, alla cui intercessione attribuiva la propria miracolosa salvezza.

Tuttavia Cesare vegliava. La presenza costante del trio filoaragonese gli sembrava di cattivo augurio; lo spavento provato il 29 giugno precedente era tutt'altro che svanito: la sua autorità personale non era ancora abbastanza consolidata, il suo potere continuava a dipendere dalla vita del padre. Paolo Capello glielo aveva rammentato con una frase crudele: «Senza il papa non ve n'è per quattro giorni dei fatti vostri». Il monito sottolineava la fragilità della sua situazione, era la riprova che se le sue recenti conquiste romane rischiavano di andare in fumo, Luigi XII era il solo che potesse convalidare le sue ambizioni territoriali. Era più che mai necessario mettere fine all'idillio tra gli Aragona e Alessandro VI.

La sorte di Alonso era segnata.

X

LA INFELICISSIMA

Cesare aveva ormai adottato una tattica precisa: isolare il padre ogni giorno di più. Si adombrava tutte le volte che un parente o un cortigiano sembravano godere del favore del pontefice. Del resto Alessandro VI non si opponeva, ammaliato da un figlio che si proponeva di trasformare gli Stati della Chiesa in uno Stato dei Borgia. Per raggiungere lo scopo il Valentino si adoperava non solo per consolidare la propria politica di fedeltà alla Francia, ma anche per eliminare un intralcio nell'ambito della sua stessa famiglia, che avrebbe potuto far fallire i suoi piani. Se fosse morto re Federico di Napoli, il duca di Bisceglie, figlio naturale ma riconosciuto di re Alfonso II, marito della figlia del sommo pontefice, avrebbe avuto molte possibilità di salire sul trono degli Aragona. La prospettiva era sgradita a Luigi XII, ma lo era ancor più a Cesare, tributario dei francesi. Perciò si affacciò alla sua mente, e prese campo fino a dominarla per intero, l'idea che fosse indispensabile togliere di mezzo il cognato, pericoloso in quanto di sangue reale oltre che irreparabilmente ingombrante, perché il suo matrimonio, coronato dalla nascita di un figlio, non era più annullabile.

Come riferisce Francesco Capello, segretario di Alonso, la sera del 15 luglio verso le dieci, quando era già buio, il duca di Bisceglie si congedò da Lucrezia, che rimase a vegliare il padre. Alonso lasciò il Vaticano, diretto al suo palazzo, passando dalla porta situata sotto la loggia delle benedizioni. Era accompagnato dal cameriere Tomaso Albanese e dal suo scudiero. In quell'anno giubilare molti pellegrini, rimasti senza alloggio per la notte, approfittavano del clima mite per stendersi a dormire sul selciato della piazza.

D'un tratto, a un breve segnale, cinque cosiddetti dormienti balzarono in piedi e aggredirono i tre uomini, che cercarono scampo verso la basilica. Alonso, circondato, si difendeva, mentre gli aggressori moltiplicavano la violenza dei loro attacchi, e infine si abbatté, ferito alla testa, alle spalle e alle cosce, gli abiti ricamati ridotti a brandelli insanguinati. Gli assalitori, credendolo ormai inoffensivo, si accingevano probabilmente a gettarlo nel Tevere. Ma i due compagni del duca, pur feriti a loro volta, si erano liberati e poterono strappare ai sicari il corpo del loro padrone, che lo scudiero si prese sulle spalle mentre Tomaso Albanese copriva la loro ritirata a colpi di spada. I rumori e le grida riuscirono alla fine a dare l'allarme alla guardia pontificia. Ai primi cigolii delle porte che si aprivano, i malviventi si dettero alla fuga, certi di aver compiuto l'opera, passando da una scala di legno ai piedi della quale li attendevano quaranta cavalieri; tutti infine si dileguarono in direzione di porta Portese. «Tutto mostra che non si tratta di semplici criminali» scriveva Burcardo. Un'operazione dotata di così larghi mezzi non avrebbe potuto essere compiuta se non su ordine di Cesare.

Il corpo inerte della vittima fu trasportato dai gentiluomini del seguito negli appartamenti privati del Santo padre, che era in conversazione con Jofré, Lucrezia e Sancia. Vedendo il marito tutto insanguinato, la morte impressa sul viso, Lucrezia perse i sensi e cadde a terra, riprendendosi quasi subito per la violenza stessa della caduta. Non era davvero il momento di abbandonarsi alla debolezza: il cardinale Lopez, vescovo di Capua, impartì ad Alonso gli ultimi sacramenti. Tuttavia i medici non giudicavano disastrose le condizioni del ferito, che per la sua giovinezza – aveva appena diciannove anni – e l'eccellente stato di salute permetteva di sperare in un ricupero nell'arco di qualche settimana, anche se per il momento non poteva essere trasportato altrove.

Confortata dalla diagnosi, Lucrezia riuscì a superare lo spavento. Innanzi tutto, cominciò con l'insistere perché il padre l'autorizzasse ad alloggiare il marito nella sala delle Sibille, dove era più facile proteggerlo con una sorveglianza efficace. Alessandro VI, che senza dubbio conosceva quanto Lucrezia il mandante dell'attentato, acconsentì, concedendo al genero la protezione di sedici guardie, con l'incarico di vietare l'ingresso a chiunque non fosse autorizzato da lui. Poi, come se avesse temuto qualche insidia da parte dei medici romani, Lucrezia volle chiamare i chirurghi di re Federico, in particolare Galiano de Anna e Clemente Gactula, «entrambi persone d'esperienza», ai quali si sarebbe aggiunto «l'aiuto del gobbo», del buffone del principe.

Mentre aspettavano l'arrivo dei clinici napoletani, furono la stessa Lucrezia con il proprio medico personale, e Sancia, a curare il corpo inerte, a ripulire le ferite, a fermare il sangue con le filacce. Il giovane rimase fra la vita e la morte per un'intera settimana, e tuttavia, malgrado le sue condizioni, come riferisce il Sanudo, alle due donne «disse che era stato ferito: e disse da chi». Per proteggerlo da nuovi pericoli, prospettati dalle voci che correvano in tutta Roma, Lucrezia e Sancia rafforzarono la sorveglianza degli appartamenti. Il 17 luglio il fiorentino Francesco Capello scriveva con prudenza: «Chi se lo abbia ferito non si dice, e non si vede se ne faccia diligente inquisizione come si converria, né se ne parla molto [...] [e tuttavia] per Roma s'è divulgato che sono stati loro medesimi [i Borgia], perché in quello Palazzo è tanti odii e nuovi e vecchi, e tanta invidia e gelosia e di stato e d'altro, che è necessario spesso nasca di simili scandali». Altri commentatori esprimevano più salde certezze; il poeta Vincenzo Calmeta terminava così la sua relazione alla duchessa d'Urbino sul tentato assassinio: «Che abbia fatto far questo da ognuno si estima il duca Valentino». Due giorni dopo l'ambasciatore di Venezia scriveva alla Serenissima: «[Non si conosce l'omicida], ma si dice è stato chi amazzò e buttò nel Tevere el duca di Candia». In un messaggio cifrato l'oratore fiorentino dichiarava: «[...] e parlasene con poco onore del papa e del duca [Valentino]».

Fin nella stanza del ferito si aveva una chiara percezione delle minacce incombenti su Alonso. Lucrezia temeva il veleno quanto il pugnale; decise perciò di chiedere ospitalità al re Federico appena lo stato di salute del marito gli avesse permesso di viaggiare. Per il momento Alonso continuava a delirare e a lamentarsi, sempre con la febbre alta. Sancia e Lucrezia, devote fino al fanatismo, seguivano le istruzioni dei medici napoletani da poco arrivati, e riposavano a turno. La paura del veleno induceva le due infermiere ad assaggiare perfino l'acqua. Per preparare i cibi si servivano di un fornello da campo, tanto assillante era il loro timore «che egli fosse attossicato», e una vivanda di dubbio contenuto venisse a completare ciò che le spade avevano lasciato incompiuto. Il settimo giorno Alonso era fuori pericolo. Dopo tanto sudare e delirare, in preda agli incubi della febbre, apparve chiaro a tutti che il ferito si sentiva rinascere. Col passare dei giorni gli tornarono le forze e la fiducia in se stesso, il sangue appena ricuperato gli scorreva veloce nelle vene, tanto da coglierlo di sorpresa, così come lui stesso si stupiva della violenza degli Aragona che sentiva ridestarglisi dentro. Lucrezia cercava di frenare ogni sfoggio di energia, ancora prematuro: la sua sola ambizione sarebbe stata rimanere al fianco di Alonso fino a che entrambi fossero diventati vecchi centenari. Sapeva che anche quando fossero svanite le attrattive della giovinezza, lo spirito di Alonso avrebbe conservato la capacità di gioire, e quanto a lei, aveva dentro «un fuoco d'amore per l'eternità».

Alonso si rimise in piedi. Sedeva nella loggia affacciata sui giardini del Vaticano, aspettando di poter risalire a cavallo, come gli era stato assicurato. Lucrezia era più realista, e decisa a non credere alla sua guarigione completa prima del giorno in cui entrambi fossero arrivati a Napoli. Fino a quel momento doveva fare i conti con il padre e il fratello, e Alessandro VI sembrava averla abbandonata. Per il papa, Alonso era un motivo d'irritazione; non era forse arrivato a confidare all'ambasciatore veneziano che, se fosse stato suo figlio a ordinare l'attentato, «il duca di Bisceglie se lo sarebbe meritato»? Dal canto suo, Cesare non si illudeva: l'aragonese non si sarebbe piegato, non si sarebbe piegato più. Fece sapere alla sorella che desiderava far visita al ferito, e Lucrezia acconsentì, giudicando sufficiente a impedire ogni atto di violenza la presenza dell'ambasciatore della Serenissima, e del papa stesso. Durante il colloquio essa rimase impassibile, Alessandro VI snocciolò frasi banali, il figlio del papa constatò indispettito la spettacolare ripresa dell'infermo e rispose con parole mielate alle pungenti battute di Alonso. Nel prendere congedo, Cesare parlò a voce abbastanza alta da farsi udire dal papa e dall'oratore veneziano: «Quello [che] non è fatto a disnar, si farà a cena». Nello stesso giorno, l'uomo che Machiavelli giudicava capace di terribili ironie, pubblicò un editto che vietava di portare armi all'interno del Vaticano; poco dopo avrebbe mostrato di applicarlo in modo quanto mai curioso.

Lucrezia sapeva quanto fosse urgente partire per Napoli, se voleva sottrarre il marito alla mano assassina che l'aveva già colpito. Alonso riprendeva le forze fisiche, ma anche altre energie lo animavano, più veementi e pericolose. Il giorno dopo la visita del Valentino, sembra che Alonso, preso da irrequietezza nervosa, e non si sa se in un accesso d'ira o per cercare di calmarsi, avesse lasciato il letto per avvicinarsi alla finestra; da qui, vedendo il cognato attraversare il cortile del Belvedere, avrebbe scoccato una freccia da una balestra che si trovava sotto mano, senza però riuscire a colpire Cesare. Così almeno riferisce il 18 agosto Capello alla Serenissima repubblica, ma il suo resoconto è tacciato di favola assurda dal precettore del principe, Raffaello Brandolini, e dai medici, secondo i quali la persistente debolezza avrebbe impedito al ferito di compiere un simile gesto.

Tanto bastò, comunque, a diffondere una diceria che consentiva a Cesare di invocare la legittima difesa: «È meglio che noi lo facciamo a lui che lui a noi».

Il diario di Burcardo non indica il nome dell'assassino, ma nell'ultima frase, per quanto cautamente formulata, lo lascia intravedere: «Il 18 di questo mese d'agosto, l'illustrissimo Alonso d'Aragona duca di Bisceglie, che la sera del 15 luglio era stato gravemente ferito e dopo l'attentato era stato portato nella torre nuova, nel grande giardino di San Pietro, dove era guardato con la massima cura, poiché sembrava non voler morire in seguito alle ferite, fu strangolato nel proprio letto». In modo analogo il Cattanei, ambasciatore di Mantova, non nomina l'assassino, ma non lascia dubbi sulla sua identità: a osare una simile cosa, in un simile luogo, «è certo uno che può più di lui, signore e nipote di re vivo, figlio di re morto e genero del papa».

Su quanto sia accaduto in realtà in quella terribile notte esistono versioni discordi. Con qualche variante, i racconti orripilanti di Francesco Capello, oratore fiorentino a Roma, di Paolo Capello, ambasciatore veneziano, e di Raffaello Brandolini si somigliano tutti. Verso le nove di sera il duca Valentino salì a quattro a quattro gli scalini che portavano alla sala delle Sibille. Si era fatto precedere dai suoi sicari, agli ordini di Micheletto Corella, incaricati di arrestare tutti i presenti con il pretesto di un complotto che sarebbe stato fomentato dai Colonna contro il papa. L'ambasciatore di Napoli e i due medici di re Federico furono incatenati, riferisce Brandolini, che era presente insieme ad altri visitatori; soltanto Sancia e Lucrezia, cosa strana, sfuggirono agli sgherri di Cesare e si precipitarono verso le stanze del papa a chiedere aiuto. Appena si furono allontanate Micheletto si fece avanti, e con mossa rapida strangolò Alonso con un laccio, sotto gli occhi del Valentino. Quando le due giovani tornarono con i soccorsi cercati, la porta era chiusa e sbarrata dall'uomo di Cesare: questi affermò che il duca, in seguito a una caduta, era stato ucciso da un'emorragia. A nessuna delle due fu consentito di vedere il corpo di Alonso, e neppure di assistere ai funerali.

Ancor più tragico il racconto di Antonio Grumelli. Cesare, seguito da Corella, si sarebbe presentato all'improvviso nella sala delle Sibille, dove Alonso e Lucrezia giacevano fianco a fianco, e avrebbe dato ordine al carnefice di uccidere Alonso su quel medesimo letto. Corella, che era un esperto, l'avrebbe strangolato con le mani, quasi senza lotta, «senza neppure increspargli la camicia». L'immagine della vittima, distesa con gli occhi fuori dalle orbite, il viso bluastro e la lingua sporgente dalla bocca, sarebbe stata quindi l'ultima che la duchessa di Bisceglie avrebbe avuto davanti agli occhi, prima di svenire. Il 22 agosto l'ambasciatore di Firenze scriveva ai Dieci di Balia: «Il duca di Bisceglie è morto il 15, cosa inattesa, poiché lo si credeva ristabilito, e i medici gli avevano permesso di alzarsi, pur se non di uscire di camera. Si è saputo poi che quel giorno il Valentino aveva mandato degli uomini d'arme nella camera che il duca occupava in Vaticano».

Tutti i resoconti dell'epoca sono concordi su un punto: Lucrezia fu riportata nel suo palazzo priva di sensi, mentre Alessandro VI imponeva ai suoi il massimo silenzio sulle circostanze del delitto. All'arcivescovo di Cosenza – che pochi mesi prima aveva battezzato il piccolo Rodrigo – il papa ingiunse di far seppellire Alonso in una chiesa modesta, Santa Maria delle Febbri, senza né messa né canti. Alla prima ora di notte, alla luce di venti torce, alcuni monaci guidati da don Francesco Borgia, tesoriere papale, accompagnarono e poi seppellirono in silenzio il secondo marito di Lucrezia Borgia.[1]

Fin dal giorno seguente Cesare non solo si guardò bene dal dissimulare il delitto commesso, ma addirittura se ne vantava, ripetendo ai suoi: «Voleva uccidermi, un giorno nei giardini Vaticani mi aveva tirato addosso una freccia, adesso non lo farà più». Ma per dare un contentino all'opinione pubblica furono rinchiusi in castel Sant'Angelo il precettore Brandolini, i medici e il buffone del duca, che erano stati testimoni dell'assassinio. Furono poi liberati, perché l'inchiesta giudiziaria non trovò nulla contro di loro. «Perché erano innocenti, e coloro che avevano la missione di arrestarli lo sapevano perfettamente» concluse Burcardo. La commedia non aveva ingannato nessuno; tutta Roma ne parlava, come osservò Capello, ma nessuno osava farlo apertamente.

La convinzione dei romani che vi fosse stato un delitto era rafforzata dal comportamento di Lucrezia. Per tre giorni dopo la tragedia la vedova di Alonso, che aveva già la salute minata da quattro settimane di angosce, non poté lasciare il letto, colta da una violentissima febbre con delirio, e da sincopi dovute probabilmente ad attacchi di tachicardia. Lucrezia non riusciva a mangiare, sembrava che nulla la legasse più alla vita. Diceva alle sue donne di considerarsi come morta, di essere indifferente a quanto fosse stato di lei. Questo stato di prostrazione, che minacciava di prolungarsi, preoccupava Alessandro VI, per il quale la figlia costituiva un capitale politico di valore inestimabile. Per cercare di restituirle il gusto di vivere, mettendola di fronte alle sue responsabilità di madre, il papa dispose che ogni giorno le sue governanti le portassero Rodrigo, che aveva nove mesi. Cosa curiosa, riuscì a farla uscire dal suo apatico letargo proprio la compresenza del figlio e insieme di Cesare. Forse fu con l'intenzione di provocarla che il fratello si presentò in camera sua, col pretesto di avere notizie della sua salute, scortato da un drappello di alabardieri, ostentando di temere per la propria sicurezza. Per tutta risposta Lucrezia gli gettò in faccia una frase di Orazio che equivaleva a indicarlo come l'assassino: «Da te niente mi meraviglia».

La giovane vedova non cercava di nascondere il proprio dolore. I romani la vedevano errare nei dintorni della città, sola o in compagnia del figlio, sempre con un seguito di persone fedeli che la sorvegliavano da lontano, nel timore che mettesse fine ai suoi giorni. Tanta desolazione diventava perfino compromettente per il papa. Gli ambasciatori ferraresi scrivevano al duca Ercole: «Dalla morte del marito la si vede passeggiare solitaria nei vigneti vicini alla città, in cerca di pace, per placare il suo dolore». Il papa non voleva altro che allontanare da sé quest'ombra sconsolata.

La prova crudele che Lucrezia aveva subìto ne aveva stravolto la fisionomia. I contemporanei notarono lo sfacelo della sua bellezza. Due mesi prima era una donna esile, ma ormai si era fatta smunta; il viso, che prima conservava ancora qualche rotondità infantile, era scarno; il colorito, pronto a ravvivarsi di rosa, era diventato livido, con pesanti ombre viola sotto gli occhi infossati; l'andatura aerea, la grazia dei gesti erano scomparse; l'opulenta chioma d'oro si faceva opaca e rada. Tuttavia Lucrezia aveva ancora la sua tipica dolcezza, più angelica che umana. Il dolore e la compassione dei domestici, tanto più commoventi in quanto manifestati da chi non aveva nulla da sperare dalla propria signora, le dettero il coraggio di affrontare il padre. Nel corso del primo incontro che seguì l'assassinio, Lucrezia lo accusò non di averlo ordinato, ma di averlo reso possibile, sollecitando Alonso a tornare a Roma nonostante le minacce di Cesare, e gli rimproverò di non voler punire l'assassino. Cattanei scrive: «Il papa sta di mala voglia sì per la natura del caso [...] sì perché la figliola si dispera». Ma anche perché le imprecazioni di lei, che ogni giorno risuonavano in Vaticano, avevano finito coll'esasperarlo, tanto più che essa diventava per lui un rimorso vivente. Di fatto nel vecchio Alessandro VI l'egoismo prevaleva su ogni altro sentimento. Il violento dolore di Lucrezia, tutta vestita di nero, con gli occhi rossi, gli impediva di divertirsi, di ridere e di godersi la vita. Il papa non riusciva a concepire come potesse abbandonarsi al lutto una persona che, rispetto a lui, aveva tutto l'avvenire davanti. Ma Alonso era stato il primo vero amore di Lucrezia, come attestano i versi di Petrarca che essa citò in una lettera allo zio Francesco Borgia: «Amor m'à posto come segno a strale, / come al sol neve, come cera al foco, / et come nebbia al vento...».

Alessandro VI non tollerava che la figlia si sentisse piuttosto un'Aragona che una Borgia e rifiutasse ogni consolazione. Su questo punto Paolo Capello, sempre ben informato, scrive: «Prima, era in grazia del papa madonna Lucrezia sua figlia, [la] quale è savia e liberale, ma adesso il papa non l'ama tanto». Un mese dopo l'assassinio, lo stesso ambasciatore constatava quanto fossero fugaci gli affanni del pontefice: «Il papa [...] ogni dì si ingiovanisce, i pensieri mai passano una notte, vuol vivere, è di natura allegra, e fa quel che gli torna utile». Secondo l'oratore veneziano, Alessandro VI non si curava d'altro che di far grandi i suoi figli; e così, aveva già dimenticato il principe d'Aragona, che di sua figlia aveva fatto una donna felice e gli aveva donato un nipote: la sua morte non gli dava più pensiero di quella di un palafreniere. Perciò respinse gli inviati di re Federico, ripetendo a tutti: «Poiché il caso è successo, non si può rimediare».

Cesare, dal canto suo, continuava a far sorvegliare dai suoi uomini il palazzo di Santa Maria in Portico, con la scusa di proteggere la sorella, ma in realtà per tenerla d'occhio e sventare possibili vendette. Lucrezia non sopportava più la vista del Vaticano, dove era stato assassinato suo marito, né la misera pietra di Santa Maria delle Febbri che ne chiudeva il corpo, e non desiderava altro che andarsene da Roma. Si trovava nella stessa condizione vissuta dalla cognata donna Maria Enriquez dopo l'assassinio del duca di Gandía, ma con una differenza: donna Maria viveva al sicuro in Spagna con il figlio, mentre Lucrezia non aveva dove rifugiarsi e senza il consenso del padre non poteva far niente. Alessandro VI si affrettò a darle il permesso di trasferirsi in quelle terre di Nepi che egli stesso le aveva donato un anno prima.

Un contemporaneo di Lucrezia, Tomaso Tommasi, commenta che l'assassinio del duca di Bisceglie fu poco gradito dalla duchessa, «sebbene essa avesse già l'abitudine di cambiare marito a seconda del capriccio e dell'interesse dei suoi»; e aggiunge che questi era già il terzo (calcolando anche don Gaspare tra i mariti), ma che a turbarla fu il modo atroce e violento in cui fu resa vedova. Per questo, anziché nascondere il proprio dolore, aveva manifestato con clamore il proprio risentimento a tutta la corte e si era ritirata a Nepi, in modo da lasciare che il tempo, medicina delle passioni, la riconducesse «a più dolci pensieri».

Lucrezia era ormai rassegnata, disposta a proseguire l'esistenza nella solitudine di Nepi – una residenza che aveva origine nella tragedia – con la sola compagnia del piccolo Rodrigo; mentre nel frattempo il padre e il fratello le stavano già cercando un marito adatto ai loro obiettivi. Partì dunque per la cittadina, dove il marito l'aveva accompagnata solo undici mesi prima, passando dalla via Cassia e dalla via Amerina, su cui ancora oggi si trovano tracce della pavimentazione romana.

Quando il giorno dopo, il 31 agosto, le apparve la venerabile città etrusca e il castello con le due colossali torri, la sua impressione fu ben diversa dalla volta precedente. La desolata natura vulcanica del paesaggio, i cupi strapiombi di tufo nero e rossastro, i vasti altopiani deserti, i belati delle greggi e le note lamentose che i pastori traevano dai loro zufoli avevano nell'insieme un carattere funebre, in armonia con l'animo smarrito di Lucrezia. A Nepi si poteva piangere senza importunare nessuno. Era una dimora austera, e ciò corrispondeva al bisogno d'isolamento che Lucrezia sentiva. Ne fece arredare diverse stanze con colori scuri, lasciando soltanto nella camera del bambino il cuoio azzurro alle pareti e i tappeti sgargianti, con il prezioso servizio da toeletta riservato a un discendente della casa di Aragona, e la culla nei colori dell'arcobaleno attenuati dalle cortine di seta bianco-crema. Ancora pochissimo tempo prima Lucrezia si sarebbe sentita disonorata se non avesse indossato alcun gioiello, ma ormai aveva bandito tutto quanto potesse piacere alla vista, gli abiti sontuosi non meno degli oggetti di pregio. Fedele alle tradizioni spagnole, si fece fare a Roma degli abiti adeguati alla situazione: ormai, l'unica cosa che la faceva riconoscere tra le dame del seguito era il biondo dei suoi capelli.

Gli uffici religiosi ai quali Lucrezia assisteva ogni giorno erano celebrati in silenzio; le sue stoviglie d'argento furono rinviate a Roma. Tra le persone al suo servizio non c'era nessuno che non si sentisse commosso e non accettasse il suo austero regime di vita.

Da quel momento in poi le sarebbe toccato imparare quanto fosse alto il prezzo dell'essere bella, invidiata, fortunata, e sorella di un futuro Cesare Augusto. In risposta alla sua terribile famiglia, e nello stesso tempo in segno del suo amore perenne, sulle mura di Nepi Lucrezia fece scolpire l'arme degli Aragona intrecciata a quella dei Borgia, il tutto sormontato dalla corona ducale. La traccia indelebile della sua fedeltà è tuttora visibile ai nostri giorni sulle mura del Municipio.

Il paesaggio che la circondava sembrava riecheggiare quel che l'attendeva: il monte Soratte cantato nelle *Odi* di Orazio e nell'*Eneide* di Virgilio, che Alonso le recitava, somigliava ormai a una solitaria sentinella, vigilante sui monti Sabini irti di fortezze. Nella lontananza azzurrina sorgeva il borgo di Caprarola, dominio Farnese, mentre ai piedi del suo castello il rio Falèsco sciabordava dolcemente, con un suono di pianto interrotto dal gracidìo delle rane. Ogni sera Lucrezia guardava salire la nube di polvere sollevata dal caldo, come un sudario che seppelliva il passato, rendeva uniformi le tinte e smussava i contorni. Una monotonia quanto mai adatta a placare col silenzio un animo esacerbato.

Prima d'incontrare Alonso, Lucrezia non sapeva nulla di ciò che una donna può dare e ricevere nella fusione d'amore, e si trovava adesso a dover rinunciare per sempre a quella comunione di vita. Era come amputata da se stessa, condannata a vivere per il figlio, mentre avrebbe tanto desiderato raggiungere nella morte il principe aragonese. Per lottare contro l'insonnia, spesso all'alba si faceva sellare il cavallo e si slanciava in lunghe cavalcate nella campagna, fino allo sfinimento: cercava di stancare la sua cavalcatura così da arrivare lei stessa all'esaurimento delle forze, unico rimedio nel suo abbattimento. Si faceva accompagnare dalla cugina Angela Borgia, e insieme rientravano soltanto a sera, nell'ora in cui la nebbia ricopriva la terra dove svettano i cipressi tenebrosi, simili ai fusi delle Parche. La solitudine ricercata da Lucrezia era più profonda nella vasta rocca che nel convento di San Sisto: qui il ritiro dal mondo era accentuato dal vuoto, dagli spazi che la circondavano.

La figlia del papa trovava qualche conforto nella lettura del Petrarca: le allusioni al tempo che fugge, alla vita che è solo una rapida corsa verso la morte, la commuovevano quanto i sonetti composti dal poeta dopo la morte dell'amata:

> Discolorato ài, Morte, il più bel volto
> che mai si vide, e i più begli occhi spenti;
> spirto più acceso di vertuti ardenti
> del più leggiadro et più bel nodo ài sciolto.
>
> In un momento ogni mio ben m'ài tolto,
> post'ài silentio a' più soavi accenti
> che mai s'udiro, et me pien di lamenti:
> quant'io veggio m'è noia, et quant'io ascolto...
>
> (*Sonetto* CCLXXXIII)

Tuttavia la giovane vedova si occupava dell'avvenire dei suoi figli: l'Infante romano e Rodrigo. Grazie a una donazione del padre, aveva potuto comperare dalla Camera apostolica i beni confiscati ai Caetani, versando in contanti 80.000 ducati. Nei territori così acquistati erano comprese Sermoneta, Bassiano, Ninfa, San Felice e San Donato (nel 1504 Giulio II avrebbe restituito queste terre ai precedenti proprietari). Inoltre teneva una fitta corrispondenza con gli amici che la sostenevano nel suo dolore e con alcuni parenti; tutti i suoi messaggi erano firmati «La Infelicissima» oppure «la molto infelice principessa di Salerno», in memoria del titolo che Alonso aveva prima di sposarla.

Le prime lettere conservate nell'archivio di Modena e dirette al suo intendente Vincenzo Giordano trattano faccende domestiche, oppure ordinazioni di abiti più pesanti per il piccolo Rodrigo. In un'altra Lucrezia raccomanda un suo corriere, Giovanni da Prato, al padrino Giorgio Costa, cardinale di Lisbona. Ma quasi tutte le sue lettere, autografe o dettate al segretario Cristoforo, battono sullo stesso tasto: Lucrezia chiede preghiere per il defunto in tutti i monasteri, in tutte le chiese di Roma. Dopo che ne ebbe dato l'esempio suo zio, Francesco Borgia, cardinale di Cosenza, Lucrezia non cessò di interrogarlo sulla frequenza degli uffici funebri, perché «la memoria di Alonso [doveva] essere degnamente onorata». Nuove istruzioni erano inviate al suo intendente, per evitare che il microcosmo romano dimenticasse il duca di Bisceglie.

> Vincenzo, perché avemo deliberato che si faccia la commemorazione dei morti per l'anima del Signor Duca mio Consorte, santa gloria abbia; per questo, vista la presente, sarai col R.mo S.or Cardinale di Cosenza al quale avemo rimesso ordine e carico di questo officio e farai quel tanto che sua S. R.ma ti ordinerà, tanto del pagare quello [che] sarà necessario al detto officio, quanto etiam andare, sollecitare e fare quel che sua Signoria ti commenderà, e vedrai quel che spendi delle cinquecento che tu hai perché ordinerò ti siano rese se bisognerà [...].[2]

Cesare, al quale il comportamento della sorella era perfettamente noto, le fece l'affronto di farsi ricevere da lei accompagnato da tutto il suo stato maggiore. Così, il 4 ottobre 1500 Lucrezia si trovò a presiedere, con occhi di tempesta, un convito apparecchiato nella torre quadrata della fortezza, tutta parata di nero. Alle pareti erano appesi i blasoni degli Aragona e dei Borgia, la tovaglia e il vasellame di terracotta erano assortiti nei colori del lutto. La duchessa di Bisceglie, in silenzio, assaggiò appena le vivande e non rispose alle domande del fratello o dei suoi capitani. Dal cortile d'onore giungevano il risonare metallico delle armi e il calpestio dei cavalli, e si sentivano rotolare sull'impiantito i nuovi cannoni francesi.

Le piogge autunnali e l'umidità che impregnava le stanze indebolirono la salute già provata di Lucrezia, e il medico le prescrisse di tornare a Roma al più presto. Consapevole del proprio decadimento fisico, nel suo libro d'ore Lucrezia annotò un verso di Iacopo Sannazaro: «Per pianto la mia carne si distilla». L'Infelicissima pregò il padre di autorizzarla a rientrare nella città eterna. Dalla lettera che segue, inviata da Lucrezia al suo intendente, si direbbe che Alessandro VI abbia tardato a risponderle:

> Io sto tanto di mala voglia e tanto inuggiata per la venuta mia a Roma che non so né posso scrivere se non continuo piangere. E che tutti questi dì in veder che Farina non me respondia né scrivea non ho potuto mangiar né dormir se non sempre lagrimare; e che Dio li perdoni a Farina che avria potuto remediar a ogni cosa e non l'ha fatto e che io vedrò se gli potrò mandar Roble innanzi che io mi parta, che ce lo manderò. Non altro di novo. Dà buon recapito a quella cosa. E fa che per niente non mostri questa lettera a Rexa.[3]

Le volute oscurità del messaggio, i nomi fittizi dei quali il destinatario sembra avere la chiave, fanno comprendere l'ansia di chi scrive. Il «Farina», probabilmente il cardinale Farnese, doveva essere il patrono della causa di Lucrezia presso Rexa, ovvero Alessandro VI, e Roble può stare per Rodrigo, che aveva allora appena un anno, e un organismo troppo fragile per rimanere esposto alle esalazioni malsane provenienti dai crepacci fra le rocce che circondavano il castello. Vincenzo scrisse, alla fine dello stesso mese, per informare Lucrezia di aver parlato con il papa, che le permetteva di tornare nella dimora di Santa Maria in Portico.

Senza dubbio in un tentativo di negare la morte di Alonso, al suo ritorno Lucrezia si abbandonò a una sorta di culto morboso. I servi avevano l'ordine di tenere nel guardaroba gli abiti del defunto, pronti per essere indossati. Nello «studiolo» tutto sembrava pietrificato: la cetra d'argento posata su uno spartito di Josquin Desprès, accanto a un rotolo di pergamena su cui Alonso aveva disegnato l'albero genealogico degli Aragona. Vi comparivano i nomi di Alonso e di Lucrezia, ma non quello di Rodrigo che il duca non aveva fatto in tempo ad aggiungere. Lucrezia si aggirava per le stanze di un palazzo trasformato in cenotafio, dove tutti gli specchi erano velati. I suoi del seguito la sentivano a volte ridere e parlare con l'ombra dell'amato, e ne erano tanto più turbati in quanto, secondo la voce popolare, da agosto in poi il fantasma del duca di Bisceglie frequentava la torre dei Borgia, una leggenda ancora viva ai nostri giorni.

Intanto Cesare era partito da Roma, per proseguire la conquista della Romagna. Durante la sua assenza Alessandro VI si dedicò alla riconquista del cuore di Lucrezia, ricominciando a circondarla di delicate premure; ormai i loro rapporti erano quelli di un vegliardo settantenne con la figlia di vent'anni, alla quale si doveva far imparare di nuovo a vivere. Nel suo *Diario romano* un contemporaneo, Sebastiano di Branca Tadelli, scrive che il papa amava tanto la duchessa di Bisceglie che si metteva alla finestra con lei per farsi vedere da chiunque volesse. Il suo gusto dell'ostentazione, da genitore fiero della sua progenie, avrebbe permesso nel tempo ad alcuni autori di ipotizzare che Lucrezia fosse stata, o fosse di nuovo, l'amante del padre. Burcardo, testimone della vita quotidiana, riferisce come il pontefice la chiamasse «figliola carissima» o «amatissima», ma quelli che non vivevano a Roma, come Giovanni Pontano, il fondatore dell'accademia di Napoli, o Iacopo Sannazaro, soprannominato il «Virgilio cristiano», entrambi devoti agli Aragona, ripresero le insinuazioni di Giovanni Sforza, ispirandosi al tema del triplice «incesto» per pubblicare epigrammi mordaci e facili a imprimersi nella memoria, come il distico di Pontano:

Ergo te semper cupiet, Lucretia, Sextus?
O fatum numinis! hic pater est! *

dove, per non nominare direttamente Alessandro VI, l'autore allude allo stupro di Lucrezia da parte di Sesto Tarquinio; o quello di Sannazaro:

Hoc jacet in tumulo Lucretia nomine, sed re Thais,
*Alexandri filia, sponsa, nurus.***

dove l'uso del termine «nuora» implica che i rapporti fra Cesare, Juan e Lucrezia siano stati incestuosi. Mentre il pontefice romano non dava il minimo peso agli attacchi dei detrattori, per Lucrezia simili scritti odiosi e diffamatori erano un tormento. L'isolamento, il rifiuto di ogni consolazione, le sembrarono l'unica replica possibile. Ma il fatto che tenesse per sé il proprio dolore, senza confidarsi con nessuno, era uno scandalo per la società romana, privata della possibilità di offrirle la commiserazione che il mondo si compiace di accordare agli infelici. A parte i familiari di Alonso, che Lucrezia continuava a vedere, i suoi conoscenti nel mondo delle lettere e delle arti

* «Dunque Sesto sempre ti desidera, Lucrezia? /O destino terribile! questi è il padre!»
** «Giace in questa tomba Lucrezia di nome, ma di fatto / Taide: di Alessandro figlia, sposa, nuora.»

tendevano forse a pensare che voler soffrire da sola, e a modo proprio, fosse da parte sua una sorta di arroganza.

Il ritiro dal mondo non impediva che le giungesse voce dei successi di Cesare: Giovanni Sforza costretto a rifugiarsi a Mantova presso Francesco Gonzaga, il Valentino entrato a Pesaro in trionfo, la crescente popolarità riscossa dal figlio del papa in tutta la Romagna, dove il popolo lo acclamava e le signorie laiche lo temevano, e dovevano arrendersi una dopo l'altra. Le arrivavano però anche altri echi, di imprese meno lusinghiere: per esempio la notizia del ratto della bella Dorotea Caracciolo, che indignò Luigi XII e gli oratori veneziani. Dorotea sarebbe stata restituita al marito soltanto quattro anni dopo (una lunga detenzione: tanto da lasciar supporre il consenso della vittima?). Davanti a Cesare pareva che tutti capitolassero, che tutti si affollassero al suo servizio: perfino Leonardo da Vinci, desolato per la sconfitta di Ludovico il Moro, che lo costringeva alla ricerca di un nuovo impiego, era diventato consigliere del Valentino in materia di arte della guerra.

Nel frattempo a Roma, e in Vaticano soprattutto, l'atmosfera era tesa. Il re di Francia, contrariato dalla prigionia della contessa di Forlì, rinchiusa in castel Sant'Angelo, intimò ad Alessandro VI di liberarla, sebbene Cesare fosse di parere opposto, perché temeva sempre che Caterina Sforza, «avendo confederati e amanti in tutta Italia ed essendo decisa a fare il diavolo a quattro per riconquistare i suoi Stati, si vendicasse». Padre e figlio furono però costretti a cedere, e la «figlia di perdizione e d'iniquità», divenuta d'un tratto «la nobildonna Caterina Sforza, nostra beneamata figlia in Cristo», fu graziosamente rilasciata nel marzo 1501. Subito dopo, del resto, Caterina fuggì dal palazzo del nipote, il cardinale Riario, per raggiungere via mare il territorio mediceo.

Fu uno scacco maltollerato da Cesare, anche perché lo copriva di ridicolo. Al contrario, la resa di Faenza, il 25 aprile 1501, servì a placarne il furore, sia pure momentaneamente. Il signore di Faenza era Astorre Manfredi, tutt'altro che ignoto a Lucrezia: qualche anno prima era venuto a Roma, invitato dal cardinale Farnese che voleva dargli in sposa Giulia, sua sorella, sebbene essa fosse già allora fidanzata con Orso Orsini. Lucrezia non poteva aver dimenticato l'angelico adolescente di cui Alessandro Farnese le aveva descritto la tragica infanzia e la nobiltà di carattere. Da mesi Astorre Manfredi si opponeva al Valentino, forte dell'appoggio del suo popolo e di una cittadella solidissima. Tutti avevano messo la vita e i beni a disposizione del principe, ma la carestia e le cannonate ebbero la meglio sulla resistenza della città. Astorre si arrese a Cesare per sottrarre i suoi sudditi alla violenza del vincitore, e lo seguì a Roma, dove il Valentino entrò da trionfatore il 15 giugno 1501.

All'inizio Astorre Manfredi visse in Vaticano, amato e ammirato dai romani, rispettato da Alessandro VI per il suo coraggio. La sua compagnia era molto ricercata; perfino Lucrezia, commossa dalle sventure dell'esule, le cui doti di bellezza e di fascino le ricordavano Alonso, rinunciò brevemente alla sua clausura per ospitarlo. Ma dodici giorni dopo, ancora una volta per debolezza e per timore del figlio, il papa tradì l'ospite facendolo rinchiudere in castel Sant'Angelo. Colei che si firmava «l'infelice principessa di Salerno» aveva motivo di sapere fin troppo bene quanto si poteva pagar caro il privilegio di essere un simbolo di legittimità, di avere sugli altri un'influenza non comune, di saper ispirare devozione e fedeltà nei propri sudditi. A Napoli Alonso avrebbe potuto incarnare la stessa speranza che Astorre aveva di fatto vissuto, suscitando consenso unanime sulla propria persona, un fenomeno assai raro nella vita politica delle città, di solito dilaniate dalle lotte tra fazioni avverse. Ma non meno del duca di Bisceglie, il signore di Faenza costituiva per i Borgia un vero e proprio pericolo. Lucrezia non ignorava affatto i princìpi del fratello: per conservare gli Stati appena acquistati «e a possederli securamente basta [all'usurpatore] avere spenta la linea del principe che li dominava».[4] Di Astorre non si sarebbe più sentito parlare per quasi un anno, fino al giorno in cui Burcardo annunciò con una formula laconica il ricupero del suo cadavere dal fiume, zavorrato da una balestra appesa al collo. Guicciardini precisa che il Valentino mise a morte il bellissimo efebo «saziata la libidine di qualcuno». L'orazione funebre di Machiavelli completa la notizia: «Quando [l'usurpatore] acquista stati [...] si ha a notare che li uomini si debbano o vezzeggiare o spegnere: perché si vendicano delle leggieri offese, delle gravi non possono; sì che l'offesa che si fa all'uomo debba essere in modo che la non tema la vendetta» [*Il Principe*, III].[5]

Per sottrarsi agli alti e bassi della politica vaticana, della quale aveva già fatto le spese in due occasioni, Lucrezia capì di avere una sola scelta: cercare uno sposo fuori da Roma, che non avesse un futuro legato a quello del fratello. Del resto le grandi famiglie della penisola, pur svillaneggiando i Borgia, cercavano già di stringere alleanze con loro, nella speranza di proteggersi da Cesare, che sembrava dominato da una inestinguibile sete di conquista. Tutti sapevano che un matrimonio con la figlia del papa non poteva essere di tutto riposo – Alessandro VI non aveva avuto la minima remora a «liquidare» prima due fidanzati che gli davano imbarazzo, e poi due generi che non gli servivano più – e tuttavia la temerarietà, o l'opportunismo, non mancavano.

Un mese dopo l'assassinio di Alonso, il cugino del re di Francia, Louis de Ligny, chiese la mano di Lucrezia, pretendendo una dote spettacolosa: nientemeno che la città di Siena, dalla quale avrebbero dovuto essere banditi i tiranni del luogo, i Petrucci. Cattanei osserva che «per denari e cappelli cardinalizi farebbero questi francesi ogni cosa». Fu poi Ottaviano Colonna a mettersi in lista, seguito ben presto dal rivale Francesco Orsini, duca di Gravina.[6] In Vaticano si dava per certo che quest'ultimo fosse il favorito: vedovo con due figli, l'Orsini proponeva che questi ultimi abbracciassero la carriera ecclesiastica, di modo che i figli di secondo letto potessero ereditare i titoli e il ducato. Lucrezia fu convocata dal Santo padre nella sala del Pappagallo durante le trattative, e informata della richiesta del duca di Gravina: con grande sorpresa del Sanudo, che descrive la scena, essa abbandonò il consueto riserbo per dichiarare di non voler più sposarsi. «Perché?» chiese il papa. «Per potere dedicarmi per intero a mio figlio» rispose Lucrezia. Il pontefice non si accontentò della motivazione, e insistette; e la figlia, sempre così dolce e paziente, stavolta replicò con veemenza. Disse che era stanca di portare sfortuna agli uomini, e «partì corrucciata», conclude il cronista veneziano. In effetti Alessandro VI desiderava che i candidati alla mano di Lucrezia fossero numerosi, se non altro perché ciò accresceva il valore del consenso della figlia e gli dava maggior libertà nei negoziati.

Fino a questo momento non si era fatto avanti nessun pretendente che avesse il peso necessario al successo dei Borgia. Con la presa di Faenza Cesare aveva accresciuto il proprio potere: tutti i signori italiani lo temevano, e cercavano di allearsi con lui per conservare i propri privilegi. Solo il postulante sperato, discendente di un'antica casata che regnava su uno degli Stati più invidiati non solo in Italia ma in Europa, non si faceva avanti e non chiedeva niente.

XI
LA VICARIESSA

Per proteggersi dalla sua stessa famiglia, Lucrezia era ben decisa a uscire dall'inferno borgiano, lasciando il palazzo che le riportava alla mente troppe tragedie. Perciò, quando a fine maggio 1501 il padre le parlò di una possibile unione con Alfonso d'Este, Lucrezia non ebbe esitazioni. Innanzitutto Ferrara era lontana da Roma e avrebbe potuto farla sentire al sicuro, poi quel principe le era già noto: era cugino di Alfonso di Bisceglie per parte della madre, Eleonora d'Aragona, e imparentato con Giovannni Sforza tramite il primo matrimonio con Anna Sforza. Infine, e soprattutto, a favore della sua candidatura militava il temperamento stesso dell'erede del ducato di Ferrara. Alfonso prometteva di costituire un solido baluardo contro le ambizioni del padre e del fratello di Lucrezia, per lei un pegno di tranquillità e di pace. Di fronte a quel cognato Cesare sarebbe stato costretto a cercare un compromesso o ad arrendersi. Alessandro VI, giunto ormai ai settant'anni, oscillava nella mente e nella volontà, in balia dell'umore, tra il timore che provava per il figlio e l'orgogliosa tenerezza verso la figlia. Quest'ultima capì che finalmente il papa si era risolto a sceglierle un marito potente, in grado di difenderla dagli intrighi e dalle minacce del fratello, e quando egli la mise di fronte alle prospettive che si aprivano con queste nozze, Lucrezia accettò.

I primi approcci con gli Este si scontrarono con ogni genere di riluttanza. Sia alla corte di Ferrara, sia a quella di Mantova, dove regnava Isabella Gonzaga, figlia di Ercole d'Este, il clima dominante tendeva all'austerità, a una certa gravità di costumi, che non poteva indurre i signori del luogo a considerare con eccessivo favore gli spagnoli di Roma. Di fronte a una casata potente, le cui origini risalivano al X secolo, Lucrezia e i suoi non erano che dei nuovi ricchi, mentre le voci scandalose che li circondavano non facilitavano certo gli approcci. Quindi il cardinale Giambattista Ferrari, un cardinale devoto agli Este quanto ai Borgia, ebbe qualche difficoltà nella sua funzione di intermediario incaricato di informare Ercole circa le intenzioni del Santo padre. Da principio il duca di Ferrara rispose che per il matrimonio del suo primogenito era già in parola con Luisa, duchessa di Angoulême, e che condurre due trattative nello stesso tempo sarebbe stato disonorevole per lui e offensivo per il re di Francia. Luisa di Savoia aveva venticinque anni, era vedova di Charles d'Angoulême e madre di due bambini piccoli, una figlia che sarebbe diventata poetessa, «la Margherita fra le Margherite», e un maschio, il futuro Francesco I. Si diceva che avesse un pessimo carattere: avida, prepotente, rancorosa, vendicativa, disposta a tutto pur di far salire al trono il figlio. A questo scopo Luisa tesseva intrighi di ogni genere, in particolare con Jean de Chabannes, fratello del maresciallo de la Palice; costui era fra l'altro uno dei suoi amanti, cosa che gettava qualche ombra sull'immagine idillica della vagheggiata promessa sposa.

Lucrezia non ignorava tuttavia la natura degli ostacoli a questo progetto matrimoniale: la sua condizione di figlia del sommo pontefice, e inoltre la sua stessa reputazione. Dal primo marito Giovanni Sforza era stata perfino accusata d'incesto; e sebbene in seguito lo Sforza avesse ritrattato, la calunnia continuava a perseguitarla. C'era poi stata la storia con Perotto, il cubicolario papale, seguita dal parto clandestino, e infine l'assassinio del padre del bambino a opera di Cesare: tutte avventure che offrivano fin troppi argomenti di conversazione agli ambasciatori accreditati a Roma. Questi ultimi forse si astenevano dal dare giudizi ad alta voce, ma non certo dal formularli tra sé e sé: molti infatti ritenevano che la tribù dei Borgia avesse un bel coraggio a pretendere di imparentarsi con una famiglia come gli Este, che vantavano soltanto parentele reali. Il duca regnante aveva sposato la figlia del re Ferdinando, Eleonora d'Aragona, morta nel 1493; Alfonso era vedovo di Anna Sforza, la sorella della quale, Bianca, era andata sposa all'imperatore Massimiliano, mentre il fratello, scomparso nell'ottobre 1494, era stato duca di Milano.

Ebbe così inizio una schermaglia diplomatica, alla quale Lucrezia decise di prendere parte, visto che per la prima volta il suo personale interesse coincideva con quello della famiglia. Per quanto riguardava Cesare, nulla poteva essergli più necessario di un patto con Ferrara, che disponeva di armati e soprattutto di una temibile artiglieria, utile baluardo contro la cupidigia di Venezia che si appuntava sulle sue recenti conquiste. L'alleanza delle due famiglie avrebbe consolidato le sue vittorie nella Romagna settentrionale e il suo stesso prestigio, oltre a quello di Alessandro VI, attenuando alquanto l'immagine dei Borgia che era un po' troppo da avventurieri. Cesare era il rampollo di una famiglia originaria della Spagna, priva di radici profonde nella terra d'adozione, e giustamente paventava un eventuale isolamento alla morte del capo della Chiesa. In quel momento si trovava al culmine della sua gloria e sapeva che non avrebbe mai avuto un'occasione migliore per diventare cognato di Alfonso d'Este. Per il momento, con l'aiuto del figlio, Alessandro VI era riuscito ad annientare le velleità d'indipendenza dei piccoli despoti della regione, oltre a mettere in condizione di non nuocere le grandi famiglie dell'aristocrazia romana, gli Orsini e i Colonna. Gli Este e i Bentivoglio erano gli unici ad aver conservato una relativa autonomia. Come scriveva Machiavelli: «[...] Da Alessandro indrieto [...] ogni barone e signore benché minimo, quanto al temporale la estimava poco [la Chiesa], e ora uno re di Francia ne trema».

Il pontefice si rese conto che per portare a buon fine l'unione con Ferrara la chiave di tutto era alla corte di Blois. Fingendo di ignorare i progetti di Ercole d'Este su Luisa di Savoia, Alessandro VI si rivolse direttamente a Luigi XII, chiedendogli di intervenire presso il duca per raccomandare Lucrezia. Da principio il re dette una risposta negativa: il 26 maggio scrisse al duca d'Este consigliandogli di proporre al papa di accontentarsi del figlio minore, con la signoria di Piombino. Ma, per la fortuna di Lucrezia, all'improvviso il sovrano francese cambiò atteggiamento. Avendo deciso di impadronirsi del regno di Napoli insieme a Ferdinando il Cattolico, per riuscire nell'impresa Luigi XII aveva bisogno che il papa gli consentisse di attraversare gli Stati della Chiesa. Nel momento in cui il re era costretto a chiedere un favore al papa, questi pretese in cambio il consenso al matrimonio di Lucrezia con Alfonso. La Francia dovette cedere, come riferì da Lione, dove si trovava la corte, l'ambasciatore di Ferrara Bartolomeo Cavalieri. Nel suo messaggio del 22 giugno al duca, l'oratore annunciava che Luigi XII aveva deciso di non concedere più la mano di Luisa di Savoia, mentre consigliava a Ercole d'Este di accettare la proposta di Alessandro VI, suggerendo peraltro di pretendere una dote di 200.000 ducati, la rinuncia al pagamento del censo annuale da parte di Ferrara e sostanziosi benefici ecclesiastici per vari membri della famiglia. Ercole fu costretto ad accettare, per non guastare i rapporti con il Vaticano, con Cesare e la

Francia. Al contrario, acconsentendo al matrimonio avrebbe accelerato la pacificazione dell'Italia settentrionale, e per di più salvava la faccia, perché poteva lasciar credere di accettare di imparentarsi con i Borgia soltanto per compiacere il re di Francia. Perciò inviò a Roma il consigliere Ettore Bellingeri con l'incarico di riferire al papa le condizioni precisate da Luigi XII circa l'ammontare della dote, l'abbuono del censo annuale, la cessione delle città di Cento e di Pieve, oltre ai consueti vari favori per la sua famiglia. A quel punto il papa aveva la certezza che ormai era solo una questione finanziaria, e se ne rallegrò. Le sue promesse, che forse avrebbe mantenuto e forse no, per lui erano denaro facile.

Il 25 giugno 1501 arrivò l'esercito francese, che come ultima tappa, prima di invadere il regno di Napoli, mise le tende a nord di Roma. L'aria fu lacerata dal suono di tamburi, trombe e trombetti, oltre che dal fragore della sfilata in assetto di guerra di tredicimila fanti e duemila cavalieri, dei muli che trainavano lunghe file di carri e dei trentasei cannoni, orgoglio dei francesi, che avanzavano con un rombo di tuono. Agli occhi di Lucrezia gli invasori sembravano annunciare la seconda morte di Alonso di Bisceglie. In effetti, da castel Sant'Angelo suo padre benediceva le truppe che si accingevano a invadere le terre di Federico I. Meno di un mese dopo, il massacro di Capua aprì la via di Napoli all'esercito di Luigi XII, al prezzo di quarantamila morti: una giornata di luglio durante la quale i francesi scannarono, stuprarono, colpirono con gli archibugi donne, uomini, bambini, vecchi. «Il sangue colava a fiotti lungo i muri, gli abitanti furono spogliati di tutti i loro averi, uomini e donne finirono venduti come schiavi», scrisse Jean d'Auton nella sua cronaca del regno di Luigi XII.

Il giorno della festa di San Pietro, Alessandro VI emanò una bolla – già pronta da una settimana – in cui dichiarava deposto il re di Napoli, colpevole, a suo dire, di aver chiesto aiuto ai turchi. Una vera beffa: quando Lucrezia aveva diciassette anni suo padre si era fatto aiutare dagli infedeli per proteggere Napoli contro Carlo VIII, e l'aveva maritata al duca di Bisceglie. Lo zio del suo defunto marito, Federico, si rifugiò a Ischia, abdicando in favore di Luigi XII.

In assenza di Cesare, occupato nella conquista di Napoli, Alessandro VI si mise alla testa di un'armata per sottomettere i baroni del Lazio. La sua politica di consolidamento degli Stati ecclesiastici esigeva l'assoggettamento di tutte le cittadine, fortezze e villaggi fortificati dei dintorni di Roma, oltre all'acquisizione dei possedimenti Colonna, Savelli, d'Estouteville e di altri.

Ma nel lasciare Roma per questa spedizione, il papa affidò alla figlia la direzione della Chiesa. Era un modo per conferire alla figlia la statura di personaggio politico, dimostrando a Ercole d'Este che Lucrezia era una donna capace di rendere grandi servigi al governo di una città, e quindi degna di diventare duchessa di Ferrara.

Il cerimoniere Burcardo si limita a constatare il conferimento della reggenza, senza esprimere giudizi, e il 27 luglio scrive:

> Prima di lasciare la città il nostro signore ha affidato l'intero palazzo e la cura degli affari a madonna Lucrezia. Sua Santità ha dato alla figlia pieni poteri di aprire le lettere in arrivo. Per le evenienze straordinarie essa si consulterà con il cardinale di Lisbona.

All'epoca si trattava di una nomina che non dava alcun motivo di stupore. Dopo l'assassinio del marito, Caterina Sforza era stata reggente del principato per undici anni, per difendere i diritti del figlio; Isabella d'Este ed Elisabetta di Urbino avevano anch'esse governato i rispettivi Stati, comportandosi in molte occasioni meglio dei mariti. In Francia, Luigi XI aveva nominato la figlia Anne de Beaujeu reggente al trono durante la minore età di Carlo VIII, ossia dal 1483 al 1491.

Due anni prima la stessa Lucrezia aveva svolto funzioni di reggente a Spoleto, mostrandosi perfettamente capace di assumerne le responsabilità.

Così Alessandro VI, conoscendo la mente riflessiva della figlia, le conferì il titolo di Vicariessa, riprendendo semplicemente quello attribuito nel X secolo a Teodora e a Marozia, due romane che nella lotta contro i barbari germani avevano nominato non meno di otto papi e di fatto amministrato la Chiesa.

Per sottolineare meglio il suo ruolo, Lucrezia prese alloggio negli appartamenti del papa. Non disponeva del sigillo pontificio, poiché l'ambito spirituale rimaneva estraneo alle sue prerogative, ma rientravano nelle sue responsabilità tutte le questioni civili e temporali, il disbrigo degli affari correnti, l'esame della corrispondenza e delle suppliche. Si trattava di stilare una serie di documenti in latino, cosa che non le dava il minimo imbarazzo. Baiardo infatti riferiva: «Lucrezia parlava spagnolo, greco, italiano, francese, un ottimo latino, ed era in grado di scrivere in tutte queste lingue». Nei casi difficili poteva illuminarla Giorgio Costa, cardinale di Lisbona, che per la sua fama di onestà, intelligenza e soprattutto autonomia, era al riparo da ogni critica. Fra l'ecclesiastico ottantacinquenne e la donna ventunenne sarebbe nata un'amicizia destinata a resistere a molte prove.

La serietà delle funzioni non impediva qualche libertà di linguaggio. Per esempio Burcardo racconta:

> Avendo fatto ricorso madonna Lucrezia all'aiuto del cardinale di Lisbona, questi le rispose: «Ogni volta che il Santo padre, che voi sostituite, sottopone una questione al concistoro, il vicecancelliere prende nota delle opinioni dei consulenti; giudico perciò necessario che qualcuno trascriva il dibattito». Madonna Lucrezia rispose che sapeva scrivere benissimo, e allora l'ottuagenario cardinale, non sapendo resistere a un motto di spirito, le chiese: «*Ubi est penna vestra?*» [in questo caso *penna* stava per «membro virile»]. Lucrezia colse l'allusione ardita, e la sua ilarità contagiò i cardinali, riecheggiando nel palazzo apostolico.

Se si fosse mostrata infastidita, la figlia del papa avrebbe mancato d'intelligenza e di buone maniere. All'inizio del XVI secolo il Castiglione e il Bembo consigliavano la massima disinvoltura nel contegno: «Non deve adunque questa Donna [che vive alla corte] per volersi far estimar buona, & onesta, esser tanto ritrosa & mostrar tanto d'aborrire & le compagnie, e i ragionamenti ancor un poco lascivi, che ritrovandovisi se ne levi: perché facilmente si potria pensar ch'ella fingesse d'esser tanto austera per nascondere di sé quello, ch'ella dubitasse che altri potesse risapere: e i costumi così selvatici son sempre odiosi».[1]

Nei loro messaggi gli ambasciatori si pronunciarono all'unanimità a favore di Lucrezia. I ferraresi inviati a Roma come osservatori, rimasero meravigliati, a quanto sembra, di vedere «questa principessa della Chiesa coperta d'oro e di gemme regnare sui cardinali», e nella relazione stesa per Ercole d'Este non celavano la propria ammirazione per una giovane donna dotata di qualità tanto rare alla sua età.

Alfonso d'Este però non era convinto. La sua riluttanza non dipendeva tanto dalla nascita illegittima di Lucrezia, quanto dalle vicissitudini che ne avevano segnato l'esistenza: due volte fidanzata, sposata due volte, una volta vedova. I nemici dei Borgia non mancavano di ricordarglierlo, come in questi versi anonimi: «Bastò soltanto una donna di cattiva vita per guastare il sangue degli eraclidi e degli eacidi, per spezzare la bella catena, il lignaggio delle razze di eroi». Alfonso era talmente contrario che suo padre si dichiarò disposto a sposare lui stesso la figlia del papa, ma la prospettiva parve ad Alfonso ancor peggiore di quella di avere Lucrezia per moglie. Infine cedette, considerando le nozze come un affare esclusivamente politico, il che gli permetteva di concedere il proprio consenso al massimo prezzo.

L'eventualità di un matrimonio con il duca regnante, che il cardinale di Cosenza Francesco Borgia riferì a Lucrezia, la lusingò e l'impaurì. Il ritratto che le era stato fatto del grande condottiere non era troppo tenero: benché generoso mecenate e appassionato d'arte, Ercole era scarsamente capace di delicatezze, noto in tutta Italia per la sua avidità di guadagno, e perciò teneva di più alla dote che non alla reputazione della futura nuora. Avendo saputo del figlio clandestino attribuito a Lucrezia, fin dal 15 marzo 1498, da Giovanni Alberto della Pigna, il duca d'Este calcolava di far valere la cattiva reputazione della futura nuora per giocare al rialzo sul lato finanziario del contratto di nozze.

Al suo ritorno a Roma, il Santo padre fu accolto da Lucrezia. Con la famiglia d'Este le trattative proseguivano, ma tutto in realtà sarebbe stato deciso a Lione, alla corte di Francia. Bartolomeo Cavalieri, ambasciatore di Ferrara presso Luigi XII, inviò al suo signore la lettera seguente, da cui appare chiaramente come i negoziati si svolgessero in un clima di grande diffidenza:

> Illustrissimo signore, l'ambasciatore di Sua Santità mi ha detto ieri che Vostra eccellenza aveva mandato un incaricato presso Alessandro VI per chiedergli 200.000 ducati, il pagamento del Censo annuale e molte altre cose ancora. Per il resto Vostra eccellenza dovrebbe affidarsi a lui perché si propone di accettare le sue condizioni e di favorire in tal modo la casa d'Este così rispettata, che ognuno si accorgerà dell'amicizia che le porta. Mi ha ancora detto che è incaricato di pregare Sua maestà cattolica di scrivere all'illustrissimo cardinale, affinché induca Vostra Eccellenza ad accontentarsi di ciò. Come fedele servitore la esorto, se questo matrimonio si deve fare, a concludere soltanto su delle garanzie così sicure, che non dovrà constatare più tardi con rimpianto che le è stato promesso molto e mantenuto poco (7 agosto 1501).[2]

In apparenza Luigi XII teneva un contegno ambiguo, proponendo di nuovo la mano di Luisa di Savoia. Di fatto offriva al duca d'Este un argomento in più da far valere nella contrattazione, sebbene fosse il solo sovrano a mostrarsi favorevole a un matrimonio voluto con tanta ostinazione da Alessandro VI. In effetti gli Stati italiani e stranieri paventavano l'unione fra la casa d'Este e il Vaticano, che avrebbe costituito una vera e propria potenza. Firenze vedeva bene che il legame tra gli Este e lo Stato pontificio avrebbe chiuso il suo territorio in una morsa di ferro; Venezia avrebbe perduto ogni speranza di annettere Ferrara, che sarebbe diventata intoccabile, e in grado di tenerle testa. Gli stessi parenti di Ercole, in particolare il genero, Francesco Gonzaga signore di Mantova, vedevano nel progetto di un patto con Roma il definitivo predominio del ducato di Romagna, e in seguito l'assoggettamento incondizionato alla Chiesa di tutti i prìncipi della regione, minacciati della perdita del proprio feudo e condannati al bando perpetuo. L'imperatore Massimiliano, marito di Bianca Sforza, che ospitava alla sua corte molti familiari della moglie, tutti nemici di Cesare e di Alessandro VI, era allarmato dalla prospettiva che Ferrara stesse per acquisire un'importanza paragonabile a quella di Firenze sotto Lorenzo il Magnifico, e temeva il rafforzamento del dominio francese che sarebbe seguito a una triplice alleanza con il Vaticano e il ducato di Ferrara. La cooperazione degli Este gli era troppo preziosa perché Massimiliano non si adoperasse in tutti i modi possibili a impedire la conclusione dell'accordo. Tutto ciò servì soltanto da pretesto a Ercole per esigere dal papa sempre di più.

Dal canto suo Lucrezia era ben consapevole di predisporsi a un matrimonio di convenienza, ma c'era una cosa che non poteva sapere: un giorno sarebbe riuscita a conquistare l'erede del ducato di Ferrara.

XII
LA DOTE DEL SECOLO

Fin dai primi d'agosto del 1501 Lucrezia prese a comportarsi piuttosto da Este che da Borgia: il papa dovette rassegnarsi ad annullare il censo annuale dovuto da Ferrara al Vaticano (sarebbe stato ridotto da 4000 a 100 ducati), poi a concedere alla futura famiglia di Lucrezia l'arcipretatura di San Pietro, e infine dovette impegnarsi a consegnare ai futuri discendenti maschi i castelli di Cento e Pieve, del valore di 100.000 ducati.

Il 26 agosto gli ambasciatori delle due parti firmavano nella sala del Pappagallo il contratto di matrimonio, compilato da Beneimbene. Per ordine di Alessandro VI, il giorno dopo il cardinale Ferrari e don Ramiro Ramolini si misero in viaggio verso Ferrara per consegnare il documento al duca. Il matrimonio *ad verba* fu invece concluso nel castello di Belfiore il 1° settembre. Lo stesso giorno Ercole d'Este, consapevole dell'aiuto che la nuora gli aveva dato, le scrisse per esprimerle la sua ammirazione, dichiarando che mentre fino a quel momento l'aveva amata per le sue virtù e per deferenza verso Sua Santità, ormai provava per lei un affetto di padre. A questa lettera era acclusa una seconda, particolarmente cortese, in cui Ercole ringraziava il papa di tutti i favori concessi al suo figliolo minore.

Il giorno dopo Ercole d'Este, per spiegare la sua decisione ai familiari, spedì altri messaggi in cui si esprimeva con tono ben diverso. Per esempio nella lettera che segue, per il genero Francesco Gonzaga marchese di Mantova, marito di Isabella d'Este, il duca d'Este si scusa per essere stato costretto a cedere alle imposizioni congiunte del capo della Chiesa e del re di Francia:

> Carissimo fratello, vi abbiamo fatto sapere che ci siamo risolti in questi ultimi giorni ad acconsentire, sotto la pressione degli intrighi di cui siamo il bersaglio, all'alleanza matrimoniale che ci offriva Sua Santità, cioè ad accet-

tare come sposa del nostro primogenito Alfonso l'illustre dama Lucrezia Borgia, sorella dell'illustre duca di Romagna e di Valentino, e ciò soprattutto perché vi siamo stati esortati in modo pressante da Sua Maestà Cattolica. Da allora, essendo proseguiti i negoziati in questo senso, siamo giunti ad un accordo con Sua Santità ed il re cristiano non ha smesso di spingerci a concludere quest'unione. Di conseguenza è il caso oggi, in nome di Dio e per mezzo dell'ambasciatore francese e dell'incaricato di Sua Santità qui presenti, di rendere pubblica questa risoluzione.[1]

Alessandro VI, ormai sicuro del buon avvio delle trattative, si dedicò ad assicurare l'avvenire del frutto degli amori di Lucrezia e Perotto, il piccolo Giovanni Borgia. Con due bolle firmate il 1° settembre legittimò colui che per tutta la città era l'«Infante romano». La prima fu resa pubblica lo stesso giorno della promulgazione, la seconda, destinata a rimanere segreta, fu conosciuta soltanto nel 1506, il che consentì il diffondersi delle voci più fantasiose e calunniose per i Borgia, fino al XIX secolo. Anzi, ancora nel 1913 Giuseppe Portigliotti affermava, senza la minima prova, che Lucrezia avrebbe preteso l'emanazione delle due bolle perché dei suoi due presunti amanti non sapeva quale fosse il padre del proprio figlio, se Cesare o Alessandro VI. Di fatto l'abilità e la finezza giuridica del papa avrebbero avuto un effetto negativo, che si ritorse contro lui stesso e contro la figlia.

Nella prima bolla il pontefice dichiarava l'Infante romano figlio illegittimo di Cesare e di una donna sposata. Riportiamo qui un brano essenziale:

Tu, che noi crediamo senza dubbio, in base a testimonianze degne di fede, figlio del nostro caro figlio Cesare Borgia di Francia, duca di Romagna e di Valenza, capitano delle armi nostre e di quelle della santa Chiesa di cui è gonfaloniere, tu che oggi hai circa tre anni, compenserai largamente nel corso del tempo, con l'onestà della tua vita, la virtù e la probità, quanto vi sia stato di reprensibile nella tua nascita. Noi intendiamo perciò, di nostra propria e sola iniziativa, per scienza certa e in virtù della nostra autorità apostolica, che tu possa ereditare città, domini, ducati, contee, baronie, terre, castelli, luoghi, palazzi, case, proprietà e altri beni dal duca Cesare e da suo fratello e da sua sorella, come pure da tutti i tuoi parenti, succedendo loro in tutti i loro diritti, ed essere investito di tutti gli onori, dignità, magistrature e uffici di cui essi stessi sono investiti, e adempierne le funzioni, e ciò in virtù dell'ascendenza dal detto Cesare. Per l'autorità apostolica e per grazia speciale, noi ti legittimiamo, restituendoti tutti i vantaggi di una buona nascita.[2]

Invece nella seconda bolla, che – non dimentichiamolo – doveva rimanere segreta, Alessandro VI affermava che il bambino era nato da lui e da una donna separata dal marito, *soluta mulier*. Vi si legge infatti:

Alessandro al suo caro figlio, nobile Giovanni Borgia.

Con atto odierno abbiamo stabilito che nonostante l'anomalia della tua nascita, in quanto figlio del nobiluomo Cesare Borgia di Francia, duca di Romagna e di Valenza, nostro gonfaloniere, tu potrai succedere a tutti i diritti, attributi e privilegi del detto duca, e noi ti abbiamo legittimato, conferendoti così tutti i diritti e le prerogative di una nascita regolare. Tuttavia, poiché tu soffri non per fatto del suddetto duca, ma per opera nostra, e di una donna affrancata dai legami matrimoniali, il che per buoni motivi non abbiamo voluto manifestare nelle lettere suddette, temendo che perciò tu potessi essere ulteriormente molestato, nella pienezza della nostra autorità, per il tenore delle presenti, noi ordiniamo che tutti i favori, legittimazioni, reintegrazioni, restituzioni, accordati e stipulati a tuo favore dalle lettere precedenti conservino il loro valore sia in materia di successione sia in tutte le altre.[3]

L'apparente contraddizione fra questi due atti avrebbe dovuto permettere al papa di porre fondamenta a suo parere incrollabili, in fasi successive, al riconoscimento dell'Infante romano.

Il diritto canonico vietava al capo della Chiesa di riconoscere un figlio nato durante il suo pontificato e di trasferire beni a suo nome. Alessandro VI superava l'ostacolo dichiarando che Giovanni Borgia era figlio di Cesare. Una volta determinata la legittimità del bambino, in un secondo tempo il papa poteva rivendicare per se stesso la paternità. Ma perché una doppia menzogna, perché tanta dovizia di precauzioni? A quanto pare, semplicemente per assicurare all'Infante romano una parte del patrimonio ereditario dei Borgia senza doverne rivelare i veri genitori. Nel momento in cui si preparava a sposare Alfonso d'Este, Lucrezia non poteva riconoscere pubblicamente di aver dato alla luce un bastardo.

E poiché Alessandro VI non aveva la possibilità di attribuire una madre al fanciullo, gli costituì un padre che avrebbe assicurato l'avvenire del neolegittimato. Partendo per Ferrara, Lucrezia portò con sé le due bolle: oggi sono conservate a Modena. Perché avrebbe dovuto sobbarcarsi l'ingombro di due pesanti pergamene, se queste non avessero avuto la possibile utilità futura di proteggere suo figlio, come apparenze documentali che qualche anno più tardi avrebbero offerto ad Alfonso l'alibi più opportuno per accogliere senza scandalo l'adolescente nella sua reggia di Ferrara? Del resto, nella famiglia d'Este nessuno pensava minimamente di far carico a Lucrezia di un errore di gioventù, quanto mai frequente nell'epoca di cui ci occupiamo. L'eco dell'indulgenza dominante si ritrova in una *Egloga* dell'Ariosto, in cui il poeta raccomanda alle donne, non solo di trovarsi degli amanti ma di trovarli di età conveniente, e insieme celebra Lucrezia per la bellezza, lo spirito, l'amabilità, la castità.

Tre giorni dopo la firma delle due bolle, un corriere portò in Vaticano la notizia che il matrimonio *ad verba* era stato celebrato a Ferrara, alla presenza del duca Ercole e di Alfonso. A Roma la conclusione dell'affare fu considerata la più grande vittoria dei Borgia. Le bombarde e le colubrine di castel Sant'Angelo tuonarono senza posa da mezzogiorno a mezzanotte; la sera una straordinaria quantità di fiaccole accese illuminava i palazzi, le chiese e il Vaticano, come osserva Tomasi, e insomma vi furono «spari e fuochi come per l'elezione del papa». Per coronare il successo Alessandro VI concesse ai romani, con un semplice decreto, di far durare il carnevale per quattro mesi, da ottobre fino al martedì grasso, periodo in cui, in via eccezionale, erano tutti autorizzati a uscire per le strade in maschera e travestiti. Puntuale il mugugno di Burcardo: «Tutto per trasformare in motivo di allegria ciò che in realtà è un motivo di vergogna».

Scortata da trecento cavalieri, duecento dame, quattro vescovi, dagli ambasciatori di Francia e di Spagna, vestita con un abito di velluto broccato, goffrato e intessuto di fili d'oro, Lucrezia andò a Santa Maria del Popolo per un solenne ringraziamento alla Vergine. Dal padre Lucrezia aveva ereditato una vera e propria adorazione per la Madonna, dalla quale Alessandro VI si credeva particolarmente beneficato: infatti concludeva tutte le lettere alla figlia con la formula: «Stai bene e mantieniti nella più grande devozione alla gloriosa nostra Donna».

Ancor più trionfale dell'andata fu il ritorno a Santa Maria in Portico, nella luce del tramonto fiammeggiante di oro giallo. Tutte le campane suonavano a distesa, dominate dal bordone del Campidoglio. Una folla sgargiante e cordiale salutava «l'illustrissima duchessa di Ferrara». La sera, per esprimere la sua gioia, Lucrezia donò il vestito, valutato 300 ducati, a uno dei suoi buffoni, che si precipitò per le vie di Roma brandendo come un trofeo la *mise* preziosa, e gridando: «Viva la nostra gloriosa madonna e il suo Santo padre, il nostro Santo padre Alessandro VI».

Senza indugio il papa riunì un concistoro, e il Sacro collegio emanò un enfatico elogio di Ercole d'Este, «il più grande e il più saggio dei prìncipi» e di Alfonso, «più bello e più potente perfino di Cesare Borgia». Quest'ultima impennata adulatoria si spiegava forse considerando che la prima moglie di Alfonso era cognata dell'imperatore Massimiliano, e quindi Lucrezia poteva essere accostata al re dei romani? Sia come sia, anche se le esagerate piaggerie potevano suscitare il sorriso, la felicità del vecchio pontefice commosse i presenti.

Era il momento di pensare agli affari. Ettore Bellingeri e Gerardo Saraceni, due giuristi e diplomatici che erano stati inviati a Roma da Ercole d'Este, furono «benignamente accolti» da Lucrezia «con molte e assai dolci parole [...] e dolcemente e sapientemente [gli] fu risposto». La loro presenza aveva lo scopo di costringere il papa a tener fede agli impegni presi nel più breve tempo possibile: infatti il duca di Ferrara era determinato a non inviare a Roma la scorta nuziale se non dopo aver ricevuto il pagamento della dote, la bolla che promulgava l'investitura a favore dei discendenti della coppia, e infine la cessione di Cento e di Pieve.

La fidanzata ospitò gli inviati ferraresi nel proprio palazzo, e per conto suo prese alloggio in Vaticano per tutta la durata delle trattative. Gli emissari del duca potevano vederla ogni giorno, seduta presso il trono pontificio, partecipare alla discussione dei contratti dotali, diventando così la migliore alleata della sua nuova famiglia: anzi il suo appoggio era espresso con tanto zelo e finezza da far scrivere al Saraceni: «[La duchessa] mi pare già essere optima Ferrarese». Con il pretesto delle trattative, tra il duca e la nuora s'intrecciò una corrispondenza in cui Ercole d'Este mostra una crescente stima per l'intelligenza, la chiarezza d'idee e la ponderazione di Lucrezia.

Gli inviati ferraresi presero a cuore la difesa della figlia del papa, che li aveva ormai conquistati. Quando seppero che Giovanni Sforza, lo sposo ripudiato, aveva in animo di venire a Ferrara per il matrimonio, scrissero a Ercole:

> [...] Mostrando la Santità del Nostro Signore aver condegno rispetto a quelle cose, che verisimilmente potriano partorire qualche displicenzia nella mente non solo della Eccellenza Vostra e dello Ill.mo Don Alfonso, ma etiam della Ill.ma Madama Duchessa, il che etiam non potria passare senza qualche suo fastidio, ci ha ammoniti che vogliamo scrivere alla Eccellenza Vostra e avvertirla che al tempo delle nozze operi talmente che il Signore Joanne da Pesaro, il quale Sua Santità disse avere avviso essere a Mantova, non si ritrovasse a Ferrara; perché sebbene quella separazione che tra lui e la predetta Ill.ma Madama seguite iustissimamente, e con la pura e mera verità come publice consta non solum per il processo fatto in questa causa, sed etiam per la libera confessione de ipso Sign. Joanne. Tamen non è che qualche reliquia di malanimo forse non le sia restato etiam da ogni canto; per il che quando si ritrovasse in loco ove verisimilmente la predetta Signora potesse da lui essere veduta, saria Sua Eccellenza necessitata sequestrarsi in

qualche Camera per non rappresentare alla mente le cose passate, esortando la Eccellenza Vostra con la solita sua prudenza provveder a questo [...].[4]

A fine settembre Ercole d'Este cominciava a interessarsi a una nuora così ben dotata, e inviò al sommo pontefice l'elenco dei personaggi che avrebbero potuto far parte del corteo nuziale, pur mettendo in chiaro che la loro partenza dipendeva dalla conclusione dei negoziati. Gherardi scriveva:

Oggi, il 6, eravamo presso il papa, muniti delle lettere di vostra signoria come della lista di nozze. Sua santità lo ha giudicato onorevole e brillante. Vostra eccellenza, lo so dalle fonti più attendibili, ha superato le sue attese. Quando abbiamo potuto conversare un momento con lei, Sua Santità ha fatto chiamare il duca di Romagna e il cardinale Orsini e ha chiesto che la lista fosse riletta, e di nuovo ricevette ancor maggior approvazione, soprattutto dal duca che afferma di conoscere molte persone ivi nominate.

Abbiamo fatto tutti i nostri sforzi per avere l'elenco delle persone che dovranno accompagnare la duchessa, ma non è ancora pronta. Sua santità dice che vi saranno poche signore, perché le romane sono un po' selvatiche e maldestre a cavallo. Finora la duchessa ha con sé cinque o sei giovani dame nobili, quattro bambine molto piccole e tre dame anziane che resteranno da Sua Signoria. Alcune di esse forse verranno. [La duchessa] ne è stata abilmente dissuasa con la promessa che avrà a Ferrara la scelta fra innumerevoli dame d'onore. La duchessa d'Urbino ha fatto dire che verrà con cinquanta cavalli. Il seguito fornito da Sua Signoria basterà, tanto più che l'usanza è che il gran corteo sia mandato dal fidanzato, mentre la fidanzata viene soltanto con poche persone. Credo tuttavia che avrà con sé non meno di duecento persone a cavallo. Quando il papa ha appreso nel corso del nostro colloquio che non abbiamo potuto ottenere udienza dal duca di Romagna, si è mostrato molto scontento e ci ha detto che gli inviati di Rimini erano qui da due mesi senza avergli potuto parlare, e che prendeva la notte per il giorno ed il giorno per la notte. [Il papa] deplora molto questo modo di vivere e dubita che possa conservare così quello che ha acquisito. Ha fatto al contrario l'elogio della duchessa, dicendo che è prudente, dà udienza senza difficoltà e sa essere amabile quando si deve. La loda molto e assicura che ha governato il ducato di Spoleto con la soddisfazione generale.[5]

Nel dispaccio si sottolinea lo strano comportamento di Cesare che scambia il giorno con la notte. Il principe presentato come modello da Machiavelli aveva sempre avuto la tendenza a mettere fuori strada i suoi interlocutori, ma senza dubbio non per semplice gusto della provocazione: si direbbe piuttosto che nel suo comportamento si manifesti un profondo disagio interiore. Per Cesare era ormai scoccata l'ora dei bilanci, l'ora della verità. Mentre Lucrezia si legittimava grazie al matrimonio, egli restava un semplice avventuriero, adulato finché suo padre fosse rimasto in vita. La freddezza con cui la sorella lo trattava dopo l'assassinio di Alonso di Bisceglie non era affatto di buon augurio, e per colmo di derisione era stato lui stesso ad averle scelto il terzo marito. Non era soltanto Lucrezia a sfuggirgli di mano, c'era il rischio che gli stessi duchi d'Este non acconsentissero a sancire la sua politica di dominio e gli rifiutassero ogni aiuto se fosse stato attaccato dalla repubblica di Venezia.

A metà ottobre Lucrezia riuscì a ottenere una doppia vittoria. Si ricorderà come la discussione vertesse sulla riduzione del canone annuale dovuto da Ferrara alla Santa sede, da 4000 ducati a 100: alcuni membri del Sacro collegio erano contrari ad accordarla. Tuttavia il duca aveva fondato numerosi conventi e chiese, e soprattutto costruito le fortificazioni della città, trasformandola quindi in un vero e proprio baluardo difensivo per gli Stati pontifici. Infine, come molti cardinali osservarono, soprattutto quelli di Cosenza e di Napoli, Lucrezia aveva saputo mostrarsi una reggente molto capace. Perciò l'atto pontificio venne registrato: avrebbe avuto valore per la durata del regno di Ercole e fino alla terza generazione dei suoi discendenti. Il secondo successo ottenuto da Lucrezia fu l'aver convinto il padre a confermare la famiglia d'Este nel possesso dei feudi di Romagna, trasmissibili per testamento alla futura prole.

Rimanevano i 100.000 ducati della dote, da versare «prima della consumazione del matrimonio», e che nella sua prudenza Alessandro VI non aveva intenzione di sborsare prima di aver avuto la piena certezza che la figlia fosse stata accettata dalla nuova famiglia una volta per tutte. D'altro canto gli Este si preoccupavano dei discorsi che avrebbero dovuto essere tenuti in occasione dei festeggiamenti, e il duca stesso aveva incaricato i suoi oratori presenti a Roma di fargli avere notizie circa la casata dei Borgia. Ne ricevette la risposta che segue:

> Non abbiamo risparmiato né lo zelo né le ricerche per scoprire tutto quel che concerne le gesta di quest'illustrissima casa Borgia [...].
>
> Sebbene abbiamo finito con lo scoprire che questa casa è molto nobile e molto antica in terra spagnola, tuttavia non risulta che i suoi antenati abbiano compiuto gesta notevoli, dato che si conduce in Spagna e soprattutto a Valenza un'esistenza molto civile e delicata. Solo da Callisto fino ai nostri giorni è fatta menzione particolare di questa casa, e soprattutto delle gesta di Callisto. Ma tutto quello che ha fatto il papa è generalmente conosciuto. Se qualcuno volesse farne il tema di un discorso, avrebbe di che! Dunque, Illustrissimo Signore, non abbiamo scoperto nulla su questa casa che lei non sappia già.[6]

Una risposta laconica, e ispirata a una franchezza così poco diplomatica da tingersi di pittoresco. È evidente che i ferraresi non avevano accesso a fonti vicine agli intimi del pontefice. Per esempio, i Porcari sarebbero stati in grado di disegnare un albero genealogico in cui i re d'Aragona erano gli antenati diretti dei Borgia.

Per svagare i suoi ospiti, ogni sera il Santo padre dava una festa da ballo, durante le quali una delle sue gioie più grandi era di assistere alla parte che vi prendeva la figlia, interpretando coreografie moresche o italiane. Lucrezia adorava la danza, e la praticava fino alla spossatezza. I ferraresi riferivano:

L'illustre dama è ancora sofferente e molto stanca.

Malgrado ciò, senza prendere nessun rimedio, non ha smesso di occuparsi degli affari e di dare udienza come di consueto. Tuttavia la sua indisposizione è grave. Il riposo che Sua Signoria potrà avere durante l'assenza di Sua Santità le farà del bene. Infatti fino ad ora, tutte le volte che essa viene dal papa, la notte trascorre in balli e giochi che si prolungano fino alle due o alle tre, e questo le nuoce molto...[7]

O forse le faceva bene: infatti Lucrezia sembrava aver ritrovato la sua propensione all'umore gioioso. Dopo l'assassinio del marito Alonso d'Aragona, usava dire che se Dio aveva voluto soffrire nel proprio figlio, ciò significava che aveva bisogno anche della sofferenza di lei, Lucrezia. Invece in questo periodo la prospettiva di liberarsi dalla famiglia e di sposare un uomo verso il quale si sentiva disposta favorevolmente la teneva di umore allegro, guarendola dagli eccessi devozionali.

A volte le feste vaticane arrivavano a superare i limiti della decenza. A uno di questi episodi è rimasto legato il nome dei Borgia, sebbene i cronisti del tempo lo riferiscano senza apparente scandalo, a differenza di molti storici più vicini a noi. Si tratta del cosiddetto ballo delle castagne, che ebbe luogo il 31 ottobre, una festa organizzata da Cesare, che voleva far onore a Lucrezia a modo suo, con una serata ispirata alle usanze matrimoniali tipiche dei paesi mediterranei. Burcardo, che non vi partecipò, descrive il convito per sentito dire:

Vi presero parte cinquanta meretrici oneste, di quelle che si chiamano cortigiane e non sono della feccia del popolo. Dopo la cena esse danzarono con i servi e con altri che vi erano, da principio con i loro abiti indosso, poi nude. Terminata la cena, i candelieri accesi che erano sulla mensa furono posati a terra, e tra i candelieri furono gettate delle castagne che le cortigiane nude raccoglievano muovendosi carponi, a quattro zampe. Il papa, il duca e Lucrezia erano presenti e osservavano. Infine furono esposti mantelli di seta, calzature, berrette e altri oggetti, da assegnare in premio a coloro che avrebbero conosciuto carnalmente più volte le dette cortigiane, ed esse, nella medesima sala, furono pubblicamente godute. I premi furono distribuiti a quanti furono giudicati vincitori dai presenti.

La lettura di questo passo ha suscitato per secoli scandalo e orrore nei commentatori puritani o ipocriti, mentre gli esaltatori di Lucrezia non vogliono credere che essa potesse partecipare a una tale sorta di baccanale. Ma ciò significherebbe dimenticare che si tratta di svaghi perfettamente consoni al costume rinascimentale. E pensiamo a certe «feste di Adamo» che nel XVIII secolo si svolgevano al Petit Luxembourg, durante la Reggenza: erano forse così diverse dal «ballo delle castagne»? Lucrezia era stata educata da un padre dotato di uno spirito molto libero e aveva già avuto due mariti; dunque non era né una casta giovinetta né una santarellina. Per lei, come per molti suoi contemporanei, era l'amore per la bellezza, il diletto che si provava alla vista di superbe creature che si trastullavano in quel modo a consentirle, forse, di goderne lo spettacolo. Difficile, del resto, pensare che potesse mostrarsene offesa, se consideriamo che la savia Isabella Gonzaga, futura cognata di Lucrezia, aveva accettato che Equicola le dedicasse il suo *De natura de Amore*, in cui trattava gli argomenti più scabrosi; oppure che Margherita di Navarra avrebbe scritto di lì a poco il licenzioso *Heptameron*; o che monaci e monache leggevano i racconti di Boccaccio nei loro conventi...

Ai primi del Cinquecento era normale ignorare ogni *pruderie* o ritrosia esagerata. Nella bella stagione gli abitanti delle città si alzavano e si vestivano davanti alle finestre aperte, esponendo allo sguardo dei vicini i dettagli più intimi della loro esistenza quotidiana. Negli stessi anni, in Germania, uomini e donne di ogni età frequentavano insieme i bagni pubblici, con un abbigliamento ridotto al minimo, e vi trascorrevano il tempo giocando a scacchi o facendosi servire le vivande su tavole galleggianti. Commedie come *La Calandra* del cardinale Bibbiena, oppure, posteriore di qualche anno, *La Mandragola* di Machiavelli, *comedia sine nomine* perché l'autore non osò firmarla, oppure quelle dell'Aretino, erano tutte molto licenziose: eppure prelati, personaggi austeri e dame quanto mai rispettabili assistevano alla loro rappresentazione, insieme alle cortigiane.

Qualche giorno dopo, mentre Lucrezia, un po' malinconica, teneva compagnia al papa, convalescente da un'infreddatura, questi propose alla figlia uno svago comune nei palazzi principeschi e oggi consueto negli allevamenti di cavalli. Burcardo riferisce la scena come segue:

Giovedì 11 novembre, un contadino entrò in città dalla porta dell'Orto, portando alla cavezza due giumente cariche di legname. Quando le bestie arrivarono su piazza San Pietro, accorsero i domestici del papa, tagliarono i finimenti, gettarono a terra i basti e condussero le giumente nella piazzetta che si trova all'interno del palazzo. Furono poi lasciati liberi quattro stalloni, senza finimenti, che corsero verso le giumente, e dopo essersi battuti a morsi e a calci, con altissimi nitriti, si misero a montarle, calpestandole e ferendole. Il papa era alla finestra della sua camera, al di sopra della porta del palazzo, e madonna Lucrezia gli stava accanto. Tutti e due videro quanto descritto sopra con grandi risa e divertimento.

Cum magno risu et delectatione: una frase che avrebbe alimentato la leggenda dei Borgia, suscitando l'indignazione di certi autori, i quali hanno fatto credere che gli uomini e le donne dell'epoca potessero cercare titillamenti perversi in una normalissima «monta». Innamorati della perfezione in tutti i campi, molto più che dall'accoppiamento vero e proprio, gli osservatori ammiravano i superbi stalloni che caracollavano liberi, senza sella né morso, come appaiono in molti splendidi «schizzi» di Leonardo da Vinci.

Gli oratori di Ferrara, nient'affatto ignari della presenza della loro futura duchessa nelle due circostanze che abbiamo riferito, scrissero al duca: «Quanto più osserviamo madonna Lucrezia, con quanto maggior attenzione consideriamo nei particolari le sue attività, tanto più siamo penetrati dalla sua bontà, dal suo decoro, dalla sua modestia e discrezione».

Nonostante le referenze elogiative che riceveva sulla futura nuora, il duca Ercole era molto irritato perché ancora tardava il versamento della dote nelle banche di Venezia e Bologna; su suo incarico, gli ambasciatori dovevano verificare il corredo il cui valore doveva essere pari alla dote, e fare un preciso inventario di gioielli, mobili, vasellame da tavola, abiti, arazzi di Fiandra, scrigni di corallo ecc. L'oratore di Mantova, che fu presente all'ispezione, riferisce alla famiglia Gonzaga i seguenti particolari:

> La dote è formata come segue: centomila ducati in contanti (al tasso di Ferrara), argenteria per oltre tremila ducati, gioielli, biancheria fine, finimenti preziosi per muli e cavalli che insieme ammontano ad altri centomila ducati. Fra l'altro essa possiede un abito finito che vale più di quindicimila ducati e duecento camicie molte delle quali valgono cento ducati l'una, ogni manica costa da sola trenta ducati ed è guarnita di frange d'oro e di altri ornamenti dello stesso genere.[8]

Sebbene questi splendori superassero in magnificenza i corredi portati in dote da Diana Sforza, Valentina di Milano, Elisabetta Visconti, o da Bianca Sforza, andata sposa all'imperatore Massimiliano, tuttavia non era ancora stata raggiunta la cifra promessa, e ciascuna delle due parti restava sulla sua posizione. Alessandro VI voleva affidare la grande fortuna a Lucrezia dal momento del suo arrivo, ma Ercole d'Este non era d'accordo su queste condizioni, e la reciproca diffidenza non svaniva ancora. Da un lato i preparativi del corteo erano troppo avanti perché fosse possibile tirarsi indietro, ma d'altra parte il duca di Ferrara si diceva disposto a far tornare indietro la sua famiglia senza la sposa, se la cifra residua non fosse stata versata prima della partenza da Roma. Alessandro VI si irritò violentemente, e sapendo che in certi casi una bella sfuriata può avere l'effetto di un'abile mossa diplomatica, si abbandonò a un violento sfogo contro Ercole d'Este in presenza dei suoi ambasciatori, dandogli del «mezzano».

Dal canto suo, Lucrezia continuava a operare con un tatto considerevole, riuscendo a convincere il suocero della lealtà del padre e a ottenere dal Vaticano diversi vescovati per la famiglia ducale, in particolare quello di Reggio, e un palazzo romano da destinare a residenza degli ambasciatori di Ferrara.

Dalla corrispondenza con gli oratori ferraresi appare con evidenza come i sentimenti di Ercole d'Este nei confronti della nuora si vadano modificando di pari passo con la scoperta delle doti di finezza diplomatica di lei. Non si smentiva, ancora una volta, l'attrattiva che Lucrezia esercitava sul suo ambiente:

> Sembra che la duchessa sia molto prudente e più abile a sbrigare gli affari correnti che a divertirsi... Ho trovato un'amabile madonna che ragiona in modo eccellente... D'abitudine fa vita abbastanza ritirata benché sia d'umore gaio e molto cordiale.[9]

Tuttavia a Lucrezia non mancavano i motivi d'inquietudine. La scorta che avrebbe dovuto venire a prenderla non arrivava mai. In effetti il responsabile del ritardo era l'imperatore Massimiliano, che aveva inviato a Ferrara Agostino Semenza per ingiungere al duca d'Este di non lasciar partire il corteo ferrarese per Roma. Ercole rese noto al pontefice l'ultimatum imperiale, che gli serviva come pretesto supplementare per indurlo a rispettare le promesse. Per il momento si trattava di ratificare il suo titolo ducale, riconosciuto da Sisto IV al suo predecessore Borso d'Este, rinnovare la concessione del feudo da parte della Chiesa, restituire Cento e Pieve che il cardinale della Rovere aveva appena donato al papa, ottenere la porpora cardinalizia per il suo consigliere Gian Luca Castellini e un'abbazia per don Giulio d'Este. Dopo che tutti questi benefici gli furono accordati, il duca poneva un'ultima domanda imbarazzante: a chi sarebbero andati i gioielli della sposa? All'epoca del primo matrimonio Lucrezia ne aveva ricevuti di bellissimi, ai quali si erano aggiunti quelli donati dal padre; il contratto firmato nell'agosto precedente stabiliva che Lucrezia li avrebbe portati tutti con sé, e che per ristabilire l'equilibrio avrebbe ricevuto i gioielli della famiglia d'Este. Ercole però teneva a precisare che «se mancasse essa Duchessa verso lo Ill.mo Don Alphonso non fosse più obbligato di quanto voleva esserlo circa dette gioje». Ossia, i gioielli degli Este e quelli dei Borgia sarebbero rimasti a Ferrara. Il termine usato era ambiguo: poteva significare la morte della futura duchessa, ma anche essere piegato dagli uomini di legge al senso di «commettere una mancanza». Alessandro VI accettò con serenità l'inserimento della clausola, sicuro della virtù della figlia.

Ben maggiori preoccupazioni venivano a Lucrezia per il futuro dei suoi figli: non tanto dell'Infante romano, che non potendo rivendicare nulla (il papa gli aveva appena concesso la potestà su dieci castelli, trentasei luoghi e il titolo di duca di Nepi) non dava la minima ombra agli Este, quanto di Rodrigo di Bisceglie, che essendo nipote di un re non avrebbe potuto seguirla a Ferrara, dove forse sarebbe potuto servire da pretesto alla nascita di un partito avversario del ducato. Ma Rodrigo non poteva neppure risiedere nel paese d'origine della famiglia paterna, perché il 25 giugno 1501 il re Federico di Napoli, spodestato da Alessandro VI, aveva dovuto cedere il regno in cambio del ducato del Maine, di possedimenti terrieri nell'Anjou e in Normandia e di una pensione di 30.000 lire, oltre a essere costretto all'esilio a Tours, dove si sarebbe spento nel 1504. In altre parole il piccolo Aragona era condannato a restare a Roma, sotto la tutela di Francesco Borgia, cardinale di Cosenza, lo stesso che l'aveva tenuto a battesimo. Quanto al suo futuro destino, Alessandro VI gli aveva attribuito il ducato di Sermoneta, formato da terre confiscate ai Caetani e riscattato da Lucrezia per 80.000 lire, al quale andava aggiunta una rendita annuale di 15.000 scudi. Inoltre, il 7 gennaio 1502 Isabella la Cattolica avrebbe dato pieni poteri all'ambasciatore di Spagna Francesco de Roxas per far entrare Rodrigo in possesso del ducato di Bisceglie e della città di Quadrata: il figlio di Lucrezia e Alonso si sarebbe chiamato d'ora in poi don Rodrigo d'Aragona, duca di Bisceglie e di Sermoneta e signore di Quadrata.

Con tutte le sue precauzioni giuridiche, Lucrezia supponeva di aver messo la sua famiglia al riparo da ogni pericolo, ma non aveva tenuto conto di quanti avversavano il suo matrimonio e si accingevano a mettere in campo tutte le loro risorse. Ancora una volta si scatenarono le calunnie sotto forma di una lettera anonima, datata 25 novembre 1501, che sarebbe stata spedita dal campo di Gonsalvo di Cordova, impegnato nell'assedio di Taranto in cui si era asserragliato il figlio di re Federico di Napoli. Secondo Burcardo, la *Lettera a Savelli* sarebbe stata stampata in Germania e l'autore sarebbe un Colonna. Alcuni storici hanno creduto di riconoscervi la mano dell'imperatore Massimiliano, e infatti quest'ultimo non aveva affatto deposto le armi per contrastare l'unione fra gli Este e i Borgia, che gli era del tutto inaccettabile. L'imperatore, che non aveva nulla da imparare da Machiavelli, conosceva alla perfezione tutte le astuzie e le trappole che si rimproveravano alla porpora. L'autore del *pamphlet*, usando uno stile di estrema violenza, aveva riunito nella cosiddetta *Lettera* tutte le insinuazioni, calunnie, diffamazioni, ingiurie che da lustri si andavano accumulando contro i Borgia, senza tralasciarne neppure una. Un anno dopo Burcardo riproduce la *Lettera* nel suo *Diarium*; il lettore ne troverà il testo integrale in appendice, mentre qui ci limiteremo a segnalarne gli argomenti più significativi:

– il potere del papa attuale ha fatto mercimonio di ogni cosa: titoli, onori, unioni coniugali, divorzi ecc.;

– il Vaticano è un covo in cui si commettono delitti, assassinii e rapine; a Roma non c'è chi non tema per la propria vita e per quella dei suoi;

– nella città di Dio si è diffusa una lussuria mostruosa: i figli e figlie del papa sono dediti alle peggiori sozzure, come stupri e incesti;

– il tributo riscosso in tutte le chiese della cristianità per finanziare la lotta contro il turco non è servito ad altro che a coprire Lucrezia d'oro e di gioielli e a mettere insieme la sua dote;

– il papa ha smantellato una parte degli Stati della Chiesa per consentire a suo figlio Cesare di darsi con più agio al massacro e al saccheggio;

– padre e figlio non hanno fame altro che di delitti, né sete altro che di sangue;

– i prìncipi devono al più presto correre in aiuto della religione che vacilla, e restituire a tutti la giustizia e la tranquillità.

Il primo a ricevere una copia del libello fu il cardinale Giambattista Ferrari, vescovo di Modena, che vi era espressamente nominato e che lo mostrò ad Alessandro VI. Questi, conservando la massima calma, constatò che la figlia non era affatto chiamata in causa, e quindi non prese nessun provvedimento punitivo. Cesare fu meno indulgente: Hieronimo Manciani, un napoletano che diffondeva il libello nella città di Roma, per suo ordine fu condannato ad avere le mani tagliate ai polsi e la lingua strappata, e rimase esposto alla gogna per due giorni, le due mani amputate inchiodate vicino alla testa, con la lingua appesa al mignolo. Un mese dopo un certo Lorenzo, veneziano, che aveva tradotto il testo e si proponeva di inviarlo a Venezia, fu arrestato, strangolato e gettato nel Tevere.

Il papa deplorava queste violenze. A Beltrando Costabili, oratore di Ferrara, confidò: «Che cosa volete, il duca Valentino è buono ma non sa tollerare le offese, io gli ho detto più volte che Roma è una città libera, dove tutti sono padroni di scrivere e di parlare come vogliono. Se si sparla di me, per me è lo stesso, ma il duca va in collera e mi risponde che vuole insegnargli l'educazione». Poiché la tolleranza non esclude la prudenza, il sommo pontefice rafforzò con altri ottocento uomini il contingente della guardia vaticana.

Tuttavia Alessandro VI non dette mai il minimo peso agli insulti, e la sua stessa fierezza contribuì ad alimentare la sua deplorevole reputazione. Per esempio, ricordando il ruolo avuto da Ascanio Sforza all'epoca dell'invasione di Carlo VIII, Alessandro VI dichiarava all'ambasciatore di Ferrara: «Avrei potuto far perire il vicecancelliere [il cardinale Sforza] e il cardinale Giuliano della Rovere, ma non ho voluto far male a nessuno, e ho perdonato a quattordici alti dignitari».

Cinque giorni dopo la pubblicazione della *Lettera a Savelli*, Ercole d'Este informava l'oratore imperiale di non aver intenzione di ritardare l'invio del corteo nuziale: una prova che l'ultima campagna di calunnie non aveva avuto effetto sulle sue decisioni. Può darsi che invece avessero qualche influenza gli ininterrotti successi di Cesare, che nel prossimo avvenire sarebbe potuto diventare l'arbitro della politica italiana. La saggezza politica e la prudenza lo inducevano a concludere definitivamente l'alleanza con il Vaticano; i nemici dei Borgia non dovevano far altro che rassegnarsi.

Il pontefice volle che il suo trionfo fosse celebrato in modo tanto più clamoroso, quanto più accanitamente era stato combattuto: perciò ordinò che i ferraresi fossero ricevuti con una tale magnificenza da offuscare ogni evento precedente, da dare il capogiro a tutti i presenti. Roma era celebre per il suo fasto, mentre Ferrara poteva vantare maggior eleganza; questa volta però era necessario essere così prodighi da smentire clamorosamente l'eventuale dubbio che uno dei due promessi facesse un matrimonio d'interesse.

Il duca Ercole affidò la guida della scorta al figlio minore, l'abile e accorto cardinale Ippolito, che lo zio, il re Mattia Corvino, aveva nominato primate d'Ungheria all'età di otto anni. Ippolito si era trasferito alla corte ungherese, dove la regina era Beatrice d'Aragona e dove si trovava anche il principe Federico (futuro re di Napoli): rispettivamente la sorella e il fratello della madre, Eleonora d'Aragona. Fino ai quindici anni Ippolito era vissuto dividendosi fra la caccia e le letture: romanzi cavallereschi, ma anche l'*Eneide* e le commedie di Plauto. Una volta esaurite le risorse della biblioteca, la vita monotona della nobiltà ungherese lo indusse a tornare in Italia: il padre ebbe così la soddisfazione di ritrovare un figlio pieno di qualità intellettuali, oltre che dotato di una speciale avvenenza.

Nelle primissime ore del mattino del 9 dicembre 1501 partiva dunque la comitiva dei ferraresi, guidata dall'ormai venticinquenne cardinale Ippolito. Con lui erano altri quattro membri della casa ducale, i fratelli don Ferrante e don Sigismondo, i cugini Niccolò Maria d'Este, vescovo di Adria, e Meliaduso d'Este, vescovo di Comacchio. Del corteo facevano parte tutti i gran signori dell'Emilia, e poi ufficiali, amici della casa e cinquecento cavalieri; fra gli altri, Gian Luca Castellini, esperto consigliere di Ercole, Niccolò da Correggio, uomo di guerra, poeta e umanista, Uguccione dei Contrari, primo barone del ducato e marito di Diana d'Este, cugina di Alfonso, il poeta Ercole Strozzi e infine, ma non ultimo in ordine d'importanza, il tesoriere Francesco Bagnacavallo, responsabile dei gioielli della casata estense.

I signori intabarrati in vesti foderate di pelliccia ostentavano grosse catene d'oro, proporzionate ai loro patrimoni. Erano in sella a cavalcature da parata e preceduti da tredici trombettieri, che avevano il compito di annunciarne l'arrivo all'ingresso delle città, dove la carovana doveva essere rifornita delle necessarie provviste. Tredici giorni dopo, il corteo stremato, fradicio per le piogge invernali, infangato e inzaccherato, gelato dalla tramontana, giungeva al castello di Monterosi, sulla via Cassia, a una trentina di chilometri da Roma. Il cardinale Ippolito inviò un messaggero ad Alessandro VI per chiedere istruzioni, e in base a queste la comitiva riprese il cammino fino al ponte Molle, dove sostò in attesa dei cerimonieri pontifici, ristorandosi con uno spuntino. I cerimonieri, tutti personaggi di età venerabile, giunsero con due ore di ritardo, e a quel punto tutta la compagnia si avviò verso la porta del Popolo fra due ali di spettatori degni quasi di un corteo reale: erano quattromila cavalieri del Valentino, che indossavano tutti un giustacuore rosso e giallo, una sciarpa ricamata e il cinturone a borchie cesellate dal quale pendeva una spada con il pomo e la guaina di smalto. Ogni armato portava il nome del suo capitano sul petto della casacca, ricamato in lettere d'argento. A metà del percorso si fece incontro ai ferraresi il figlio del papa, scortato da ottanta alabardieri che portavano i colori pontifici, giallo e nero. Accanto a Cesare avanzava l'ambasciatore di Francia, poiché il matrimonio avveniva sotto il patrocinio del suo re.

Cesare era decorato con il cordone dell'Ordine di San Michele e indossava un abito alla francese; i finimenti bianchi della sua giumenta, tutti lavorati con perle, seta e oro, erano costati oltre 10.000 ducati. Il fratello di Lucrezia e il cardinale Ippolito smontarono da cavallo per scambiarsi l'abbraccio di rito, poi entrambi risalirono in sella, seguiti dalla famiglia ducale. Gli oratori di Venezia e Spagna, del governo di Roma, del signore di Adria e del vescovo di Comacchio, del segretario pontificio Adriano Castelli che rappresentava l'Inghilterra, si diressero verso Santa Maria del Popolo dove diciannove cardinali, in vesti sfavillanti sotto la porpora, in sella alle mule, la loro cavalcatura tradizionale, salutarono il «confratello Ippolito in nome di Sua Santità». Presentazioni e discorsi si protrassero per oltre due ore, poi si riformò il corteo a cavallo. L'immensa folla di sfaccendati si disperse per le strade, poi ricomparve, prima in Campo dei Fiori, poi intorno a castel Sant'Angelo, per raggrupparsi qua e là, sui tetti e sugli alberi. Dal sommo delle torri tuonavano i cannoni della fortezza, il frastuono e gli scoppi che laceravano l'aria erano tali che i cavalli spaventati si impennavano e i loro cavalieri riuscivano a stento a farli incamminare sul ponte.

Alessandro VI si era accomodato, secondo la sua abitudine, nella loggia del Vaticano, dalla quale contemplava la sua apoteosi: l'arrivo del corteo che simboleggiava tutte le ambizioni del suo casato. Quando scorse il figlio e il cardinale Ippolito, si avviò verso il trono, mentre i suoi cubicolarii ricevevano i ferraresi all'ingresso della basilica. Tutti salirono i sei scalini esterni e i prìncipi d'Este furono condotti nella sala del Pappagallo. Il cardinale Ippolito si inginocchiò a baciare la pantofola del Santo padre, che lo rialzò abbracciandolo con effusione. Don Ferrante e don Sigismondo ricevettero un'accoglienza non meno premurosa; poi l'intero seguito fu ammesso a rendere omaggio al papa. La calca era talmente fitta che il consigliere particolare di Ercole d'Este, Gian Luca Castellini, si sarebbe trovato relegato in un angolo, se il segretario del pontefice non fosse intervenuto a fargli strada.

Secondo alcuni testimoni Alessandro VI apparve raggiante di felicità, addirittura ringiovanito, rischiarato in viso per l'emozione: spesso invece il suo colorito tendeva al livido. Con la sua incoronazione di nove anni prima, l'ingresso dei ferraresi era destinato a rimanere l'evento più splendido del suo regno. Il suo trionfo personale era diventato un trionfo di Roma. Il papa parlò, seducendo e affascinando i messi del duca Ercole, poi li benedisse e li inviò dalla figlia.

Lucrezia scese a incontrarli dallo scalone d'onore, al braccio di Pedro de Guillèn Lançol, marito di donna Juana Borgia, un vecchio ascetico dalla testa aureolata di capelli bianchi, vestito di nero e con l'unico ornamento del collare del Toson d'oro, onorificenza borgognona. La figlia del papa indossava un abito di broccato bianco dalle maniche di seta ricamate a intagli, aveva sulle spalle un bolero di raso laminato bruno violaceo foderato di zibellino, e i capelli raccolti in una rete intessuta di pietre preziose, al collo un vezzo di perle e rubini.

L'apparizione di due creature che formavano un così netto contrasto, come la luce e il buio, l'aurora e il crepuscolo, sbalordì i ferraresi. Si aspettavano di trovare una superba diavolessa, avevano di fronte una giovane donna paradisiaca. Come scrisse il Prete a Isabella di Mantova, il cardinale Ippolito, che pure aveva eguale esperienza di cielo e d'inferno, aveva «gli occhi fuori dalla testa».

Lucrezia non abbracciò i suoi cognati; si inchinò davanti a loro, alla moda francese. Dopo le riverenze, i saluti, i discorsi di benvenuto e una «bellissima collazione», la nuova parente presentò i doni: coppe, bacili, piatti d'argento, gioielli. Amabile e insieme riservata con i consiglieri del duca, più vivace con i fratelli di Alfonso, Lucrezia realizzava il miracolo di trovare il tono giusto con tutti: la «graziosa dama» ebbe un successo completo, affascinò senza riserve gli invitati. Tuttavia il protocollo aveva già determinato l'ora in cui essi sarebbero dovuti tornare nei vari palazzi che erano stati loro riservati come residenza. A malincuore i signori d'Este dovettero lasciarla, alcuni diretti in Vaticano, altri in Santa Maria in Portico o al Belvedere, mentre i gentiluomini di rango inferiore si distribuivano presso i vescovi e gli ufficiali della corte papale.

Quella stessa notte i ferraresi spedirono i loro rapporti alle autorità che li avevano inviati a Roma. Tutti rendevano omaggio alla dignità di Lucrezia, che trovava una così naturale armonia con la sua amabilità. Il cardinale Ippolito scrisse alla sorella Isabella di Mantova descrivendo Lucrezia come una sua temibile rivale, «così incantevole e delle più graziose». La testimonianza più precisa è quella, interamente autografa, inviata da Gian Luca Castellini al duca d'Este:

Questa sera, dipoi che ebbi cenato, fui con la Illustrissima Madonna Lucrezia [...] per visitarla per parte di Vostra Eccellenza e dell'Illustrissimo don

Alfonso: e con questa occasione venimmo in lungo ragionamento di diverse cose; nel quale veramente l'ho conosciuta molto prudente e discreta, amorevole e di buona natura e di grandissima osservanza verso Vostra Eccellenza e il prefato Illustrissimo don Alfonso, per modo che si può fare giudizio che Vostra eccelsitudine e così il Signor don Alfonso ne avranno buona satisfazione, oltre che ha ottima grazia in ogni cosa con modestia venusta e onesta; non meno è cattolica, mostra temere Dio, e domani si confessa con intenzione di comunicarsi il dì della Natività del Signore. La è di bellezza competente, ma li buoni gesti e modi suoi con la buona cera e grazia, l'aumentano e fanno parere maggiore: e in conclusione mi pare talmente qualificata, che di lei non si debba né possa suspicare alcuna cosa sinistra [...].[10]

La missiva del segretario particolare di Ercole d'Este è di importanza primaria: padre e figlio l'aspettavano; se avesse contenuto un giudizio sfavorevole, avrebbero invocato un pretesto qualsiasi per rompere gli accordi. Il che getta naturalmente una luce singolare sulla diffidenza che la famiglia d'Este conservò fino all'ultimo momento. La stessa frase usata dal loro uomo di fiducia, quando egli si arrischia a dire che di Lucrezia «non si debba né possa suspicare alcuna cosa sinistra», dimostra quanto grande fosse la loro apprensione. Due giorni dopo, il consigliere Castellini e il giurista Saraceni scrivevano insieme: «Quanto più studiamo madonna Lucrezia, tanto più siamo penetrati dalla sua bontà e decenza, dalla sua modestia e discrezione. La vita che essa conduce dentro di sé non è soltanto quella di una cristiana, ma di un'anima pia». Si deve citare anche l'agente di Ferrara Bartolomeo Bresciani, che scrive: «Si hanno ottime ragioni per essere soddisfatti di questa illustre dama, perfetta nelle maniere e nei costumi, e la sua carità cristiana la spinge a confortare una penitente imprigionata da otto anni nel Vaticano».[11] Questi rapporti impressionarono tanto Ercole d'Este che egli mandò a prendere a Viterbo, con una scorta, quindici monache, fra le quali suor Columba di Rieti, che faceva miracoli e passava per santa. Appena furono giunte, il duca d'Este in persona le condusse in un convento preparato per accoglierle e si unì alle loro preghiere per diversi giorni.

A Roma Alessandro VI celebrò la messa di Natale servito dai signori della famiglia estense; l'ambasciatore di Ferrara descrisse al suo signore «la pomposa e religiosa prestanza del papa, come se si fosse trattato dell'entrata in scena di un attore consumato». Il giorno dopo la figlia del papa dette un ricevimento seguito da un ballo, nel quale fu lei stessa ad aprire le danze al suono di flauti e viole, al braccio di don Ferrante, il futuro cognato.

Isabella di Mantova aveva incaricato il Prete, il suo «buon segugio», di spiare Lucrezia, entrare nelle sue stanze private corrompendo se necessario le sue serve, e così darle notizie circa l'arredo degli ambienti in cui essa viveva e la qualità dei suoi abiti e gioielli. Dalla sua spia personale Isabella ricevette un messaggio del 29 dicembre: «Io seguirò Madonna Lucrezia come fa il corpo l'ombra e dove gli occhi non potranno attingere andrò col naso». Ebbene, neppure questo investigatore prezzolato riuscì a trovare notizie meschine da rivelare:

> Questa illustre madonna si mostra poco, poiché è occupata nei preparativi per la partenza. La domenica sera, giorno di santo Stefano [26 dicembre], sono andato in fretta alla sua dimora. Era seduta presso il letto; in un angolo della camera si trovavano una ventina di romane vestite alla romanesca, con le pezzuole d'uso sulla testa. C'erano inoltre le sue dame di corte, in numero di dieci. Il ballo cominciò con un gentiluomo di Valenza e Nicola, una donzella della corte. In seguito fu Madonna che danzò graziosamente con Don Ferrante. Essa portava una camora di velluto nero con galloni d'oro e maniche nere. Aveva il petto coperto fino alla gola da un velo con fili d'oro. Al collo un filo di perle, sulla testa una acconciatura verde tempestata di rubini. Ieri sera il cardinale Ippolito è andato con il duca Cesare e Don Ferrante, passeggiando in maschera nella città. A Roma non si vedono più che cortigiani mascherati dalla mattina alla sera, poiché dopo mezzanotte non possono più mostrarsi fuori della loro casa senza incorrere in brutte sorprese.[12]

L'agente di Isabella sorvola con discrezione sulle stragi di cuori del cardinale Ippolito, che faceva fare pazzie alle giovani romane. Egli le adorava, giurava passione eterna per due giorni, e manteneva la parola per timore di annoiarsi. Il Prete chiudeva la lettera con un consiglio che sfiorava l'insolenza: «La figlia del nostro sommo pontefice è donna di gran cervello, astuta, e quando le si parla bisogna avere la mente a casa», e aggiungeva che in realtà gli sembrava una persona fuori del comune.

Le feste sontuose, l'eleganza e la ricchezza degli abiti, fecero del matrimonio di Lucrezia uno dei momenti di massimo splendore dell'età rinascimentale. Sebbene il matrimonio fosse stato già celebrato per procura quattro mesi prima, Alessandro VI teneva molto alla ripetizione della cerimonia a Roma, con la formula rituale *vis? volo* e lo scambio degli anelli. La sera del 30 dicembre, quindi, i ferraresi vennero a prendere la loro futura signora per accompagnarla in Vaticano. La giovane donna uscì di casa scortata da don Ferrante e da don Sigismondo, che la tenevano per mano, mentre il suo strascico era sorretto da alcuni bambini; seguivano poi sedici dame d'onore, e cinquanta romane che portavano ghirlande di mirto, simbolo di amore e di gloria; infine il corteo era chiuso da cento paggi in abiti di tessuto d'oro che sbandieravano i vessilli appaiati degli Este e dei Borgia.

Alla luce delle fiaccole Lucrezia giunse a San Pietro, dove un coro di cantori intonò un mottetto di tema nuziale. La veste di raso cremisi eclissava quelle che avevano indossato Isabella d'Este e Bianca Sforza. I capelli «intrecciati con fili d'oro» e annodati con un nastro nero, il collo ornato di perle, con un pendente di smeraldi, esaltavano il fascino indiscusso della «Bellissima». Il popolo di Roma che era venuto ad acclamarla poteva quasi credere a una visione. I suoi giganteschi cognati le camminavano a fianco come due angeli custodi. Il corteo giunse alla sala Paolina, dove Alessandro VI attendeva, insieme a Cesare e a tredici cardinali, con i rappresentanti degli Stati italiani e tutti gli ambasciatori stranieri, tranne l'oratore di Germania. Al loro arrivo Niccolò d'Este, vescovo di Adria, si lanciò in un'allocuzione così prolissa che il papa dovette chiedergli di abbreviarla e di passare alla formula d'uso: «Illustre madonna Lucrezia, l'illustre don Alfonso vi manda di buon grado questo anello di matrimonio, e io ve l'offro a suo nome». «Io l'accetto di buon grado.» Allora don Ferrante prese l'anello e l'infilò al dito della cognata, mentre il notaio registrava l'atto. Quindi si fece avanti l'alta figura di Ippolito, inappuntabile in una veste di porpora più galante che cardinalizia, come del resto lo era la lunga chioma lisciata da pettini d'avorio; lo seguiva Giovanni Ziliolo, che recava lo scrigno con i doni di nozze dello sposo. Il cardinale prese la parola evitando di alludervi anche con il più piccolo cenno, mostrando di sapere svolgere la propria missione diplomatica con una finezza tale che, secondo il commento di Alessandro VI, la sua abilità sembrava accrescere ancora la bellezza dei doni stessi. Fu aperto lo scrigno e i gioielli passarono dalle mani del tesoriere a quelle del papa, e poi di Lucrezia. Il cardinale di Santa Prassede, Antoniotto Pallavicini, valutava l'insieme a 70.000 ducati: una cuffia a forma di berretta ornata da sedici diamanti, sedici rubini e centocinquanta perle, quattro collane di pietre preziose appartenute a Eleonora d'Aragona, otto catene d'oro di finissima fattura, quattro rosari e un secondo tocco tempestato di gemme. A quel punto fu il turno della sposa, che doveva pronunciare il suo discorso di ringraziamento. Fosse per civetteria o per spirito d'indipendenza, Lucrezia manifestò il proprio apprezzamento per «gli ornamenti e i lavori quali erano intorno alle gioie», cioè fece capire che ammirava soprattutto il capolavoro di oreficeria, più che il valore venale rappresentato da quei tesori. I cardinali e gli ambasciatori deposero dunque per la terza volta i loro regali, alcuni di buona grazia, altri per paura di Cesare. Val la pena di osservare che nell'inventario dei doni di nozze sono citati anche quelli offerti da valletti e cameriere di Lucrezia: una simile circostanza sembra indicare come la figlia del papa sapesse accattivarsi la simpatia delle persone al suo servizio.

Tutti si diressero poi verso la sala del Pappagallo, dove il papa prese posto sul trono, con gli estensi alla sua destra e la figlia a sinistra, seduta su un cuscino. Scrive il Prete: «[...] il papa comandò a madonna Lucrezia che facesse una danza e così ballò con quella valenziana dietro, poi ballono quelli della moresca, una coppia per volta [...]». Sempre secondo la sua cronaca, nella foga della danza i lunghi capelli le sfuggirono dall'acconciatura e le si riversarono sulle spalle.

Il giorno dopo, con il carnevale, si apriva l'anno 1502. Da piazza Navona partì un corteo di tredici carri, uno per ciascun quartiere della città, preceduto dai gonfaloni di Roma, da coristi e musici, diretto in Vaticano. Con una delicata attenzione verso il duca di Ferrara, il primo carro raffigurava l'apoteosi di Ercole, richiamandosi all'Ercole del Campidoglio. Come tutti i papi del Rinascimento, Alessandro VI amava molto queste celebrazioni in cui le glorie dell'impero o del mito pagano si riverberavano almeno in parte sulla sua persona.

Il corteo continuò a scorrere per quattro ore. Nel pomeriggio il popolo prese parte alla festa alla presenza degli invitati alle nozze pontificie, che distribuirono premi ai vincitori delle gare di corsa. Il giorno dopo toccò agli spagnoli, che avevano organizzato lo spettacolo di una corrida sulla piazza San Pietro, dove erano state erette delle gradinate. Cesare entrò nell'arena indossando un vestito di tessuto d'oro, alla testa di otto toreri armati di picche. Con grande sfoggio di ardimento infisse le banderillas nel dorso del toro, che poi fulminò con un solo colpo di spada in fronte. Cesare si era riservato anche il secondo toro, del quale sostenne gli assalti più furiosi riuscendo infine a dargli la stoccata mortale. Poi lasciò il posto agli aficionados.

Quella sera negli appartamenti papali furono rappresentati *I Menecmi* di Plauto, la stessa commedia che aveva rallegrato il primo matrimonio di Lucrezia con il signore di Pesaro. Di fronte agli spropositi e agli equivoci dell'intreccio comico, senza contare le espressioni scollacciate e la mimica allusiva e licenziosa, l'uditorio fu travolto dall'ilarità. Terminò la serata il *Lamento di Romolo e Remo*, in cui

Alessandro-Giove era chiamato a rispondere del torto che faceva ai romani togliendo loro madonna Lucrezia per darla a Ferrara.

Dopo il 31 dicembre i tesorieri di Ercole si prepararono a contare i ducati della dote che dovevano ricevere dai cassieri del Vaticano, sotto la supervisione di Castellini. Fosse o no una dimenticanza voluta, Ferrara esigeva comunque che la dote fosse pagata in scudi «larghi» e non «da camera»: la differenza nel valore era considerevole, perché le due monete avevano pesi ben diversi. Si trattava però di una differenza non riconosciuta da Alessandro VI, che respingeva tale obbligo. La disputa si fece sempre più accesa e velenosa, il che prova una volta di più come papa e duca non si curassero d'altro che dei propri interessi, e avessero una sola ossessione: rendere massimamente «redditizia» questa unione matrimoniale, pur conservando tutte le apparenze dell'amicizia reciproca. I ferraresi trovavano splendida Lucrezia, ma non l'avrebbero accettata senza una dote degna di una regina. Cedendo alle insistenze di Castellini, Alessandro VI promise di mettere le cose a posto, ma l'uomo di fiducia di Ercole d'Este concludeva così uno dei suoi dispacci: «Credo [...] che non pagherà in ducati larghi».

E così, mentre nei palazzi illuminati a festa si succedevano commedie, balletti, moresche, il 1° gennaio, alla presenza di testimoni scelti dalle due parti, gli argentieri cominciarono a innalzare le colonne di monete destinate a passare dagli scrigni di Roma a quelli di Ferrara. A un tratto un tesoriere individuò una moneta di peso scarso, «tosata», e il fiume di denaro arrestò bruscamente il suo corso, mentre cresceva la diffidenza dei ferraresi. I contabili estensi decisero di proseguire il conteggio al rallentatore, e non più al lume delle torce nei sotterranei vaticani, ma soltanto alla luce del giorno. Si vede bene come in definitiva il pagamento della dote costituisse il punto culminante di tutte le trattative. Infatti Lucrezia sarebbe potuta partire verso la sua terra promessa soltanto alla chiusura dei conti. La sera del 5 gennaio, finalmente, i ferraresi inchiavardarono gli scrigni e vi apposero i sigilli.

L'alba del 6 gennaio 1502 sorse con un chiarore grigiastro, dopo varie settimane di clima mite. Si era alzato un vento settentrionale che portava la neve, per fortuna non così fitta da costringere a rimandare la partenza. Al levar del giorno Lucrezia fece colazione per l'ultima volta in compagnia del piccolo Rodrigo; con lui, e con don Ferrante che era venuto a prenderla, andò in Vaticano per assistere alla messa celebrata dal papa. Al termine dell'ufficio divino, il pontefice e Lucrezia si appartarono nella sala del Pappagallo, che i cubicolari si affrettarono a chiudere, e vi rimasero a lungo. Un'ora dopo il camerlengo permise l'ingresso del cardinale Ippolito, di don Ferrante e don Sigismondo, e dei notabili. In italiano, per farsi comprendere da tutti i presenti, il pontefice si rivolse alla figlia parlando a voce alta, e la esortò a stare tranquilla, a scrivergli per «qualunque cosa» desiderasse, «perché egli [avrebbe fatto], lei assente, molto più di quel che non [avesse] fatto lei presente».[13] In questa frase, con cui il papa le assicurava la sua protezione, sembra di cogliere un avvertimento destinato agli Este. Nel momento della separazione, con le lacrime agli occhi, in uno slancio di tenerezza tanto più intenso in quanto Alessandro VI forse aveva il presentimento di non aver più molto da vivere, il papa chiese a Gian Luca Castellini di raccomandare ad Alfonso di circondare la moglie di dame e cavalieri d'irreprensibile reputazione. Chissà se il messaggio del papa non contenesse un'allusione maligna a Ippolito, che durante il suo soggiorno a Roma aveva trascorso le notti insieme a Cesare, accompagnandosi alle cortigiane.

A mezzogiorno Lucrezia ricevette la benedizione paterna, e, molto commossa, strinse al cuore il piccolo Rodrigo infagottato nella sua bardatura: all'epoca infatti spesso si credeva di prevenire le deviazioni della colonna vertebrale imponendo ai bambini una sorta di sostegno rigido che li costringeva a tenersi ben diritti.

La scorta, composta di oltre mille persone infreddolite, aspettava in silenzio la sposa. Il cielo plumbeo aveva costretto gli staffieri ad accendere le fiaccole che sfrigolavano sotto le bordate di nevischio, mentre dal muso dei cavalli esalavano nubi di vapore. Nel grigiore invernale del gennaio comparve allora Lucrezia, accompagnata da don Ferrante, da don Sigismondo e dal cardinale legato Francesco Borgia.

La sua apparizione sulla scalinata di San Pietro, sottolineata dal rullo dei tamburi e dal clangore dei cembali, ricordava una fiammata incandescente: i meravigliosi capelli di Lucrezia dilagavano sotto un cappello piumato, inondando di riccioli di luce un mantello di seta rossa imbottito d'ermellino. La giovane donna era attorniata da duecento cavalieri che portavano l'arme dei Borgia, l'aquila degli Este e le chiavi pontificie; li seguivano i rappresentanti di Luigi XII e di Yves d'Alègre, gli ambasciatori e i vescovi (a ciascuno dei quali il papa aveva chiesto di fornire due cavalli e due mule, come contributo a fondo perduto all'equipaggiamento del corteo), oltre a quattro deputati romani – Stefano del Bufalo, Antonio Paoluzzo, Giacomo Frangipane, Domenico Massini – inviati ad assistere ai festeggiamenti a Ferrara; infine venivano i rappresentanti della nobiltà romana, Francesco Colonna da Palestrina e Giuliano conte di Anguillara, il capitano della guardia, don Giulio Raimondo Borgia, e altri otto gentiluomini. Bisognava poi contare le centottanta persone del seguito personale di Lucrezia, fra le quali spiccavano Angela Borgia, «damigella elegantissima», già contesa dai tre fratelli di Alfonso, sua sorella donna Jerónima, moglie di Fabio Orsini, e Adriana, ancora una volta nel ruolo di dueña. Dopo un gruppo di musici, che avevano il compito di rallegrare la compagnia, la sfilata si chiudeva con l'intendenza, incaricata di sorvegliare i carri coperti, tirati da centocinquanta mule con gualdrappe di velluto nei colori pontifici, e la stupenda lettiga alla francese, dono del papa, destinata a ospitare Lucrezia insieme alla duchessa d'Urbino al momento del loro incontro.

Il segnale della partenza fu dato da trenta trombetti. Lucrezia si inginocchiò per ricevere l'ultima benedizione impartita dalla loggia del Vaticano, poi si rialzò e si volse: un paggio l'aiutò a salire in sella a una chinea bianca con il morso d'oro. Dalle gallerie il capo della Chiesa vide la duchessa d'Este allontanarsi, fino a diventare un puntino rosso che sfumava nel turbine di nevischio. Anche il corteo di cavalieri era avvolto in un velo bianco, la neve smorzava l'eco delle voci, i carri procedevano silenziosamente, ma il sommo pontefice, immobile, in piedi, non ascoltava altro che i suoni soffocati e sempre più lontani del corteo. Cesare aveva allineato i suoi uomini sulle rive del Tevere, da piazza del Popolo fino al ponte Milvio, all'imbocco della via Flaminia lungo la quale i cardinali, gli ambasciatori e i magistrati di Roma erano venuti a dire addio a colei che rappresentava per loro l'incanto e l'ornamento delle feste papali, e insieme la vittima delle trame politiche intessute dal padre e dal fratello.

Con la sua fragile grazia, Lucrezia aveva servito a lungo la grandezza dei Borgia. «Roma era la mia prigione», avrebbe detto lei stessa più tardi. E Cesare era il carceriere. Un'epoca appunto che si concludeva quel giorno.

XIII
UN LUNGO CAMMINO VERSO L'IGNOTO

Appena oltrepassate le porte della città le brume si dispersero. Nonostante il freddo, il sole splendente sembrava rivestire gli alberi di perle di cristallo.

Lungo l'intero percorso del corteo si succedevano le grida di ammirazione e le acclamazioni: il popolo della città e della campagna si accalcava a vedere la regina della giornata. Lucrezia risaltava scintillante al centro del nastro variopinto e ondulato che si snodava nel biancore invernale. Di fronte a un'apparizione che sembrava di sogno, i ponti levatoi si abbassavano, e anche i cuori più induriti si commuovevano. A sera, la città prescelta per la sosta notturna si ornava di luci e di archi trionfali, dalla porta fino al palazzo comunale.

Alla fine della prima giornata, dopo venticinque chilometri di strada, i viaggiatori scorsero le mura fortificate e le torri di Castelnuovo di Porto, alta su un colle. La cavalcata si fermò per la notte, e il giorno dopo riprese il viaggio verso Nepi. Il 28 dicembre Alessandro VI aveva inviato ai priori di Nepi un breve che non ammetteva replica: «La nobildonna Lucrezia Borgia partirà da qui lunedì prossimo per recarsi presso il beneamato primogenito del duca di Ferrara, il nobile Alfonso suo marito, con un folto seguito di gentiluomini. Duecento cavalieri saranno ricevuti da voi, e noi vi ordiniamo, per non incorrere nel nostro dispiacere, di accordare loro onorevole ospitalità per il giorno e le due notti che essi trascorreranno presso di voi, sì che con le vostre premure possiate meritare il nostro buon ricordo».[1]

Per oltre un mese, ogni sera Lucrezia si trovò a ripetere gli stessi gesti: accostarsi al calore del caminetto del nuovo alloggio, spogliarsi, riordinarsi in fretta, indossare una veste da cerimonia, scegliere i gioielli appropriati all'importanza della città o del borgo in cui si trovava, ricevere i complimenti e gli auguri delle autorità locali, replicare a sua volta con un discorso, ringraziare dei vari doni ricevuti. Coricandosi ogni sera in un letto diverso, Lucrezia cadeva in un tormentato dormiveglia, riuscendo tuttavia a mostrarsi serena, la mattina dopo, alle persone del suo seguito. Passata Nepi, la cavalcata attraversò un altopiano cinto di precipizi, superò il monte Soratte imbiancato di neve immacolata, cantato da Orazio e Virgilio, fino a raggiungere Civitacastellana, dirigendosi poi verso Spoleto. Fosse colpa del freddo, o delle razioni più che frugali, tra romani, ferraresi e spagnoli cominciarono a scoppiare violenti alterchi. Né riuscivano a placare i loro dissidi le bellezze del paesaggio campestre, le alture coperte di olivi che cingevano Narni, le limpide acque della Nera che scorrevano ai loro piedi. Durante la cena Gian Luca Castellini cercò di riportare l'armonia introducendo come diversivo l'osservazione che l'antica Narni degli Umbri aveva dato i natali all'imperatore Nerva, mentre a Terni, a tredici chilometri di distanza, era nato Tacito. L'orgoglio dei romani, la superiorità intellettuale dei ferraresi, l'amarezza degli spagnoli entravano in reciproco conflitto e suscitavano dispute continue. Lucrezia, invitata dal cardinale Francesco Borgia, venne a cercar di calmare gli animi, e con la sua inalterabile grazia riuscì a disarmare i facinorosi e ad ammaliare tutti.

L'arrivo a Spoleto riuscì a riportare la pace. Gli spoletini ricordavano come Lucrezia, all'epoca duchessa di Bisceglie, si fosse mostrata efficiente e benevola nel governo della loro città, ed erano lieti di poterle dare prova di riconoscenza. L'ospite d'onore ritrovava la Rocca, il suo antico palazzo, e le memorie delle ore di felicità vissute con Alonso. Mentre le sue donne continuavano a ballare fino all'alba, Lucrezia rimase in camera sua. Le notti fresche riscaldavano i cuori non meno dei corpi, ma tra le rivalità e le gelosie dell'alba nascevano i pettegolezzi: si diceva che Jerónima Borgia, sposata a Fabio Orsini, fosse stata contagiata dal mal francese; si spergiurava che la sorella quindicenne di lei, Angela, e Caterina di Valenza, fossero assediate dalle attenzioni dei due fratelli d'Este, don Ferrante e don Sigismondo. Al punto che Lucrezia arrivò a riunire tutte le dame al suo seguito per pregarle di respingere con maggior fermezza la corte dei gentiluomini, prendendo esempio da Caterinella, la sua schiavetta negra, «tanto accorta quanto virtuosa», e descritta dal Prete come «un pezzo raro, la più galante che vidi mai».

Il faticoso viaggio proseguiva verso Foligno. Gli scossoni delle strade sterrate cominciavano a logorare gli assali delle lettighe: molti si erano già rotti. Il corteo era in ritardo, ma Lucrezia non voleva accelerare l'andatura. Era ben decisa a comparire davanti allo sposo al massimo dello splendore, e sapeva quanto fosse delicata la sua salute: le emicranie avrebbero potuto offuscare la freschezza e gli splendidi colori del suo incarnato, che erano un elemento essenziale della sua bellezza. Quando arrivarono al palazzo Trinci di Foligno le sue donne si preoccuparono di curarle il viso e i capelli, con effetti superbi secondo don Ferrante, che ne scrive alla sorella Isabella di Mantova in termini così entusiastici da suscitare forse una certa gelosia:

Ieri noi due abbiamo aperto le danze, e non l'avevo mai vista così bella. Aveva i capelli ancor più dorati del solito. Sembra che per conservarne il colore, questo biondo straordinario, sia necessario lavarli molto spesso. Nel suo abito di velluto nero appariva ancor più sottile e graziosa. Portava in capo una cuffietta d'oro, che si distingueva appena dall'oro dei suoi capelli. Sulla fronte le splendeva un enorme zaffiro in armonia con il colore dei suoi occhi. Ha dei nani spagnoli che sono molto divertenti, ballano insieme a lei, la seguono ovunque, e in questo modo fanno risaltare ancor più la sua bellezza. Sono vanitosi e amano pavoneggiarsi in ricche vesti assortite a quelle della loro signora. Si permettono gesti osceni e scherzi grossolani, perfino su lei stessa, senza che nessuno si scandalizzi. Le maniere in uso a Roma sono molto diverse da quelle di Mantova. Che diresti tu se i tuoi nani ti assillassero con le loro burle, in piena sala da ballo? Lucrezia accetta questi scherzi di ottimo umore. Del resto si mostra più allegra da quando abbiamo lasciato Spoleto, dove appariva piuttosto malinconica.[2]

Il giorno dopo il legato del papa mostrava alla figlia del sommo pontefice le prime opere stampate in città trentadue anni prima, il *De bello italico adversus Gothos* di Leonardo Aretino, e la prima edizione della *Divina Commedia*. All'aurora del giorno successivo, il corteo si rimise in marcia, superando Nocera Umbra, e giunse a Gualdo Tadino, al confine che separava il territorio della Chiesa dal feudo del duca d'Urbino. Nella cittadina, dominata dalla Rocca Flea, costruita dall'imperatore Federico III, il cardinale di Cosenza e la nipote si separarono. Il cardinale doveva rientrare a Roma, dove lo attendevano i due figli di Lucrezia, che al momento del congedo non poté trattenere le lacrime. Per l'ultima volta i suoi occhi contemplavano il volto bello e saggio di colui che le aveva sempre offerto compassione e conforto.

L'indomani Lucrezia doveva affrontare una prova: il primo incontro faccia a faccia con la donna più importante d'Italia, Elisabetta Gonzaga duchessa d'Urbino, figlia del marchese di Mantova, Federico Gonzaga. Il marito, Guidobaldo da Montefeltro, terzo duca d'Urbino, era figlio di Federico di Montefeltro e di Battista Sforza: i loro magnifici ritratti, eseguiti da Piero della Francesca, sono oggi esposti agli Uffizi di Firenze. Elisabetta aveva governato il principato a fianco del marito con notevole saggezza. L'armonia che regnava tra i Gonzaga e i Montefeltro aveva permesso di evitare ogni violenza. I prìncipi di Mantova e di Urbino erano in grado di esporre i loro morti alla vista di tutti, cosa rarissima per l'epoca.

Il papa non aveva nascosto alla figlia l'oltraggio che aveva fatto subire al marito di Elisabetta, Guidobaldo, costringendolo a servire agli ordini del Borgia più incompetente e vanesio, Giovanni di Gandía. Il duca d'Urbino, seguendolo in battaglia, era stato ferito e catturato dagli Orsini, che l'avevano rinchiuso in un carcere umido e buio. Elisabetta aveva subito pregato il papa di pagare il riscatto, ma poiché questi aveva rifiutato, aveva dovuto contrarre un ingente debito. Quando fu liberato, il duca d'Urbino apparve irriconoscibile perfino alla moglie: era invecchiato anzitempo e, come vedremo, aveva sofferto atroci conseguenze a causa della prigionia.

Lucrezia sapeva che Elisabetta non avrebbe mai perdonato ai Borgia, e doveva cercare di conquistare almeno l'indulgenza – se non l'amicizia – dei duchi d'Urbino; ma sapeva anche di stare per incontrare una donna che con la sua fama di intelligenza e di bontà era diventata la gloria del suo tempo; e infine, Elisabetta aveva avuto una sorella morta di parto, Maddalena, la quale altri non era se non la prima moglie di Giovanni Sforza.

Il 16 gennaio, mentre i viaggiatori si avvicinavano a Gubbio, Lucrezia si vide venire incontro un corteo di fantasmi, nel silenzio ovattato della neve, interrotto soltanto dal calpestio soffocato degli zoccoli dei cavalli. Elisabetta d'Urbino, accompagnata dalla cognata Emilia Pio, vedova di Antonio di Montefeltro, fratello bastardo di Guidobaldo, le veniva incontro, e come riferisce il Prete, le due donne «si strinsero la mano e si abbracciarono». Gian Luca Castellini racconta come «fatte per Sue Signorie, gli abbraciamenti con grandissime dimostrazioni di amore vicendevole», il corteo si avviò di nuovo, superò le pendici del monte Inigo dove si diceva che san Francesco d'Assisi avesse addomesticato il famoso lupo che terrorizzava il paese, ed entrò nella cittadina fortificata di Gubbio. Percorrendone le ripide viuzze, Elisabetta e l'ospite giunsero al palazzo ducale, costruito dal duca precedente, nel 1479, e che ricordava quello di Urbino. Si trattasse di una delicata attenzione o di un'abile mossa politica, «per lasciare alla duchessa di Ferrara la signoria del luogo», Elisabetta e il suo seguito passarono la notte in una villa fuori città. Comunque stessero le cose, Elisabetta sperava di far cessare le aggressioni di Cesare Borgia, deciso a costituirsi un principato fra la Romagna e gli Stati pontifici, di cui il ducato d'Urbino avrebbe dovuto costituire il nucleo principale.

La mattina del 17 gennaio Lucrezia invitò l'ospite a salire con lei nella lettiga dorata «alla francese» predisposta da suo padre per il tratto Gubbio-Urbino. Alessandro VI aveva pensato ad assicurare alle viaggiatrici un ambiente confortevole, auspicando che l'alcova ambulante permettesse loro di intavolare una conversazione fuori dagli schemi del protocollo, su argomenti più personali o letterari, capaci di far fiorire una reciproca intesa fra le due donne. Esse avevano in effetti amici comuni fra i poeti e gli umanisti, come Serafino Aquilano, da poco defunto, Vincenzo Calmeta, Bernardino Accolti. In parte l'astuzia del papa riuscì allo scopo: infatti Elisabetta scrisse alla cognata Isabella di Mantova di essere rimasta colpita dalla poetica bellezza di Lucrezia, «che sembra uscire da una miniatura e ha quella particolare luminosità delle persone che hanno sofferto e hanno dominato la propria sofferenza».

A fine giornata, la comitiva nuziale giunse faticosamente a Cagli, arroccata sul monte Petrano, dopo aver percorso un ripido sentiero. L'esultanza di popolo che li accolse fece dimenticare a romani e ferraresi l'asprezza del luogo. Il giorno dopo gli abitanti vennero a salutare Lucrezia, con una mattinata sotto le finestre della torre della Rocca. Quindi la cavalcata si rimise in moto, e a fine giornata, a due chilometri dalle mura della città di Urbino, venne loro incontro Guidobaldo. Lucrezia l'aveva visto a Roma prima della disastrosa spedizione del fratello Gandía contro gli Orsini, ma l'epoca non era più quella: dopo i saluti di rito, la cavalcata entrò nella «città dei giardini», dalle vie pavesate a festa, che si aprivano su uno dei palazzi più belli d'Italia, non per grandezza o magnificenza, ma per la perfezione delle sue forme e l'armonia del cortile principale.

Ancora una volta Elisabetta e il marito lasciarono che Lucrezia godesse indisturbata l'ospitalità della loro dimora e si ritirarono a diciotto chilometri dal castello, nel palazzo di Urbania. Lucrezia occupava l'appartamento dei duchi, con tre logge ornate da eleganti cornicioni, mentre nelle varie sale le sculture dell'antichità classica erano accostate a opere dei massimi pittori contemporanei: Piero della Francesca, Melozzo da Forlì, Paolo Uccello. Sulle tavole erano posati strumenti musicali ricavati da legni rari, manoscritti rilegati con guarnizioni in oro e argento, le opere stampate da Aldo Manuzio. Lucrezia rimase incantata dall'armonia fra il palazzo e i suoi padroni, e anche dalle conversazioni che poté avere, la sera, con Elisabetta e il suo seguito.

Come scrive Baldassar Castiglione:

> Quivi adunque i soavi ragionamenti, e l'oneste facezie s'udivano: e nel viso di ciascuno dipinta si vedeva una gioconda ilarità, talmente che quella casa certo dir si poteva il proprio albergo della allegria: né mai credo che in altro loco si gustasse quanto sia la dolcezza, che da una amata e cara compagnia deriva, come quivi si fece un tempo: che lasciando quanto onore fosse a ciascun di noi servir a tal signore, come quello che già disopra ho detto, a tutti nascea nell'animo una summa contentezza ogni volta che al conspetto della signora Duchessa ci riducevamo: e parea che questa fosse una catena, che tutti in amor tenesse uniti, talmente che mai non fu concordia di volontà o amore cordiale tra fratelli maggior di quello, che quivi tra tutti era. Il medesimo era tra le donne: con le quali si aveva liberissimo e onestissimo commercio: che a ciascuno era lecito parlare, sedere, scherzare, e ridere con chi gli parea: ma tanta era la reverenza, che si portava al voler della signora Duchessa, che la medesima libertà era grandissimo freno: né era alcuno che non estimasse per lo maggior piacere, che al mondo aver potesse, il compiacer a lei: e la maggior pena, il dispiacerle.[3]

La figlia di Alessandro VI fu così commossa dalla musica e dalla «gioconda ilarità» caratteristiche di quella «casa [che] certo dir si poteva il proprio albergo della allegria», da proporsi l'ambizione di ricreare a Ferrara una simile pienezza del quotidiano, introducendo in quella corte lo stesso tono familiare e lieto, sempre benevolo, tipico del castello di Urbino. E poi, quale grande lezione di vita e di amore: fino a quel momento Lucrezia non aveva mai incontrato una coppia di persone così eccezionali, fortificate dalle prove della vita, così attente l'uno all'altra. Quando Guidobaldo aveva sposato Elisabetta, nel 1488, aveva diciassette anni ed era signore di un principato da Arcadia. La vita sembrava riservare soltanto sorrisi ai due giovani, così belli e generosi, ma nove anni dopo, quando Guidobaldo tornò a Urbino dopo la sua durissima prigionia, fu la rovina completa: il duca era diventato impotente e per di più era tormentato dalla gotta, che non soltanto aveva deformato «un corpo fra i meglio torniti del mondo», ma lo paralizzava, costringendolo ad abbandonare le imprese militari per ritirarsi accanto alla sposa. Elisabetta aveva allora riunito intorno a lui un'intera corte di umanisti.

Il 20 gennaio la comitiva si incamminò di nuovo verso Pesaro. La duchessa di Ferrara si avvicinava al territorio che era stato il suo primo principato non senza qualche apprensione, sapendo bene come Giovanni Sforza fosse ansioso di farsi presente alla sua memoria, e anche a quella di Cesare che l'aveva scacciato dalla sua terra. Nel ritiro privatissimo di broccato e d'oro della lettiga, Lucrezia era costretta dalle convenienze a dissimulare le proprie emozioni. Tuttavia, allorché alle porte della città un centinaio di bambini vestiti con i colori del Valentino la accolsero al grido di «duchessa, duchessa», agitando rami d'olivo, non poté trattenere un sorriso. Quella sera Lucrezia non si mostrò in pubblico, una saggia decisione che le era suggerita da un senso del decoro e dal desiderio di evitare pettegolezzi. Infatti il Castellini riferisce al duca Ercole il 22 gennaio: «È rimasta sempre in camera sua, sia per curare il suo viso, sia per una naturale inclinazione alla solitudine e al riserbo».

Il giorno dopo la cavalcata si diresse verso Rimini, recente conquista del Valentino, imboccando la strada pittoresca che costeggia l'Adriatico. L'ultimo signore di Rimini, Pandolfo Malatesta, disprezzato dai sudditi e cacciato dal trono da Cesare Borgia, aveva cercato tre volte, invano, di rientrare al potere. Lucrezia e il seguito furono alloggiati nel castello di Sigismondo Malatesta, dove si tennero delle feste in suo onore. I ferraresi, che erano degli intenditori in materia di eleganza, notarono in particolare la sua veste di velluto nero, ricamata a frecce che formavano delle X, ravvivata da una cintura di seta nera. In una delle sue lettere alla sorella Isabella, don Ferrante ne dà una descrizione di tono quasi lirico. Quella sera i buffoni avevano ballato il *branle* gridando: «Guarda, guarda la gran signora, com'è linda com'è cara, come danza bene, cul de deo, vedi la gran Borgia».

Poco dopo, tuttavia, la piccola corte ambulante fu messa in allarme da una serie di voci. Si diceva che Gian Battista Caracciolo, capitano della repubblica di Venezia, volesse vendicare l'affronto subìto per mano di Cesare, che gli aveva rapito la moglie, Dorotea, e quindi progettasse di rapire a sua volta, per rappresaglia, la sorella del Valentino. I borghesi della città, con il rinforzo dei soldati della guarnigione, partirono in armi per mettere sotto controllo i porti di Cervia e di Cattolica. Non trovarono nessun motivo di preoccupazione: la regione appariva tranquilla. Tuttavia, nonostante il pugno di ferro con cui gli uomini di Cesare esercitavano il potere in Romagna, si sapeva che le strade erano infestate dai briganti. Così il 23 gennaio don Ferrante scrisse al padre per annunciargli che da quel momento in poi la duchessa d'Este sarebbe stata accompagnata da mille fanti e da centocinquanta cavalieri, sotto il pretesto di farle da scorta d'onore.

Due giorni dopo il corteo arrivava a Forlì, passando dall'antica via Emilia, poi da Faenza e Imola. Lucrezia stabilì che vi si dovesse sostare per un giorno, dopo aver consultato la duchessa di Urbino, per non arrivare a Ferrara «sbattuta e sconquassata» e avere il tempo di lavarsi i capelli, cosa che da otto giorni non le era stata possibile, mentre era quel che le permetteva di evitare le sue frequenti emicranie, come scrisse a Ercole don Ferrante.

Lucrezia si mostrava docilissima verso il suocero, tuttavia nello spiegargli i motivi della sosta, gli suggerì di posticipare al 2 febbraio, festa della Purificazione di Maria, il suo solenne ingresso in città, così da assicurare la protezione della Madonna all'inizio della sua nuova vita. Di fronte a simili argomenti Ercole d'Este non poteva non inchinarsi.

Sebbene disturbata dalle numerose, quasi continue nevicate, la cavalcata riprese la via, dirigendosi verso Bologna. Per i Bentivoglio, i signori del luogo che avevano avuto l'imprudenza di allearsi con i nemici del Vaticano, il matrimonio che sanciva l'unione fra i Borgia e gli Este equivaleva a un tiro di avvertimento. Le mire della Santa sede, e la rete minacciosa che Cesare andava stendendo sulle terre di Romagna, suscitavano apprensioni spiegabilissime. Tuttavia, non meno dei Montefeltro, anche i Bentivoglio accolsero Lucrezia con il più fastoso splendore. Il 28 gennaio, i bolognesi che le vennero incontro non imbracciavano archibugi, ma agitavano rami d'olivo. Alla porta di Santo Stefano fu Giovanni Bentivoglio a presentare i suoi omaggi alla duchessa, la quale oltrepassando il muro di cinta entrò nella città, vera foresta di torri, costruite dalle famiglie nobili come affermazione di prestigio e sicurezza, ma anche simbolo delle rivalità che le opponevano le une alle altre.

Ginevra Sforza, moglie del Bentivoglio e cugina di Giovanni Sforza, detestava i Borgia; ma poiché le esigenze della politica hanno sempre la precedenza sulle faccende di famiglia, Ginevra si trovò sulla soglia del palazzo di re Enzo a ricevere la figlia del papa. Alla duchessa di Ferrara era appunto riservato come alloggio questo palazzo, costruito nel 1249, dove era stato relegato il figlio dell'imperatore Federico II di Hohenstaufen, il re poeta appartenente al partito ghibellino, sconfitto dai guelfi e consolato per un quarto di secolo dall'amore della bella Lucia Ventagoli, ava dei Bentivoglio.

Il giorno dopo, il cosiddetto «tiranno di Bologna», Giovanni Bentivoglio (del quale possiamo ancora ammirare il ritratto sulla tavola della *Madonna in trono* di Lorenzo Costa, nella chiesa di San Giacomo Maggiore), fiero di possedere la più antica università d'Europa, in cui avevano studiato decine di migliaia di allievi, dal giorno della sua fondazione nel XIII secolo, fece visitare all'ospite le biblioteche, le aule in cui si insegnavano filosofia, diritto, teologia. Più stupefacente ancora che in quella stessa università avessero tenuto cattedra alcune donne, in particolare Novella d'Andrea, che a quanto si dice teneva le sue lezioni nascosta dietro una cortina, perché gli studenti non fossero distratti dalla sua bellezza.

Per la serata a palazzo Bevilacqua era previsto un banchetto; e la famiglia che tre giorni prima aveva ricevuto a malincuore la sorella di Cesare, si rammaricò di dover prendere congedo da lei.

Castellini dette il segnale della partenza la mattina prestissimo; gli intendenti alle provviste partirono per Ferrara nella nebbia padana, alla luce delle torce, mentre le duchesse erano seguite da una piccola scorta. Le due giovani donne, che si proteggevano dall'umidità e dal freddo con lunghi mantelli di raso imbottiti di martora, si avviarono in silenzio verso il canale, dove le attendeva il battello che alla fine della giornata le avrebbe trasferite per via d'acqua fino alla *Domus Jucunditatis*. All'epoca infatti Bologna era collegata al Po da un canale, che era stato finalmente reso di nuovo praticabile da un centinaio di operai, rimasti tutta la notte a lavorare per liberarlo dal ghiaccio.

La sera fu Annibale Bentivoglio, marito di Lucrezia d'Este, a ricevere la nuova congiunta nella sua villa più bella, che portava con ragione il nome di «casa dell'allegria». In essa tutto era rosa, solare e azzurro come il cielo; sui muri erano affrescati dei fregi a ghirlanda, alternati con le arme e le imprese della famiglia: «Per amor tutto ben voglio soffrire». Paggi in vesti turchine offrirono alle signore vini aromatizzati di cannella. Accanto al camino dove si consumavano grandi tronchi d'albero, Lucrezia cominciò a sentirsi invadere da un certo benessere. Ormai era alla vigilia dell'arrivo a Ferrara.

Preoccupata di fare una buona impressione agli Este, Lucrezia aveva pensato d'altronde di andare a dormire presto, congedandosi dal suo seguito. La seguirono soltanto Angela, Jerónima e la sua cameriera, per aiutarla nel complesso rito della lavatura dei capelli; poi la sistemarono in poltrona, con le spalle al fuoco, la chioma bionda allargata sulle spalle e sulla spalliera e sui braccioli della scranna, come un mantello d'oro che l'avvolgeva fino a terra. Le droghe del vino caldo aromatizzato che Lucrezia aveva bevuto, e il tepore del focolare, bastarono a farla assopire.

L'improvviso scalpitare di zoccoli ferrati che annunciava una comitiva a cavallo fece sobbalzare le sue parenti. Si udirono delle grida. Poi si spalancò la porta e apparve don Ferrante, seguito da un altro uomo che impose il silenzio con un gesto deciso. I due si avvicinarono a passo lento verso il camino, mentre Angela e Jerónima si slanciavano avanti, pronte a proteggere la cugina. Ma lo sconosciuto non sembrava minaccioso, nonostante il piglio guerriero: caso mai era sconcertante il suo strano comportamento. Il cavaliere si tolse la berretta e più volte si passò la mano sulla fronte, come per assicurarsi di non essere vittima di un'allucinazione; avvicinatosi a passi lenti alla poltrona, restò a fissare stupito e ammirato la bella immersa nel sonno, senz'ombra di belletti o di ornamenti posticci: colei con la quale avrebbe dovuto fare vita comune da quel momento in poi, e che più tardi gli avrebbe dato dei figli, ma già era in grado di farlo sognare. Mandando al diavolo il protocollo, Alfonso aveva ceduto all'impazienza di cogliere di sorpresa la sposa, sulla quale aveva udito tanti giudizi contraddittori, in un momento in cui poteva aspettarsi di trovarla sola. Gli inviati di suo padre gliene avevano cantato le lodi; gli Sforza, gli Aragona e sua sorella Isabella lo assicuravano che quel matrimonio lo avrebbe disonorato. Che ne era stato dell'adolescente conosciuta otto anni prima, all'epoca delle nozze con Giovanni Sforza? Che aspetto aveva, dopo tanto tempo, la donna famosa per il suo fascino non meno che per le tragedie in cui era stata coinvolta? L'esperienza del primo matrimonio aveva reso Alfonso circospetto, gli aveva lasciato un che di amaro: la sua prima moglie, Anna Sforza, era una donna robusta, poco o niente femminile, amava le donne, si rifiutava al marito e trascorreva le notti con una schiavetta negra.

Dopo sei mesi d'inquietudine, Alfonso poteva dichiararsi soddisfatto della conclusione. Il fratello, Ippolito, non gli aveva mentito. Nell'onda d'oro che incorniciava la figura di Lucrezia, il duca distinse poco per volta un viso color di giglio, una fronte d'avorio sottolineata dall'arco sottile delle sopracciglia, palpebre come petali di fior di lino, guance rotonde da giovinetta, naso diritto, bocca purpurea socchiusa su denti candidi, collo di neve, un seno acerbo dalle curve delicate, infine le dita affusolate delle mani aperte, abbandonate sui braccioli della poltrona.

Quando la giovane donna emerse dal sonno, la sorpresa e l'emozione alla vista di Alfonso, rimasto come di sasso a contemplarla, le conferirono un alone di languore fuori del tempo. Il duca si inginocchiò a baciarle l'anello nuziale, mentre Lucrezia fissava lo sguardo negli occhi turbati dello sposo. Con la fluida tenerezza caratteristica dei suoi gesti, sfiorò la fronte ampia, le sopracciglia folte, il naso appena arcuato, poi si riportò le mani affusolate sul cuore quasi a comunicargli la propria emozione, e come in una cerimonia d'investitura, si piegò sulla spalla di Alfonso e lo baciò. L'uomo così simile a una torre, alla quale sarebbe stato bello appoggiarsi, si rialzò, sollevò Lucrezia dalla poltrona prendendola fra le braccia. La disinvoltura, la gaiezza, la capacità di trovare sempre le parole giuste, l'accento sincero di Lucrezia, lo incantarono fino a renderlo prima capace di tatto, e poi galante. I costumi dell'epoca autorizzavano gli sposi a congedare i parenti per rimanere soli, e il buon senso voleva che di fronte a questo intimo incontro, inopinato ma indispensabile, le due cugine si ritirassero... Quando Alfonso si congedò, due ore dopo, i suoi più prossimi osservarono che sembrava del tutto soddisfatto, rasserenato. Alfonso non si innamorò appassionatamente della moglie, ma non poté restare insensibile a tanta bellezza, che si accompagnava alla dolcezza, e fu un marito vigoroso, che non le fece mai mancare le sue attenzioni. Ben presto, a formare la salda base del loro matrimonio, sarebbe intervenuta la stima reciproca.

Quella sera Lucrezia si addormentò con il cuore più leggero, sebbene la preoccupasse la prova che l'attendeva il giorno dopo: l'incontro con la cognata Isabella d'Este, che la considerava una rivale. Negli scrigni colmi d'oro, negli abiti lussuosi, nei gioielli della figlia di Alessandro VI, e nella fama di donna intelligente e bella di cui essa godeva, la figlia di Ercole d'Este vedeva altrettanti elementi che potevano mettere a repentaglio un suo primato rimasto fino a quel momento indiscusso.

Con l'avvicinarsi di Lucrezia, Isabella si innervosiva sempre più. Le lettere estatiche dei fratelli, che evidentemente si compiacevano, con una punta di malizia, di esaltare la nuova venuta, erano per lei una tortura, soprattutto per frasettine come questa: «È alta, sottile, e i vestiti che crea le stanno a meraviglia». Come prepararsi alla battaglia senza avere particolari più precisi? A ogni buon fine, le sue sarte non facevano che orlare, ricamare, arricciare tessuti preziosi, giorno e notte. Chissà se tanto lavoro sarebbe bastato a eclissare «la Borgia»...

Isabella d'Este era una donna bella e intelligente ma insoddisfatta: poiché il marito ne respingeva i consigli e la collaborazione all'attività di governo, Isabella dedicava tutte le sue energie al culto delle lettere e delle arti. Aveva come massima ambizione quella di farsi ammirare dagli uomini più eruditi d'Italia; teneva perciò un vasto e assiduo carteggio con gli umanisti suoi contemporanei. Donna illuminata e colta, era tuttavia dominata dalle mode prevalenti più di quanto credesse.

Le era giunta molto sgradita la lettera del padre che l'invitava a

Ferrara: «Avemo deliberato di far partire di qui il primo dì di Dicembre prossimo futuro la comitiva quale mandamo a Roma per levare e condurre in qua la Ill. M.a Lucretia n.ra Nuora. Alla giunta della quale si farano le nozze, del che n'è parso darvene avviso sia perché vi sia noto il tutto, sia etiam per invitarvi sì come è conveniente a dette nozze perché essendo voi n.ra figliola come siete, debita cosa è che gli interveniate [...]». In sostanza il duca Ercole desiderava che alle nozze fosse presente la figlia, ma non il genero: «[...] e così vi esortiamo a venire e rendiamosi certi che lo Ill. S. Marchese vostro Consorte e n.ro fratello diletti.mo sarà contentissimo della venuta vostra qua [...], e se ben non seressimo manco desiderosi che intervenisse etiam sua s.ria, nondimeno per ogni condegno rispetto ci pare meglio che sua s.ria non venga, attente le condizioni dei tempi presenti, come anche crediamo che sua s.ria per la prudenza sua molto ben consideri e conosca il tutto». Di fatto Isabella e il marito avevano offerto ospitalità ai nemici dei Borgia, per esempio a Giovanni Sforza, e il duca Ercole non voleva, invitando Francesco Gonzaga, offendere senza motivo Alessandro VI.

Isabella si preparava dunque a ricevere Lucrezia a Malalbergo, sulla sua imbarcazione già ormeggiata. Terminate le manovre di accostamento al pontile, furono gettate le passerelle per collegare i due battelli, e le gentildonne «si [salutarono] con premura e si [abbracciarono]». Per la prima volta si trovavano riunite le tre donne più celebri del primo Cinquecento per bellezza e cultura.

Isabella, che aveva scritto al marito: «Con rabbia dissimulata e senza apparenza di allegria l'ho abbracciata», soppesava Lucrezia, più che guardarla. Nella sua lettera scrive anche: «Porta un abito d'oro riccio, guarnito di raso cremisi, con le maniche intagliate alla moda di Castiglia, un mantello assortito foderato di zibellino che si apre alla gola su una camicia a gale, secondo la moda di oggi. Ha un monile di grosse perle con un pendente di rubini, e una perla a forma di pera. Sui capelli ha una cuffia d'oro ma senza nastro».[4] Testimoni meno partigiani riferiscono lo stupore mostrato dalla figlia di Ercole di fronte alla chioma della cognata, che arrivava a farle da velo alla veste.

Lucrezia, dal canto suo, consapevole delle circostanze che costringevano la marchesa di Mantova a nascondere i propri sentimenti, aveva una sola ambizione: riuscire ad eclissarla, nello stesso momento in cui le mostrava una certa qual condiscendente urbanità. Il primo scambio di battute rimase coperto dai canti di benvenuto intonati da cori dei fanciulli che avevano circondato con le loro leggerissime imbarcazioni il battello, ormai libero dagli ormeggi della riva di Malalbergo, e in lenta navigazione. La duchessa di Urbino, perfettamente consapevole di tutto ciò che si nascondeva sotto questa giostra di cortesie, seppe trovare espressioni amabili per entrambe le contendenti, sottolineando le affinità di gusto che avrebbero dovuto avvicinarle e indicando certe doti complementari della loro natura. Fino a Torre della Fossa le buffonate dei giullari e dei nani servirono da diversivo. Nel punto in cui il canale confluisce nel Po, era stato gettato un pontone rettangolare sul quale si sarebbe svolta la presentazione ufficiale. Ai quattro angoli del pontone garrivano gli stendardi dei Borgia, degli Este, dei Gonzaga e dei Montefeltro.

Durante il lungo viaggio Lucrezia aveva imparato molte cose: ormai era pronta a fare il suo ingresso a Ferrara.

XIV
ALFONSO D'ESTE: UN MATRIMONIO DI BUON SENSO

Erano tutti in attesa del battello: il signore di Ferrara, il duca Ercole d'Este, imponente, maestoso, gli occhi azzurri di ghiaccio, sempre tristi; il figlio Alfonso, massiccio, che portava con fierezza, come un blasone, il naso imponente degli Este. C'erano tutti: i dignitari della Chiesa e dello Stato, gli ambasciatori, i magistrati, e una scorta di cortigiani, con settantacinque arcieri a cavallo in livrea rossa e bianca, allineati lungo il canale. Lucrezia superò veloce la passerella, si inginocchiò a baciare la mano del suocero. Ercole rispose a questo gesto da corte pontificia sollevando Lucrezia dalla genuflessione per abbracciarla come una figlia. Poi la condusse sotto il baldacchino d'oro dove sarebbero stati ricevuti i rappresentanti di Firenze, Lucca, Venezia e di altri Stati; vi si trovava anche un piccolo Eros biondo, vestito di una tunica, con arco e faretra di frecce a tracolla, e un grande paio d'ali che sembravano pronte a spiccare il volo.

Un'ora dopo nel Borgo di San Luca risuonarono squilli di trombe e colpi a salve di cannoni e colubrine. Isabella scrisse al marito: «Avevano mandato a incontrarla cinque carrozze, una tappezzata di broccato d'oro e tirata da quattro cavalli roani tutti bellissimi, e altre tre lettighe foderate di raso porpora trainate da cavalli con gualdrappe di vari colori». Uno dei venti fratelli naturali di Ercole, Alberto d'Este, aveva invitato gli ospiti a passare la notte nel suo castello.

Da alcune settimane si era scatenata una vera e propria gara fra le prime famiglie della regione, per assicurare alle loro figlie un posto nella corte della nuova duchessa. Ai privilegi e ai benefici procurati dall'incarico si aggiungeva l'impegno da parte di Lucrezia di assicurare loro un marito e una dote. Così i lavori di ricamo proseguivano notte e giorno, e, come constatava un marito di scarsi mezzi, «le donne sfoggeranno ultra misura». Per fare la sua scelta una volta per tutte Ercole, accompagnato dal figlio e dal medico Ziliolo, aveva fatto il giro dei palazzi di Ferrara, capitando all'improvviso, e aveva esaminato una quantità di ragazze, che dovevano essere fra i quattordici e i diciotto anni, di famiglia nobile, sane e belle. La scelta della donna savia, destinata a governare il gruppo di donzelle, suscitò le più aspre contese. Su tre candidate, che avevano avuto quell'incarico per le precedenti duchesse, ne furono eliminate due: Giovanna da Rimini, non per la giovane età né per la bellezza, ma per essere troppo civetta; e anche Beatrice Contrari, che aveva servito Isabella, ed era tuttavia una donna savia, indulgente e maliziosa. Alla fine Ercole scelse Teodora Angelini perché era la più vecchia.

Il giorno dopo, giorno della Purificazione della Vergine, Lucrezia vedeva giungere il momento più solenne della sua esistenza: l'ingresso a Ferrara. Fu l'occasione di un'apoteosi per la ricca corte estense, dove il commercio, le arti e le scienze fiorivano con pari splendore. Nei preparativi delle feste il duca Ercole aveva mostrato una prodigalità che da lui nessuno si sarebbe aspettata. Da settimane si andavano riempiendo di provviste i magazzini del castello e della città; per accrescere lo sfarzo dei ricevimenti, il duca aveva fatto trasformare il palazzo della Ragione, ovvero la sede del tribunale, in un teatro, attrezzato con i più recenti congegni scenografici, che consentivano di far planare nell'aria angeli o demoni, mostri o dèi, di figurare paesaggi radiosi o desolati, con l'impiego di giochi di luce o congegni pirotecnici. Con la sua insolita ostentazione di prodigalità Ercole d'Este intendeva respingere in anticipo le eventuali accuse di aver ricercato un «matrimonio d'interesse»; ma soprattutto cancellare il ricordo di quegli otto giorni in cui i suoi banchieri avevano soggiornato nei sotterranei vaticani, contando e soppesando, uno per uno, i ducati della dote. Voleva abbagliare gli ambasciatori di tutta la penisola e di tutta Europa, e il plenipotenziario di Luigi XII più ancora degli altri.

Per manifestare al re di Francia la propria gratitudine – senza il suo aiuto, infatti, Cesare non sarebbe riuscito a conquistare la Romagna con tanta rapidità – e anche per ringraziarlo di aver impedito le nozze di Alfonso con Luisa di Savoia, Alessandro VI aveva chiesto alla figlia di seguire la moda francese nelle fogge del suo guardaroba, e in particolare per l'abito nuziale, costato 20.000 ducati. Si trattava di un abito a strisce alternate, di raso morello e d'oro riccio, che davano maggior altezza alla figuretta minuta di Lucrezia, con le maniche foderate di ermellino: un insieme di geometrica sontuosità, in cui la tinta scura del raso era ravvivata dai gioielli di casa d'Este. Madama Teodora la adornava con quei tesori sotto gli occhi malinconici della marchesa di Mantova, che scriveva al marito: «Porta la collana di rubini e diamanti appartenuta alla nostra madonna Eleonora, di santa memoria. L'acconciatura è una reticella scintillante di gemme che le era stata mandata dal mio signor padre».

Così abbigliata, Lucrezia scese nel cortile d'onore dove l'aspettavano il duca e il suo seguito. Gli oratori, che a Roma erano abituati a vederla partire per le cavalcate sempre con viso lieto, osservarono come nel montare in sella Lucrezia avesse un'espressione insolitamente grave.

Il corteo si avviò, accompagnato da ottanta trombettieri, ventiquattro flautisti e corni, preceduto da settantacinque arcieri con i colori del duca, e da «settanta gentiluomini che sfoggiavano catene d'oro, nessuna delle quali poteva valere meno di cinquecento ducati, anzi molte ne valevano otto, dieci, perfino dodicimila», come osservò Isabella d'Este.

Alfonso – è sempre Isabella che prosegue la sua cronaca – montava «un cavallo bardato da grandi piastre d'oro lavorato a sbalzo, opera del veneziano Bernardino, indossava un abito di velluto grigio, a squame d'oro martellato, del valore di almeno seimila ducati, con una berretta ornata di piume bianche». A lato di Alfonso cavalcava il cognato, Annibale Bentivoglio. Giunse poi il seguito della sposa: venti gentiluomini spagnoli infagottati nelle loro pellicce, che camminavano a fatica: «Non saranno stati più di una dozzina, fra tutti, a portare delle catene d'oro, che comunque non uguagliavano affatto quelle dei miei gentiluomini»[1] sottolinea Isabella per la seconda volta. Procedevano quindi i vescovi, gli ambasciatori, i suonatori di timpani e i due buffoni prediletti da Lucrezia.

La sposa era in sella a un corsiero grigio pomellato, che aveva la criniera a trecce e la coda intrecciata con nastri d'oro; avanzava a passo lento, protetta da un baldacchino sostenuto dai dottori dell'Università di Ferrara, dai membri delle facoltà di diritto, di medicina e di matematica. Alla sua sinistra, caracollava l'ambasciatore francese, Philippe de la Roche: Luigi XII aveva scelto questo modo per sottolineare come fosse lui stesso a condurre la figlia di Alessandro VI al palazzo degli Este. Il duca Ercole cavalcava poco lontano dalla duchessa di Urbino, che a sua volta indossava un mantello di raso nero, ricamato a triangoli d'oro, ed era in sella a una mula dalla gualdrappa ricamata a segni zodiacali d'argento;[2] venivano poi donna Jerónima e madonna Adriana, poi tredici carrozze per le dame d'onore e le parenti. Il corteo era chiuso dai prìncipi della casa estense. Più indietro ancora, ottantasei carri coperti trasportavano il guardaroba e gli oggetti preziosi che formavano il corredo di Lucrezia.

Sul ponte di Castel Tedaldo il cavallo della sposa, impaurito da una salva di artiglieria, s'impennò e per poco non la fece cadere di sella. I palafrenieri che si precipitarono a soccorrerla la videro lasciarsi scivolare giù dalla groppa dell'animale, leggera come un uccelletto, e saltare a terra con grazia. Il duca fece portare un'altra cavalcatura più mansueta, e meno sensibile ai colpi di cannone. L'incidente avrebbe potuto lasciare uno strascico sgradevole, ma Lucrezia ne uscì in modo brillante, e con il suo sorriso conquistò tutta la cavalcata dei ferraresi, in cui era rappresentato il fior fiore del ducato, nelle diverse categorie: gli ecclesiastici, i dotti, i diplomatici, i letterati, i capitani e gli «zani», i buffoni e i pagliacci.

Sempre accompagnato da scoppi di bombarde, il corteo entrò nella cerchia delle mura dalla porta di Castel Tedaldo, percorrendo le strade dove si alternavano gli archi di trionfo e i palchi, su cui erano allestite scene allegoriche di argomento mitologico. Gli evviva che accoglievano la nuova duchessa lungo tutto il percorso erano un segno evidente del suo trionfo personale presso la popolazione. Quando infine la cavalcata si fermò davanti al palazzo di Ercole (il municipio di oggi), era ormai notte. L'ingresso al cortile era ornato da due statue di bronzo che rappresentavano Niccolò III e Borso d'Este (andarono distrutte nel 1796, all'epoca delle invasioni napoleoniche). Quando Lucrezia scese di sella, gli arcieri di Ercole e di Alfonso si impadronirono del baldacchino nuziale, che secondo la tradizione era un portafortuna, e i bambini vestiti da angioletti le recitarono un epitalamio.

Lucrezia salì la scalinata del palazzo al fianco di Alfonso; sui gradini stavano allineati i figli, legittimi e non, della casata estense: Alberto, Nicola, Bianca di Sanseverino, Diana Uguccione de' Contrari, Pico della Mirandola, Lucrezia Bentivoglio, Giulio, Ferrante e Sigismondo. Al piano nobile, nel salone parato di arazzi della duchessa Eleonora, Isabella d'Este, che indossava il suo famoso vestito «ricamato a pause di musica», guidò il fratello e la cognata ai troni preparati per loro. Davanti agli sposi cominciò a sfilare la coorte di umanisti venuti a rendere onore alla loro nuova sovrana. Nicolò Mario Panizzato esaltò Lucrezia al di sopra di Elena «per la sua incomparabile castità»; Celio Calcagnini, amico di Erasmo, la paragonò a Venere; Pellegrino Prisciano tracciò un parallelo tra il papa e san Pietro; infine l'Ariosto, allora ventisettenne, esaltò Lucrezia congratulandosi con la città di Ferrara per il possesso di un gioiello «che con la sua assenza ha gettato Roma nello smarrimento».

La serata si concluse con una fanfara di trombe. Ercole accompagnò la nuora e il figlio nei loro appartamenti. Alfonso era contrario all'usanza degli scherzi e dei lazzi con cui si soleva circondare il letto coniugale, e addirittura scacciò la sorella, i fratelli e gli amici, minacciandoli con la spada in pugno. Chiuse lui stesso le portiere, e poi raggiunse l'alcova nuziale, pienamente disposto a conformarsi ai desideri di Alessandro VI, circa «el dormire con madonna Lucrezia».

L'indomani Isabella attese a lungo, con gli amici più intimi, che si aprissero le porte dell'appartamento degli sposi, per dare inizio a quel «rito del risveglio» che di solito era un pretesto per i commenti più licenziosi espressi in libertà intorno al talamo nuziale. Ma col passare delle ore le serrature rimanevano chiuse, e la marchesa, che insieme al suo seguito amava dilettarsi di conversazioni piuttosto libere, decretò che si trattava di «nozze fredde».

Ercole non era dello stesso parere. Già il 3 febbraio scriveva all'ambasciatore una lettera da trasmettere al Santo padre che concludeva con queste parole: «Questa notte, lo Ill.mo don Alfonso, nostro figliolo, e lei, si sono accompagnati insieme, e crediamo che l'una e l'altra parte siano rimasti ben soddisfatti». Gli informatori del papa e del duca li avevano assicurati che Alfonso si era presentato a lei come un marito galante e vigoroso, dando una triplice prova dei suoi ardori. Verso mezzogiorno Lucrezia acconsentì a ricevere ambasciatori, dame e parenti, i quali tutti ricercavano sul suo viso le tracce della «battaglia del marito». Invano. Lucrezia aveva avuto la certezza di piacere allo sposo, ma la delicatezza della sua natura non le consentiva di lasciar trasparire in pubblico la minima traccia di soddisfazione, e ai curiosi non rimase che constatare l'aura di tranquillità di cui era circonfusa la sua persona.

Philippe de la Roche, cavalier servente in carica per tutta la durata dei festeggiamenti, si avvicinò alla «figlioccia» del suo sovrano per invitarla a scendere nelle sale di rappresentanza. Lucrezia era radiosa nella sua veste di velluto violetto, la chioma sciolta sulle spalle cosparsa di nastri disseminati di rubini, e prese posto sotto il baldacchino da dove avrebbe presieduto alle danze. Ma c'era una tale calca che diverse invitate svennero, e danzare sarebbe stato impensabile. In quell'occasione Bonaventura Pistofilo, segretario particolare di Alfonso, scrisse: «Fu essa Lucrezia di venusto e mansueto aspetto, prudente, di gratissime maniere negli atti, e nel parlare di molta grazia e allegrezza». Più penetrante il giudizio di Bernardino Zambotto: «Ha una bellissima figura, è di tratto spontaneo ma è sempre pudica e savia. Tutti sono felici nella speranza che riesca a fare molto bene alla città, a causa del potere del papa che l'ama molto»; Cagnoli di Parma la descrive invece così: «Di mediocre statura, gracile in aspetto, di faccia alquanto lunga, il naso profilato e bello, li capelli aurei, gli occhi bianchi, la bocca alquanto grande con li denti candidissimi; la gola schietta e bianca ornata con decente valore, ed in essere continuamente allegra e ridente».[3]

Tutta la società ferrarese era ben disposta verso Lucrezia, ma Isabella d'Este e il suo seguito non cedevano le armi; ne dà testimonianza la lettera della marchesa di Crotone, una delle sue gentildonne:

> La sposa non è di bellezza regolare, ma è aggraziata e seducente e la mia illustre signora Isabella era nondimeno la più bella di tutte, secondo quanto ne giudicano i nostri e il seguito della duchessa di Ferrara, al punto che se la sposa l'avesse potuto prevedere avrebbe dovuto fare la sua entrata al lume delle torce. È infatti certo che rispetto alla signora di Mantova tutte le altre sono state eclissate. Quindi siamo noi a riportare la palma.[4]

Lasceremo da parte queste punzecchiature fra donne. Non ce ne voglia Isabella di Mantova, ma le medaglie raffiguranti Lucrezia, alle soglie del XVI secolo, confermano gli epiteti usati dai contemporanei: *venusta, gentile, graziosa, amabile*. Lucrezia intenerisce e incanta, non per la sua bellezza maestosa o classica, ma per il suo gusto del ben vivere: infatti ama ripetere:

> Non bisogna darsi pena dell'indomani, né soffermarsi troppo sul lato triste delle cose, e del passato conservare soltanto il gusto migliore che ce ne lascia.[5]

Alessandro VI aveva concesso una dispensa che posticipava l'inizio della quaresima, così che tutti potessero festeggiare, e infatti, per una settimana intera, a Ferrara, una delle città più fiorenti d'Europa – perfino più popolata di Roma, con i suoi circa centomila abitanti – non si fece che passare da una festa all'altra. I pittori Fino e Bartolomeo de' Bresciani erano stati incaricati di dipingere e dorare le carrozze riservate alle dame; l'allestimento delle pubbliche rappresentazioni era curato da un esercito di artisti agli ordini dei registi Panizzato e Pizzibeccari. Era stato innalzato un anfiteatro a gradinate della capacità di mille spettatori, con i sedili coperti di spesso velluto verde. I festeggiamenti si svolgevano nel palazzo della Ragione, dove Ercole aveva richiesto l'aiuto di collaboratori come Ariosto, Strozzi e Calcagnini. Era stabilito che vi fossero rappresentate cinque commedie di Plauto, nel testo originale: l'*Epidicus*, le *Bacchides*, il *Miles gloriosus*, il *Mercator* e la *Casina*. Per i costumi degli attori, che erano di zendado, ossia velo di seta, il duca aveva speso 25.000 ducati. In una lettera al marito Isabella riferisce: «Mio padre ci ha mostrato i costumi preparati per le cinque commedie; ci ha fatto notare che i cento attori, tra uomini e donne, li avrebbero usati una sola volta, e che per lui il teatro rappresentava la gloria di Ferrara».

La prima commedia fu rappresentata il 3 febbraio. Seguita da Isabella e da Elisabetta d'Urbino, Lucrezia fece il suo ingresso nella sala dove l'attesa del pubblico era ormai febbrile. Il cronista Zambotto osserva come gli occhi «vaghi e allegri» della duchessa osservassero il mare rutilante di aristocratici e d'ambasciatori agghindati, dai quali era come assediato il settore di tredici gradini riservato alle dame, che vi stavano accalcate piuttosto che sedute. L'insieme dava una calda impressione di lusso. Le pareti erano tappezzate di drappi verdi, rossi e bianchi su cui spiccavano gli stemmi della Chiesa, della casa regnante di Francia, dei signori di Ferrara, dei Gonzaga, dei Montefeltro e dei Borgia: quest'ultimo aveva ormai associato al toro le aquile bianche degli estensi. La sala era rischiarata da «tante lumiere e doppieri che per tutto si vedeva alla minuta, e fu recitato con tanto silenzio che a nessuno rincrebbe di andar tardi a cena». Un nuovo allestimento aveva consentito di circondare il palcoscenico di candele.

Seduta tra la duchessa d'Urbino e la marchesa di Mantova, Lucrezia non poteva ignorare che tutto il pubblico la osservava: i più vecchi la paragonavano alla duchessa Eleonora, i giovani alla duchessa Anna Sforza e soprattutto alla sua brillante cognata. Isabella, dal canto suo, manifestava già qualche riserva sulla perfezione dei versi e sulla recitazione degli attori, che le sembravano impacciati. Incorreggibilmente ironica, Isabella era irritata dall'entusiasmo manifestato dalla sua nuova parente, e si ingegnava a reprimerlo. Una piccola guerra alla quale gli invitati assistevano con grande diletto. Nelle serate successive si dettero concerti di viola ai quali prese parte anche Alfonso, accompagnato da sei strumentisti, ma vi furono anche spettacoli di un genere più bizzarro: per esempio una pantomima in cui comparivano pastori con scimmiette vestite da pastorelle, e pastorelle con scimmiotti in veste di pastori, che si dimenavano al ritmo della corrente e salutavano il pubblico piroettando; e poi lanci di fuochi d'artificio, divinità calate dal cielo, duelli di draghi...

Nei giorni che seguirono si vide che Lucrezia passava le mattinate in camera, alzandosi soltanto a mezzogiorno, e senza ricevere nessuno prima di quell'ora. Isabella osservò che la cognata era la più flemmatica di tutte le dame della corte, mentre lei stessa, essendo sempre la prima ad alzarsi, si sentiva in obbligo di ricevere le gentildonne venute a salutare la duchessa e che si erano trovate davanti una porta chiusa. Quindi fu uno spirito di rivalsa a indurla a mettere in atto le sue arti di seduttrice con l'ambasciatore francese. Philippe de la Roche rimase lusingato dalle sue attenzioni, e dopo aver ascoltato Isabella interpretare un'aria antica, incantato dalla sua voce, le baciò la mano: Isabella ebbe così il pretesto per togliersi il guanto profumato e fargliene dono, con parole «dolcissime ed onestissime». L'ambasciatore, affascinato, promise di conservarlo in un santuario «*usque ad consummationem saeculi*».

Il 4 febbraio la sposa non si fece vedere neppure nel pomeriggio. Così ne scriveva al marito la marchesa di Mantova: «Ieri sera siamo rimasti nei nostri appartamenti fino alle cinque, perché madonna Lucrezia ha voluto dedicare tutto questo tempo a farsi bella per far scomparire davanti a tutti gli altri la duchessa d'Urbino e me... Vostra Eccellenza non ha da invidiarmi la presenza a queste nozze così fredde, sono io piuttosto che invidio quanti sono rimasti a Mantova».[6]

Il giorno dopo era venerdì, giorno di Venere, e Lucrezia lo dedicò ai piaceri voluttuosi. Sua zia Adriana la esortava a temerli, sebbene fossero consigliabili per conservare la buona salute, ma Sancia le aveva dichiarato, con maggior autorevolezza, che si trattava del sommo bene della vita. Era un'opinione senz'altro condivisa dalla figlia di Alessandro VI, se dobbiamo giudicare dai resoconti del Prete e di Bernardino Prosperi, dai quali si indovina l'atmosfera incantata che la scuola di Fontainebleau sarebbe riuscita a riprodurre con risultati così felici. Lucrezia amava curare la sua carnagione madreperlacea con bagni profumati di essenza d'ambra, e nelle sue abluzioni le era compagna Nicola la senese. Entrambe vestite «della sola carne» entravano a diguazzare nella grande vasca, passavano il sapone su un seno dalle perfette rotondità, degno dei pomi delle Esperidi, poi scendevano fino a quel «vello d'oro» che sarebbe stato capace di risuscitare più di un Giasone, e alle gambe lunghe come quelle dei levrieri affrescati alle pareti. Alla fine le cameriere risciacquavano le loro chiome in un decotto di zafferano che aveva lo scopo di ravvivarne il biondo splendore. Il rito si svolgeva con frequenza sufficiente a far scoprire ad Alfonso un modo nuovo di godere i piaceri della vita, per cui la sua sposa svelava la propria nudità senza perdere in naturalezza. Alfonso non aveva affatto l'intenzione di rimanere escluso dalle risa e dai giochi, e quando si presentava inatteso in quel gineceo, la figura alta e un po' curva – come si poteva attendere da chi portava spesso una pesante armatura – si accostava alla giovane moglie, chinandosi a disfarle l'acconciatura. In quei casi Nicola giudicava opportuno ritirarsi.

Mentre Lucrezia invitava il marito a modulare l'intera gamma dei sentimenti, Ercole conduceva gli ospiti al convento di Santa Caterina per far visita a Lucia di Narni, la suora le cui stimmate si rinnovavano ogni venerdì. L'ambasciatore francese chiese e ottenne dalla religiosa un telo su cui erano impresse le tracce del sangue: il diplomatico la ringraziò, assicurandola che l'avrebbe conservato come la più preziosa reliquia. Evidentemente, per il galante cavaliere de la Roche le pezzuole insanguinate di suor Lucia erano altrettanto pregiate quanto i doni profumati della marchesa di Mantova.

La domenica si celebrò messa solenne in duomo. Durante l'ufficio religioso l'arcivescovo consegnò ad Alfonso la spada benedetta da Alessandro VI. Nel pomeriggio le feste ripresero con una prevalenza di danze alla francese, «poiché questa nazione comincia a dettare la moda agli altri popoli». Questa volta però Lucrezia abbandonò la tribuna che le era riservata, e mentre le sue donne spagnole e romane cominciavano a battere i loro tamburelli, prese per il braccio la cugina Jerónima e cominciò a eseguire con lei una danza vorticosa, con tutta la vivacità di una Borgia. Per la società ferrarese simili esuberanze erano una tale novità che l'accoglienza del pubblico fu trionfale. «Lucrezia incantava non solo per la sua grazia, ma anche per la precisione e la vivacità con cui eseguiva una coreografia molto complessa.» Una vivacità per l'appunto molto irritante per Isabella di Mantova, che la sera stessa si abbandonò a uno scoppio di indignazione durante la rappresentazione del *Mercator*, opera a suo dire «sconcissima». L'uomo di fiducia dei Gonzaga, Calipuli, scriveva a sua volta al marchese: «Mentre si dava l'oscena commedia, fu notato che la marchesa era così dispiaciuta che tutti la lodarono, e io posso assicurare a Vostra Eccellenza che essa non ha voluto far assistere alla rappresentazione nessuna delle sue donzelle. La vergogna ricade sul duca». Il giorno dopo le porte del palazzo lasciarono filtrare gli echi di un vivace scambio di battute fra padre e figlia, da cui si capiva che la lettera di Calipuli doveva essere stata intercettata e riportata a Ercole. Il duca aveva così scoperto la figlia nell'inedito ruolo di «virtù offesa».

Insomma, la figlia di Ercole d'Este era scontenta di tutto, e constatava con amarezza che la Borgia aveva fatto girare la testa a tutta la sua famiglia.

Mentre il carnevale volgeva al termine furono presentati i doni. Da Lucca e Siena furono portate argenterie, da Firenze vennero broccati d'oro, dal re di Francia un medaglione che raffigurava san Francesco per il duca, e per Lucrezia un rosario di perle nere inframmezzate da sfere d'oro traforate e riempite di muschio, e infine, per Alfonso, uno scudo d'oro, una grande targa di smalto di Limoges raffigurante Maria Maddalena e un trattato sulla fusione dei cannoni. Il dono più singolare fu quello offerto dagli ambasciatori di Venezia, che dopo aver recitato una lunga allocuzione, l'uno in latino l'altro in italiano, si spogliarono dei loro sontuosi mantelli foderati di pelliccia (uno di 38 metri, l'altro di 33) e li presentarono a Lucrezia a nome della Serenissima repubblica. «Il che suscitò grande ilarità», commentò Isabella di Mantova.

Il mercoledì delle ceneri gli ambasciatori e i nobili invitati si congedarono, partendo alcuni in carrozze chiuse, altri per via d'acqua, su piccole navi e bucintori che solcavano i canali.

Ercole d'Este era rimasto particolarmente soddisfatto della condotta di Lucrezia dal giorno del suo arrivo a Ferrara, e lo scrisse ad Alessandro VI:

> [...] Innanzi che giungesse qua la Ill. Duchessa n.ra comune Figliola, Mia ferma intenzione era di accarezzarla e onorarla, siccome si conviene e di non mancare in cosa alcuna pertinente a singolare dilezione: Essendo mo sua S.ria giunta qua, la mi ha talmente satisfatto, per le virtù e degne qualità che ritrovo in essa, che non solo sono grandemente confermato in questa buona disposizione, ma è grandemente cresciuto in me il desiderio e animo di così fare [...] la B.ne V. cognosca, che Io tengo sua S.ria per la più cara cosa che Io abbia al mondo. [...][7]

Chissà se questo stato di grazia era contagioso, o se fosse salutare la distanza fra Mantova e Ferrara; in ogni modo, dal canto suo Isabella inviò a Lucrezia una lunga lettera in cui si esprimeva il desiderio di stringere dei rapporti cordiali.

> [...] Resta che dalla S. V. intenda parimente il successo suo acciò [che] possa pigliarne piacere, come di sorella cordialissima. E benché reputi superfluo offrirle le cose sue, nondimeno per una volta ho voluto ricordare che la può della mia persona e mie facoltà disporre non altrimente che delle sue proprie, e a lei sempre, mi racc.do pregandola voglia rac.mi allo Ill.mo S.re suo consorte mio on.mo fratello [...].[8]

Nella risposta di Lucrezia possiamo leggere:

Onoratissima sorella, sebbene sarebbe stato mio dovere prevenire gli attestati di amicizia che mi deste, nondimeno mi consolo volentieri della mia negligenza perché ciò mi fa tenere ancor più obbligata verso di voi.
Vostra sorella che si mette ai vostri ordini.[9]

Le due missive aprono una relazione che durante i successivi diciassette anni si sarebbe trasformata in una vera e propria amicizia, destinata a non essere infranta neppure dall'amore che più tardi Francesco di Mantova avrebbe avuto per Lucrezia.

I corrieri galoppavano giorno e notte per collegare il Vaticano con Ferrara. Alessandro VI, persuaso che gli Este trattassero bene la figlia, si rallegrava, nei suoi colloqui confidenziali con l'ambasciatore di Ferrara, perché Alfonso sembrava amare la moglie: «Maxime intendendo che continuano dormire insieme la nocte. Se ben intende ch'el Sig. Don Alfonso el dì va a piacere in diversi loci come giovene: il quale, dice S. S.tà, fà molto bene».

Terminate le feste, tuttavia, il duca Ercole cominciò a sentirsi infastidito dalla presenza di tante ospiti romane, che erano rimaste a Ferrara e continuavano a essere mantenute a spese della nuora. Se ne lamentò scrivendo al proprio oratore di Roma:

Le donne rimaste a Ferrara avevano tanti cavalieri e staffieri e servitori da rendergli gravosissima l'ospitalità e di più 450 persone e 350 cavalli.[10]

Spente le luci delle celebrazioni, Ercole d'Este faceva i conti. Per queste nozze aveva speso oltre 25.000 ducati, e le provviste di viveri accumulate erano esaurite; chiese perciò al papa di richiamare a Roma le nobildonne.

Ormai l'ebbrezza dei festeggiamenti si era dissipata, e Lucrezia ebbe tutto l'agio di accorgersi come l'avarizia potesse andare di pari passo con un amore del lusso addirittura rovinoso. Dovette lasciare gli appartamenti di rappresentanza del castello nuovo per installarsi nel palazzo Vecchio, che ancor oggi si eleva nella sua massiccia mole quadrangolare, con ai lati torrioni rossastri con tanto di merli e caditoie: una dimora cupa, cinta da fossati invasi dal muschio e dalle alghe, e d'estate popolati di zanzare, più somigliante a una prigione che a un palazzo. Lucrezia, che fin dall'infanzia era abituata agli stucchi dorati, ai vasti spazi luminosi ornati di affreschi e di arazzi, non riuscì ad adattarvisi. Per di più tutto sembrava andare in rovina. Gli addetti alla cura delle dispense, per negligenza, avevano lasciato invadere dai topi la panetteria; le cantine occupate da botti vuote, cosparse di vetri rotti, di bottiglie sbreccate, emanavano un tanfo di marcio e di umidità. Nelle stanze destinate ad alloggiare gli abitanti le pareti erano corrose dall'umido come da una lebbra. Il palazzo era preda del sudiciume, con servi pigri e malpagati; i corridoi e le scalinate di marmo erano ingombri di detriti e di escrementi animali e umani: di rado venivano spazzati e ancor più di rado lavati. Finestrelle anguste lasciavano scorgere le case costruite dal duca d'Este, la cosiddetta *addizione erculea*, e in lontananza, la sconfinata pianura padana. L'appartamento di Lucrezia si trovava al primo piano, ma non era davvero degno di questo nome. Le cortine del letto erano lise fino alla trama, le tende erano ridotte a cenci polverosi, il broccato delle poltrone in filacce. La suocera di Lucrezia, che aveva sposato Ercole nel 1473, aveva cercato di mettere un minimo d'ordine: prima che lei arrivasse, i paggi dormivano sulla paglia come garzoni di fattoria, e continuavano tutto il giorno a disseminare sul loro cammino i fuscelli rimasti appiccicati alle brache. Perciò la duchessa aveva fatto preparare dei veri e propri materassi e aveva comperato delle spazzole di gramigna; ma era morta ormai da sette anni, e in quel lasso di tempo il castello era tornato nel più completo abbandono.

A sua volta Lucrezia, scoperti gli armadi della biancheria da cui fuggivano centinaia di topi, le lenzuola tutte buchi, la biancheria che nessuno lavava mai, si propose di far cessare il disordine della gestione domestica e riuscì a trasformare la propria residenza privata in una vera e propria oasi. Fece rivestire le pareti di pietra con legni intarsiati, sull'esempio di ciò che aveva visto a Urbino, vi collocò un crocefisso di Jacopo Bellini, un quadro di Mantegna donato da Francesco di Mantova a sua suocera, la *Madonna col Bambino circondata di serafini*, e infine un arazzo su cui erano raffigurati *Salomone e la regina di Saba*. Il letto a colonne accostato al muro fu ornato da una tavola con un manipolo di amorini nudi, a grandezza naturale, che giocavano con dei leoncelli. Cuscini e lenzuola di seta color turchino facevano risaltare la diafana carnagione della padrona di casa; al baldacchino erano appesi tendaggi che riparavano dal freddo. Il centro della stanza era occupato da un cembalo costruito da Lorenzo, grande liutaio mantovano; davanti alla finestra era stato collocato uno scrittoio, e sul pavimento un tappeto a motivi orientali. Dalla camera si passava immediatamente alla sala da bagno, arredata con una vasca di bronzo, specchi di acciaio e una fontana di marmo con la vasca d'argento.

Gli appartamenti di Alfonso ricordavano piuttosto un casino di caccia. Su una immensa tavola erano disposti falconi e girifalchi impagliati, alle pareti erano appesi diversi quadri che rappresentavano i cani e i cavalli favoriti del duca. Le pareti divisorie delle sale da ricevimento erano rivestite di cuoio di Cordova arabescato d'oro, su cui risaltavano le opere di Vittore Pisanello, il protetto di Leonello d'Este, i ritratti degli Aragona e dei duchi di Ferrara. Intorno al camino era disposta una dozzina di scranni, lungo le pareti si trovavano delle panche di pietra. Nel centro della sala Lucrezia aveva fatto mettere una grande tavola coperta da un panno, per disporvi gli oggetti che le erano più cari. Con i suoi energici interventi la duchessa era riuscita un po' per volta a trasformare la fortezza ostile in una sorta di bozzolo relativamente protettivo, ma il luogo continuava a essere sinistro, ossessionato dalle memorie lasciate dal tragico epilogo dell'amore fra Ugo d'Este e la Parisina, seconda moglie del padre di Ercole.

Per evitare l'ossessione di quelle mura la giovane donna tentava di evadere, in cerca di nuovi paesaggi. Le sue carrozze sfidavano la neve che copriva le strade per portarla a visitare i conventi del circondario, soprattutto quello delle clarisse del Corpus Domini, fondato da Eleonora d'Aragona per le giovanette dell'aristocrazia. Lucrezia trovava nel convento il conforto della pace. Dopo il suo arrivo aveva commesso l'errore di limitarsi a frequentare le amiche romane o spagnole, respingendo le donzelle d'onore proposte dal duca d'Este. In particolare Teodora Angelini, vedendosi quasi sempre trascurata, a vantaggio di Adriana, si lamentava con Isabella di Mantova, che si affrettò a darne notizia al padre. Ercole era irritato dalla presenza di queste devote dei Borgia, e insospettito da Adriana che gli sembrava una intrigante; scrisse quindi al papa chiedendogli di richiamare a Roma le dame e i cavalieri del seguito della duchessa, anzi li congedò sui due piedi, senza neppure attendere la risposta del pontefice. In effetti nel palazzo di castel Vecchio restavano ancora Angela Borgia, alcuni gentiluomini e tre «cataline», la valenziana che non piaceva a tutti, la napoletana che non era una bellezza, la pazza Deda, devotissima ma troppo amante del vino, e la schiava che Lucrezia si compiaceva di abbigliare con panni sontuosi.

I cronisti osservarono ben presto che Lucrezia aveva mutato atteggiamento verso le ferraresi: ormai spalancava loro le porte. Invitò Teodora alla sua tavola (era un segno di grande favore), e cercò di farsela amica esprimendole ammirazione per Isabella d'Este. Pochi mesi dopo Laura Bentivoglio confermava a Isabella le buone disposizioni della duchessa di Ferrara:

Mi invitò a sedermi e si informò a proposito di Vostra eccellenza con incantevole amabilità. Mi interrogò sui vostri abiti e soprattutto sulle vostre acconciature. Dopo di che, a proposito delle sue vesti di foggia spagnola, mi disse che se desideraste vedere o possedere qualsiasi oggetto che sia in suo potere di procurarvi, essa sarebbe lieta di rendervi questo favore, poiché desidera assai compiacere a Vostra Eccellenza. Ha manifestato il desiderio che qualche volta le scriviate, e in termini di maggiore intimità.[11]

Ercole ammirava Lucrezia, e tuttavia tra suocero e nuora sorse un dissidio grave, per una questione di denaro. Il duca di Ferrara le aveva appena assegnato un appannaggio annuale di 8000 ducati, somma che avrebbe dovuto coprire le spese sue personali e quelle per il mantenimento della sua corte, ossia il vitto, gli abiti, la manutenzione e lo stallatico di carrozze e cavalli, i costi per i ricevimenti e i doni appropriati al suo rango. La figlia di Alessandro VI, che non aveva mai dovuto sottomettersi a un'amministrazione a bilancio fisso, da quando era arrivata a Ferrara aveva speso con una prodigalità da regina. A suo parere la dote che aveva portato le consentiva di esigere una rendita di almeno 12.000 ducati. Lucrezia era molto contrariata e chiese l'intervento del papa, dichiarando di essere stata costretta a impegnare parte dei suoi gioielli per poter offrire dei conviti o ricompensare le persone del suo seguito, congedate dal signore di Ferrara. Alla fine quest'ultimo, che teneva a non guastarsi con il pontefice, accettò di portare la cifra a 10.000 ducati. Lucrezia acconsentì «per non mercanteggiare», persuasa che il prossimo annuncio della sua gravidanza avrebbe commosso il duca, inducendolo a una maggiore generosità. Ma non teneva conto del fatto che in una famiglia tanto prolifica le nascite erano eventi quanto mai banali, che non avrebbero mai avuto il minimo influsso sulla situazione finanziaria.

A dire il vero, le lamentele di Lucrezia suscitavano scarso interesse sia nel suocero che nel marito: il primo era un umanista dotato di grande senso politico, tiranno fra i tiranni, temuto dal popolo e amato dalla sua corte; il secondo un intrepido cacciatore che trascorreva intere giornate nelle paludi, aveva una gran passione per la fonderia e tutte le premure possibili, oltre a grandi dimostrazioni di stima, per i suoi maestri d'arte più capaci (la corte le trovava esagerate, ma era proprio questo ad avergli guadagnato la venerazione dei suoi artigiani). Sembra addirittura che il duca Ercole dichiarasse all'ambasciatore Carlo Bonvesin della Carta: «Giammai non cederei [a Lucrezia] se pur ci venisse Dio». Quanto ad Alessandro VI, era così soddisfatto del comportamento coniugale di Alfonso, che pare si limitasse a ripetere: «Basta che loro due si amino».

XV
I GIRONI DELL'INFERNO

Fin da quando aveva messo piede a Ferrara, Lucrezia sentiva che in quella città aspra e severa, oppressa dalle nubi, non avrebbe avuto vita facile; anzi, se le fosse mancata la compagnia di letterati e poeti, si sarebbe addirittura sentita oppressa. Per fortuna nacque un'amicizia con Tito ed Ercole Strozzi,[1] che appartenevano a un'antica famiglia fiorentina trapiantata a Ferrara. Tito Strozzi era una figura di spicco nel ducato, membro del tribunale supremo dei Dodici Giudici e celeberrimo latinista. Ercole era un poeta più raffinato; divenne il confidente di Lucrezia, e la loro amicizia gli portò conseguenze tragiche.

Ma in questa fase iniziale i due eruditi si limitavano a mettere al corrente la figlia del Borgia di Spagna di tutte le grandezze e miserie che avevano segnato la casata italiana degli Estensi, con la quale Lucrezia si era appena imparentata. E da poeti quali erano, attinsero alla *Divina Commedia* per introdurre la loro duchessa ai segreti della storia, colma di fragore e di furore, dei signori di Ferrara: in sostanza il segreto più vero del loro successo consisteva nel puro e semplice impiego di arti come la dissimulazione e la crudeltà. Nel dodicesimo canto dell'«Inferno», Dante scrive, infatti:

Or ci movemmo con la scorta fida
lungo la proda del bollor vermiglio,
dove i bolliti facieno alte strida.
Io vidi gente sotto infino al ciglio;
e 'l gran centauro disse: «E' son tiranni
«che dier nel sangue e nell'aver di piglio.
«Quivi si piangon li spietati danni;
«quivi è Alessandro, e Dionisio fero,
«che fe' Cicilia aver dolorosi anni.
«E quella fronte c'ha 'l pel così nero,

«è Azzolino; e quell'altro ch'è biondo,
«è Opizzo da Esti, il qual per vero
«fu spento dal figliastro su nel mondo».
(XII, 100-112)

La dinastia degli Este, che risaliva all'XI secolo, doveva la sua prima notorietà proprio al parricidio ricordato da Dante: Azzo VIII aveva soppiantato il padre Obizzo dopo averlo ucciso strangolandolo. Ma il casato era riuscito a consolidarsi soltanto nel 1329, quando gli Este erano stati nominati vicari della Chiesa, e vicari imperiali di Modena e Reggio dall'imperatore Federico il Bello: queste ultime erano le due città più importanti della regione, dopo Ferrara. L'undicesimo marchese di Ferrara,[2] Alberto, aveva inaugurato il regno assassinando nel 1388 il nipote Obizzo, erede legittimo al titolo, e la madre di questi. Più tardi si era innamorato della figlia del suo cameriere e non aveva esitato a sposarla, per poi abbandonarla a favore della madre, Margherita del Sale, la più bella donna dell'epoca. Fu quindi costretto a presentarsi a Roma in veste di penitente, e ottenne dal papa, facendo sfoggio di umiltà e di contrizione, la Rosa d'Oro, simbolo di virtù, e inoltre la licenza di fondare una università, sull'esempio di quelle di Bologna e di Parigi. Prima di tornare a Ferrara Alberto si ammalò, e temendo di ricadere alla mercé di Margherita, la fece strangolare. Sulla facciata della cattedrale Lucrezia poté ammirare l'effigie marmorea del «sant'uomo», ritratto in veste di penitente.

Nel 1393, alla morte di Alberto, il figlio, Niccolò III, era ancora minorenne, e prima di accedere al potere dovette aspettare nove anni. Il suo primo atto di governo, a imitazione dell'avo Obizzo II, fu di far uccidere tutti i reggenti che fino allora avevano avuto la cura dei suoi Stati. Niccolò III era un uomo passionale in guerra quanto in amore, e nel 1396 aveva sposato Gigliola da Carrara, rimasta sterile; la cronaca gli attribuiva però non meno di ottocento amanti. Secondo un diffuso detto popolare, i monelli che giocavano sul greto del Po sarebbero stati tutti suoi: così Niccolò III si era guadagnato l'appellativo di «Padre della patria». Di questi bambini e bambine ne furono allevati a corte ventisette, fra bastardi e legittimati, senza nessuna distinzione. Stella dei Tolomei, bella e amata dal popolo, rimase la sua favorita ufficiale per diciotto anni, e gli dette tre figli: Ugo, nato nel 1405, Leonello, del 1407, e Borso, del 1413.

Seguendo il consiglio di Stella, Niccolò III partì per la Terrasanta, e giunto al sepolcro di Cristo, a riprova della violenta passionalità che dominava la sua natura tanto nella condotta della guerra quanto nelle espressioni di fede, passò diverse notti in preghiera, coricato sul pavimento, le braccia allargate in croce. In seguito, mescolando il gusto per l'avventura e quello per l'umiliazione con la consueta testardaggine, decise di fare una novena nel santuario del Mont-Saint-Michel, il che lo costrinse ad attraversare la Francia devastata dalla guerra dei Cent'anni.

Rimasto vedovo nel 1416, Niccolò III si risposò qualche anno dopo, ma non con Stella, come tutti avrebbero sperato, bensì con la giovane Parisina Malatesta, figlia del signore di Rimini, e non si fece scrupolo di tradirla più volte, con la massima pubblicità; da Parisina ebbe due figlie. Il primogenito suo e di Stella, Ugo, non dimenticò tuttavia l'affronto subito dalla madre, e pian piano la sua animosità contro la nuova venuta si trasformò in un vero e proprio odio. Parisina, sapendo che Ugo amava la musica, come lei del resto, gli fece dono di una bellissima arpa. Niccolò III, felice del miglioramento che gli pareva di vedere nei rapporti fra la moglie e il figlio, chiese a Ugo di accompagnare la matrigna in un pellegrinaggio alla Madonna di Loreto. Non poteva prevedere il tragico epilogo di quella gita a tema spirituale. Di fatto a ciascuna sosta Parisina leggeva al figliastro il quarto canto della *Divina Commedia*, in cui Dante racconta la storia di Paolo e Francesca, che essa conosceva bene anche perché i due celebri amanti appartenevano alla sua stessa famiglia. Dopo aver passato tanto tempo a evitarsi, i due giovani cominciarono a non desiderare altro che vedersi, a ogni ora del giorno e della notte, fino a dimenticare ogni precauzione. Quando Niccolò III si seppe tradito, fece rinchiudere la moglie nella torre oggi detta «della marchesa», e il figlio nella «torre dei leoni». La notte successiva Ugo andò coraggiosamente incontro al carnefice, che gli mozzò la testa con un colpo di spada, mentre Parisina, dopo aver assistito all'esecuzione, depose i propri gioielli, e si inginocchiò davanti al ceppo su cui era ancora fresco il sangue del suo amante. I due innamorati avevano entrambi vent'anni, e furono più tardi immortalati da Byron nel poema *Parisina*.

Ma il marchese di Ferrara non si limitò a questo: addirittura emanò un editto nel quale si condannavano a morte tutte le donne colpevoli di adulterio; in seguito però si rese conto che, essendo stato in molti casi lui stesso complice di tali oltraggi alla fedeltà coniugale, applicare il decreto avrebbe rischiato di metterlo in imbarazzo, e quindi lo revocò. Sei anni dopo, ormai quarantottenne, prese una nuova moglie: Ricciarda, figlia del marchese di Saluzzo. Nel nuovo contratto di nozze fece inserire la clausola secondo cui l'eventuale figlio di questa unione non dovesse ereditare il trono, che doveva rimanere riservato a Leonello, fratello minore di Ugo. Papa Martino V legittimò il figlio di Stella dei Tolomei e gli concesse la signoria di Ferrara, feudo della Chiesa. Nove mesi dopo, però, Ricciarda dava alla luce un maschio, al quale fu dato il nome di Ercole: questi sarebbe divenuto il suocero di Lucrezia.

Niccolò III morì dopo dieci anni di felice vita coniugale, e con l'ascesa al trono del suo successore si vide per la prima volta un estense diventare signore di Ferrara senza massacri, senza torture, senza esecuzioni. Ma Leonello (1407-1450) non poteva dimenticare quale tragedia avesse fatto di lui il tredicesimo marchese. Le ombre del fratello Ugo e dell'infelice Parisina, la perdita della prima moglie Margherita Gonzaga, che Leonello aveva amato fino alla venerazione, velavano di malinconia il suo spirito. Per opportunità politica sposò Maria d'Aragona, figlia naturale di Alfonso il Magnanimo re di Napoli, dalla quale ebbe Niccolò. Al contrario dei suoi predecessori, che avevano chiamato a sé artisti e scrittori già noti, utili a magnificare la loro gloria, Leonello radunava nella sua corte umanisti ancora sconosciuti, mostrando sempre grande tolleranza. I sudditi lo veneravano proprio perché il suo dominio non era fondato sul terrore. Una medaglia cesellata dal Pisanello per celebrarlo esalta su un lato lo splendore del suo regno, sull'altro la sua saggezza politica.

Leonello moriva nel 1450, dopo aver ristabilito la pace nei suoi possedimenti, come più tardi avrebbe fatto in Toscana Lorenzo de' Medici. Gli successe Borso, terzo figlio della bella Stella, che a differenza del fratello era dotato di robusta forza vitale, come possiamo intuire dal suo viso squadrato e intelligente riprodotto negli affreschi di Schifanoia, con i quali si è assicurato l'immortalità. Borso governò lo Stato con una giustizia più apparente che reale, ricevendo dall'imperatore Federico III il titolo di duca di Modena e di Reggio, in cambio di un versamento in denaro, mentre il papa, alle stesse condizioni, gli concedeva il diritto di chiamarsi duca di Ferrara. Sullo stemma degli Este, che fino allora aveva portato un'aquila bianca e i gigli di Francia concessi da Carlo VIII, si aggiungeva quindi la nera aquila imperiale.

Borso si adoperò per bonificare le paludi del Ferrarese e per incamerare vari territori, usando la scaltrezza invece delle armi. Sapeva mostrare gratitudine per la devozione di chi lo serviva; per esempio, quando nel 1469 morì il suo consigliere privato, invitò ai funerali la corte e il popolo, ordinando ai tribunali e all'università di rimanere chiusi per ventiquattr'ore. Per la prima volta accadeva che il primo signore della casa estense assistesse alla sepoltura di un suddito. Borso, vestito di nero, seguì il feretro del piccolo funzionario ecclesiastico fino al chiostro dove era stata preparata la sepoltura.

Come proprio successore Borso indicò Ercole, all'epoca quarantenne, rifiutando di considerare i desideri di Leonello e quindi ignorando i diritti del nipote Niccolò, che viveva a Mantova con lo zio Ludovico Gonzaga. Ventitré anni prima Ercole aveva già avvelenato il cugino Francesco d'Este, figlio bastardo di Leonello, e cercò di usare lo stesso espediente con Niccolò, ma senza riuscirvi. Anzi avrebbe rischiato di perdere il ducato, se non fosse stato per il sangue freddo mostrato dalla moglie Eleonora d'Aragona, figlia del re Ferdinando di Napoli, che si trovò sola a Ferrara quando Niccolò cercò di impadronirsi della città, aiutato dal marchese di Mantova. Una schiera di armati che erano riusciti a entrare sui battelli, per via d'acqua, al grido di guerra «Vela, vela», cercò di impadronirsi della città. Ma la lealtà dei soldati, che ricevevano il loro soldo con perfetta regolarità, come in Italia accadeva di rado, e la fermezza di Eleonora, padrona del castello, riuscirono a sopraffare gli attaccanti, capeggiati dal figlio legittimo di Leonello. Questi fu scacciato dalla città e dovette fuggire attraverso gli acquitrini del Polesine, dove fu fatto prigioniero.

Al suo ritorno Ercole, fedele alla tradizione familiare, si vendicò con selvaggia crudeltà: duecento uomini furono impiccati alle torri del palazzo della Ragione e il nipote venne decapitato. Dopo l'esecuzione, però, la testa di Niccolò fu ricucita al corpo, e il cadavere, rivestito di abiti sontuosi e con un paio di guanti rossi, fu deposto in una bara aperta per consentire al popolo di ammirare la clemenza del duca. Ercole seguì il feretro fino all'ultima dimora: a piedi, accompagnato dai propri familiari e preceduto dal clero in solenne processione, mentre tutte le campane suonavano. La duchessa scoppiò a piangere, e i suoi singhiozzi mossero al pianto le donne che assistevano al passaggio del corteo dalle finestre, e persino gli uomini e i fanciulli che sfilavano. La grandiosa cerimonia funebre servì a consolidare il potere di Ercole e la fama di Eleonora.

Dal matrimonio nacquero Isabella, Beatrice, Alfonso, Ippolito, Ferrante, Sigismondo; il duca ebbe soltanto due bastardi: Lucrezia e Giulio. Sotto il suo regno, contrassegnato dalla buona amministrazione più che dalle guerre, Ferrara fu prospera quanto Milano.

In tutta Italia non c'era signore più solidamente insediato sul proprio trono, né più ricco, del duca di Ferrara. Sebbene la capitale fosse stata ampliata non si riusciva più a trovarvi una casa in affitto; Ferrara era la prima città moderna europea: l'architetto Biagio Rossetti aveva costruito nuovi quartieri dalle proporzioni armoniose, dove le vie erano tracciate in forme geometriche, e che attiravano sia i commercianti, sia gli esuli più abbienti. L'aristocrazia, prendendo esempio dalla corte, cominciò a innalzarvi dei palazzi privati. I Trotti, i Castelli, i Sacrati, tutti avevano le loro residenze; antiche casate comitali come i Contrarii, i Pii, i Costabili, i Boschetti, i Ravarella, i Muzzarelli e i Pendaglio, tutti devoti al duca, possedevano dimore opulente. Ciascuna di queste famiglie era parte integrante della magnificenza dello Stato e, anzi, dava lustro allo stesso duca Ercole.

La popolarità del sovrano presso i suoi sudditi, già grandissima, giunse al culmine il giorno in cui Ercole destituì il percettore delle tasse, che sottoponeva i contribuenti a una pressione intollerabile; ma anche il giorno in cui rinunciò a punire l'assassinio di un suo funzionario davanti al quale tremavano tutti, umili e potenti, compresi gli stessi familiari del duca. Si trattava di un capitano di giustizia, Gregorio Zampante, che metteva gli accusati alla tortura, oppure li costringeva a pagare migliaia di ducati, mentre alcuni criminali venivano rimessi in libertà. Si trattava di un «nemico di Dio e degli uomini», il quale però era in grado di rifornire di forti somme le casse dello Stato, e quindi Ercole lo lasciava fare, sicuro che un giorno o l'altro qualcuno lo avrebbe tolto di mezzo. Furono due studenti, i quali appena compiuta l'opera saltarono in groppa ai loro cavalli e si slanciarono al galoppo per le vie cittadine, gridando: «Buona gente, uscite di casa, abbiamo ammazzato Zampante!». Il duca non li fece mai ricercare, anzi permise al popolo di accendere fuochi di festa e di far suonare le campane.

Verso il loro duca i ferraresi provavano un sentimento misto, composto di terrore, lealtà e riconoscenza. Nella primavera del 1502 Lucrezia poté dunque constatare come, in conseguenza della scarsa resa delle colture dell'anno precedente, insufficiente ai bisogni della popolazione, il suocero si fosse procurato del grano fuori del suo Stato e l'avesse fatto distribuire gratis ai suoi sudditi; il che non gli impedì, pochi mesi dopo, di fare il giro della città insieme a tutta la famiglia, ossia *andar per ventura*, per riscuotere dal popolo del ducato una serie di offerte in natura, proporzionate alle fortune di ciascuno.

La casata ducale non aveva mai cessato di patrocinare la fioritura delle arti e delle lettere. Nel 1471 Ercole aveva chiamato a Ferrara il francese Andreas, soprannominato Belforte, per impiantare la prima stamperia italiana. Ne derivava un costante progresso dell'università, una delle più antiche e famose dopo quelle di Bologna e di Padova: era stata fondata dal marchese Alberto nel 1391, e Leonello, aiutato da Guarino da Verona, aveva fatto di tutto per renderla illustre, istituendovi un fondo di manoscritti rari. All'inizio del regno di Ercole ne facevano parte quarantacinque dottori, ben retribuiti, che insegnavano astronomia, matematica, scienze naturali, medicina, filosofia e filologia. Per mostrare quanta importanza attribuisse a questo prezioso gioiello della sua corona, il duca celebrò l'anniversario dell'avvento al trono con una processione che fu paragonata a quella del Corpus Domini: i figli della casa d'Este, legittimi e bastardi, sfilarono in vesti di broccato d'oro, fianco a fianco con i maestri del sapere, per le vie cittadine, dove tutte le botteghe erano state chiuse.

Ercole aveva ricevuto la sua educazione di guerriero e di umanista dai dieci anni d'età in poi, quando, rimasto orfano di padre, era stato inviato a Napoli presso il re Alfonso il Magnanimo. Alla corte aragonese le arti marziali erano tenute in grande onore, ma non meno della cultura e dell'intelligenza. Durante una grave malattia, Ercole aveva scoperto la vita di Alessandro scritta da Quinto Curzio Rufo e ne aveva fatto la sua lettura quotidiana: era rimasto affascinato da questo personaggio-meteora, morto a trentatré anni dopo aver conquistato tutto l'Oriente, sconvolgendo il mondo antico; un uomo che si era creduto un dio, ma aveva conservato tutte le umane contraddizioni: collere violente alternate alla tristezza, atti di crudeltà che seguivano atti generosi, piccinerie mescolate alla liberalità. Senza dubbio la causa, anzi la giustificazione, dei repentini mutamenti di umore per cui Ercole andava celebre deve trovarsi proprio nell'aver preso Alessandro Magno come modello ideale. Oltre alla *Vita di Alessandro*, altri autori favoriti furono Plutarco, Senofonte, Euripide e Seneca. Ercole poi aveva una grande passione per il teatro, tanto che aveva voluto tradurre Plauto e Terenzio in versi italiani.

Diversamente dal padre, Alfonso d'Este non aveva simili gusti; se assisteva a uno spettacolo, era per dovere piuttosto che per diletto, sebbene gli altri suoi interessi compensassero largamente queste carenze. L'ammirevole ritratto eseguito da Tiziano rende benissimo l'impressione di forza e di fermezza che doveva emanare da Alfonso, le sue maniere brusche, lo sguardo leale. Senza dubbio la severità dell'espressione trova origine in una giovinezza segnata dalle angosce della guerra contro Venezia, e nello sconforto della famiglia, costretta a cedere alla Repubblica serenissima il fertile territorio del Polesine, con il suo capoluogo, Rovigo. Da quel momento in poi la divisa di Alfonso fu *Si vis pacem, para bellum*. Dopo tre regni pacifici, il duca sapeva che a lui sarebbe toccato di affermare tutta la forza militare del proprio ducato. Perciò cercava di valersi delle innovazioni introdotte nella tecnica dell'artiglieria, e fece installare una fonderia, diventando lui stesso esperto nell'arte di fondere i cannoni. Grazie ai viaggi in Inghilterra, Olanda e Francia, Alfonso aveva imparato molto sull'industria e il commercio delle armi. Era inoltre un accanito cacciatore, dotato di straordinaria resistenza fisica, il che gli consentiva di passare intere nottate negli stagni di Comacchio, anche nella stagione più inclemente.

Il duca Ercole non riusciva a riconoscersi in un figlio che a ventun anni, in pieno giorno, si era aggirato nudo per le vie di Ferrara, con una spada in pugno. Le sue stranezze gli ricordavano il temperamento impetuoso di Niccolò III, padre di Ercole: un patrimonio ereditario che si sommava all'ardente carattere aragonese della madre, Eleonora. Alfonso aveva fatto costruire il sontuoso castello del Belvedere su un'isola del Po, affidando ai suoi artisti favoriti, Dosso Dossi e Giovanni Bellini, la cura della decorazione dei suoi palazzi; l'Ariosto era suo amico, e lo stesso Alfonso era un ottimo suonatore di viola.

Come si vede, Lucrezia aveva tutte le ragioni per non sentirsi affatto in soggezione rispetto alla famiglia del marito, sebbene i Borgia non potessero rivendicare un simile passato di ripetuta violenza. Sotto questo aspetto, fino al momento a cui ci riferiamo, il Valentino era l'unico Borgia ad avere il triste privilegio di somigliare ai signori di Ferrara. D'altronde Lucrezia ricevette la notizia dell'aggressione vittoriosamente portata a termine da Cesare contro la città di Urbino mentre si trovava, affaticata dalla gravidanza, nel castello di Belriguardo, dotato di trecentosessantacinque stanze affrescate da Cosmé Tura e da Ercole Roberti. Guidobaldo era stato indotto da consiglieri fraudolenti della sua corte a consegnare le proprie artiglierie a Cesare, che avrebbe dovuto servirsene per attaccare Camerino. Il duca di Urbino pensava così di ingraziarsi il papa; ma il Valentino non esitò a rivolgere contro di lui le sue stesse armi. Il 20 giugno, mentre Guidobaldo da Montefeltro era a cena nei giardini del monastero degli Zoccolanti, gli fu comunicato che l'armata del Borgia era in arrivo ed egli fu costretto a fuggire a cavallo, senza neppure poter prendere un mantello, riuscendo a fatica a riunirsi alla moglie, rifugiata a Mantova dai parenti. «Salvai la mia vita, il mio farsetto e la camicia. Non avevo mai visto una tale ingratitudine, un tale tradimento»: così scrisse Guidobaldo il 28 giugno al cardinale della Rovere, poi Giulio II papa.

Lucrezia fu inorridita da quello che Machiavelli definì un capolavoro strategico. Bernardino de' Prosperi scriveva alla marchesa di Mantova che la duchessa di Ferrara non sapeva darsi pace, ricordando le accoglienze ricevute dai Montefeltro al suo passaggio da Urbino, pochi mesi prima. Uno stato d'animo confermato da una lettera del Prete alla stessa marchesa: «[La duchessa] mi domandò se aveva avuto lettera della S. V. del caso occorso. Dissi di no. Lei mostrò aver grandissimo dispiacere e così tutta la sua Corte, e mi ha detto che la pagaria cinquantamila ducati non l'avere mai conosciuta [la duchessa d'Urbino], e dove potrà con fatti e parole non mancherà mai».[3]

Infatti il duca di Romagna – questo era il nuovo titolo concesso dal pontefice al figlio – si era installato sul trono ducale di Urbino, eliminando gli avversari con il ferro o col veleno. Erano i suoi strumenti consueti: la tirannia, e all'occorrenza l'omicidio. La città di Urbino fu sottoposta a un vero e proprio saccheggio. Per diverse settimane si caricarono le mule di arazzi, statue, vasellame d'oro, libri preziosi. Secondo il Sanudo fu accumulato un bottino di 150.000 ducati. Alla generale rapina si associò un personaggio insospettabile: Isabella Gonzaga, che nella sua passione per le antichità riuscì a dimenticare la presenza, sotto il suo stesso tetto, dei parenti depredati. Il dispiacere che ne provava non le impedì di rammentarsi che nel palazzo di Urbino si conservavano due ammirevoli sculture marmoree; pregò quindi il fratello, il cardinale Ippolito, di fargliele avere:

> Carissimo e onoratissimo fratello, il signor duca di Urbino, mio cognato, aveva in casa sua una piccola Venere di marmo antico e un Cupido che gli erano stati donati tempo addietro da Sua Eccellenza il duca di Romagna. Non vi descriverò la bellezza della Venere, perché credo che l'abbiate vista. Quanto al Cupido, non ha uguali in nessuna opera moderna. Sono certa che questi oggetti saranno ormai nelle mani del duca, con tutto quanto era contenuto nel palazzo di Urbino. Desiderosa come sono di raccogliere antichità per arredare il mio *studiolo*, sarei felice di possedere queste statue. La cosa non mi sembra impossibile, perché mi si dice che Cesare non abbia grande passione per l'antiquariato. Ma non ho sufficiente familiarità con lui per chiedergli questo favore direttamente. Penso che sia meglio richiedere i vostri buoni uffici, pregandovi di avere la bontà di farvi mandare la Venere e il Cupido tramite un corriere con una lettera urgente così da farci aver soddisfazione.[4]

Cesare, che d'altro canto essa qualificava di volgare assassino, fu tanto più sollecito nel rispondere in quanto aveva saputo, dall'artista stesso, che il Cupido era in realtà opera di Michelangelo.

Per Lucrezia era arrivato il momento delle delusioni. Nel castello di Pavia, dove si erano ritirati il suocero e il marito, il re di Francia, Luigi XII, sembrava considerare Cesare il proprio alter ego: suscitando lo stupore dei presenti, il sovrano subiva, a quanto pareva, il fascino del guerriero, al quale manifestava per chiari segni un affetto che non sembrava commuovere affatto il duca di Romagna.

L'unica ad apparire scossa dal tiro mancino giocato da Cesare ai duchi di Montefeltro era Lucrezia, rimprovero vivente per il conquistatore: i messaggi che il fratello le inviava gli tornavano indietro con il sigillo intatto. A giustificazione della propria condotta il diabolico vincitore arrivò a citare l'infermità di Guidobaldo, e la sua conseguente inabilità a procreare; Cesare suggeriva di risolvere tutto persuadendo il duca d'Urbino a prendere gli ordini e il galero cardinalizio, beninteso dopo aver fatto annullare il proprio matrimonio. In tal modo colei che sarebbe diventata la ex moglie, e che fino a quel momento gli aveva manifestato una fedeltà a tutta prova, sarebbe stata rimaritata a qualche barone francese vassallo del duca Valentino. Il progetto venne accolto dal papa, che inviò a Mantova i propri oratori per esporlo ai Gonzaga, così che essi stessi lo riferissero a loro volta ai parenti urbinati.

Nello stesso periodo, da Roma giunse una notizia che mise il gelo nel cuore di Lucrezia. Il valoroso signore di Faenza, Astorre Manfredi, era stato trovato nel Tevere insieme al fratello, con un cappio al collo e sul corpo i segni di orribili sevizie: impossibile non riconoscere la mano di Cesare in questo doppio delitto.

La salute di Lucrezia era messa a repentaglio da tante notizie di astuzie, tradimenti, rapine, bassezze, assassinii: la figlia del papa era preda della melanconia, aveva perduto il sonno, e il caldo umido incombente sulla pianura padana la spossava. Considerando la sua costituzione delicata, resa ancor più fragile dalla gravidanza, i medici le consigliarono di lasciare l'umida dimora di Belriguardo per il palazzo di Belfiore, situato in un'estensione del castello ducale, un edificio giudicato più salubre. Ma a metà luglio a Ferrara scoppiò una pestilenza, da cui fu contagiata anche Lucrezia, senza però che si potesse mai arrivare a una diagnosi chiara. L'ambasciatore Beltrando Costabili mandava quotidiani dispacci al papa per tenerlo informato sulle condizioni della figlia, ma Alessandro VI non credeva trattarsi di una malattia grave, anzi pensava che fosse una finta. Lucrezia ebbe una reazione violenta quando le fu riferito un commento del padre, secondo il quale la sua malattia era dovuta a una esasperata «malinconia, per non voler ella contentarsi dei diecimila ducati» di rendita deliberati dal suocero. Il papa proseguiva suggerendo che le fossero dati i dodicimila ducati richiesti, dei quali, a suo dire, Lucrezia sarebbe stata così contenta da risanare al più presto, e poi vivere serena. Il duca Ercole avrebbe dovuto badare a quel che faceva, perché la morte di Lucrezia non avrebbe giovato né ai Borgia né agli Estensi.

Cesare Borgia passava di trionfo in trionfo. Camerino stava per capitolare, e il Valentino ne scriveva così alla sorella:

> Illustrissima ed Eccellentissima Signora germana nostra carissima. Tenendo per certo che nulla più efficace e salubre medicina essere può alla presente indisposizione della eccellenza vostra che sentire buone e felici novelle, Le facciamo intendere che in questo punto avemo avuta nuova e certezza della presa di Camerino. Preghiamo quella voglia fare onore a questa nuova con evidente effetto di miglioramento e farcelo intendere. Imperocché con la sua infermità né di questa né di altre possiamo sentire piacere alcuno. [...][5]

Cinque giorni dopo Camerino si arrese, e tutta la famiglia dei Varano, signori della città, fu massacrata, con la sola eccezione di Gian Maria.

Cesare era il trionfatore che aveva ormai sottomesso la parte più importante di quelli che erano gli Stati pontifici, e avendo Ferrara come alleata poteva farsi pienamente padrone dell'Italia centrale. Ercole era imparentato con i Varano, e tuttavia giudicò utile congratularsi con il Valentino.

XVI
IL FILTRO DI LUCREZIA

Nel castello di Belfiore la salute di Lucrezia suscitava gravi preoccupazioni. Vi fu un lieve miglioramento, interrotto una mattina dall'inatteso arrivo di Cesare. Nessuno riuscì a sapere che cosa si fossero detti fratello e sorella, ma si udirono gli scoppi della voce di Lucrezia che si esprimeva nella parlata valenziana. In ogni modo la visita provocò una ricaduta, alla quale il marito di Lucrezia assistette senza poter intervenire. La pestilenza si diffondeva e faceva le sue vittime anche nel seguito della duchessa: furono costrette a letto Angela Borgia, la negretta Caterinella e Lisabetta da Siena; il paggio Ludovico dei Carri ne morì, mentre Teodora Angelini, temendo di dover portare la responsabilità di un'eventuale morte della padrona, fuggì insieme alla figlia.

Nella notte del 5 settembre Lucrezia ebbe un attacco violento e improvviso di dolori lombari che la fecero fuggire dal letto; appena l'attacco si fu attenuato essa partorì, fra atroci dolori, una bambina settimina, che nacque morta. Poche ore dopo si manifestò una febbre puerperale così violenta che i medici ritennero Lucrezia in pericolo di vita. Quando riprese coscienza, la puerpera intravide Alfonso che le teneva la mano, e Cesare che le teneva fermo il piede per consentire ai medici di praticarle un salasso. Il segretario di Ercole riferisce al suo signore, in quel momento a Reggio, che l'operazione è stata straordinariamente difficile, ma a quanto pare ha avuto successo; e Cesare, rassicurato sulla sorte della sorella, dalla quale pure dipendeva la sua stessa, era ripartito quella sera.

Ma anche questo miglioramento fu di breve durata, e il 13 settembre Lucrezia volle confessarsi e comunicarsi. Tutti credevano che non sarebbe sopravvissuta: l'oratore di Ferrara a Venezia, Bartolomeo Cartari, disse a voce alta ciò che tutti pensavano: «Dio la conservi perché non saria in proposito che la mancasse per adesso e così la maldicenza cesserà». Cinque giorni dopo, raccogliendo tutte le sue energie, Lucrezia aggiunse al proprio testamento un codicillo riguardante il figlio Rodrigo di Bisceglie e, quasi pacificata dall'estremo sforzo, cadde in una sorta di letargo sotto gli occhi del marito.

Fu grande il suo stupore allorché l'indomani, emergendo dal torpore, scorse Alfonso immobile nello stesso posto, ansioso di cogliere il primo segno di vita sul suo viso. Non aveva mai ricevuto simili prove di affetto. Il duca le confessò di aver fatto il voto di andare a piedi fino alla Madonna di Loreto se Lucrezia fosse guarita. Quando il papa seppe di questa sua intenzione, scrisse al genero che la Madonna sarebbe stata altrettanto contenta se vi fosse andato a cavallo...

In sei mesi Lucrezia era riuscita a compiere il miracolo: il marito l'amava più della dote che gli aveva portato. Come si ricorderà, infatti, il contratto di matrimonio aveva sancito che alla morte di Lucrezia gli Este avrebbero conservato tutti i beni ottenuti in base al contratto stesso: privilegi territoriali, titoli, gioielli, i famosi ducati *larghi*. Ormai Lucrezia poteva abbandonarsi alla fiducia. Oltre a godere dell'amore del marito, aveva numerose prove della simpatia di cui era circondata tra le persone più vicine, nella corte, fra i magistrati, i borghesi di città, i contadini. Fu chiaro d'un tratto che Lucrezia godeva di grande popolarità, e tutti aspettavano da lei un erede maschio.

Il 20 settembre 1502 i medici la dichiararono fuori pericolo, consentendo il suo ritorno a Castel Vecchio. Ma l'umidità di cui era impregnato il castello, e i miasmi paludosi che salivano dai fossati, rischiavano di compromettere la convalescenza; Lucrezia decise perciò di ritirarsi nel convento del Corpus Domini. Un mese dopo tornò a casa, e Cesare divenne ancora una volta la fonte dei suoi più angosciosi tormenti. In quel periodo il Valentino continuava più che mai a insistere perché la duchessa di Urbino acconsentisse a separarsi dal marito, mentre anche Francesco e Isabella Gonzaga sembravano sostenerlo, per restare nelle sue grazie. A un certo punto Guidobaldo fu assalito dagli scrupoli, fino a credere di essere più adatto al ruolo di cardinale che a quello di marito: ma la duchessa non volle mai intendere ragione, dichiarando che seppure fosse stata costretta a vivere con Guidobaldo come con un fratello, avrebbe ancora preferito questa situazione all'idea di ripudiarlo come sposo. A questo rifiuto Cesare replicò con una intimazione al marchese di Mantova: se non avesse scacciato Guidobaldo dalla sua corte avrebbe perso del tutto il suo favore. Elisabetta capì che il duca d'Urbino correva un pericolo mortale, e fuggì con lui a Venezia, asilo di tutti i prìncipi spodestati, di tutte le vittime dei tiranni.

Mentre il papa era divertito dalla «magnanimità fraterna dei Montefeltro», Lucrezia ne provava rispetto e ammirazione. Tuttavia la situazione era quanto mai fluida; il padre le fece giungere un messaggio in cui le si chiedeva di impegnare i propri gioielli per aiutare il fratello, costretto a fronteggiare la rivolta dei suoi mercenari capitani di ventura, una sommossa che si era estesa dal ducato di Urbino alle città, ai villaggi e ai castelli di Romagna. Una vera e propria «linea della paura» che ben presto si sarebbe frantumata, perché la protezione concessa dalla Francia al «cugino del re» tolse ogni slancio ai capi della rivolta, ossia a Vitellozzo Vitelli, Oliverotto da Fermo, Francesco Orsini e il figlio. Poiché secondo Cesare l'umanità era composta di due gruppi, quelli che gli erano utili e quelli che gli recavano danno, il Valentino invitò gli insorti a una cena con lui a Senigallia, e li fece scannare tutti. Un «bellissimo inganno», come si limitò a constatare Machiavelli.

Il duca Ercole d'Este si congratulò con il vincitore, e altrettanto fece Isabella sua figlia, in apparenza ben poco sollecita della sorte toccata al cognato Guidobaldo:

D.no Duci Valentie.

Ill.mo etc. Dei felici progressi di V. Ecc., quali con una amorevole l.ra ci ha significati, ne avemo preso quel piacere e contento che si conviene alla mutua amicizia e benevolenza che è fra lei e lo Ill.mo s. n.ro consorte e noi [...] e perché crediamo che dopo gli stracchi e fatiche che la patisce in queste sue gloriose imprese voglia anche ritrovare loco di ricrearsi, m'è parso mandargli per Joane n.ro staffiero cento maschere: non perché non lo conosciamo vile dono alla grandezza dei meriti di V. Ex. e dell'animo n.ro, ma per una testimonianza che quando in questo n.ro paese fosse cosa più degna e conveniente, più volentieri gliela mandassimo.[1]

Il duca di Romagna le rispondeva così:

Ill.ma ed Ecc.ma signora comatre e sorella n.ra on. Avemo ricevuto il dono della Ecc.za v.ra delle cento Maschere, per la multiplice varietà e singolare bellezza d'esse a me molto accette, e assai più per essere sopraggiunte a tempo e loco che più al proposito essere non saria stato possibile [...] dopo l'acquisto per noi fatto in un medesimo dì di città e contado di Senigallia con le fortezze e giusta punizione dei perfidi tradimenti degli adversari n.ri, e dipoi ancora liberate da tirannia e ridotte alla obbedienza della santità di N.ro S.re le città di Castello, Fermo, Cisterna, Montone e Perosa; e ora all'ultimo deposto del tirannico dominio [che] aveva occupato in Siena Pandolfo Petrucci, dimostratosi contro di noi tanto atroce inimico. E sopra tutto ci sono dette Maschere accettissime per essere procedute dalla fraterna e singolare benevolenza, la quale siamo certissimi che quella, conformemente con lo Ill.mo S.re suo consorte, ci porta.[2]

Lucrezia si interessava poco di politica, e non riusciva a spiegarsi come mai, per il bene di Ferrara e di Mantova, i Gonzaga non si decidessero a concludere il fidanzamento tra il loro figlio Federico e Luisa, figlia legittima di Cesare e Charlotte d'Albret. In ogni modo preferiva occuparsi della sua corte di umanisti, poeti e musicisti, trovando un inatteso sostegno nel cognato, il cardinale Ippolito, di ritorno da Roma perché aveva voluto mettere fine alla sua tempestosa relazione con Sancia d'Aragona. La cognata di Lucrezia era stata di recente incarcerata in castel Sant'Angelo per aver tenuto una condotta troppo leggera; tornando a Ferrara, Ippolito si proponeva anche di sfuggire alla gelosia del Valentino, a sua volta amante di Sancia. Perciò il cardinale si impegnò nell'organizzazione delle feste per il carnevale ferrarese, e si dedicò a corteggiare Lucrezia con tanta premura da far scrivere all'ambasciatore vaticano, in un dispaccio del 1503 al papa, che Lucrezia apparteneva «al signor don Alfonso la notte, e il giorno al cardinale».

In aprile Lucrezia ricevette la cognata Isabella, e fu necessario provvedere al suo divertimento. Ai tornei musicali seguirono stupefacenti spettacoli allestiti da Biagio Rossetti – una sorta di Leonardo in sedicesimo, autore del palazzo dei Diamanti e del palazzo Calcagnini, responsabile della regolamentazione delle acque del Po – e in particolare l'*Annunciazione* recitata dagli studenti di Ferrara, a proposito della quale la marchesa di Mantova scriveva entusiasta al marito:

Sono stata al castello a visitare madonna Lucrezia, che continua a manifestarmi grande affetto. Siamo andate entrambe alla casa dell'arcivescovo dove ho incontrato il mio signor padre. Ho ammirato il teatro in legno sontuosamente allestito per l'occasione. In primo luogo comparve un giovane angelo, per narrare la trama dell'opera e citare le parole dei profeti che annunciarono la venuta di Cristo. Maria comparve sotto un porticato formato da otto pilastri, disse alcuni versetti e mentre parlava il cielo si aprì per mostrare Dio Padre circondato da un coro d'angeli. Non si riusciva in nessun modo a indovinare come si reggessero i suoi piedi, né i piedi degli angeli. Al centro di questo gruppo si trovava l'arcangelo Gabriele che con un congegno ammirevole scese e rimase sospeso in aria alla stessa altezza dell'organo. A un tratto una moltitudine di luci si accese ai piedi del coro di angeli, che furono circonfusi di gloria. Fu uno spettacolo molto curioso, tutto il cielo era raggiante. Nello stesso istante discese l'angelo Gabriele; la catena a cui era sospeso era invisibile, e sembrava che fosse posato su una nuvola, finché arrivò a toccare il suolo con i piedi.[3]

Isabella e Lucrezia erano dotate di talenti diversi, che nel contatto acquistavano maggior risalto anziché disturbarsi reciprocamente. La prima si imponeva per la posa ieratica e la sofisticata bellezza, oltre che per le repliche spiritose e provocanti: proponeva argomenti ai poeti e soggetti ai pittori, arrivando a suggerire perfino colori e formati dei dipinti. L'altra colpiva e seduceva da donna che aveva amato e sofferto, e sapeva tenere gli occhi e l'anima aperti agli altri. Non che fosse meno colta della cognata; piuttosto, Lucrezia non sentiva la necessità di affermare la propria cultura con altrettanta energia. Senza dubbio non ne aveva bisogno: letterati e artisti le si avvicinavano con piena naturalezza, colpiti da una curiosità che si accompagnava a tanta fierezza e piacevolezza familiare. Una cosa è certa: sia Isabella, sia Lucrezia conoscevano l'arte di conversare con squisita leggerezza, con stimolante ardore. Per entrambe la parola era festa, cerimonia privata in cui gli accoliti celebravano tutte le manifestazioni dell'intelligenza, di giorno o di notte, e fino al canto dell'usignolo.

Nel XVI secolo le donne italiane erano le sole in Europa a ricevere un'educazione così completa. Secondo un proverbio toscano dell'epoca «gli uomini fanno le leggi, le donne i costumi». Il Rinascimento è in gran parte opera delle donne: i suoi grandi personaggi sono Lucrezia, Elisabetta di Montefeltro, Isabella Gonzaga, la regina di Cipro Caterina Cornaro. Intorno a loro si raccoglievano prìncipi, prelati, letterati, artisti e perfino condottieri. Il tono di queste congregazioni di spiriti eletti, in cui ognuno metteva il massimo impegno nello stuzzicare la curiosità degli altri, nel compiere raffinate analisi dei moti del cuore, era stabilito dalla dama a cui spettava di presiedere la riunione. I talenti di ciascuno erano esaltati dalla necessità di piacere, che era altresì il motore del rinnovamento letterario. Come per una inclinazione naturale, spesso questi tornei di oratoria prendevano come tema l'amore, ne indagavano forme ed effetti. La cosa più importante non era sapere tutto, quanto piuttosto saper parlare «al gentil sesso».

Le riunioni si svolgevano nella frescura dei loggiati, nelle sale dei castelli, oppure, come si vede dai dipinti di Lorenzo Costa, sotto pergolati ombrosi, sorretti da colonne di legno, decorate da figure femminili nude, cinte di fronde. In un ambiente simile non si sarebbe potuto discorrere d'altro che della bellezza muliebre: tutti convenivano che «la bellezza è santa, e procede da Dio», e conduce alla comprensione universale. Tasso paragonerà la donna a una dea mortale, a un angelo che porta la salvezza sulla terra, a una pace che ferma ogni guerra, a un mare di gioia, una montagna di virtù, un fuoco d'amore, un oblio dell'odio...

Erano apprezzati anche le facezie, le battute, i motti di spirito, per i quali spesso le donne si mostravano più dotate degli uomini, per la maggior duttilità e prontezza della loro mente. Le tesi più paradossali provocavano repliche talmente appassionate che, si diceva, una di queste donne di spirito, Emilia Pio, giunta in punto di morte, per non voler rinunciare ad avere l'ultima parola, nell'ardore della conversazione si era addirittura dimenticata di chiamare il prete, che aspettava di essere convocato per impartirle gli ultimi sacramenti.

Dal canto suo Lucrezia sapeva sollecitare i taciturni a esprimersi, e frenare i ciarlieri. I suoi interventi non erano mai pretenziosi, ma contenevano sempre osservazioni profonde, indicavano la presenza di uno spirito capace di lasciare traccia di sé. Gli artisti che si ispiravano a lei, come Benvenuto Garofalo o Girolamo Carpi, disegnavano sulle loro tele «le sue forme aggraziate che aprono le porte del paradiso». Senza dubbio, però, erano i suoi occhi a suscitare un'impressione più intensa in chi l'avvicinava: Ercole Strozzi ne descrive il potere di infiammare o impietrire l'oggetto dello sguardo, mentre, secondo il poeta Marcello Filosseno, Lucrezia «emana più luce di quanta ne riceva».

Una delle più vivaci intelligenze della famiglia ducale allora regnante era Niccolò da Correggio, figlio di Beatrice, sorella illegittima di Ercole. Poiché il padre era già morto al momento della sua nascita, Niccolò era stato allevato dallo zio, e sposato con Cassandra Colleoni, figlia di Bartolomeo Colleoni, il celebre capitano di ventura al servizio di Venezia.[4] Fin dall'adolescenza Niccolò aveva avuto per la cugina Isabella d'Este la più grande ammirazione, colorita di affetto: la chiamava *Madonna unica mia* e aveva coniato per lei l'epiteto di *prima donna del tempo*. Ma da quando Lucrezia era arrivata a Ferrara, il titolo era stato conferito alla nuova duchessa: per lei Niccolò danzava, disputava gare di corse agli anelli, spezzava una lancia nei tornei presieduti da Ercole.

Un altro personaggio di spicco della corte di Ferrara era Ercole Strozzi, che più degli altri godeva dell'amicizia e della confidenza di Lucrezia, e dopo averla per primo istruita su fatti e misfatti degli Estensi, l'aveva introdotta nella cerchia degli umanisti ferraresi. Lo Strozzi, zoppo dalla nascita, era noto per i suoi scritti malinconici e raffinati. Un giorno Lucrezia, che non restava indifferente ai suoi sonetti encomiastici, gli donò una rosa dopo averla baciata; ne ebbe in cambio una quartina di versi in latino:[5]

O rosa, nata da un suolo felice, colta da un'agile mano,
Donde ti viene questo colore che ti fa la più bella fra tutte le rose?
Venere stessa ancora una volta ti ha colorita?
O meglio, tanta bellezza ti donò Lucrezia
con le sue labbra porporine?

Inserita ormai in una cerchia di poeti che ne esaltavano la bellezza, la comprensione, la modestia, Lucrezia aveva preso il suo posto di patrona delle arti, proseguendo la tradizione estense, a maggior gloria di Ferrara e di lei stessa. Fra i suoi protetti si distinguono: Celio Calcagnini, latinista, matematico, astronomo, filosofo, amico di Erasmo; il vicario apostolico presso il vescovato di Ferrara, Jacopo Caviceo, che le dedicò uno strano romanzo, *Il Peregrino*; l'erudito e poeta Giraldi, uno dei massimi studiosi del secolo; Antonio Tebaldeo, uomo di scienza uscito dall'Università di Bologna. Il Tebaldeo si era rifugiato presso il cardinale Ippolito e Lucrezia, dove godeva di un'ospitalità ben più decorosa di quella di Isabella Gonzaga, che a Mantova gli aveva propinato carne avariata e vino adulterato. I nomi di questi adoratori sono ricordati nella storia della letteratura, ma non hanno evidentemente il carisma di un Ariosto o di un Bembo, che erano destinati a dominare la corte ferrarese.

In Italia non c'era principe che mancasse di farsi mecenate di artisti e poeti. Si era quasi instaurata una sorta di gara tra le famiglie regnanti di Mantova, Firenze, Napoli, che si contendevano i talenti migliori. Nel frequentare questa aristocrazia dello spirito i cortigiani, per lo più rudi guerrieri, si affinavano, sviluppavano l'intelligenza e il gusto: nasceva un nuovo modo di vivere. Certe opere avevano per tema la glorificazione della donna, si proponevano di dimostrarne la superiorità sull'uomo. Se fino allora gli scritti non le erano stati favorevoli, a quel punto lo erano, scriveva l'Ariosto: si ammiravano le sue virtù, e un poeta in particolare, già incline a onorarla, aveva fatto risuonare il Parnaso e il Pindo delle sue lodi. Lo stesso Ariosto però, per quanto rispettoso, si concede una frecciatina ironica:

Cortesi donne e grate al vostro amante,
voi che d'un solo amor sete contente,
come che certo sia, fra tante e tante,
che rarissime siate in questa mente.[6]

Ercole Strozzi fu senz'altro il più intimo confidente di Lucrezia. Dotata com'era di grandi capacità di comprensione, la duchessa sapeva apprezzare la finezza del latinista rinomato in tutta Italia, nel quale l'infermità – lo Strozzi era costretto a sostenersi a una gruccia per camminare – aveva inasprito un animo già incline al cinismo. Lucrezia ne era commossa, e divenne la Galatea di questo nuovo Pigmalione. Alfonso aveva un moderato apprezzamento per la personalità dello Strozzi, ma doveva riconoscere che grazie a lui la sua corte poteva godere dello splendore di un'intelligenza eletta. D'altra parte il duca Ercole lo proteggeva: ne stimava il notevole talento di traduttore di commedie e l'onestà, che gli consentiva di presiedere la giurisdizione dei Savi di Ferrara.

Ercole Strozzi aveva libero accesso agli appartamenti della duchessa a ogni ora del giorno. Lucrezia assaporava la sensibilità femminile del singolare personaggio, dal quale si faceva consigliare. E a parte le sue doti intellettuali, Ercole Strozzi condivideva con Lucrezia uno squisito gusto nel vestire, l'amore per gli oggetti raffinati e insoliti, e le fece scoprire le ricchezze di Venezia. A suo nome lo Strozzi fece preparare dal cesellatore Messer Bernardino una culla destinata all'atteso erede del ducato, e sceglieva sete e mussole tessute al lume della luna. L'invalidità gli precludeva il maneggio delle armi: Ercole trascorreva le sue giornate in compagnia di Giovenale, Marc'Aurelio, Sallustio, e delle dame. Per alcune di loro era una sorta di direttore spirituale, un maestro di pensiero, che a seconda delle diverse circostanze poteva esercitare un influsso benefico o perverso.

XVII
L'AMORE FOLGORANTE

Un giorno, trovandosi a Venezia, Ercole Strozzi invitò l'amico Pietro Bembo – proclamato «principe degli umanisti» dopo la morte del Poliziano – a seguirlo nella villa di Ostellato, che il duca di Ferrara gli aveva messo a disposizione. Pietro era figlio di Bernardo Bembo, ambasciatore della Serenissima, e in virtù di questo era stato istruito da due eminenti grammatici, Costantino Lascaris e Leoniceo. L'università ferrarese – che contava illustri eruditi, in particolare Jacopo Sadoleto, studioso di Cicerone, il filosofo Celio Calcagnini, i poeti Ariosto e Antonio Tebaldeo, oltre ai due Strozzi – accolse a braccia aperte sia il padre, sia il figlio ventisettenne, preceduto da una notevole fama di studioso. Lo stesso Ercole d'Este, abbandonando il riserbo abituale, aveva verso il Bembo una tale stima che per ringraziarlo delle ore di conversazione da lui dedicate alla corte, gli offrì ospitalità nei suoi castelli, in particolare quello di Belriguardo, per consentirgli di proseguire nello studio di Aristotele.

Così, cinque anni dopo, il 15 ottobre 1502, Ercole Strozzi accoglieva nel borgo di Ostellato l'amico che giungeva navigando attraverso la laguna di Comacchio, su una grossa imbarcazione affastellata di libri greci e latini. I due si avviarono verso la dimora che Borso d'Este si era fatta costruire per la villeggiatura, con un torrione difensivo circondato da un giardino lussureggiante che ne addolciva il rigore, perché la vicinanza degli stagni conferiva alla vegetazione un verde intenso e brillante. La villa era la cornice perfetta per ospitare la complicità letteraria dei due amici: lo Strozzi correggeva le elegie del Bembo, mentre quest'ultimo gli suggeriva di scrivere «in volgare, perché i suoi versi potessero essere letti dalle donne». La loro frequentazione li affascinava, e oggi noi possiamo divertirci a rintracciare nelle opere dell'uno e dell'altro, con una facilità che va dal sublime al ridicolo, tutti i temi delle loro conversazioni. Poiché il Petrarca era il loro modello, entrambi erano di continuo alla ricerca della loro Laura.

Ercole Strozzi, costretto a tornare a Ferrara dai suoi doveri di pubblico funzionario, faceva del suo meglio per rendere gradevole il soggiorno all'amico veneziano, che non mancava di riconoscerlo: «Se fossi un Satrapo, non potrei essere servito con maggiore diligenza». Ma l'ospite stava per fargli ancora un nuovo dono: la duplice sorpresa dell'amore. Lo Strozzi era divenuto indispensabile a Lucrezia, essendo il solo che sapesse colmare le sue insaziabili curiosità intellettuali e artistiche. Senza dubbio era stato il solo a comprendere la pena sofferta da una donna costretta a seguire le violente imprese del fratello, e anche a vivere lontana dal figlio Rodrigo. L'intesa fra Lucrezia e lo Strozzi si approfondiva perché la duchessa sentiva condivise le sue sofferenze. Ma forse proprio un intelletto luminoso come quello del Bembo sarebbe riuscito a dissipare le brume di tristezza che incupivano un'amica tanto cara: il poeta si chiese se non fosse il caso di presentare l'amico a Lucrezia, durante una di quelle serate in cui i palazzi ferraresi si accendevano di torce, e avevano inizio le danze.

Il Bembo fu poi presentato alla duchessa nella casa di Diana d'Este. Lucrezia l'osservò con curiosità: a soli trentadue anni, il veneziano era preceduto da una fama di collezionista di cuori femminili e di conoscitore dell'animo umano, ed era ricevuto e ricercato in tutte le corti d'Italia. Alla gloria di umanista del Bembo si aggiungevano la bellezza di una corporatura nobile e maestosa, l'abilità nel maneggio delle armi, nel cavalcare, nel duellare con la lancia; un viso illuminato dallo sguardo di volta in volta affabile o severo, audace o modesto, serio o scherzoso; il naso dalla delicata curva aquilina, la bocca carnosa, il collo slanciato. Agli occhi di Lucrezia tanta perfezione non avrebbe potuto non eclissare la ruvidezza spagnola del marito. A sua volta, il Bembo confidò all'amico di essere rimasto rapito e ammirato da quella donna così luminosa, che aveva portato a Ferrara il lustro delle più importanti corti italiane e che con la sua gioiosa gaiezza faceva fiorire nell'animo un'eterna primavera. La sua ammirazione traboccò negli *Asolani*, opera pubblicata tre anni dopo, in cui troviamo questo ritratto della figlia del papa ai primi del XVI secolo:

> Egli [...] riguarda la bella treccia più simile ad oro, che ad altro: la quale [...] lungo il soave giogo della testa dalle radici ugualmente partendosi, e nel sommo segnandolo con diritta scriminatura, per le deretane parti s'avvolge

in più cerchi: ma dinanzi giù per le tempie di qua e di là in due pendevoli ciocchette scendendo, e dolcemente ondeggianti per le gote, mobili ad ogni vegnente aura, pare a vedere un nuovo miracolo di pura ombra palpitante in fresca falda di neve. Ora scorge la serena fronte con allegro spazio dante segno di sicura onestà: e le ciglia d'ebano piene e tranquille: sotto le quali vede lampeggiar due occhi neri e ampi e pieni di bella gravità con naturale dolcezza mescolata, scintillanti come due stelle nei lor vaghi e vezzosi giri; il dì, che primieramente mirò in loro, e la sua ventura mille volte seco stesso benedicendo. Vede dopo questi le morbide guance, la loro tenerezza e bianchezza con quella del latte appreso rassomigliando; se non in quanto alle volte contendono con la colorita freschezza delle matutine rose. Né lascia di veder la sopposta bocca di picciolo spazio contenta, con due rubinetti vivi e dolci, aventi forza di raccendere desiderio di baciarli in qualunque più fosse freddo e svogliato.

In mancanza di un vero sentimento che lo tenesse legato a Venezia, il Bembo si dedicava sempre più alla duchessa, e lei era incantata dalla vivacità, dalla libertà intellettuale e dai vari talenti del suo nuovo amico. Lucrezia si sentiva allora più che mai una Borgia: per un momento dimenticava la seriosità degli Estensi, di Alfonso soprattutto. È vero infatti che il duca – soprannominato il *ruvido* dai suoi sudditi – dedicava le notti alla moglie, ma le sue giornate appartenevano alla difesa dello Stato. Occupato a seguire la fusione dei cannoni o la preparazione delle macchine da guerra di cui Leonardo gli mandava i progetti, Alfonso non poteva permettersi pause o distrazioni. Si capisce dunque come la presenza del Bembo offrisse a Lucrezia l'occasione di un amabile contrappunto. La duchessa riceveva l'umanista a Castel Vecchio, nella cerchia degli amici più intimi: ben presto egli prese in mano la guida delle sue letture, una guida rigorosa, che per esempio la dissuase dal leggere le epistole di san Paolo, per non correre il rischio di sciupare il proprio stile latino su un modello di scarso valore. All'epoca, il latino non era soltanto la lingua dei dotti, ma anche quella della buona società: le persone bennate usavano corrispondere esclusivamente in latino, e la figlia del papa apparteneva al rango dei *majores*, dei grandi della terra. Lucrezia replicava al tono dottrinale dell'amico erudito con limpida scioltezza, lanciandosi in discussioni interminabili su certi paradossi del Petrarca, come questi: «Et volo sopra 'l cielo, et giaccio in terra; / e nulla stringo, e tutto 'l mondo abbraccio...»; oppure: «Pascomi di dolor, piangendo rido; / egualmente mi spiace morte et vita...».[1]

In primavera Lucrezia fu autorizzata dal marito a partire per Ostellato, dove era tornato il Bembo. Tutto il seguito dei suoi più intimi si imbarcò con lei sul bucintoro ducale, ornato da tritoni dipinti in colori sgargianti. I rematori sospingevano l'imbarcazione lungo il fiume e i canali, tra le brume di vapori dorati turbati dallo sfrigolare d'ali di zanzare, finché, messo sull'avviso dai domestici, Bembo si fece al pontile per accogliere Ercole Strozzi e la duchessa. «Messer Bembo» chiamò la fresca voce di Lucrezia, che con un salto scese trionfante sulla terraferma. Il veneziano e il fiorentino contemplavano abbagliati quella dea ventiduenne che secondo i loro canoni incarnava il più puro ideale di bellezza: finezza del collo, della vita, del piede «piccolo, vivace, non magro, ma sempre pronto a saltare». Ancora una volta ricorreremo alle impressioni lasciate dal Bembo:

> Se [...] ti piace con la mano eburnea toccare le corde dell'arpa o della cetra, rievocando con arte varia le note tebane, le vicine onde del Po fremono alla dolce armonia: e se ti piace con l'agile piede abbandonarti al ritmo della danza, oh, come temo che un Dio, vedendoti per caso, ti rapisca dal tuo castello e leggermente ti innalzi a volo per il cielo, facendo di te, o sublime, la dea di un nuovo astro![2]

Era evidente ormai che il fascino del Bembo non mancava di ottenere il suo effetto, e per Lucrezia si avvicinava una seconda stagione d'amore, per lei che non era «superstiziosa di nulla», come aveva detto lo stesso Bembo. E così, con tutta naturalezza e senza infingimenti, la duchessa volle conoscere la stanza della torre fortificata in cui lavorava il cavaliere poeta. Tre finestre ogivali, dalle vetrate a mosaico legate col piombo, rischiaravano i grandi tavoli ingombri di rotoli di carte. Una finestra dava sull'Adriatico, con le sue strisce di schiuma, e le nubi placidamente fluttuanti come stormi di cigni; la seconda si apriva su uno stagno abitato da uccelli rapaci; la terza sul parco, un malinconico eldorado tutto grovigli di terre e di acque addormentate, e schiarite di luce, in cui tremavano i fili di sole che si stagliavano contro il crepuscolo.

Dopo la prima visita Lucrezia sembrò ammaliata dall'incanto della sfera di cristallo che il Bembo le aveva donato. Un dono meno innocente di quanto potesse sembrare, perché permetteva di evocare e vedere il viso amato. A queste apparizioni si sarebbe ispirato il Bembo per uno dei suoi sonetti più belli:

> Poi che ogni ardir mi circoscrisse amore
> Quel dì, ch'io posi nel suo campo il piede,
> Tanto che altrui non può chieder mercede,
> Ma scoprir sol non oso il mio dolore;
> Avess'io almen d'un bel cristallo il core,
> Che quel, ch'io taccio e Madonna non vede
> De l'interno mio mal senz'altra fede
> A' suoi begli occhi traluçesse fuore;

Ch'io crederei de la pietate ancora
Veder cinta la neve di quel volto
Che il mio sì spesso bagna e discolora.
Or che questo non ho, quello m'è tolto,
Temo non voglia il mio Signor ch'io mora:
Che la difesa è poca e 'l strazio è molto.[3]

Al vibrante messaggio Lucrezia rispose sullo stesso tono:

Messer Pietro mio, per quanto riguarda il vostro desiderio di conoscere le simpatie fra il vostro globo di cristallo e il mio, non so che cosa potrei dire o scoprire d'altro, se non una estrema conformità, mai per nessun tempo eguagliata. E questo vi basti e sia per vangelo perpetuo.

Mentre in giugno, come ogni anno, il duca Alfonso partiva per un viaggio di studi nell'Europa settentrionale, dove avrebbe raccolto tutte le notizie utili in materia di politica e di scienza militare, i corrieri di Lucrezia andavano avanti e indietro fra Ostellato e Ferrara. Il Bembo, rimasto a Ostellato, scriveva all'amico Strozzi quanto gli pesassero il riposo dei campi e la presenza delle muse, e quanto avrebbe desiderato essere anche lui accanto alla duchessa. Lucrezia ricevette questo biglietto il 3 giugno:

Ho cercato a lungo la solitudine, le belle ombre, la pace, tutte cose che oggi mi appaiono noiose e senza attrattiva. Che cosa significa ciò? Una nuova malattia? Vorrei che Vostra Altezza consultasse il suo libretto per sapere se i suoi sentimenti corrispondono ai miei... Mi raccomando alla grazia di Vostra Altezza tante volte quante foglie vi sono nel giardino che io contemplo, affacciato a questa cara finestrella.[4]

Le allusioni alla «cara finestrella» dove egli ha composto il suo «libretto», una raccolta di profezie e di sentenze che i due avevano letto insieme, dimostrano quanto fosse avanzata l'intimità fra il poeta e la duchessa di Ferrara. Lucrezia opponeva ancora qualche resistenza al fascino del Bembo, ma la sua consueta energia sembrava venirle meno; e non vedeva nessun male nell'abbandonarsi alla nuova felicità che le si offriva. Non era affatto insensibile all'amicizia del poeta, che pian piano era diventata un sentimento più tenero, infine era arrivata all'adorazione: si può sognare da soli, ma per amare bisogna essere in due. Per proteggersi da curiosità estranee, la duchessa suggerì al Bembo di rivolgersi a lei per lettera con la sigla «FF», dalle iniziali di *felice ferrarese*.

Con la calura estiva, Castel Vecchio fu abbandonato, e la corte si riunì nella residenza di Medelana dove la duchessa aveva il suo «giardino». Vi erano ammessi soltanto i suoi intimi aragonesi, i paggi e gli Strozzi. La sera, con il fresco, cominciavano i tornei oratori, che proseguivano fino all'alba. Gli argomenti erano sempre gli stessi: perché l'amore è benefico? Perché suscita l'attività del corpo come dello spirito, perché scaccia la fiacchezza e sollecita lo spirito di benevolenza. Ercole Strozzi, che considerava il *Simposio* di Platone la sua lettura preferita, commentava per Lucrezia la professione di fede della profetessa Diotima:

> [...] perché è proprio questo il modo corretto di procedere o di essere condotti da un altro verso le cose d'amore: cominciando dalle cose belle di quaggiù, risalire sempre in direzione di quella bellezza, servendosi di esse come di gradini, da un corpo a due e da due a tutti i bei corpi e dai bei corpi alle belle occupazioni e dalle occupazioni ai begli apprendimenti e dagli apprendimenti arrivare alla fine a quell'apprendimento, che è apprendimento di null'altro che di quella bellezza in sé, e conoscere al termine ciò che è bello in sé.[5]

In quelle serate Lucrezia prendeva raramente la parola. I suoi sentimenti erano diventati così profondi da accrescere la sua riluttanza a manifestarli. «Chi ama con passione parla poco», e poi, a che serve parlare, quando la natura stessa è in armonia con il proprio cuore:

> Amano per le selve
> le mostruose fère; aman per l'onde
> i veloci delfini e l'orche gravi.
> Quell'augellin, che canta
> sì dolcemente e lascivetto vola
> or da l'abete al faggio
> ed or dal faggio al mirto,
> s'avesse umano spirto,
> direbbe: «Ardo d'amore, ardo d'amore».[6]

In parole povere, tutto contribuiva a mantenere viva nella mente di Lucrezia la memoria dell'assente, e gli ospiti rispettavano il silenzio della loro duchessa. Per la prima volta essa era amata da uno dei grandi intelletti del suo tempo, e per di più un bell'uomo, che faceva sciogliere di tenerezza i cuori femminili. La gioventù, l'ardore e la vulnerabilità di Alonso di Bisceglie, che avevano suscitato in lei una passione amorosa e materna, non erano paragonabili a ciò che Lucrezia era arrivata a provare per Pietro Bembo, di dieci anni maggiore di lei, che alla superiorità intellettuale univa quelle doti di bontà, di serenità pacifica, di predilezione nei suoi confronti in cui Lucrezia aveva sempre sperato. Pietro voleva convincersi che «l'estasi è l'unione delle anime», ma sapeva benissimo che la sua relazione con la duchessa, cominciata come un amore cortese, si andava infiammando fino a diventare passione. Ormai tutti e due dovevano stare in guardia, e non avevano altri confidenti che questi tre: Ercole Strozzi, Angela Borgia e Polissena Malvezzi, una delle dame d'onore di Lucrezia. Il destino tragico di Ugo e Parisina era un'ossessione. Bembo raccomandava a Lucrezia la massima vigilanza. Le brevi lettere che essa gli inviò a metà giugno erano scritte in spagnolo, una lingua che le consentiva di ritrovare l'effervescenza dei propri sentimenti. Trascurando ogni prudenza, Lucrezia ricopiava per lui le stanze di Lopez de Estuñiga:

Yo pienso si me muriese
y con mis males finase
desear
Tan grande amor fenesciese
que todo el mundo quedase
*sin amar [...].**

Uno slancio febbrile, al quale il Bembo replica con questa quartina:

Tan biuo es mi padesçer
I tan muerto mi sperar
Que ni lo un puede prender
*Ni lo otro quiere dexar [...].***[7]

Alla fine di giugno, mese di Giunone, patrona del matrimonio, Lucrezia fece coniare una medaglia su cui dovevano essere incise una fiamma e la massima platonica suggerita dal Bembo: *Est animum,* «soltanto l'animo corrisponde a questo fuoco scaturito dall'oro che lo consuma». Per ringraziarlo della sua scelta, Lucrezia gli fece avere una ciocca di capelli e ne ebbe in risposta un biglietto: «Sono incantato che troviate ogni giorno un mezzo nuovo per accrescere il mio fuoco, come oggi avete fatto con ciò che fino a poco fa vi adornava la fronte». Oggi nella biblioteca di Milano si trovano nove lettere di Lucrezia, due in spagnolo e sette in italiano, e la ciocca di capelli, che Byron riuscì a sottrarre in parte e lodò come «i capelli più belli e biondi che si possano immaginare».

Bembo era sicuro di non correre il rischio di essere travolto dalle passioni, e invece era ormai imprigionato «nelle catene di una che

* «Penso che se dovesse spegnersi la mia vita/coi miei dolori morirebbe il desiderio/un sì grande diletto si consumerebbe/che il mondo intero resterebbe senza amore.»

** «Così bello è il mio dolore/così morta la mia speranza/che l'uno non può guarire/e l'altra non può lasciarmi.»

riunisce nella sua persona tutta la magnificenza del cielo e della terra». Lucrezia era «l'Unica»: *Lux Retia*,[8] che l'avvolgeva «in una rete di luce». La loro prudenza cresceva in proporzione identica al reciproco attaccamento. Da quel momento in poi le lettere di Bembo furono indirizzate a Lisabetta, una dama d'onore che le trasmetteva alla duchessa; quelle di Lucrezia, in spagnolo o in italiano, portavano sempre la firma convenuta FF.

Ben presto Lucrezia offrì al suo poeta una testimonianza non solo epistolare della profondità dei suoi sentimenti. Egli le aveva scritto: «Mi sento ardere e tutto infocato». Era forse un modo galante di chiedere se la *Carissima* sentiva o no la stessa cosa? Di fatto su Ferrara si era abbattuta un'epidemia di peste, e i morti si moltiplicavano. Il Bembo, ospitato da Ercole Strozzi, fu colto da una violenta febbre e dovette mettersi a letto; Lucrezia lasciò il Castel Vecchio, accompagnata da due dame del seguito, per andare a visitare l'ammalato in casa Strozzi. Le tre gentildonne si accostarono al suo capezzale, rivolsero parole di conforto al paziente e lo ascoltarono mentre si dichiarava «di languir contento», vedendosi oggetto di tante attenzioni. Il giorno dopo il Bembo inviava alla duchessa il seguente biglietto:

> La visita risanatrice che vi siete degnata di farmi ieri, venendo a trovarmi per farmi coraggio e trascorrere un'ora con me, ha scacciato la debolezza che sempre segue alla febbre. Ho ritrovato d'un tratto la salute, come se avessi bevuto un divino elisire. A ciò avete aggiunto le care e dolci parole, piene d'amore e di gioia, che mi rendevano la vita... Bacio quella mano di cui la più dolce non fu mai fra gli uomini baciata; non dico la più bella perché mai poté nascere niente di più bello di Vostra Signoria.[9]

Ancora convalescente, il poeta tornò a Ostellato: «Parto, o dolcissima vita mia», e pochi giorni dopo Lucrezia, nell'assenza di Alfonso che continuava a ispezionare le nuove fortificazioni francesi, prese alloggio a Medelana, poco lontano da Ostellato, con i suoi buffoni, i cani e le dame, fra le quali si trovava Angela Borgia, ardentemente corteggiata dal fratello naturale del duca Alfonso. Ercole Strozzi, in veste di messaggero d'amore, si adoperava per condurre a buon fine la loro fiamma.

«Di doman non v'è certezza» aveva scritto Lorenzo de' Medici. Lucrezia e Pietro lo sapevano bene, e desideravano vivere con la massima intensità quelle ore miracolose, uniche. Nel giardino fragrante di limoni, melograni e allori, dove il sole filtrando attraverso i rami faceva scintillare gli zampilli delle fontane, tutto sembrava invitarli ad abbandonarsi alla speranza, poi al godimento e infine alla riconoscenza.

Invaso da una felicità che era «fonte di ogni bellezza, di ogni euforia, di ogni grandezza», il Bembo scriveva:

> La mia sola aspirazione è di poter contemplare ancora una volta la mia cara metà, senza la quale sono non soltanto incompleto, ma addirittura non sono niente del tutto, poiché essa non è soltanto la mia metà, ma il mio tutto, e sempre lo sarà; e per me questa è la più dolce delle felicità umane, e non posso acquistare nulla di più caro se non perdendomi io stesso in questo modo, per passare il resto della vita con una sola e unica volontà e un solo fuoco, che ha la probabilità di vivere tanto quanto questi cuori lo desiderano, purché i cieli confermino la loro volontà.

Nel frattempo Lucrezia si andava trasformando: il suo corpo che fino allora aveva richiamato le veneri botticelliane, quasi asessuate, come le vergini bambine del Quattrocento, aveva cominciato ad assumere una pienezza carnale che la trasfigurava. Ne abbiamo la riprova in un'incisione tratta da un dipinto contemporaneo di Tiziano, che è purtroppo andato perduto.

In questa fase felice della sua vita, il 5 agosto Lucrezia ricevette la notizia della morte di Juan Borgia, il cardinale arcivescovo di Monreale, nipote di Alessandro VI. All'oratore di Venezia, Antonio Giustinian, il papa confidò malinconico che il mese corrente era fatale agli uomini vigorosi (Callisto III e Sisto IV erano entrambi morti in agosto: il primo il giorno 6, il secondo il 12). A Roma si diceva che quando il sole entrava nella costellazione del Leone, *sol in leone*, il caldo soverchiante e la vicinanza delle paludi erano spesso forieri di pestilenze. La sera del 5 agosto Alessandro VI, Cesare e vari prelati erano stati a cena fuori città, a casa del cardinale Adriano da Corneto, in un luogo cinto di acquitrini particolarmente malsani; l'atmosfera era soffocante, il papa e il seguito, accaldati dal tragitto a cavallo, bevvero numerose coppe di vino gelato; due giorni dopo, secondo il rapporto di Giustinian, «tutti i personaggi d'importanza [erano] malati»; e di nuovo, il papa gli disse: «Tante morti quotidiane Ci spaventano e Ci convincono a prenderci più cura della Nostra persona».

Burcardo, il cerimoniere del Vaticano, riferisce il 12 agosto nel suo diario: «Alla ventiduesima ora, il pontefice presenta i segni di una febbre persistente». Era trascorsa una settimana dopo la cena offerta nella sua vigna dal cardinale da Corneto, il quale a sua volta si era ammalato. Giustinian scriveva nei suoi consueti dispacci alla Serenissima che Alessandro VI era stato salassato: si diceva che gli fossero state tolte «da quattordici a sedici once di sangue, forse sarebbe più vero dire dieci, perché si tratta di una quantità enorme per un uomo di settantatré anni».[10] La febbre si attenuò un poco ma non scomparve; Beltrando Costabili scrisse così al duca Ercole di Ferrara:

> Ieri mattina ho saputo che il papa ha vomitato, ha avuto la febbre e gli hanno levato nove once di sangue; tutto il dì di ieri fece giocare ad alcuni signori cardinali dinanzi a Sua Santità alle carte. Nella notte ha dormito bene, ma oggi, fra la sesta e la settima ora, ha avuto una crisi come quella di sabato, una crisi di una specie di cui gli uomini della corte non vogliono parlare, e si rifiutano di dare notizie sul suo stato. Ho cercato di sapere in tutti i modi che cosa succede, ma quanto più mi accanisco, meno riesco a sapere. Medici, farmacisti e cerusici sono trattenuti presso di lui, e non è loro concesso di allontanarsi, dal che deduco che la malattia è grave... Non è meraviglia che S. S.tà e il Valentino stiano male, perché tutti quanti gli uomini di conto che sono in questa corte sono ammalati e infermi, e quelli del palazzo apostolico specialmente per la cattiva condizione dell'aere.[11]

Il 17 agosto Giustinian scrisse a Venezia: «La febbre continua a tormentarlo, non senza rischio. Ho saputo che il vescovo di Venosa ha detto che la malattia del papa è gravissima».

Infine, il 18, il pontefice si tirò su a sedere sul letto davanti ad alcuni cardinali e ascoltò la messa. Il vescovo di Venosa uscì dalla camera piangendo e dichiarò che la fine era prossima. Al tramonto del sole Alessandro VI Borgia, capo della Chiesa, rendeva l'anima a Dio.

XVIII
LA ROVINA DI CASA BORGIA

Il dolore di Lucrezia fu così violento da vanificare ogni parola di conforto.

Chiusa nella sua camera parata di nero, con le finestre serrate, senza una candela, senza una torcia, singhiozzava disperatamente, lontana dagli sguardi di chiunque. Alessandro VI l'aveva fatta soffrire non opponendosi all'assassinio di Alonso e abbandonandola ai progetti di Cesare, e tuttavia Lucrezia non aveva mai smesso di amare colui che le aveva trasmesso il suo gusto per la vita, che aveva saputo vegliare sulla sua infanzia, e con tanta passione, con tanta intelligenza aveva saputo farla istruire, allevare, educare in tutte le arti; se arrivata all'età adulta essa era in grado di vivere il proprio rango in modo così perfetto, altrettanto bene, o perfino meglio, rispetto a una vera figlia di re, sapeva di esserne debitrice alla vigilanza di suo padre. Rifiutando il cibo, priva di tutti i suoi gioielli, Lucrezia rimase chiusa nella sua disperazione per due giorni. Sapeva bene, del resto, che con la scomparsa di suo padre, e quindi del suo protettore, si poneva il problema del suo stesso futuro.

Tornati a Ferrara, il duca Ercole d'Este e lo stesso Alfonso vennero a testimoniarle la loro partecipazione al suo dolore, ma Lucrezia non fece nulla per trattenerli. Il primo aiuto autentico le veniva dal Bembo:

> Ieri sono venuto presso Vossignoria sia per farle conoscere la pena che mi provoca la sua disgrazia sia per consolarla come meglio potessi e pregarla di stare più calma, poiché avevo saputo che ella si abbandonava a un dolore smodato. Ma non ho potuto compiere nessuna delle due cose. Poiché, avendovi veduta ritirata in una stanza scura, in preda alla desolazione e al pianto, tutti i miei sensi mi sono affluiti con tanta forza al cuore che sono rimasto immobile senza potere parlarvi o senza sapere che cosa dovessi dire. Avevo troppo bisogno d'essere io stesso confortato per potervi offrire consolazione, e mi sono ritirato straziato fino in fondo all'anima per il pietoso quadro

che avevo avuto davanti agli occhi, quasi ammutolito o almeno balbettante. Forse non vi occorrevano né i miei lamenti né le mie consolazioni, poiché conoscendo la mia devozione e fedeltà conoscevate altresì il dolore che il vostro dolore mi causava, e la vostra illimitata saggezza vi offriva in se stessa motivi di acquietamento senza che doveste attenderli da altri. Mi rammarico perciò con me stesso per aver perduto in quel momento le poche forze che avevo. Se però adesso posso darvi un indizio dei miei sentimenti, devo dire che la sorte non aveva veramente altro mezzo per gettarmi nell'afflizione e nel dolore più assoluto, se non dando a voi un motivo di pena e di desolazione. Nessun altro colpo avrebbe potuto penetrare più a fondo nella mia anima di quanto abbiano fatto le lacrime che sgorgano dai vostri occhi. Quanto al conforto che posso portarvi, non saprei dirvi altro se non ricordare che il tempo addolcisce e attenua tutti i nostri dolori. Non è il primo colpo che abbiate dovuto ricevere dal destino che vi perseguita con i suoi rigori, avete dovuto subire in passato già tante pene che l'anima vostra in quest'ora dev'essere temprata contro i colpi della fortuna. D'altra parte, le attuali circostanze esigono che non vi esponiate a lasciar credere che voi deploriate non tanto la caduta, quanto la presente vostra fortuna.[1]

In realtà la missiva del Bembo, non priva di coraggio, contiene consigli preziosi. Il poeta faceva notare a Lucrezia quanto fosse precaria la situazione in cui essa si trovava: in definitiva, quella dei figli di un sovrano regnante solo finché vive. Lucrezia da quel giorno avrebbe tenuto nascosto il proprio dolore a chi la circondava: «Spezzati cuor mio, perché io devo tacere», così annotava nel suo libro d'ore. Il suo sfoggio di energia e di coraggio nella disgrazia le valse l'ammirazione dei ferraresi. Ma quale certezza aveva Lucrezia di poter contare sull'affetto del suocero e di un marito al quale non aveva ancora dato figli? In realtà, sebbene né il duca né suo figlio avessero avuto la minima manifestazione esteriore di cordoglio, non intendevano né l'uno né l'altro, da uomini d'onore, rimettere in questione il matrimonio che aveva unito la loro casata alla figlia del defunto papa. Sarebbe stato peggio per Lucrezia dover condividere la sorte dei Borgia; ma la figlia di Alessandro VI era riuscita a non dispiacere agli Estensi, a rendersi gradita al marito, a fare di Ferrara la prima corte italiana e a ottenere l'amore dei suoi sudditi.

In una lettera a Gian Giorgio Seregni, l'oratore estense a Milano, città in quel momento appartenente alla Francia, troviamo espresso chiaramente lo stato d'animo di Ercole d'Este a proposito della fine del regno di Alessandro VI, e tutte le inquietudini che assillano il duca circa il futuro comportamento del Valentino:

[...] Per chiarirti di quello che da molti ti è domandato, se stiamo di malavoglia della morte del Papa, ti certifichiamo che per niun capo non ci è dispiaciuta: anzi per l'onore di nostro Signore Dio, e per la universale utilità della cristianità, abbiamo più volte desiderato, che la divina bontà e provvidenza facesse provvisione di un buono ed esemplare pastore, e che dalla chiesa sua si levasse tanto scandalo [...] Ma più ti diciamo che non fu mai papa dal quale non avessimo più grazia, e più piacere che da questo, etiam dopo la affinità contratta con lui: solamente avessimo appena quello di che egli si era obbligato [...] Ma in niuna altra cosa né grande né mediocre né piccola siamo stati compiaciuti da lui: che crediamo procedesse in grande parte per colpa del Duca di Romagna: il quale, per non avere potuto fare di Noi quello che avria voluto, si è governato con noi da estraneo, né mai s'è allargato con noi né comunicato i suoi andamenti: né noi abbiamo comunicato i nostri con Lui. E ultimamente per inclinare Lui agli Spagnoli, e vedere Noi buoni francesi, non avremo mai da sperare né dal Papa, né da Sua Signoria piacere alcuno. Perciò non ci è dispiaciuta questa morte, non aspettando se non male dalla Grandezza del predetto Signor Duca.[2]

Tuttavia, quando pochi giorni dopo fu eletto papa un amico dei Borgia, il cardinale Piccolomini che prese il nome di Pio III, Ercole d'Este scrisse a Cesare, in quel momento residente a Roma, una lettera quanto mai amichevole, in cui gli prometteva addirittura di aiutarlo a conservare i propri possessi di Romagna.

Lucrezia non si dava affatto pensiero di questi alti e bassi della politica; unicamente le interessava conoscere tutti i minimi dettagli, tutte le voci che circolavano sugli ultimi momenti di vita del padre: secondo quanto si era risaputo a Ferrara, Alessandro VI li aveva trascorsi nella più completa solitudine. Terminata l'agonia del pontefice, erano state osservate le consuetudini, nel senso che la servitù aveva saccheggiato gli appartamenti privati del defunto, spogliandoli di tutti gli oggetti preziosi che circondavano il corpo ormai inanimato. Così, presente Burcardo, l'aiuto sacrestano aveva proceduto alla vestizione del morto in una stanza lasciata del tutto spoglia: il cadavere era stato rivestito di una cotta bianca, ma per i piedi si dovettero usare le sole calzature sfuggite al saccheggio: un paio di semplici pantofole di velluto, perché da quelle indossate di solito dal pontefice erano state strappate le croci d'oro che le ornavano. La camera del papa era stata «ripulita» così a fondo che il cerimoniere aveva cercato invano l'anello vescovile, per infilarlo al dito del defunto. L'uomo che aveva avuto tanta passione per le pietre preziose, i gioielli, e per tutte le cose belle che rallegrano la vista, fu dunque trasportato nella sala del Pappagallo senza neppure al dito l'anello piscatorio, ed esposto, nello splendore dell'indigenza, su un catafalco di fortuna, con la sola compagnia di due ceri accesi. La spoglia di Alessandro VI fu poi trasportata in San Pietro, con un seguito composto da centoquaranta portatori di torce, cinquanta fra scudieri e famigli, beneficiari e chierici, ma da quattro cardinali soltanto. La cerimonia si svolse all'insegna della negligenza e del disordine. Mancando gli spartiti, i cori non poterono intonare il *Non intres in judicium*, e cantarono invece il *Libera*. Il corpo si era gonfiato e non entrava nella bara: perciò «i sei becchini deformarono la mitra, coprirono il corpo del papa con un vecchio telo e lo fecero entrare a forza di pugni nel feretro», come riferisce Burcardo, senza peraltro scandalizzarsi affatto. Il cerimoniere pontificio conosceva fin troppo bene la sorte ultima dei successori di san Pietro: buoni o cattivi che fossero stati da vivi, al momento della morte erano comunque abbandonati da tutti, preda del caos e del furto. A mezzanotte il feretro aveva lasciato la basilica per essere deposto nella chiesa della Madonna della Febbre, la stessa in cui era stato sepolto Alonso di Bisceglie.

E come se non bastassero ancora le orripilanti circostanze della morte, cominciarono a circolare voci di avvelenamento, soprattutto causate dal rigonfiamento velocissimo del volto del cadavere, che si diceva avesse perduto ogni forma umana: «Si è gonfiato e annerito, tanto da somigliare a una testa di moro; dalle labbra grosse come un palmo sporgeva una lingua smisurata». Così riferisce sempre Burcardo: e la sua espressione «testa di moro» testimonia con tutta evidenza che il cadavere aveva un aspetto «putrefatto», il che non costituisce affatto una prova di veneficio. Ma i particolari macabri servivano ad alimentare l'immaginazione del pubblico, che spesso e volentieri attribuiva gli improvvisi decessi dei grandi personaggi ad atti criminosi. Era una reazione comune a tutti, perfino a certi parenti acquisiti di Lucrezia, come Francesco Gonzaga, che il 22 settembre scriveva alla moglie Isabella:

> [...] Acciocché la S. V. sia informata come noi del passaggio della santa memoria del papa Alessandro VI, gli significhiamo, come essendo infirmato, cominciò a parlare in forma che chi non intendeva il suo proposito credeva ch'el vacillasse, ancorché ragionasse con gran sentimento. Le parole sue erano: io verrò, hai ragione, aspetta ancor un poco; e da quelli che intendevano il suo segreto, è scoperto che dopo la morte di Innocenzo, ritrovandosi in conclave, pattuì col diavolo comprando il papato con l'anima sua, e tra gli altri patti fu ch'el dovesse vivere in sedia dodici anni, il che gli è stato atteso con quattro dì di giunta. Gli è ancor chi afferma aver visti sette diavoli nel punto del respiro nella sua camera, morto ch'el fu, il corpo cominciò a bollire, e la bocca spumare come faria un caldaro al foco, così perseverò mentre che fu sopra la terra: divenne ancora oltremodo grosso, in tanto che in lui non apparea forma di corpo umano, né dalla larghezza alla lunghezza del corpo suo era differenza alcuna: alla sepoltura fu portato senza molto

onore, e dal cataletto fu trascinato per un facchino, con una corda legata al piede, al loco della sepoltura, per non trovarsi alcuno che lo volesse toccare; gli fu fatto un deposito tanto misero che la nana moglie dello zoppo l'ha lì a Mantova più onorevole [...].[3]

Con il trascorrere dei giorni Lucrezia era sempre più in ansia, tanto più che ormai il figlio Rodrigo, con il tutore Francesco Borgia, cardinale di Cosenza, non potevano contare su altra protezione che quella di Cesare. Il Valentino, che aveva contratto una malattia febbrile lo stesso giorno del padre, era tuttavia deciso ad affrontare la drammatica situazione. Innanzitutto fece trasferire nella rocca di castel Sant'Angelo il «duchetto» di Bisceglie, l'Infante romano, vari altri rampolli borgiani, oltre a Vannozza Cattanei, Sancia d'Aragona e Dorotea Caracciolo. Poi, sebbene fosse ancora in cattiva salute e tormentato dalla malaria, partì, in lettiga, per la fortezza di Nepi, in modo da evitare di trovarsi a fronteggiare i cardinali che erano stati nemici del padre.

Infatti il conclave aveva richiamato a Roma Giuliano della Rovere, esiliato da lungo tempo, e Ascanio Sforza, che i francesi avevano liberato; anche i signorotti scacciati da Cesare quando Alessandro VI era ancora vivo cominciavano a far ritorno nei loro antichi possessi: i Baglioni a Perugia, Gian Maria Varano a Camerino, Guidobaldo da Montefeltro a Urbino. In particolare a Urbino fu una vera festa di popolo: tutti acclamavano il duca, i bambini agitavano rami di olivo al grido di «Feltro», le gentildonne scendevano in strada per accoglierlo al suo passaggio, i vecchi piangevano di felicità, e come scrisse Castiglione, «perfino le pietre sembravano rallegrarsi e cantare di gioia». Quanto a Giovanni Sforza, primo marito di Lucrezia, la fine del papato borgiano poteva portargli soltanto vantaggi; e così ringraziava Francesco Gonzaga per averlo informato:

Ill.me et Ex.me D.ne et Cognate honor.me, Ringrazio la Ecc. V. della buona nuova che per sue lettere la s'è degnata di darmi dell'essere del Valentino, per che ne ho avuto tanta allegrezza ch'io spero di dare repulsa al mio male [...] Pregandola se altro la intende del detto Valentino, che pur egli sia morto, a volermene dare qualche avviso, che mi farà sing.re piacere.[4]

Tuttavia l'elezione di Pio III sembrò portare una tregua. Cesare poté far ritorno a Roma, scortato da duecentocinquanta cavalieri e trecento fanti che non passarono inosservati, come furono evidentemente notate le sue millanterie. Ma la calma durò pochissimo, perché il 18 ottobre il nuovo papa morì. A quel punto Luigi XII abbandonò il «cugino» a se stesso e offrì agli Estensi di appoggiarli nel ripudiare Lucrezia, che il re arrivava a dire non fosse «moglie vera» di Alfonso d'Este, perché il matrimonio era stato imposto: in tutto ciò non considerando che lui stesso lo aveva patrocinato. Ma si trattava di un progetto disonorevole, che la famiglia d'Este respinse: da un lato, Cesare restava pur sempre un avversario potente, e d'altronde, tanto Ercole, il padre, quanto Alfonso d'Este continuavano ad avere un autentico affetto per la figlia di Alessandro VI.

Dopo una simile prova la duchessa di Ferrara comprese più lucidamente la propria situazione. L'elezione al papato di Giulio II, nemico giurato di suo padre, non preannunciava giorni tranquilli: Lucrezia sapeva quanto rancore il nuovo papa nutrisse verso i Borgia, e non s'illudeva che l'aver conseguito il vertice del potere ecclesiastico lo placasse. Era dunque opportuno sostenere il Valentino, perché, sebbene le avesse provocato molte sofferenze, egli finiva con l'essere il solo protettore credibile dei suoi due figli, Rodrigo e l'Infante romano. Per di più, per aiutarlo a conservare gli Stati che gli erano rimasti fedeli, Lucrezia mise mano alla borsa e riuscì ad arruolare mille fanti e centocinquanta arcieri al comando dello spagnolo Pedro Ramirez. Si trattava di difendere Cesena e Imola, minacciate dai soldati della Serenissima. Lo stesso Ercole d'Este, d'altronde, era più favorevole a una Romagna nelle mani del Borgia piuttosto che dei veneziani: aderì quindi alla richiesta di Lucrezia e inviò Pandolfo Collenuccio a esortare le popolazioni a conservarsi fedeli al Valentino, suscitando così la massima irritazione del Gran Consiglio e del doge Leonardo Loredan. Il duca d'Este intendeva servirsi di Cesare, che continuava a spargere il terrore fra i signori della regione, come di un asso nella manica, da giocare eventualmente nella difficile partita che opponeva Ferrara a Venezia.

Dopo essere stato l'uomo più bello dei suoi tempi, ormai il Valentino era soltanto una belva muscolosa, dal corpo scorticato e col viso sfigurato da chiazze rosse e pustole: era questo l'effetto della cura prescritta dal medico Torella, che per togliergli la febbre lo aveva prima avvolto nelle viscere ancora palpitanti di una mula appena squartata, per poi immergerlo in una vasca d'acqua gelata.

Le disgrazie di Cesare Borgia e l'elezione di Giulio II – di cui i romani dicevano: «Abbiamo un papa soltanto fino a mezzogiorno, dopo quest'ora Sua Beatitudine se ne sta nelle vigne del Signore» – non erano certo di buon auspicio per il futuro dei figli di Lucrezia, che vedeva precipitare, come in un violento fortunale, le signorie assegnate a loro nome. Morto Alessandro VI, i Caetani si erano ripresi Sermoneta e Ascanio Sforza rivendicava il possesso di Nepi. Il piccolo duca di Bisceglie, che in quanto tale godeva della protezione della Spagna, non per questo poteva considerarsi al sicuro; le grandi famiglie romane si armavano, e gli spagnoli, che il papa Borgia aveva favorito, abbandonavano i loro palazzi romani. Le porte delle segrete si aprivano, liberando sia prigionieri politici, sia delinquenti comuni. Tutte le mattine per le strade di Roma si raccoglievano decine di cadaveri; il Vaticano era cinto di barricate.

Intervenne a quel punto il figlio minore di Alessandro VI, Jofré. Mostrandosi coraggioso e deciso, saltò a cavallo, costrinse il popolino a lasciargli libera la pubblica via, e rientrato in castel Sant'Angelo ordinò di far sparare la grossa bombarda contro la via Branca, dove si erano formati degli assembramenti sospetti. Poi riunì la famiglia minacciata nell'imprendibile maschio della fortezza, dove rimase finché tutti loro non furono in grado di lasciare Roma per trasferirsi nella rocca di Civita Castellana.

Lucrezia avrebbe voluto che le portassero a Ferrara il piccolo Rodrigo. L'8 settembre sembrò che il Costabili confermasse tale proposito: «Il signore Rodorico e gli altri puttini, con la sua famiglia e di maschi e di femine, si ritrovano in Castel sant'Angelo. E, avendo avuto il S.re Don Rodorico la quartana alcuni dì, secondo intesi da quello che lo governa, è guarito. Il quale parlò ieri mattina in S.to Pietro con me lungamente. E dissemi che fanno pensiero, acconce che siano le strade, di portare Don Rodorico a Ferrara». Ma Lucrezia si illudeva: sarebbe stata invece costretta a rinunciare a tenersi vicino quel figlio tanto caro al suo cuore, e per molte ragioni. Innanzi tutto non era ancora riuscita a portare a buon fine nessuna delle sue già numerose gravidanze, e quindi ancora non aveva dato un erede al marito; in secondo luogo, la presenza a Ferrara del duchetto poteva far temere un futuro turbamento della successione al trono estense; infine, Lucrezia era consapevole di quanto precaria fosse la posizione dei Borgia dopo il voltafaccia del Sacro collegio, dei nobili e del popolo. L'ambizioso disegno di Alessandro VI, di ampliare gli Stati pontifici per farne la più grande potenza della penisola, era morto con lui: un sogno fantasmagorico di cui rimanevano soltanto cenere e fumo.

Di fronte a una situazione tanto grave il cardinale di Cosenza, tutore di Rodrigo, propose a Lucrezia di condurre il bambino in Spagna. Il suocero Ercole d'Este la costrinse di fatto ad accettare, con una lettera cortese ma ferma, in cui si chiariva, senza lasciare il minimo dubbio, fino a che punto il progetto incontrasse la sua approvazione:

[...] ci pare che la Signoria Vostra possa e debba acconsentire a quanto propone di voler fare il predetto Monsignor Reverendissimo [cardinale di Cosenza]; al quale ci pare ora che Vostra Signoria abbia ad avere qualche obbligazione, per la dimostrazione con effetto di tanto cordiale amore ch'el mostra portare a quella e all'Illustrissimo Don Rodorico suo figliolo, che si potrà dire essere stato preservato in vita per sua opera e sebbene Don Rodorico sera alquanto largeto [lontano] da Vostra Signoria; meglio è stare così lontano e sicuro che vicino con periculo, come egli dimostra che saria; e non diminuirà per questa distanza punto l'amore fra voi. E quando egli sarà grande egli potrà secondo le condizioni dei tempi pigliare partito al fatto suo o di ritornare in Italia o di restare. Ed è buona provvisione quella che dice Monsignore Cardinale di vendere quelle cose mobili, e acquistare lì per supplire al vivere suo, aumentandosi le entrate, come egli dice che farà onde per ogni rispetto, come avemo detto, ci pare che sia bene acconsentire alla sua volontà. Non dimanco, se alla Signoria Vostra che è prudentissima paresse altrimenti, ce ne rimettiamo a lei. Que bene valeat [...].[5]

Per non affliggere la corte con la sua tristezza, Lucrezia tornò a ritirarsi a Medelana. I quotidiani messaggi del Bembo che le arrivavano da Ostellato avevano il potere di un balsamo; e così gli rispondeva: «Ho avuto ragione di concedervi la mia anima, voi riunite tutto ciò che parla al cuore con tutto ciò che incanta, e io vi avrò sempre caro, nella felicità come nel pianto». Ma per il poeta veneziano la pietà e la *pietas* appartenevano a un periodo ben definito e ormai concluso; la passione ricominciò ben presto a reclamare i propri diritti: «Il vostro dolore non disperde né scoraggia il mio ardore, ma fortifica i miei pensieri e mi spinge ancor più a servirvi ogni giorno». Il Bembo le assicurava la propria fedeltà, nella felicità come nel dolore, e cantava «quel legame che è un aprir àdito alle anime che tratte dal desiderio l'una dell'altra si trasfondono ancor l'una nel corpo dell'altra».

Alfonso, però, finì coll'adombrarsi per il rapporto privilegiato che univa la moglie a un cavaliere tanto amabile e pieno di perfezioni intellettuali, tutte doti in stridente contrasto se messe a confronto con la rigidità guerriera del duca d'Este. Tuttavia, poiché la presenza del poeta alla corte di Lucrezia dava lustro a Ferrara, si dovevano rispettare le forme. Perciò il duca Ercole, con il figlio e tutta la corte, si trasferì a Ostellato per la stagione venatoria, prendendo alloggio proprio nella villa che gli Estensi avevano prestato agli Strozzi. Il Bembo vide in questo una sorta di avvertimento, e con il pretesto di dover ispezionare le sue fattorie in Veneto, lasciò Ostellato tre giorni dopo. Ma a fine ottobre ricomparve, non riuscendo più a sopportare la lontananza; la sua breve visita non poteva passare inosservata da Alfonso, che davanti agli ospiti e ai falconieri, si comportò con grande freddezza verso l'ospite importuno. Questi dal canto suo non cessava di assicurare all'amata la propria costanza:

> Non potrà tanto la mia fiera disavventura che, se io avrò vita, il fuoco nel quale FF e il mio destino m'ha posto, non abbia a essere il più alto e il più chiaro che oggi in cuore d'amante si senta appreso.[6]

Il ritorno obbligato alla vita coniugale portò Lucrezia a preoccuparsi ancor più per Rodrigo, sempre rinchiuso in castel Sant'Angelo: l'idea di mandarlo in Spagna, sotto la tutela di Isabella la Cattolica, le piaceva sempre meno, perché avrebbe comportato una separazione di molti anni fra madre e figlio. E se invece fosse ricorsa all'aiuto della cognata, Sancia d'Aragona? La principessa napoletana, infedele in amore ma leale nelle amicizie, non le venne meno. Sancia era ormai separata dal marito Jofré e viveva nel fasto a Napoli, amante del viceré di Spagna Gonsalvo da Cordova. In un primo tempo offrì a Lucrezia di ospitare lei stessa il nipotino Rodrigo; poi, però, fosse per proteggere la propria indipendenza, o perché consapevole che gli alti e bassi della sua vita sentimentale erano poco propizi all'educazione di un fanciullo, suggerì di mandarlo a Bari, presso la cugina Isabella d'Aragona, vedova del duca di Milano.

Così, nell'aprile del 1504, Rodrigo giunse a Napoli, accompagnato dal cardinale di Cosenza, e per quattro mesi visse sotto la protezione di Sancia. Quindi fu inviato a Bari e accolto da Isabella di Aragona, che presiedeva una sorta di istituto per giovanetti della nobiltà. Il figlio di Lucrezia sarebbe stato perciò educato in un clima spagnolo, e avrebbe conservato il titolo di duca di Bisceglie. Nei libri dei conti di Lucrezia troviamo, un anno dopo l'altro, l'elenco dei doni inviati a tutti coloro che si occupavano di Rodrigo: «sbernie» e camicie ricamate per la duchessa, giochi di carte per la figlia tredicenne di lei, spade di legno dorato per i paggi del «duchetto», mute di levrieri per gli incaricati di organizzare le cacce, libri per Baldassarre Bonfiglio, il precettore del fanciullo.

Da Roma Lucrezia riceveva anche notizie di Vannozza, che da donna assennata cercava con ogni mezzo di salvare il patrimonio. Dopo la morte di Alessandro VI aveva fatto testamento, legando alla chiesa di Santa Maria del Popolo la cappella di famiglia e la casa di piazza Pizzo di Merlo; in cambio, gli agostiniani si impegnavano a celebrare ogni anno un servizio funebre, in suffragio delle anime dei suoi due ultimi mariti e di lei stessa, quando fosse venuto il momento. Fu Vannozza a informare Lucrezia quando si seppe che cosa era avvenuto a Cesare: il Valentino era ormai un uomo rovinato, costretto in un carcere a Ostia, dove si aggirava in tondo per la sua cella. Giulio II ne aveva confiscato i beni per indennizzare le vittime, una delle quali, Guidobaldo da Montefeltro duca di Urbino, volendo ricuperare la biblioteca saccheggiata e gli arazzi depredati, aveva fatto uscire Cesare dalla prigione, e se l'era trovato di fronte. Come riferisce lo storico Filippo Ugolini, «l'uomo che aveva fatto tremare tutti i tiranni, dopo due profondissimi inchini, gettò la colpa dei suoi misfatti sulla sua giovinezza, sui cattivi consigli ricevuti dal padre, e promise di restituire tutto».[7] Lucrezia non avrebbe mai capito come ci si potesse umiliare fino a quel punto, rinnegando addirittura la propria famiglia.

Nello stesso periodo le arrivavano gli echi delle feste che si celebravano a Urbino. Chi aveva dovuto subire le malversazioni di Cesare voleva con ogni mezzo ricuperare il tempo perduto. Così, appena tornata nella città da cui era stata scacciata dal Valentino, Elisabetta di Montefeltro fece per prima cosa rappresentare nel teatro di corte i fasti e i nefasti della sua famiglia, e in particolare l'accoglienza di Lucrezia durante il viaggio verso Ferrara al momento delle nozze con Alfonso d'Este, il tradimento del Valentino, le circostanze della fuga di Guidobaldo e la conquista della città. Le sere successive gli attori interpretarono l'episodio di Senigallia, la morte di Alessandro VI e infine il trionfale rientro del duca di Urbino nella propria città. Lucrezia aveva conosciuto a sua volta troppi alti e bassi di fortuna per non comprendere come, dopo tante sofferenze, Elisabetta non avesse altro desiderio che ristabilirsi insieme al marito nelle loro terre. Del resto Lucrezia stessa aveva pur trovato la felicità con il Bembo, dopo la morte del padre. «Se proprio occorre, per amore o per forza, vivere fino all'ultimo giorno, allora viviamo in allegria.»

Cesare rimaneva tuttavia presentissimo nei suoi pensieri. Lucrezia seppe dall'ambasciatore di Ferrara che il fratello, non potendo più sperare nell'aiuto del «cugino» Luigi XII, aveva preso il solenne impegno di rinunciare a ogni pretesa territoriale e, lasciato il carcere di Ostia, il 26 aprile si era imbarcato per Napoli. Due giorni dopo era stato ricevuto in Castel Nuovo da Gonsalvo di Cordova. Si trattava di gettarsi tra le braccia della Spagna e degli Aragona, che i Borgia avevano sacrificato ai propri interessi: in particolare Sancia non sembrava per niente disposta a dimenticare l'assassinio del fratello, Alonso di Bisceglie. Quanto al viceré di Napoli, Gonsalvo da Cordova sembrava piuttosto incline a presumere che l'autorità di cui Cesare sembrava ancora godere nelle città nemiche di Firenze, come Siena o Pisa, e nei confronti di qualche reggimento ancora fedele, potesse conferirgli lo statuto di alleato: ma Isabella la Cattolica non la pensava così.

Dopo che Nuño de Ocampo ebbe incarcerato Cesare nella fortezza di Castel Nuovo, Isabella condannò il prigioniero a una detenzione ben più penosa:

Abbiamo saputo con vivo dispiacere dell'arrivo a Napoli del duca di Romagna, e non solo per motivi politici, poiché come sapete abbiamo in orrore quest'uomo per la gravità dei suoi delitti. In nessun caso desideriamo che un personaggio così screditato possa essere considerato al nostro servizio, neppure se dovesse portarci fortezze, uomini, denaro... Abbiamo scritto al duca di Terranova [Gonsalvo da Cordova] di mandarlo presso di noi, sotto scorta di due galere, affinché non possa fuggire.[8]

Il trasferimento mise a rumore l'intera penisola iberica. Nel settembre del 1504 Cesare arrivava, strettamente sorvegliato da Prospero Colonna, nella città di Valenza di cui portava il nome senz'averla mai vista, e che neppure questa volta riuscì a vedere, perché fu subito condotto nella fortezza di Chinchilla, «eretta su un colle alto settecento piedi».

Subito Lucrezia cominciò a darsi da fare per liberarlo, sollecitando più e più volte cardinali spagnoli e oratori ferraresi. Un dispaccio di Costabili del 27 ottobre 1504 le fornì le prime notizie:

Gli affari del duca Valentino non sembrano così disperati come si diceva. Il suo maggiordomo ha parlato con il re per ottenergli la liberazione, ma questi gli ha risposto che non aveva dato ordine di arrestarlo, ma aveva voluto tenerlo a disposizione in seguito alle numerose accuse che Gonsalvo avanzava contro di lui. Se le accuse sono false lo farà liberare.[9]

Dopo questa notizia relativamente rassicurante, la duchessa di Ferrara riuscì a guadagnare alla sua causa la cognata, Isabella di Mantova, che persuase il marito, Francesco Gonzaga, ad aiutare Lucrezia. Ma sebbene il re di Spagna non fosse così ostile verso il Valentino quanto lo era la regina Isabella, aveva ben altre cose di cui occuparsi, invece del futuro del Borgia: per esempio la successione della stessa Isabella, che rimetteva in discussione la fusione dei regni di Castiglia e di Aragona. E insomma, a parte gli ostinati tentativi della sorella, di Cesare non si occupava più nessuno: *del Valentino non si parla più*.

Come avrebbe potuto, Lucrezia, trovar pace? Giovanni Sforza, il suo ex marito, che era stato umiliato dalla popolarità di cui il nemico godeva nella sua stessa città e costretto a fuggire a Venezia, essendo finalmente riuscito a tornare a Pesaro si scagliava con furia vendicatrice su quanti non avevano preso le armi contro il duca di Romagna: li gettava in prigione, li faceva impiccare alle finestre della rocca o ne sequestrava i beni. L'umanista Pandolfo Collenuccio, protetto dagli Estensi, era stato da lui condannato a morte per aver portato al Valentino vittorioso le ambascerie di Ercole d'Este che gli proponevano l'alleanza.

E poi toccò a Pietro Bembo sprofondare nell'afflizione. Il poeta aveva appena perduto il fratello minore, e così Lucrezia e Pietro si ritrovarono uniti nel dolore. Si rinnovò quindi la loro appassionata corrispondenza; Pietro scriveva: «Siate certa che qui e dovunque, nella tristezza come nella gioia, sarò sempre il vostro fedele eliotropio e voi sarete sempre il mio sole». Era questo il messaggio che accompagnava il dono di un *Agnus Dei*, una medaglia benedetta che il poeta aveva portato sul petto, con la preghiera di metterla al collo per amore di lui, così che «quel caro albergo del vostro prezioso cuore sia almeno tocco da quel cerchio che lungamente ha tocco l'albergo del mio». Nell'attesa di rivederla, le annunciava anche il prossimo invio del libro che le avrebbe dedicato l'anno successivo: gli *Asolani*, divenuto in seguito celeberrimo. Gli splendidi dialoghi che costituiscono l'opera del Bembo si svolgono nella villa di Asolo in cui è riunita la corte di Caterina Cornaro, regina di Cipro: tre gentiluomini veneziani e tre nobili dame vi trascorrono tre giorni, discorrendo sull'amore. Fra i protagonisti dei dialoghi c'è Perrotino, secondo il quale l'amore è la fonte di tutte le pene, perché provoca conflitti e dolori; Gismondo invece loda la sincerità dei sentimenti amorosi, che inducono gli uomini a superare se stessi; infine il terzo, Lavinello, celebra l'amor platonico, che incatena i cuori nella purezza. Le tre dame concordano con l'uno o l'altro degli interlocutori, a seconda delle loro inclinazioni. Le sottili varianti di tono che caratterizzano i diversi personaggi, la delicatezza e la vivacità delle opinioni espresse, cooperano nel tracciare un ammirevole quadro della eleganza e finezza tipiche delle civilissime corti rinascimentali.

Al di là del discorso sulle intermittenze del cuore, il Bembo si rivolge per lo più a Lucrezia, cantandone le lodi in una forma che richiama la loro complementarità, sia pure sotto il prudente velo del plurale: «Voi non siete intere, e neppure noi, gli uni e le altre non essendo altro che delle metà». Il Bembo canta la bellezza del corpo di Lucrezia insieme a quella dell'anima, e ne esalta la superiorità, attribuendola all'intensità della vita interiore.

È chiaro che i sentimenti di entrambi si evolvevano in una direzione spirituale, e il futuro avrebbe confermato tali inclinazioni mistiche, poiché il Bembo sarebbe diventato cardinale, e Lucrezia terziaria francescana.

Alfonso d'Este sembrò rassicurato dalla partenza del veneziano, e come ogni anno partì a sua volta per i suoi viaggi di studio all'estero, prima da Luigi XII, poi dal governatore delle Fiandre, e infine da Enrico VIII. Mentre si trovava alla corte d'Inghilterra, in dicembre, Alfonso venne appunto a sapere che il padre, dopo tre mesi di salute sempre più declinante, si era molto aggravato. Ercole si era fatto trasportare in lettiga al santuario della SS. Annunziata, particolarmente venerata dai fiorentini, ma il pellegrinaggio non gli aveva restituito le forze. Durante l'assenza del fratello maggiore, il cardinale Ippolito invitò Lucrezia ad assumere la reggenza del ducato «se il duca fosse venuto a morte». Quando Alfonso tornò a Ferrara poté ringraziare Ippolito per aver avuto verso Lucrezia un contegno irreprensibile.

Siamo ormai al 21 gennaio 1505. Accompagnato da Lucrezia, Alfonso d'Este entrò nella camera del padre. Il viso del duca morente si trasfigurò alla vista del figlio primogenito. Alfonso si avvicinò al letto, e inginocchiatosi chiese la benedizione paterna. Persuaso di lasciare in buone mani il destino di Ferrara, Ercole chiese a Lucrezia di chiamare i musici di corte; e mentre Vincenzo Modenese intonava con i suoi cantori il *Magnificat*, «L'anima mia glorifica il Signore», il duca di Ferrara, assistito dalla nuora e dal figlio, si spense.

Le campane della città annunciarono il decesso del sovrano, convocando i Savi a riunirsi nel Consiglio per dichiararlo ufficialmente defunto e confermare la successione. Soltanto dopo il compimento della procedura protocollare poté avere inizio la festa dell'incoronazione, ancor prima che le spoglie di Ercole avessero raggiunto l'ultima dimora, prima che i colori della festa cedessero al nero.

All'aurora, gli andirivieni di scudieri e valletti annunciarono i preparativi della cerimonia di investitura. Alfonso fu rivestito dell'abito cerimoniale, con grande sfoggio di ricami, piumaggi e gioielli; prima di lasciare con lui il castello diretti al palazzo ducale, i suoi gentiluomini gli posarono sulle spalle un mantello di damasco bianco, foderato di vaio, e gli posero sulla testa un cappello alla francese.

Accompagnato dal fratello Ippolito, in tutto lo splendore della porpora, il nuovo duca entrò nella sala detta «della Stufa Grande», dove il decano dei Dodici Giudici e Savi, Tito Strozzi, gli consegnò la spada e lo scettro d'oro. Le dame dell'aristocrazia, guidate da Ginevra da Correggio, vennero a presentare a Lucrezia i loro omaggi; Lucrezia, scortata dal pastorale del vescovo di Adria, si accostò al balcone affacciato sul duomo per veder partire la cavalcata trionfale di Alfonso, mentre i bronzei rintocchi delle campane assordavano il cielo, e la neve turbinante cadeva sulle strade, ammucchiandosi ai piedi delle case. La cavalcata fece il giro della città, quindi tornò verso il palazzo, mentre le campane cessarono pian piano i loro rintocchi: toccò allora a Lucrezia di scendere nel cortile d'onore per baciare la mano dello sposo, in segno di sottomissione al sovrano. Fu una visione straordinaria. L'andatura di Lucrezia, come di una creatura fuori del tempo, era in piena armonia con i fiocchi lattiginosi di cui il suolo era ricoperto; la cappa di ermellino della duchessa lasciava intravedere nel passo una veste color cremisi, mentre i primi raggi del sole, sfiorandole i capelli, la adornavano di effimeri cristalli. I nuovi duchi salirono insieme la scalinata della cattedrale, accolti sul portale da file di studenti schierati nella loro uniforme di velluto nero, che portavano grandi stendardi con le armi del loro sovrano. Tenendosi per mano, i duchi passarono sotto un arco di trionfo sormontato dalla figura della Fortuna, che reggeva un cartiglio con la scritta «*Regno, regnam, regnabo*»: un'allegoria che voleva sottolineare come la ricchezza e il potere dei re dovessero ricevere la sanzione della consacrazione divina.

Al termine della messa solenne, nell'aria vibrante per gli ultimi rintocchi del bordone, mentre la folla si abbandonava a una festosa esultanza, fra i due leoni che sorreggevano i pilastri del portale romanico si videro comparire l'alta figura di Alfonso e quella più minuta di Lucrezia.

Il giorno dopo, gli abiti della festa furono sostituiti dalle gramaglie del lutto, e si celebrarono le esequie del defunto; fu cantata la messa di requiem dedicata da Josquin Desprès al suo protettore. Sotto le volte di San Giorgio esplose il *Kyrie eleison*, intonato dai coristi con il solo accompagnamento delle trombe, strumenti di guerra che la consuetudine riservava ai funerali di sovrani. Lucrezia portò il lutto per il suocero per un intero anno, non solo nel colore del suo abbigliamento, ma anche nell'arredo delle sale pubbliche, che furono tutte parate di nero, e sulle carrozze, coperte di drappi color morello, mentre lei stessa, e le dame d'onore del suo seguito, dovevano tenere il viso velato, secondo la moda bolognese.

La vita pubblica della duchessa d'Este cominciò subito: Alfonso le affidò la presidenza della Commissione per l'esame delle suppliche. In questo incarico Lucrezia seppe fare meraviglie, forte dell'esperienza di reggente vissuta a Roma e a Spoleto. Nei rapporti con gli Stati stranieri si mostrò la migliore delle ambasciatrici: tenne a battesimo il nipote del vicegovernatore di Venezia, organizzò concerti di musica sacra per monsignor de la Palice e per i francesi che ne formavano il seguito. In effetti il ducato si trovava in una situazione politica non facile: Venezia si era già impadronita della Romagna e aveva delle mire su Ferrara, mentre Giulio II, che stava per soggiogare Bologna, progettava di annettersi lo Stato ferrarese. Il nuovo duca avrebbe dovuto mettere in atto tutta la sua energia e saggezza. Il suo astrologo, un certo Pietro Bono, gli prediceva un regno tempestoso ma pieno di gloria.

Una delle prime iniziative di Alfonso fu di far costruire un passaggio all'interno del palazzo, per facilitare la comunicazione interna fra gli appartamenti ufficiali e le stanze private di Lucrezia. Ercole Strozzi aveva fatto capire alla duchessa come il mezzo migliore di conservare il proprio credito presso Alfonso fosse di congedare alcune dame spagnole e romane del suo seguito, e circondarsi esclusivamente di ferraresi. Ben presto si videro i felici effetti di questo mutamento, nell'atmosfera più distesa che si instaurò nella corte di Lucrezia.

Alfonso era consapevole degli sforzi compiuti dalla moglie per adempiere degnamente alle sue funzioni di sovrana, e quindi si lasciò persuadere a ospitare il primo figlio di lei, l'Infante romano, ma non a Ferrara, bensì a Carpi, presso Modena, nella casa di Alberto Pio. Questi era nipote del celeberrimo Pico della Mirandola, ed essendosi reso colpevole di aver offerto ospitalità al cappellano di Giulio – motivo per cui Ippolito d'Este lo aveva esiliato – non chiedeva di meglio che riabilitarsi agli occhi della famiglia regnante. Perciò accolse «il preteso figlio del Valentino» in una società di letterati, dove il fanciullo avrebbe ricevuto un'educazione eccellente.

L'amore di Lucrezia per il Bembo era messo a repentaglio dal nuovo rango di duchessa, sebbene il poeta le avesse scritto: «Ricordivi che io niuna cosa penso miro onoro se non voi, e s'io potessi morto volarvi intorno con lo spirito, non vorrei più vivere. Devo restare un mese a Roma, poi verrò a Ferrara». Il 6 aprile Benedetto Capilupi riferisce a Francesco di Mantova: «Messer Pietro, figliolo del Magnifico Bernardo, dice che domani gli ambasciatori debbano partirsi da Venezia e faranno la via di Rimini e Urbino dove lui vuole andare ad aspettarli». L'ambasceria era inviata da Venezia a Roma per discutere la questione delle città già conquistate da Cesare Borgia, che Giulio II rivendicava per sé. Bembo dovette perciò rendere conto della propria missione al Consiglio dei Dieci prima di poter tornare a Ferrara, e qui, fin dal primo momento del suo arrivo, si trovò strettamente sorvegliato per ordine di Alfonso. Lucrezia era sempre alla ribalta, e non riusciva a trovare i momenti di intimità che avrebbe desiderato. Gli amanti compresero che ormai avrebbero dovuto rinunciare alla passione in cambio della tenerezza, «là qualità più rara di tutte perché supera per valore tutte le altre di questo mondo, dove ogni cosa appassisce se non è nata dall'amore». Nella corrispondenza successiva a questo periodo scompare la sigla FF.

Oltre ai pesi della sua carica ufficiale, Lucrezia aveva la mente oppressa da due serie preoccupazioni: la prima era il figlio che aspettava per settembre, la seconda, ancora e sempre, il fratello Cesare. Il Valentino era stato imprigionato a Chinchilla, dove aveva assalito il suo carceriere, Gabriel Guzman, e per poco non lo aveva precipitato giù dalla torre; di conseguenza era stato trasferito nella fortezza di Medina del Campo, una delle più temibili. Fra quelle mura era appena morta Isabella la Cattolica, e la figlia di lei che vi abitava, Giovanna la Pazza, sposata a Filippo il Bello, sprofondava sempre più negli abissi della melanconia. La follia di cui soffriva Cesare, invece, era di tutt'altra natura. Ridotto quasi un morto vivente dalla prigionia, nella sua segreta sognava soltanto la libertà. Intorno a lui, ormai non più che ombra, tutto si sfaldava. Fausto Evangelisto, che pure aveva goduto del suo patrocinio, scriveva: «*Borgia Caesar erat factis et nomine. Caesar / Aut nihil Caesar dixit: utrumque fuit*» (Il Borgia fu Cesare di nome e di fatto: o Cesare o nulla, disse: fu l'uno e l'altro). E il Sannazaro: «*Omnia vincebas, sperabas omnia Caesar. / Omnia deficiunt: incipis esse nihil*» (Conquistavi ogni cosa, speravi ogni cosa, o Cesare: tutto ti viene meno: cominci ad essere nulla).

In quel periodo Ferrara fu colpita dalla doppia catastrofe del terremoto e della peste. I quattromila abitanti furono costretti a fuggire dalla città. Uno dei primi a essere colpito dal male fu Tito Vespasiano, che aveva quasi ottant'anni. Lucrezia si ritirò a Reggio, dove le dame del suo seguito la trovarono «senza scintilla di febbre», come lei stessa scrive nelle lettere al marito, tutte concluse con la formula «a voi mi raccomando».

Il 19 settembre 1505 la sua apprensione si sciolse in gioia, con la nascita di un figlio al quale fu messo il nome del nonno Alessandro VI: ma ben presto la gioia si mutò in lutto, perché il neonato morì appena un mese dopo. Un nuovo colpo della sorte che gettò Lucrezia nella disperazione. Neppure un commovente messaggio del Bembo riuscì a restituirle la pace; la duchessa decise di lasciare Reggio e partì per Belriguardo passando per via d'acqua, sostando nella città di Borgoforte, feudo del marchese di Mantova. L'imbarcazione accostò alla riva in un'ansa del fiume, pavesata con le orifiamme degli Este e dei Borgia; un modo per ricordare come dieci anni prima Alessandro VI avesse consegnato a Francesco Gonzaga la rosa d'oro, affidando alla figlia l'incarico di ricevere nel suo palazzo il guerriero, soprannominato «il liberatore d'Italia» dopo la battaglia di Fornovo. A Borgoforte Lucrezia ritrovava la modestia e la delicatezza del Gonzaga, che mostrò per la sorte di Cesare un interesse capace di toccarle il cuore. Infatti Francesco le propose di inviare alla corte di Spagna il suo miglior ambasciatore, e avrebbe mantenuto la promessa, ricevendo in cambio da Lucrezia una lettera datata 6 novembre, traboccante di gratitudine da ogni riga. Nel frattempo però la duchessa e Francesco Gonzaga trascorsero due giorni in un fitto dialogo privato, finché il protocollo li costrinse a separarsi, e Lucrezia ricevette l'invito a visitare Isabella a Mantova. Perciò Lucrezia scriveva ad Alfonso, spiegando come nonostante il suo desiderio di rivedere il marito, fosse stata «combattuta e sforzata con tanta veemenza e desiderio che [andasse l'indomani] a visitare la Ill.ma Marchesa, che quantunque [avesse] usato resistenza, nientedimeno [le era] convenuto obbedire».

Lucrezia rimase incantata dalla bellezza della città, che nei suoi dintorni le ricordava Virgilio, nato in un villaggio del Mantovano. Isabella era pronta ad accoglierla nel Palazzo ducale, per farle scoprire i suoi celebri *camerini* dalle pareti ornate di quadri, affreschi, antiche statue, emblemi dei Gonzaga. La *camera del Sole*, la *camera degli Sposi*, dipinta dal Mantegna, e infine il famoso giardino segreto, la *Grotta*, dove la marchesa di Mantova si ritirava insieme ai suoi intimi, e circondata di capolavori, poteva godere a suo agio di tutte le incantevoli allegorie di Raffaello o del Mantegna, che l'aveva celebrata in veste di Venere, regina dell'amore. Nel suo narcisismo Isabella d'Este Gonzaga adorava l'opulenza e sognava di fare della sua città un centro di cultura e d'arte, così come Lorenzo de' Medici aveva fatto per Firenze. Purtroppo le mancava il potere politico: e poiché aspirava a essere la più grande principessa del suo tempo, la marchesa di Mantova era insoddisfatta, oltre che disincantata.

Qualche giorno dopo, quando Lucrezia si congedò dagli ospiti per andare nella sua *Delizia*, non poteva ancora sapere di quante lotte fratricide quella residenza sarebbe stata lo scenario.

XIX
TEMPO DI ASSASSINI

Il 16 gennaio del 1506, quasi ad attestare l'ineliminabilità della violenza dal territorio italiano, in una vigna romana nei pressi della *Domus Aurea* di Nerone fu riportato alla luce il gruppo scultoreo del Laocoonte, rappresentazione di epoca augustea dell'episodio di quel sacerdote di Apollo che, avendo cercato di dissuadere i troiani dall'aprire le porte della città al grande cavallo di legno, fu stritolato da due serpenti. Del gruppo furono subito gettate in bronzo numerose copie, e distribuite in vari palazzi principeschi: una in particolare giunse a Ferrara, dove appunto stava per compiersi una doppia tragedia, del tutto degna dell'antichità classica.

I figli minori di Ercole d'Este non avrebbero sfigurato nel lignaggio degli Atridi, per la loro natura fiera e crudele, orgogliosa e ardimentosa, ma soprattutto per i loro delitti. Senza dubbio il più terribile era Ippolito, nel quale si associavano la cultura del chierico e del letterato e un temperamento bellicoso, del tutto incompatibile con le funzioni dello stato clericale: ne risultava come sintesi una glaciale eleganza. Ippolito era un uomo di ombre, che si costringeva ad accontentarsi della gestione di un potere occulto, autocompensandosi con l'abbandono alle dissolutezze; un Giano distruttore, che amava dar la caccia alla selvaggina quanto agli uomini. E tuttavia mostrava una tempra ben diversa all'amico Baldassar Castiglione, che scriveva di lui:

> Vedete il signor don Ippolito da Este Cardinal di Ferrara, il quale tanto di felicità ha portato dal nascere suo, che la persona, lo aspetto, le parole, e tutti i suoi movimenti sono talmente di questa grazia composti & accomodati, che tra i più antichi prelati, avvenga che sia giovane, rappresenta una tanto grave autorità, che più presto pare atto ad insegnare, che bisognoso d'imparare.[1]

Di fronte a questo degno emulo di Machiavelli gli altri fratelli faticavano a far valere le proprie pretese. Oltre ad Alfonso, primogenito ed erede, c'erano Sigismondo, dedito alle pratiche di pietà e alieno da rivendicazioni, e poi Ferrante, una copia sbiadita di Giulio, che del fratello non aveva né la bellezza né l'intelligenza né l'ironia. Isabella d'Este, la marchesa di Mantova, era l'unica della famiglia a trovare irresistibile il fascino di Giulio, figlio bastardo del duca Ercole e di Isabella Arduino. Giulio era in realtà un fantoccio patito per l'eleganza, narcisista fino al ridicolo: «Io ero bellissima maschera, di sorta che non è stata nessuna quest'anno [per carnevale], né manco credo sarà per l'avvenire [...]. Tutte le donne avevano in grazia ch'io volessi degnarmi di ballar con esse».[2]

Alfonso, Sigismondo, e lo stesso Ippolito, avevano accettato la tutela paterna; Giulio e Ferrante rifiutavano di assoggettarvisi. A corte Giulio era talmente popolare da poter sperare di riuscire ad ottenere, in futuro, la dispensa dallo stato clericale. Ma dopo la morte di Ercole l'intesa tra Alfonso e Ippolito fece fallire le aspirazioni dei fratelli minori. Alfonso si limitò ad aumentare l'appannaggio di Ferrante e a donare un palazzo al fratellastro Giulio; questi reagì con accresciuta arroganza, provocando l'irritazione del cardinale. Alfonso, temendo l'esasperazione di Ippolito, chiese a Lucrezia di trattenere Giulio confinato nel castello di Brescello, sotto la sorveglianza del locale commissario estense.

A peggiorare un'atmosfera già abbastanza tesa intervenne il comportamento di Angela Borgia, cugina di Lucrezia. Alessandro VI l'aveva promessa in sposa a Francesco della Rovere, ma alla morte del papa il fidanzamento era stato rotto, e dopo l'elezione di Giulio II, Isabella Gonzaga aveva proposto ai della Rovere la candidatura della figlia Eleonora, che Francesco – nipote del nuovo pontefice – sposò cinque anni dopo. Per addolcire la delusione di Angela, Lucrezia l'accolse nel suo seguito. Era una incantevole fanciulla diciottenne, traboccante di vitalità e malizia, noncurante degli obblighi protocollari, decisa a godere di tutti i piaceri della vita: tutto sommato ricordava Sancia d'Aragona, e forse proprio per questo fu corteggiata da Ippolito, che preferiva le donne con quel genere di temperamento. A un certo punto Lucrezia si accorse che la cugina si era immalinconita, e gliene chiese il motivo: seppe così che don Giulio l'aveva sedotta, cosa che cominciava ad apparire anche nella figura appesantita della damigella. Dal canto suo, l'amante si diceva sicuro di poter ottenere la riduzione allo stato laicale.

Il 1° novembre 1505 don Giulio giungeva a Belriguardo accompagnato da alcuni cavalieri, con il pretesto di presentare i suoi omaggi alla duchessa; Lucrezia, per i motivi che conosciamo, lo esortò a non sostare e a rientrare al più presto a Ferrara. La sera stessa, d'altra parte, anche Ippolito si presentò alla cognata, volendo di fatto incontrarsi con Angela, alla quale fece una corte più serrata del solito. Quest'ultima gli confessò allora il suo amore per don Giulio, e senza saper trattenere la stizza suscitata dall'importuna assiduità di Ippolito, soggiunse: «Val più gli occhi di don Giulio di quanti cardinali s'accatta». Tanto bastò al cardinale d'Este per assoldare una banda di sicari, insieme ai quali tendere un agguato al rivale, di ritorno dalla caccia, nei pressi di Belriguardo. Era il 3 novembre. Ippolito attese il fratellastro, insieme ai suoi *bravi*, sul percorso che don Giulio avrebbe dovuto percorrere. Appena lo videro apparire, gli assalitori lo circondarono, lo atterrarono e gli cavarono gli occhi con la punta delle spade. Infine abbandonarono la loro vittima in mezzo alla strada, a poca distanza dal castello.

Il ferito fu scoperto da un coppiere, e trasportato nell'infermeria dai servi. L'atroce episodio non poté non ricordare a Lucrezia la sorte subita da Perotto, crivellato di pugnalate ai piedi di Alessandro VI: non c'erano dubbi, gli Estensi e i Borgia erano della stessa pasta; quanto a crudeltà e alterigia, tra Ippolito e Cesare non c'era molto da scegliere.

I medici cercarono di salvare alla vittima l'occhio sinistro; don Giulio ricuperò in parte la vista, ma era ormai sfigurato per sempre. Riusciva a vedere appena quel tanto che gli permetteva di giudicare, dall'immagine riflessa in uno specchietto metallico, il disgusto che da allora in poi il suo viso non avrebbe potuto non suscitare: l'occhio sinistro era gonfiato a dismisura, mentre l'orbita destra, senza più palpebre, era un grumo di carne tumefatta. Da quel giorno Giulio d'Este non pensò più ad altro che a vendicarsi.

Rimaneva da decidere il castigo da comminare all'aggressore. La porpora cardinalizia di Ippolito metteva Alfonso in gravi difficoltà; giudicando che non si dovesse aggiungere orrore allo scandalo, il duca di Ferrara si limitò a condannare il colpevole a un mese di esilio. Per di più Giulio II, che odiava gli Estensi, avrebbe potuto cogliere l'occasione per infliggere allo Stato di Ferrara un colpo fatale. Per non esporsi al biasimo del papa o, peggio ancora, a una inchiesta giudiziaria che avrebbe coinvolto la sua intera famiglia e lo stesso ducato, Alfonso obbligò il malcapitato don Giulio a una pubblica dichiarazione di rinuncia a ogni idea di rivalsa, e anzi a una vera e propria cerimonia di riconciliazione. Questa ebbe luogo la sera del

23 dicembre: le torce illuminarono il viso sfigurato dell'infelice, di fronte al quale Ippolito, con voce priva di emozioni, si dichiarava pentito e prometteva di comportarsi in futuro da buon fratello. Don Giulio si volse verso il duca, prese in mano una torcia e la sollevò, in modo che il cardinale fosse costretto a vedere le sue piaghe in piena luce. Dopo una pausa di silenzio che parve a tutti interminabile, mormorò con un sospiro: «Ciò che è fatto è fatto, perdono per amor di Ferrara».[3]

Si sarebbe potuto sperare che alle parole di pace facesse seguito la pacificazione degli animi. Ma com'era possibile che Giulio sopportasse anche la sola idea di quelle feste in cui lui stesso, fino al giorno avanti idolo delle donne ferraresi, avrebbe potuto ormai suscitarne soltanto la pietà, mentre il suo carnefice gli stava di fronte, sfoggiando la sua porpora, l'avvenenza di sempre e una immutata protervia? E in quel periodo a Ferrara le feste si succedevano senza sosta, fosse per celebrare la riconciliazione dei fratelli, fossero mascherate o rappresentazioni offerte dalla duchessa, oppure le innumerevoli cavalcate, che non sarebbero più state consentite una volta cominciata la quaresima.

Poi bisognava pensare all'avvenire di Angela, che aveva appena dato alla luce un figlio maschio: e, caso singolare, giunto all'età opportuna, questo Gilberto avrebbe sposato una Isabella, figlia naturale del cardinale Ippolito. Per buona fortuna, la concessione di certi benefici persuase senza sforzo il conte Alessandro Pio, signore di Sassuolo, ad accettare in sposa la focosa Angela Borgia, capricciosa e incosciente, sicura della propria innocenza, che pretendeva un matrimonio principesco: e Lucrezia, irrimediabilmente una Borgia, assecondò gli infantilismi della cugina.

In quelle drammatiche giornate tornava a Roma Giulia Farnese, rimasta vedova l'anno precedente, e alla quale il figliastro aveva assassinato la sorella. Giulia la bella tornava in palazzo Orsini per maritare la figlia: un matrimonio di grandissimo prestigio, come attesta il contratto matrimoniale redatto in Vaticano nel novembre 1505, nel quale Giulio II acconsente alle nozze fra il nipote Niccolò della Rovere e Laura Orsini. Laura passava – a torto – per essere figlia di Alessandro VI, ma quanto a bellezza era ben lontana dall'avvicinarsi alla reputazione della madre. La cerimonia nuziale, alla quale assistettero lo stesso papa e il cardinale Farnese, fu per Giulia l'apoteosi di una vita romanzesca, un trionfo sul nemico di Alessandro VI.

Nell'aprile successivo Alfonso dovette partire, e durante la sua assenza nominò la moglie reggente del ducato di Ferrara. Aldo Manuzio, pubblicando a Venezia le poesie di Ercole Strozzi, le accompagnò con una dedica al duca di Ferrara in cui si celebravano la saggezza, la bontà, il senno di Lucrezia: «Il giudizio sagace e l'intelligenza di questa illustre Reggente meravigliarono i suoi sudditi e ne suscitarono il rispetto oltre che l'amore». I primi a rallegrarsi del buon governo del ducato furono gli ebrei di Ferrara maltrattati, ai quali Lucrezia, degna figlia di Alessandro VI, assicurò giusta protezione con l'editto del 28 maggio 1506:

> [...] In assenza del nostro Illustrissimo Consorte, abbiamo visto quanto gli scrivete del temerario e maligno atto usato per alcuni tristi contro quegli ebrei, onde per risposta vi diciamo che commendandovi sommamente del buono officio, che faceste virilmente, per reprimere l'audacia di tutti i tristi, li dobbiate pur procedere, condannare e punire, qualunque faccia ingiuria ad alcun ebreo in quel loco, per quel medesimo modo e forma che fareste contro i cristiani, che avessero ingiuriato altri cristiani. Sicché vogliamo che lo statuto valga in questo capo così a beneficio degli ebrei come dei cristiani, parendomi cosa iniqua che sotto l'allegato pretesto per quei delinquenti si possa nuocere e fare dispiacere e grave ingiuria ai detti ebrei. Pertanto non vi allentate nel punire i tristi, come speriamo, perché dal canto nostro non vi mancherà per tale effetto in modo alcuno, acciocché siano estirpati tutti i malfattori.
>
> Quanto sia autem per gli Statuti, che siano defettivi in alcuni casi, non vi paia di fare al presente altra ordinazione o costituzione, se prima non ci avvisate in che cosa manchino detti statuti, ovvero rimettendoli qui a noi, significandomi di che ci saria bisogno per una buona riformazione, o a complemento di essi, perché vi si provvederà.[4]

Mentre fuori dalla corte il clima era sereno, all'interno di essa «qualche cosa di sinistro [andava] intorno», come scriveva Bernardino de Prosperi alla marchesa di Mantova, precisando poi che «tra don Giulio e il cardinale non vi sarà mai più nulla di buono». Se infatti sembrava sicuro che Giulio fosse pronto a castigare Ippolito, nessuno ancora riusciva a immaginare la profondità del rancore nutrito dalla vittima nei confronti dello stesso duca Alfonso: la clemenza del fratello maggiore aveva irritato don Giulio al punto da indurlo a tentare un colpo di Stato, animando una congiura con don Ferrante e altri, che avevano motivo di sentirsi ingiustamente trattati dal duca e dal cardinale. Fra questi erano compresi alcuni nobiluomini, come il conte Alberto Boschetti di San Cesario, il genero di questi Gherardo de Roberti, capitano della guardia di palazzo, e servi infedeli come Gian Cantore di Guascogna. Quest'ultimo era un gigante biondo e corpulento, di origine appunto guascone, che godeva dei favori del duca non solo per la bella voce, ma anche perché sapeva fargli da mezzano. Un primo attentato ebbe luogo, perciò, in una situazione piuttosto piccante: Alfonso si trovava a convegno con una cortigiana, che, sotto il pretesto di rendere più stimolante il gioco erotico, lo aveva legato al letto... Ma appena dileguata l'ebbrezza amorosa, il duca si era trovato mani e piedi legati alle colonne del letto, alla mercé di Gian Cantore che stava per tagliargli la gola, e aveva urlato chiamando aiuto: a quel punto il sicario, evidentemente più incline all'ossequio che alla violenza nei confronti del suo signore, usò il pugnale per liberarlo dai lacci e non gli fece alcun male.

L'insuccesso avrebbe potuto dissuadere i congiurati; invece fu subito elaborato un nuovo piano d'azione: avvelenare Ippolito e poi uccidere Alfonso, durante un ballo in maschera. In tal modo don Giulio avrebbe avuto la sua vendetta, e don Ferrante, successore legittimo del fratello maggiore, sarebbe subentrato ad Alfonso come duca di Ferrara. Quanto a Lucrezia, sarebbe bastato relegarla in convento.

Il cardinale Ippolito, però, aveva le sue spie: informò la cognata del pericolo incombente, e d'accordo con lei mandò due messaggeri, scelti tra i più fedeli, ad avvisare Alfonso, in viaggio per l'Abruzzo con l'intenzione di ispezionare – nonostante l'irritazione della Serenissima – i maggiori porti dell'Adriatico. Il messaggio lo raggiunse nel castello costruito da Federico di Svevia.

Il 2 luglio il duca giunse a Ferrara, e sul suo viso i congiurati lessero chiaramente la propria condanna a morte. Don Giulio riparò subito a Mantova presso la sorella, mentre Gian Cantore si rifugiava a Roma. Don Ferrante invece non riuscì a fuggire: fu condotto alla presenza del fratello e lo supplicò in ginocchio di perdonarlo. Alfonso, per tutta risposta, gli cavò l'occhio destro con la punta della spada. Pochi giorni dopo Francesco Gonzaga, non volendo tenere presso di sé un ospite ingombrante come don Giulio, lo consegnò al duca in cambio dell'impegno che gli fosse risparmiata la vita; il papa fece altrettanto, consegnando Gian Cantore alle medesime condizioni. Alfonso ordinò che il biondo guascone fosse rinchiuso in una gabbia sospesa all'esterno della torre dei leoni: dopo sette giorni il prigioniero era morto strangolato. Il cadavere fu trascinato per le strade della città; i resti dilacerati furono poi infilzati su un palo sospeso sul Po, e lasciati a marcire a poco a poco. Altri congiurati, come il conte Boschetti e il genero, arrestati poco lontano da Ferrara, furono messi in catene e decapitati davanti al palazzo della Ragione: le loro teste furono infilzate sulle picche e i corpi squartati e appesi alle porte del castello. Il duca d'Este avrebbe voluto che la sorella gli mandasse a Ferrara il Mantegna, per eternare con un dipinto queste esemplari condanne: ma l'artista ormai settantacinquenne non era in grado di lasciare Mantova, dove morì pochi mesi dopo.

Alfonso però non era ancora placato: dovevano essere definite le condanne di Giulio e Ferrante. Il 12 agosto i due fratelli, ormai entrambi orbi, furono condotti in catene fino al patibolo eretto nella corte del castello, presenti lo stesso duca, i notabili e i magistrati cittadini. Al contrario di ciò che tutti si attendevano, tuttavia, a un segno di Alfonso i due colpevoli furono graziati: invece della morte venne loro inflitto il carcere perpetuo, nelle squallide segrete del Castel Vecchio. Sembra che da quel momento in poi nessuno dei loro familiari si sia più dato pensiero della loro sorte. Addirittura, poche settimane dopo il processo, Isabella d'Este Gonzaga venne a Ferrara, senza neppure pensare che nella vicina torre dei leoni i due fratelli languivano in prigionia, e durante il suo soggiorno si dette alle danze, al canto, alla recita di commedie in cui si rappresentavano vicende di teneri e timidi amori.

Ferrante fu liberato dalla morte, trentaquattro anni dopo; don Giulio riottenne la libertà dopo ben cinquantatré anni di carcere, per decreto di Alfonso II, nipote di Lucrezia, che fu sollecitato a concedere la grazia dalla madre, Renata di Francia. Vedendolo uscire dal carcere i ferraresi furono soprattutto colpiti dal suo abbigliamento, che era quello dell'epoca in cui don Giulio era stato incarcerato: tutti compresero quanto fosse cambiata la moda italiana nell'arco di mezzo secolo, sotto l'influsso di Carlo V e della dominazione spagnola.

La duplice condanna non bastò affatto a metter fine alle tragedie e alle violenze. Giulio II, appena salito al trono papale, si volse contro i feudatari che erano riusciti a scampare alle violenze del Valentino. Alfonso d'Este, nella sua qualità di vassallo della Chiesa, avrebbe dovuto fornire al papa le truppe necessarie; ma a differenza di Guidobaldo da Montefeltro e di Francesco Gonzaga, entrambi legati da parentela ai della Rovere, si rifiutò di farlo. Il 13 settembre i Baglioni si arresero senza combattere, consegnando a Giulio II le chiavi di Perugia; due mesi dopo il pontefice entrava in trionfo a Bologna. (Luigi XII gli aveva assicurato la propria devozione, offrendogli cannoni e truppe per sottomettere la città.) Perciò i Bentivoglio – i due coniugi, Giovanni e Ginevra, e i loro figli – vennero cacciati dalla città. Gli Estensi, costretti a questo punto a entrare nella lega adunata dal papa, erano obbligati a rinunziare a ogni manifestazione di affetto verso la famiglia bandita; Alfonso dovette rifiutarsi di ospitare la sorella, Lucrezia d'Este Bentivoglio, e le cinque nipoti. I duchi di Ferrara furono tanto più allarmati per l'accoglienza riservata al papa dai bolognesi, in quanto Giulio II ne avrebbe tratto incoraggiamento per i suoi progetti espansionistici, che mostravano una sgradevole somiglianza con quelli di Cesare Borgia di quattro anni prima.

Il 26 novembre Lucrezia seppe che il duca di Romagna era evaso. Due mesi prima era morto il re di Castiglia Filippo il Bello, genero di Isabella. Cogliendo un momento favorevole, e aiutato dal conte di Benavente, capo del partito di Filippo il Bello, il Valentino riuscì a fuggire dalla stanza in cui era rinchiuso grazie a una corda che era però troppo corta, e gli provocò un infortunio. A fine novembre il Valentino partiva per Pamplona, capitale della Navarra, su cui regnava il fratello di Charlotte d'Albret, sua moglie. Secondo i cronisti vi «piombò come un diavolo», e appena arrivato scrisse a Francesco Gonzaga, rimasto relativamente amico dei Borgia, per dargli notizie della sua evasione. Al cardinale Ippolito, rimasto depositario dei suoi beni, inviava intanto un altro corriere per chiedergli di rimettere insieme i resti del suo capitale. Il 28 dicembre giunse anche a Lucrezia un messo di Cesare, che fu però arrestato per ordine di Giulio II. Invano Lucrezia protestò che il messaggero si limitava a informarla della liberazione del fratello, e non aveva nessuna intenzione aggressiva verso il Santo padre: quest'ultimo rimaneva persuaso del contrario; se il pensiero del Valentino rinchiuso a Medina del Campo bastava a preoccuparlo, il Valentino libero alla corte di Navarra diventava addirittura temibile. Infatti sembrava che in Romagna il popolo trovasse preferibile la tirannia di Cesare Borgia a quella della Chiesa.

La duchessa di Ferrara decise tuttavia di dare aiuto al fratello proscritto, e chiese la collaborazione di Francesco Gonzaga:

> Ill.me et Ex.me D.ne Cognate et fr.r hon. Ora ho inteso che per commissione della S.tà di N.o S.re è stato preso in Bologna Federico, cancelliere del S.re Duca mio fratello: e perché siamo certi.a che egli non si troverà in mancamento alcuno, per non essere venuto per fare né dire cosa alcuna che possa dispiacere né essere molesta a sua Beat.ne perché sua Ecc.a non penserebbe né ardirebbe fare simil cosa verso sua S.tà, e costui, se avesse commissione alcuna, me l'avrebbe prima comunicata, e io non avrei tollerato né tollererei che se ne facesse un tristo pensiero, per essere devotiss.ma e fedelissima serva di S. Beat.ne insieme con lo Ill.mo S.re mio consorte; ma non trovo né so che egli sia venuto per altro se non per portare la nuova della sua [di Cesare] liberazione. E così [...] prego quanto più so e posso V.a Ecc.za che, per quanto amore la mi porta, voglia in ogni modo operare con la p.ta S.tà che presto egli sia rilasciato.[5]

Cesare, dal canto suo, aveva soltanto trentun anni, e non si adattava alla povertà del re di Navarra. Mandò a chiedere a Luigi XII di riprenderlo al suo servizio e riaccoglierlo alla sua corte; ma il sovrano francese si rifiutava di ricevere un evaso dalle prigioni del re cattolico, e tanto più di offrirgli una sua provincia.

A Ferrara intanto cominciarono le feste di carnevale, un turbinio di divertimenti destinato a essere interrotto dalle settimane penitenziali della quaresima. Con la Pasqua i festeggiamenti ripresero, e di nuovo il duca Alfonso partì per uno dei suoi viaggi di istruzione verso le fonderie del Nord.

In quel periodo giunse notizia a Ferrara della morte del Valentino. Il cardinale Ippolito, mancando Alfonso, cominciò col preparare la cognata all'evento fatale, dicendole che Cesare era rimasto ferito in battaglia. Ma il 20 aprile, mentre la duchessa si dedicava ai suoi doveri di reggente sbrigando gli affari correnti nel salone del Consiglio, all'improvviso salirono dal cortile voci alte e concitate: un cavaliere tutto coperto di polvere parlava con il cardinale; pochi minuti dopo entrava nella sala Ippolito, seguito da Juanito Garzia, paggio del Valentino. Il giovane spagnolo comunicò a Lucrezia che il fratello era morto combattendo sotto le mura di Viana. La duchessa riuscì a nascondere a tutti il proprio cordoglio di sorella, limitandosi a una frase nobilmente enigmatica: «Quanto più cerco di conformarmi con Dio, tanto più egli mi manda a visitare. Ringrazio Iddio, sono contenta di ciò che gli piace». Nella sua straziante semplicità, nella sua disperata rassegnazione, questo commento fu la sola orazione funebre che Lucrezia pronunciasse alla morte del fratello.

La sera, mentre risuonavano i funebri rintocchi delle campane, Lucrezia si ritirò in preghiera nel monastero del Corpus Domini, circondata dalle monache che, secondo quanto si diceva a Ferrara, videro nel suo gesto un clamoroso trionfo della misericordia.

Poco per volta filtrarono fino a Ferrara i particolari sulle ultime ore di vita, ancora avvolte nel mistero, del semidio che aveva gettato nel terrore mezza Italia. Il re di Navarra aveva mandato il Valentino a combattere contro Louis de Beaumont, che era ormai una costante minaccia per il sovrano di Pamplona. La battaglia si era svolta nella notte. Beaumont non era stato però sorpreso nel sonno, e aveva ordinato di attirare Cesare verso una gola; qui il Borgia, rimasto isolato, a un tiro di balestra dalla sua scorta, si era battuto come un leone, solo contro tutti: ma era stato prima ferito sotto l'ascella, poi disarcionato, e infine trafitto dalle picche dei nemici, che dopo averlo spogliato della splendida armatura l'avevano abbandonato in un fossato, dove i suoi l'avevano ritrovato soltanto dopo parecchi giorni di ricerche. Questa, almeno, era la sostanza del messaggio inviato dal re di Navarra ad Alfonso d'Este.

Lucrezia non fece mistero del proprio dolore con Ercole Strozzi, il suo più prossimo confidente. Cesare era vissuto da soldato fino alla fine, ma si trattava di una fine così amara da somigliare stranamente a una morte volontaria: come si poteva credere che un guerriero tanto animoso, abile, sagace, fosse passato nella storia così, come «un fuoco di paglia»? Facendo incidere sulla sua spada il motto *Aut Caesar, aut nihil*, il duca di Romagna aveva sfidato la fortuna, e ne era stato duramente ripagato. Logorato nel corpo da anni di battaglie, malamente storpiato dalla caduta subita nell'evadere da Medina del Campo, il Valentino si era trovato respinto da tutti, costretto a subire l'umiliazione di servire agli ordini dell'oscuro sovrano di un regno microscopico come quello di Navarra, dopo essere stato sacrificato da Luigi XII, e aveva concluso la sua disperata cavalcata crivellato da ventitré ferite, spogliato delle armi e perfino degli abiti, nudo come quand'era nato, sul terreno innevato dei monti di Spagna.

Il poeta Ercole Strozzi ascoltò con attenzione il lamento funebre di Lucrezia, ammirandola per la mancanza di ogni rancore: Lucrezia sembrava non voler ricordare altro che il bene ricevuto dal fratello, grazie al quale aveva potuto trovarsi a regnare sul più saldo dei principati italiani. Ad attestare la sua partecipazione al lutto della duchessa, lo Strozzi compose un superbo inno dedicato alla *Diva Lucrecia*, una sorta di replica poetica al *Principe* di Machiavelli, in cui Cesare viene dipinto come il braccio armato, inviato dalla provvidenza per compiere l'unità d'Italia, restaurando la gloria dell'antica Roma, mentre Alessandro VI sarebbe stata l'intelligenza autrice del progetto. Nel finale dell'opera il poeta celebra l'astro, la musa, l'ispiratrice, l'Antigone sorella.

Cesare Borgia lasciava diversi figli, ma una sola legittima: Luisa, nata da Charlotte d'Albret, che dopo la morte della madre fu accolta da Luisa di Savoia, madre di Francesco I, e da lei data in sposa a Louis de la Trémoille, e dopo la morte di questi, a Filippo di Borbone, visconte di Busset.[6] Lucrezia si prese cura dei due bastardi: Girolamo sposò una gentildonna ferrarese, mentre Camilla, dopo aver condiviso la passione della zia per le arti e le lettere, entrò in convento prendendo il nome di suor Lucrezia.

Gli Estensi erano poi ben intenzionati a ricuperare quanto più possibile del patrimonio di Cesare. Prima di imbarcarsi per la Spagna il Valentino aveva incaricato il cardinale Ippolito di custodire i suoi beni più preziosi, affidati fino a quel momento al cardinale di Sorrento Francesco Ramolino. Quest'ultimo aveva conservato presso di sé i mobili e cercato di far arrivare al suo confratello d'Este i gioielli, le armi preziose e le opere d'arte, ma i fiorentini intercettarono una parte del convoglio e prima di restituire tutto il bendidio che avevano sequestrato pretesero un riscatto. Quando nel maggio 1507 morì il cardinale di Sorrento, Giulio II ordinò che ne fosse confiscato l'intero patrimonio, con particolare riferimento ai beni che il defunto aveva in deposito, ossia le dodici casse e gli ottantaquattro pacchi in cui erano imballati tappeti orientali, arazzi di Fiandra, stoffe e mobili. Invece i tesori sottratti alla Chiesa al momento della morte di Alessandro VI, e «trattenuti» dal Bentivoglio, furono restituiti a Ippolito d'Este, ossia a Lucrezia.

Il «Principe» non era mai stato mediocre in nulla, fossero vizi o virtù, passioni o delitti. Era vissuto sempre fuori da ogni regola, mostrando una costanza negli eccessi che era peculiare alla sua personalità, e spiegava l'incapacità di conciliarsi la fortuna. Quest'uomo di statura eroica, figlio di un pontefice, cardinale a diciassette anni, che si preparava a cingere una corona e avrebbe potuto brillare in uno scenario ancor più vasto, aveva finito col morire in un oscuro angolo di Navarra, e sulla sua tomba nella chiesa di Santa Maria de Viana fu iscritto un epitaffio dello spagnolo Soria:

Aqui yace en poca tierra
El que toda le temía
El que la paz y la guerra
En la su man tenía.

¡Oh tu que vas a buscar
Cosas dignas de loar!
Aqui para tu camino;
No cures de mas andar.[7]*

Finalmente Lucrezia era libera dall'ombra opprimente di Cesare: con la sua nuova leggerezza di corpo e di spirito sarebbe riuscita a condurre a termine la nuova gravidanza che si era annunciata, e a dare al ducato di Ferrara l'erede tanto atteso.

*«Qui giace in poca terra / colui che tutti temevano / colui che nella mano / recava pace e guerra. // O tu, che vai cercando / cose degne di lode! / Ferma qui il tuo cammino; / non curarti di proseguire.»

XX
GLI ULTIMI FUOCHI

Alfonso ricominciava a sperare. Per facilitare i bagni quotidiani della consorte, impacciata dalla gravidanza, le donò una caldaia a legna. Inoltre fece ampliare i suoi appartamenti e decorare dal Garofalo la stanza detta «la camera a volta della torre marchesana». In Vaticano Lucrezia era abituata a vivere tra i personaggi dipinti dal Pinturicchio; così a Ferrara i suoi occhi si riempivano delle pitture che ornavano pareti e soffitti, in cui erano raffigurati gli Estensi circondati dalla corte, con scene di caccia e allegorie bucoliche. Gli artisti erano Ercole Bonacossi, Ludovico Mazzolino, Bartolomeo Veneto.

In un angolo, accanto a un gigantesco camino, era stato eretto un baldacchino di raso rosso a righe bianche, una sorta di tabernacolo destinato a riparare dalle correnti d'aria il nascituro; sotto il baldacchino stava la culla, intagliata da Bernardino Veneziano, racchiusa da quattro colonne riunite a formare al di sopra del lettino una sorta di pergola di fiori e fogliame dorato. L'interno era imbottito di raso e fornito di lenzuola e cuscini in finissima batista.

Secondo quanto ci riferisce il Sanudo, quando il 3 aprile sembrò avvicinarsi il momento del parto, il duca Alfonso partì da Ferrara senza farne parola alla moglie. Ai suoi più fedeli, che si stupivano, disse che era diretto a Venezia, per parlamentare con il Consiglio dei Dieci: ma il suo vero scopo era scongiurare la malasorte. Comunque la levatrice, Frassina, non mancò di assistere la partoriente, e si mostrò all'altezza della sua fama. La mattina del 4 aprile era nato un maschio di ragguardevoli dimensioni, piuttosto brutto e col naso schiacciato, al quale fu dato il nome di Ercole in onore del nonno paterno. Alfonso rientrò a Ferrara di gran carriera, per constatare che il figlio, sebbene non bello, sembrava manifestare una gran voglia di vivere. Tanto gli bastava: in un empito di orgoglio lo fece vedere nudo agli ambasciatori che erano venuti a porgere le loro congratulazioni, perché constatassero come l'erede fosse «sano e ben compito d'ogni cosa».

Fu proclamata un'amnistia generale, dalla quale rimasero tuttavia esclusi don Ferrante e don Giulio, sepolti vivi nei sotterranei del Castel Vecchio. La nascita del principe ereditario fu celebrata anche dal vescovo e poeta Octavien de Saint-Gelais, padre del più celebre Mellin, che era ospite di Ercole Strozzi e scrisse in onore del neonato una piccola ode, in cui fra l'altro rendeva omaggio alle belle dame della corte estense:

Davanti al letto c'era un bambinello
A meraviglia bello, senza pianti né paure
D'un abito che si adorna e si intaglia
Il più bello e il più trionfante
Che mai si vide, fosse pur figlio di re.
Accanto a lui in particolare costume
Una bellissima aggraziata nutrice
Ben abbigliata senza parlare dei re
Di velluto verde tessuto ad alto liccio,
Dame senza numero dai visi angelici
Ben abbigliate di drappi d'oro e raso,
Bacchettine, collari, bordure autentiche
Grossi brillanti e magnifici zaffiri
A ricco ornato della gola e del seno,
Lunga la veste gorgiere strascico
Il corpo ben avvolto nel velluto.
Ce n'erano abbastanza, per chi capisce il mio latino,
Per convocare una corte d'amore.

Con una di quelle svolte che spesso ci sorprendono nella storia, il neonato, destinato a succedere al padre con il nome di Ercole II d'Este, avrebbe poi sposato la figlia di Luigi XII, e quindi aggiunto ai suoi i titoli di duca di Chartres e di Montargis.

Dopo il battesimo Alfonso si rimise in viaggio, diretto in Francia. Voleva dissuadere il re dal partecipare alla lega che si stava costituendo contro Venezia, e nella quale avrebbe paventato di essere costretto a entrare a sua volta, poiché la posizione geografica del ducato di Ferrara l'avrebbe condannato a subire per primo l'impatto dell'eventuale scontro. Lucrezia, assumendo la carica di reggente in assenza del marito, secondo la consuetudine, si preparava a godere di una relativa libertà che le avrebbe consentito di ricevere il suo cavalier servente, Francesco Gonzaga.

Nel periodo in cui la duchessa era ancora molto legata al Bembo, il marchese di Mantova aveva saputo trovare per istinto il comportamento più opportuno, quello del fratello che si offriva di aiutarla a mitigare la dura prigionia di Cesare in Spagna, rassicurandola con la sua autorità affettuosa, proprio nel momento in cui gli Estensi consideravano la sorte del Valentino irreparabilmente segnata.

Anzi, fiducioso nelle proprie qualità diplomatiche e convinto, per eccesso di ottimismo, di avere le carte giuste da giocare nella faccenda, Francesco Gonzaga era arrivato a far balenare a Lucrezia la possibilità di liberare il Valentino. Simili testimonianze di devozione fecero maturare i sentimenti di Lucrezia nei suoi riguardi, dalla gratitudine alla tenerezza. Francesco Gonzaga era un tipo «alla moresca», che poteva ricordarle la fisionomia del «Principe», ma non aveva certo la bellezza dei Borgia. Tuttavia Lucrezia era certo affascinata dalla espressiva bruttezza del marchese di Mantova: la pesante criniera di riccioli neri, il naso camuso, le labbra carnose, la folta barba, gli occhi dal taglio a mandorla, il profilo negroide, costituivano un insieme fortemente intriso di sensualità, ma anche di lealtà e di gioia fanciullesca. La corporatura breve e tarchiata era compensata dalla forza scattante, tipica di un felino. Francesco era un perfetto cavaliere, che figurava mirabilmente in sella ai cavalli delle sue scuderie, rinomati in tutta Europa. Piacesse o no, era un uomo che non si riusciva a dimenticare: ne rimane qualche testimonianza nella terracotta del Cavalli oggi conservata a Mantova, oppure nella *Madonna della Vittoria*, esposta al Louvre, dove il Mantegna lo ha raffigurato inginocchiato ai piedi della Vergine, o anche nel ritratto attribuito a Bonsignori.

Tutto ciò non gli risparmiava lo sdegno di Isabella, che si riteneva moglie irreprensibile, ben decisa ad adempiere ai propri doveri coniugali, in un clima dal quale la tenerezza era vistosamente assente. È ben vero che durante i suoi soggiorni a Milano, in casa della sorella Beatrice, la marchesa gli scriveva come si annoiasse a morte, lontana da lui; ma appena tornata, lo trattava come una nullità, e addirittura, per tenerlo legato a sé, arrivava a mettergli a disposizione certe graziose donzelle al seguito dell'esercito. In un superbo ritratto Tiziano ha saputo scandagliare fino in fondo la compostezza morfologica del viso di Isabella d'Este, lasciandone affiorare tutta l'aridità del cuore.

La moglie di Francesco Gonzaga lo trattava con condiscendenza, aveva il genio dell'ostentazione e si pasceva di adulazione. In Lucrezia il marchese di Mantova scopriva il rovescio della medaglia: una donna indulgente, pietosa, benevola, pronta a soccorrere chi fosse colpito dallo sconforto, dall'ingiustizia, dal dolore. Tanta semplicità e spontaneità non potevano non commuoverlo; tuttavia fu la stessa Lucrezia a rivolgere d'un tratto la sua attenzione compassionevole verso il cognato, del quale intuiva il dramma interiore. In breve tempo fra i due si stabilì una intesa così profonda che le dame d'onore della duchessa se ne accorsero già nel 1506, quando per esempio Polissena Malvezzi, scrivendo al marchese Gonzaga, da poco partito da Ferrara, descriveva i divertimenti della corte ma concludeva: «Ogni piacere fu poco grato alla nostra signora Lucrezia e a me sua serva, poiché la S. V. Ill.ma non era presente».

I primi tempi non si trattò che di incontri nei giardini del palazzo: lei circondata dalle sue donne, lui dal suo seguito, come se fosse stato il caso a guidarli l'uno verso l'altra. Il Gonzaga salutava Lucrezia e le offriva una rosa, dichiarando che questo fiore raffigurava una parte di lei.

Dopo la morte del Valentino, tra Ferrara e Mantova si intrecciò una fitta corrispondenza in cui Lucrezia aveva lo pseudonimo di «Barbara», Francesco quello di «Guido». Il confidente di entrambi era Ercole Strozzi, che si firmava «Zilio», e così scriveva al cavalier servente:

> Vi certifico che Barbara [Lucrezia] v'ama: le spiace questa vostra tepidezza, ma le piace che siete segreto [...] io veggo tanta buona disposizione in madonna Barbara [Lucrezia] [...] Ponete ogni diligenza nel procacciare di venire dove lei è [...]. Lei [Lucrezia] vi ama assaissimo e assai più di quello che voi pensate, perché se giudicaste che vi amasse quanto vi ho sempre detto, sareste più caldo che voi non siete nello scrivere e nel tentare di venire dove lei fosse. Vi do la fede che vi ama molto, e se voi continuerete per i modi che vi saprò mostrare, *se non averete l'intento vostro doleretevi di me che vi do licenza*: non vi direi una cosa per l'altra per tutto il mondo [...] sicché mostrate di amarla caldamente che non vuole da voi alcuna altra cosa. [...] M'ha fatto trattenere il messo perché vi voleva scrivere di sua mano, ma ancora le vanno gli occhi intorno per la debolezza [del parto]. Vi si raccomanda assai, e dice che Camillo [Alfonso] prima di partire le disse che aveva piacere di riconciliarsi con voi: e che voi tentate di farlo, perché poterete venire subito dove lei sarà.[1]

Si potrebbe forse restare stupiti dell'importanza acquistata da Ercole Strozzi, il poeta e confidente, nella vita di Lucrezia; tanto più che Alfonso non gli faceva mistero della propria ostilità. Tre anni prima, alla morte di Tito Vespasiano Strozzi, padre di Ercole, il duca non gli aveva rinnovato la nomina a membro della suprema magistratura del consiglio dei Dodici; a quel punto Lucrezia aveva preso Ercole sotto la sua protezione. Era un uomo intuitivo e complesso, costretto da una malformazione al piede a camminare con una stampella; si era reso indispensabile sapendo coltivare i sentimenti alquanto sibillini che Lucrezia nutriva verso il marito, e anche la tendenza della stessa duchessa a ribellarsi alla tutela degli Estensi. Così aveva cooperato con il massimo zelo a far progredire l'affetto di Lucrezia verso il Bembo, e in seguito aveva voluto vedere nel sentimento che essa provava per Francesco Gonzaga qualcosa di più rispetto alla realtà. Non che ignorasse i rischi a cui andava incontro con questo suo comportamento; tant'è vero che, come scriveva a Francesco, per lui metteva a repentaglio la vita «mille volte l'ora». Che cosa si aspettava di ricevere in cambio? Lo Strozzi possedeva ville e palazzi, era circonfuso da un alone di gloria e di autorevolezza, e non dava grande valore al denaro, sebbene di tanto in tanto chiedesse a Lucrezia un aiuto finanziario. La cosa a cui soprattutto teneva era di diventare la guida spirituale della duchessa. Ma il destino decise diversamente; i ruoli del poeta e di Lucrezia si invertirono: lo Strozzi amava Barbara Torelli, moglie di Ercole Bentivoglio.

Ancor oggi nel castello di Montechiarugolo, nei dintorni di Parma, luogo d'origine della famiglia Torelli, si può leggere una iscrizione graffita su una pietra del loggiato: «1491 ottobre: la magnifica Madonna Barbara Torela, mogliera di Messer Hercole Bentivoglio, se partì da qui per andare a marito a Pisa». Nel felice momento delle nozze nessuno, beninteso, avrebbe potuto prevedere il tragico destino della sposa. Ercole Bentivoglio era un uomo brutale che la cultura raffinata della consorte irritava fino all'esasperazione. Tuttavia, per quante umiliazioni le infliggesse, non riusciva a mortificarla fino in fondo. Finché, un giorno, la offrì a un amico vescovo «in affitto» per un mese, in cambio di mille ducati; e pretese di costringerla ad accettare l'odioso mercato minacciandola di accusarla di aver tentato di avvelenarlo, se si fosse rifiutata. Fu l'ultima goccia. Barbara fuggì, dapprima presso la parente Elisabetta Gonzaga, a Urbino; poi, nel 1502, si trasferì nel ducato di Ferrara, nel convento di San Rocco.

La clausura volontaria le attirò qualche simpatia, ma la sua situazione era pur sempre rischiosissima: perciò, questa gentildonna «bella e savia assai» chiese al duca Alfonso il permesso di continuare a risiedere in territorio ferrarese. Alfonso fu colpito dal suo coraggio, e riconoscendo ufficialmente il suo buon diritto, le assicurò protezione – sebbene gli Este e i Bentivoglio fossero legati da vincoli di parentela – e la affidò alle cure della moglie. Accolta da Lucrezia nel suo seguito, Barbara fu ripudiata dal marito nel 1503 ma cercò invano di ricuperare la propria dote: nonostante che la separazione dei coniugi fosse stata riconosciuta dalla Chiesa, il Bentivoglio rifiutò di restituire anche solo un ducato.

Ercole Strozzi fu più di tutti colpito e incantato dal fascino, dalla dignità di Barbara Torelli; se ne innamorò e la sposò. Il secondo matrimonio, avvenuto nel 1507, poté aprirle il cuore a una speranza di nuova vita, accanto a un uomo dall'animo delicato, che con la sua infermità sollecitava ancor più la sua tenerezza: ma la loro prima figlia era nata da diciotto giorni appena, quando il poeta venne a morte. All'alba del 6 giugno, su un angolo del palazzo Pareschi, poco lontano da quello degli Strozzi e dalla muraglia medievale che cingeva casa Romei come una fortezza, fu scoperto il suo cadavere avvolto nel mantello, con gli speroni ai piedi, il volto sfigurato da ventidue ferite, i capelli strappati a ciocche. Cosa strana, intorno al corpo non c'erano tracce di sangue, probabile indizio che il delitto era stato commesso altrove: quasi che i sicari avessero voluto creare di proposito una macabra messinscena, collocando la stampella accanto al corpo e ricomponendogli intorno al capo le lunghe ciocche bionde divelte.

Quando la notizia si diffuse, la città entrò in allarme. Il poeta era celebrato in tutta Italia per essere il più intelligente del suo tempo, amico del Bembo e dell'Ariosto, protetto della duchessa: ed eccolo abbattuto nel fiore della giovinezza, a ventisette anni appena. Nessuno osava arrischiare a voce alta qualche ipotesi sull'identità degli assassini, «per non dar la testa nel muro», come scriveva il Prosperi a Isabella di Mantova. Francesco Gonzaga offrì una ricompensa di 500 ducati, e in più l'impunità, a chi gli avesse dato notizie sugli autori dell'omicidio, ma non si presentò nessuno. La giustizia ferrarese, di solito attivissima, si comportò con una discrezione del tutto particolare, soprattutto se si pensa che l'assassinato era membro della magistratura dei Dodici. Il duca Alfonso si limitò a commentare che si trattava di una faccenda disgraziata, e per quanto fosse celebrato un funerale sontuoso, adeguato al rango della vittima, nessuno della famiglia ducale vi prese parte. Assistettero alla cerimonia soltanto gli umanisti amici del defunto; sotto le volte della cattedrale risuonò in latino l'orazione funebre in cui Celio Calcagnini, dopo aver lamentato la prematura perdita di un grande ingegno, rendeva omaggio alla duchessa d'Este: «Dov'è il lavoro di tanti anni? [...] Qual maraviglia, dunque, se a Lucrezia Borgia, moglie del principe, alla quale egli sempre religiosissimamente fu devoto, era così gradito?».

L'accenno al patrocinio accordato allo Strozzi dalla signora di Ferrara attesta il coraggio del Calcagnini, perché si erano diffuse le voci più bizzarre: chi diceva che il duca, innamorato alla follia di Barbara, avesse fatto sopprimere l'ingombrante marito per meglio raggiungere il suo scopo; chi affermava che Lucrezia, appassionatamente legata al suo confidente, non si fosse saputa rassegnare al matrimonio del poeta. Nel 1916 lo storico Alessandro Luzio, ritrovate le lettere di Lucrezia al marchese di Mantova, ritenne di poter ipotizzare che Alfonso si fosse infuriato scoprendo il ruolo avuto dallo Strozzi nel tener bordone alla tenera amicizia nutrita dalla moglie per Francesco Gonzaga. Durante un'assenza del duca, questi veniva invitato a Ferrara, nella prospettiva di ricuperare le ore di gioia perdute. L'idea che l'assassinio fosse stato compiuto per vendetta, su ordine di Alfonso, non tiene conto dei caratteri dello stile epistolare dell'epoca, in cui l'esagerazione era uno dei più tipici strumenti retorici, e neppure del comportamento di Isabella, che non manifestò mai né gelosia né rancore nei confronti della cognata.

In effetti Lucrezia e Alfonso d'Este non ebbero nulla a che vedere con il delitto. Una lettera della vedova dello Strozzi consente piuttosto di attribuirne la responsabilità – con molto maggior verosimiglianza – ai Bentivoglio, accanitissimi nel perseguitare Barbara Torelli: rispetto alla famiglia del signore di Bologna la vita di un poeta, sia pure celebre, non aveva nessun valore.

Sapendo che la sua protezione correva il rischio di rivelarsi insufficiente, Lucrezia consigliò a Barbara di cercare asilo nella città dei dogi, fornendo alla giovane vedova un sostanzioso aiuto finanziario, che attinse alle proprie risorse personali. Benché sempre perseguitata dall'avidità dei Bentivoglio, a Venezia Barbara riuscì a dare alla piccola Giulia un'istruzione e una sistemazione adeguate al suo rango; la figlia maggiore, Ginevra, ormai sposa di Lorenzo Strozzi, fratello minore di Ercole, non era più a suo carico. Con grande naturalezza Barbara Torelli si inserì nella società di umanisti e letterati veneziani, e dopo aver onorato per anni la memoria del defunto sposo con messe di suffragio, trovò conforto fra le braccia del Folenghino, gentiluomo di fiducia e agente dei Gonzaga a Venezia. Infatti a un certo punto l'oratore di Ferrara a Venezia scrisse che il Folenghino faceva «lo amore bravamente con la mogliera che fu di M. Hercule Strozo».

La tragica scomparsa di un amico fraterno gettò Lucrezia nello smarrimento. L'omicidio le ricordava ben altri assassinii rimasti impuniti, come quello del duca di Gandía, di undici anni prima, e l'altro, ancor più atroce, di cui due anni dopo era rimasto vittima Alonso di Bisceglie.

Il giorno del Corpus Domini Lucrezia andò a palazzo Pareschi per un ultimo addio. Sul lato opposto della strada vide il folto gruppo degli amici di Ercole, riuniti accanto al muro di casa Romei, che aspettavano come lei la processione. Finalmente il corteo giunse alla loro altezza e l'officiante si fermò a benedirli; poi i religiosi ripresero il cammino, il canto degli inni sacri e la fragranza dell'incenso sfumarono nella lontananza. Per ordine di Lucrezia, casa Romei fu trasformata nel convento di San Bernardino, in memoria di Ercole Strozzi. Dopo una settimana di ritiro la duchessa riapparve in pubblico, e gli intimi della sua corte osservarono quanto fosse mutata: più freddolosa e fragile, più cupa e silenziosa; mentre in passato era stata così pronta al sorriso, sembrava essersi rinchiusa nel suo dolore. Alfonso si rese conto che il poeta e confidente aveva lasciato un vuoto, e le dimostrò maggiori attenzioni: in quel periodo rimase con lei a cena tutte le sere.

Nella vita interiore di Lucrezia la morte dello Strozzi segnò un'importante svolta. Il caldo torrido dell'estate 1508 la indusse a trasferirsi a Reggio, dove la presenza di Bernardo Accolti, detto l'Unico Aretino, le parve un dono degli dèi: Bernardo Accolti l'aveva protetta a Roma, e ancora colmata di favori a Ferrara; incontrarlo di nuovo le sembrò beneaugurante.

Tornata in Castel Vecchio ricevette Erasmo da Rotterdam, proveniente da Venezia, dove l'amico Aldo Manuzio ne aveva da poco pubblicato gli *Adagia*; la città e l'università di Ferrara stimavano un grande onore la presenza dell'umanista olandese. Lucrezia assistette alle sue lezioni e avrebbe voluto trattenerlo alla sua corte; ma in definitiva Erasmo preferì stabilirsi a Siena, che prometteva di offrire un rifugio più sicuro nelle guerre che si preannunciavano.

I prìncipi italiani, infatti, erano allarmati dal dilagante potere della Serenissima, e il 10 dicembre 1508 si strinsero nella lega di Cambrai, con un trattato che riuniva l'imperatore Massimiliano d'Asburgo, Luigi XII e Ferdinando il Cattolico; si erano associati alla lega anche Alfonso d'Este, che rivendicava il Polesine e la provincia di Rovigo, e il marchese di Mantova, che a sua volta voleva tornare in possesso di certe zone adiacenti agli attuali confini del marchesato, in particolare intorno al lago di Garda. Poco meno di quattro mesi dopo Giulio II, che aveva richiesto invano a Venezia di restituirgli i domini ecclesiastici di Romagna, entrò a far parte della lega. «Taglierò le unghie al leone di San Marco», aveva dichiarato il papa a Giorgio Pisani, intimo del doge Leonardo Loredan, il quale replicò: «Ridurremo Vostra Santità a un parroco di paese». A questo scambio di cortesie il papa fece seguire la pronuncia dell'interdetto contro Venezia, ma la Repubblica dichiarò nulla la scomunica.

Per assicurarsi l'appoggio dell'artiglieria ferrarese, in Italia superiore a ogni altra, il papa conferì al duca d'Este il titolo di gonfaloniere della Chiesa. Fu il Costabili a far da messaggero a Giulio II, consegnando al signore di Ferrara la Rosa d'Oro e lo stendardo pontificio. Un onore al quale Alfonso e Lucrezia avrebbero volentieri rinunciato, ben conoscendo le ambizioni del papa. Ma Alfonso era un vassallo della Chiesa, e quindi dovette accettare: partì alla testa di 1500 uomini per congiungersi all'esercito di Sua Santità e alle truppe francesi. Quindi le milizie di Luigi XII e quelle del duca d'Este si incontrarono sulle rive dell'Adda, dove subito avvenne il primo scontro con Alviano, il generale della Serenissima. I veneziani assalirono le truppe della lega con grande foga, a piedi e a cavallo, avanzando all'interno delle linee nemiche fino a scovare gli avversari nei loro stessi alloggi. Ma Alviano scoprì a sue spese la potenza dell'artiglieria di Ferrara, detta «il terremoto», che mise in rotta i suoi soldati, e inoltre si scontrò con l'ardimentosa avanguardia di Baiardo: «Il buon cavaliere marciava con mirabile slancio, guadando fossati con l'acqua fino al culo». Dopo quattro giorni di combattimenti, il 14 maggio 1509 i veneziani furono sconfitti nei pressi del villaggio di Agnadello; ai contemporanei la disfatta sembrò altrettanto disastrosa quanto la battaglia di Canne del 216 avanti Cristo, in cui Annibale, poco lontano da Barletta, aveva sbaragliato l'esercito romano; allora erano rimasti sul terreno 50.000 morti. Ma nel 1509, come scrive Machiavelli, «[...] in una giornata [i Veneziani] perderono quello che in ottocento anni con tanta fatica avevan acquistato». La Repubblica dovette restituire tutti i territori conquistati in Romagna, le città sulla terraferma, le piazzeforti di Verona, Vicenza e Padova.

Beninteso, i successi militari entusiasmarono Lucrezia, sebbene Isabella la tenesse informata dei disastri provocati dai francesi, che si erano acquartierati nel territorio mantovano. Ma all'entusiasmo si sostituì un umore assai cupo, quando Venezia riconquistò Padova, e soprattutto quando Lucrezia seppe che il 9 agosto Francesco Gonzaga, avventuratosi in territorio nemico con un manipolo di soldati, era stato sorpreso dai veneziani sull'Adige, a Isola della Scala, catturato e condotto a Venezia in catene, dove la folla lo aveva sbeffeggiato.

Lucrezia fece celebrare messe votive, invitò le sue dame a pregare per lui, riuscì a fargli arrivare messaggi e medicamenti. Nessuno dei ferraresi fece parola dell'attiva sollecitudine di Lucrezia, ma fu lo stesso Francesco a rivelarla in seguito. Lucrezia era perfettamente capace sia di agire nella massima segretezza, sia di suscitare l'assoluta devozione dei suoi amici. Rispetto all'efficienza discreta della duchessa di Ferrara, Isabella Gonzaga si pone in netto contrasto: la circostanza le parve soprattutto un'occasione per poter finalmente avere un ruolo di protagonista sullo scacchiere politico, fino a far supporre ai veneziani che fosse la sete di potere a impedirle di accettare anche la più piccola concessione, almeno all'inizio, durante le prime trattative per liberare il marito.

Nel frattempo arrivava a termine l'ottava gravidanza di Lucrezia. Il primogenito, Ercole, aveva ormai sedici mesi, ed era «bello e morbidino e bianco come una giuncatina». Il secondo figlio nacque il 25 agosto e fu chiamato Ippolito come lo zio, il sensualissimo cardinale; e anche lui, dotato di tutte le grazie dell'ingegno, un giorno sarebbe diventato cardinale.

Il 22 dicembre 1509, una squadra di naviglio veneziano osò risalire il corso del Po fino a Polesella. La possente artiglieria di Alfonso sparò sui battelli della Serenissima, mentre Ippolito, lasciata la porpora per indossare la corazza e impugnare la spada, guidava l'ala sinistra dell'esercito ferrarese, dando prova delle sue doti, non solo di guerriero, ma anche di comandante. Fra un assalto e l'altro inviò a Lucrezia questo biglietto: «Non sarà sera che l'armata dei veneziani sarà del tutto fracassata con l'aiuto di Nostro Signore». E infatti fu una vittoria completa. Il bottino comprese diciotto galere, cinque battelli, ventotto pezzi d'artiglieria, centoquaranta mortai, armi, corazze, stendardi, e gran numero di prigionieri. Sulla nave ammiraglia, che risalendo il Po giunse fino a Ferrara, ottantaquattro guardie d'onore innalzavano le insegne del gonfaloniere della Chiesa e le aquile della casa d'Este. La città era esultante.

Pochi giorni dopo Lucrezia ricevette una notizia curiosa. La vedova di Cesare Borgia le scriveva dalla corte di Blois, comunicandole l'intenzione di Anna di Bretagna di visitare Ferrara. Il progetto era lusinghiero per la duchessa, e tuttavia non la rallegrava affatto: Lucrezia sapeva che le necessità dello Stato esigevano di dare la priorità alle spese militari, rispetto a ogni sorta di festeggiamenti; ma Luigi XII, sia pure ignaro di questi retroscena, stava per toglierle ogni preoccupazione in proposito. Come scrisse infatti a Lucrezia Jacopo d'Atri, il re, con molto giudizio, aveva francamente avvertito Anna di Bretagna che avrebbe trovato un forte contrasto fra la propria persona e quella delle dame italiane, che le sarebbe stato necessario sforzarsi molto per uguagliarle e che Lucrezia stessa, la marchesa di Mantova e la duchessa d'Urbino sarebbero state rivali pericolose. Dopo questa comunicazione, la savissima regina si era persuasa di non poter rivaleggiare con le italiane.

Nel frattempo Giulio II era molto disturbato dalle ambizioni della Francia. Quando Venezia gli ebbe restituito le città di Romagna, il papa annullò la scomunica e proclamò una tregua, invitando Alfonso d'Este a fare lo stesso. Ma il duca di Ferrara volle restare fedele alla parola data, e rifiutò di abbandonare la lega di Cambrai. La nuova politica, inaugurata dal sommo pontefice nei confronti della Francia, era quanto meno stupefacente: «Fuori i barbari!» aveva gridato il papa all'ambasciatore di Luigi XII. Ebbene, questi «barbari», che si reputavano buoni cattolici, a suo tempo erano prontamente accorsi alla sua richiesta d'aiuto ed erano comprensibilmente scandalizzati di fronte a tanta ingratitudine. Il poeta Gringoire scrisse in quel periodo un dialogo teatrale, che fu portato sulle scene di Parigi, in cui contrapponeva «la Francia» e «la Chiesa». Si tratta di un testo che esprime con molta vivacità l'opinione allora prevalente nel paese dell'autore:

Dice la Francia rivolgendosi alla Chiesa:
«Si dice che non abbiate punta vergogna
Di infrangere la fede promessa:
L'ingratitudine vi travolge,
Né di promesse fate maggior conto
Di quanto faccia un banchiere veneziano!»
La Chiesa:
«Il mio medico ebreo profetizza
Che io sia perversa esser buona cosa:
Appena io dovessi cessare
Di essere perversa, io morirei
Così come il pronostico dice.»
La Francia:
«Che ne è stato della buona fede?»
La Chiesa:
«Da me più non si mantiene,
Nel tempo presente essa è svilita.»
La Francia:
«Pur io la vidi con giustizia e lealtà
Operare altra volta in questi luoghi.»

La Chiesa:
«La buona fede è roba d'altri tempi.»
La Francia:
«Nostro figlio, il principe degli sciocchi [il re]
Di tutto cuore vi onora e riverisce.»
La Chiesa:
«Io voglio che si dica a ogni momento,
Sì da acquistarne celebrità e lode,
Ch'io sono la Santa madre Chiesa.
Non sono forse in cattedra assisa?
Notte e giorno vi dormo e vi riposo.»
La Francia:
«Temete allora d'esserne scacciata!»[2]

XXI
LA GLORIA DELLA SCOMUNICA

Giulio II aveva in odio tanto Lucrezia Borgia quanto gli Estensi, e nella sua sete di vendetta non smise mai di perseguitare l'una e gli altri. Innanzitutto toccò a Ippolito, che dopo la morte del cardinale Cesarini si era fatto eleggere priore dell'abbazia benedettina di Nonantola, presso Modena, in tal modo ignorando l'autorità papale, alla quale spettava tale nomina. Giulio II pretese che il cardinale venisse a Roma di persona a supplicare il suo perdono, e Ippolito si mise in cammino: ma giunto a Firenze, ebbe un'opportuna caduta da cavallo che lo costrinse all'immobilità. Seguì poi la faccenda delle saline di Comacchio, da poco ritornate ferraresi dopo che Venezia se ne era impadronita: e poiché la loro produzione entrava in pericolosa concorrenza con le saline pontificie di Cervia, il papa ordinò che fosse interrotta. Alfonso rifiutò di piegarsi all'intimazione, adducendo la ragione che il titolo di proprietà su quei territori gli era stato conferito dall'imperatore Massimiliano e non dal Vaticano. A quel punto il capo della Chiesa annullò il patto concluso nel 1501 fra Ercole d'Este e il padre di Lucrezia, riguardante il canone annuale: come si ricorderà, Alessandro VI lo aveva ridotto da 4000 a 100 ducati; se la riduzione veniva annullata, il feudatario estense si sarebbe reso debitore degli arretrati per un totale di 35.000 ducati, ai quali si aggiungevano altri 100.000 ducati per le spese militari. Alfonso non rispose neppure. Com'era prevedibile, il pontefice ne fu ancor più irritato, e finì col mandare contro il signore di Ferrara un corpo di spedizione militare, costituito da truppe pontificie alleate a quelle veneziane, comandate dal nuovo duca d'Urbino, Francesco della Rovere. In un primo tempo gli armati si impadronirono delle fortezze di Cento e di Pieve – donate a Ercole d'Este da Alessandro VI, all'epoca delle nozze di Lucrezia e Alfonso – e poi anche dei territori delimitati a nord dalle paludi di Comacchio. Mentre le città si arresero, le piazzeforti si difesero, e Alfonso riuscì a riconquistare le città, mentre i veneziani si impadronivano di nuovo del Polesine.

Giulio II cercava un nuovo mezzo per distruggere Ferrara, e pensò di servirsi di Francesco Gonzaga. Propose quindi al doge di liberare il marchese di Mantova, sempre prigioniero dei veneziani, perché bisognava «distruggere tutti questi francesi; ripeteremo i vespri siciliani»; la condizione imposta ai Gonzaga era che l'erede al marchesato di Mantova, il figlio di Isabella e Francesco, fosse inviato a Roma come ostaggio, a garanzia del comportamento dei genitori. Isabella si allarmò notevolmente a una simile prospettiva – si diceva che Giulio II fosse un adepto del «vizio greco», ossia ricercasse la compagnia dei giovinetti – e cercò di temporeggiare per ritardare quanto più a lungo possibile la partenza di Federico, che aveva soltanto dieci anni. L'unico risultato fu che il papa si infuriò al punto di arrivare a chiamare Isabella d'Este «quella puttana della marchesana», un'esplosione del tutto consona allo stile dell'«uomo terribile». Tuttavia al principio dell'estate il piccolo Gonzaga giunse in Vaticano, e Francesco fu liberato. Subito dopo il papa tolse ad Alfonso d'Este l'incarico di gonfaloniere, conferendolo invece al cognato di Alfonso. Il marchese di Mantova fu così incaricato di opporsi all'offensiva francese, mentre il duca di Ferrara veniva colpito da scomunica, con un termine di sei giorni entro i quali sottomettersi. Alfonso d'Este rifiutò, sostenendo che l'anatema ecclesiastico poteva essere giustificato soltanto da motivi di ordine religioso, mentre chi costringeva il potere spirituale al servizio del potere temporale commetteva un vero e proprio abuso d'autorità. La replica non servì ad allontanare dal ducato i fulmini del castigo papale, e sembra che Giulio II pronunciasse questa frase: «Ferrara, corpo di Dio, t'avrò, o morirò come un cane».

In una prospettiva storica, la scomunica servì a procurare una gloria imperitura ai duchi di Ferrara; ma nella realtà immediata della loro vita essi dovettero nondimeno tener testa all'imposizione papale, oltre che far fronte alle quotidiane sofferenze del popolo ferrarese, su cui si abbattevano le nefaste conseguenze della guerra. Alle difficoltà materiali si aggiungeva il grave turbamento che l'interdetto provocava nella coscienza religiosa dei fedeli, messi a dura prova dalla chiusura delle chiese. Per alleviare le ristrettezze dei sudditi Lucrezia mise di nuovo in pegno la sua argenteria, e affidò a Isabella i suoi gioielli, con l'incarico di usarli come garanzia per ottenere un prestito. Inoltre dispose che alla sua tavola si usasse soltanto vasellame di ceramica, proveniente dal laboratorio di Alfonso.

Dal canto suo Ippolito, tornato da Firenze, rivolse ai maggiorenti della città un discorso pieno di fervore, parlando della guerra come di una necessità fatale, da accettare come un destino. Presi da entusiasmo, i ferraresi giurarono di lasciarsi seppellire sotto le macerie delle loro case, piuttosto che rassegnarsi alla rovina dei loro duchi.

A Ferrara la duchessa era chiamata «madre del popolo». Paolo Giovio, nemico giurato dei Borgia, l'ammirava per aver saputo rinunciare alle vanità mondane, e si stupiva di quanti ospedali, scuole e istituti religiosi fossero a disposizione dei suoi sudditi.

Assumendo – certo a malincuore – la carica di gonfaloniere della Chiesa e capitano generale dell'armata veneziana, Francesco Gonzaga era diventato altresì il capo dei nemici di Ferrara: Giulio II gli ordinò di mettere la città sotto assedio. Possiamo quindi comprendere quanto si attenuasse quel certo debole che fino allora Lucrezia aveva provato nei confronti del marchese di Mantova. Invece la duchessa si riavvicinò a Isabella, che a sua volta era piuttosto riluttante a contribuire alla rovina della famiglia. Le due donne organizzarono un trasporto a tappe, con cambi di cavalli e servizi di traghetto, funzionante giorno e notte, per consentire il passaggio a convogli di uomini e di armi, attraversando la rete di canali o il Po. Attività che non passarono inosservate, né dai veneziani né dal papa.

Poiché ormai la lega di Cambrai era dispersa, Giulio II fece una proposta di pace che naturalmente Alfonso respinse. Lo storico Francesco Guicciardini, contemporaneo di Lucrezia, non si sbaglia sull'obiettivo perseguito dal pontefice:

> [...] Giulio secondo, suscitatore delle ragioni già morte della sedia apostolica e sotto pietoso titolo autore di molti mali, per ridurre totalmente Ferrara in dominio della Chiesa, ruppe guerra al duca Alfonso: nella quale avendo avuto occasione di torgli Modena, la ritenne al principio per sé, come cosa che insieme con tutte l'altre terre insino al fiume del Po appartenesse alla sedia apostolica, per essere parte dello esarcato di Ravenna [città un tempo sotto la giurisdizione di Bisanzio, che era stata ceduta alla Chiesa di Roma nel 754]; ma poco poi, per timore de' franzesi, la dette a Massimiliano imperatore. Né per questo cessò la guerra contro ad Alfonso; ma avendogli, non molto poi, tolto ancora Reggio, si crede che se fosse vivuto più lungamente avrebbe preso Ferrara; inimico acerbissimo di Alfonso, sì per la pietà che e' pretendeva alla ambizione di volere ricuperare alla Chiesa ciò che si dicesse essere mai stato suo in tempo alcuno, come per lo sdegno che egli avesse seguitato più presto l'amicizia franzese che la sua; e forse ancora per l'odio implacabile portato da lui alla memoria e alle reliquie di Alessandro sesto suo predecessore, Lucrezia figliola del quale era maritata ad Alfonso.[1]

Giulio II affidò poi al nipote duca di Urbino l'incarico di stringere d'assedio la Mirandola, una delle fortezze più importanti del ducato estense. Le truppe di Luigi XII e di Alfonso la difendevano ormai da dieci giorni, quando l'esasperazione del sommo pastore giunse al colmo, e si scatenò contro l'alleato del duca d'Este: «Ora si vedrà che i miei coglioni valgono quanto quelli del re di Francia», pare che avesse detto. E per darne la prova, il papa «dalla barba incolta», l'elmo in capo, si slanciò all'attacco sfidando anche la neve e il vento, ed ebbe la meglio sul nemico. Francesco Gonzaga mitigò gli effetti della vittoria impedendo alla soldataglia di saccheggiare la città: ma in ogni modo, con la caduta di Mirandola Ferrara era sull'orlo della rovina.

Lucrezia non si perdeva d'animo. Durante la terribile invernata, fece installare grandi bracieri nei corpi di guardia dei palazzi, invitando gli abitanti a scaldarsi e a nutrirsi intorno a quei fuochi, alimentati dal legname che la duchessa faceva tagliare nelle foreste demaniali. Il pesce era fornito dalle riserve di pesca del duca, mentre con le sue rendite personali Lucrezia comperava dai francesi le vettovaglie che scarseggiavano. C'era poi il problema della scomunica: a Ferrara non si potevano tenere pubbliche funzioni di preghiera, i defunti non potevano essere sepolti in terra consacrata, né i fedeli ricevere i sacramenti. Lucrezia dette incarico ai chierici del ducato di spiegare alla popolazione che, per meritare dal papa un castigo come la scomunica, bisognava aver commesso una colpa tra quelle previste dalle leggi canoniche: e perciò, nel caso attuale, la condanna aveva un valore relativo, e il clero doveva far capire al popolo quanto fosse in effetti pretestuosa.

Nell'avversità il duca e la duchessa si ritrovarono più uniti. Alfonso cantava le lodi della moglie in presenza dei notabili cittadini, un fatto insolito in un uomo così parco di elogi. Quanto a Lucrezia, si dichiarava orgogliosa del marito e della lealtà che egli mostrava verso Luigi XII. L'aver affrontato insieme una situazione così grave sembrò modificare i loro rapporti, che divennero più fiduciosi e sereni. Lucrezia non poteva non essere colpita dalla forza di carattere del duca, soprattutto nel paragone con le palinodie del marchese di Mantova. Quest'ultimo aveva da poco dichiarato al consigliere favorito di Giulio II, l'arcidiacono di Gabbioneta, che se Alfonso d'Este avesse messo piede in territorio mantovano, egli lo avrebbe consegnato al papa. Nello stesso tempo chiedeva che si usasse clemenza a Lucrezia (e tanto sarebbe già bastato a scandalizzarla: di un burattino, pronto a compiere prodezze sleali, una Borgia non sapeva che farsene): «E questo perché i termini amorevoli e fedeli che lei sola ci usò al tempo che eravamo prigionieri a Venezia di tanti parenti che avevamo, ci obbligano a questi tempi mostrarle gratitudine, perché, se la provvidenza de Sua S.tà non ci aiutava, non ci restava chi pur dimostrasse averci compassione tanta quanta questa poverella».[2]

L'11 febbraio 1511 Giulio II cinse d'assedio la Bastida di Fossa Geniolo, la piazzaforte che per la sua posizione dominante sul corso del Po era d'importanza vitale per Ferrara. Alfonso rispose all'attacco con energia e successo, grazie al contributo del cavaliere Baiardo e dei francesi. Il «Loyal serviteur» narra le vicende della battaglia in questi termini:

> Il duca di Ferrara e i francesi fecero un memorabile macello, perché vi morirono quattro-cinquemila e più uomini d'arme, e oltre trecento cavalli, presi insieme con bagagli e artiglierie, tanto che non c'era chi non si trovasse in difficoltà a portar via il proprio bottino. Non so come abbiano parlato i cronisti di questa bella battaglia della Bastida, ma negli ultimi cent'anni non si era mai combattuto meglio. Tuttavia era il caso di agire, o il duca e i francesi sarebbero stati perduti, ed essi se ne tornarono gloriosi e trionfanti nella città di Ferrara, dove furono universalmente lodati.[3]

Baiardo divenne quindi comandante delle truppe francesi al servizio di Alfonso. Gli italiani avevano verso di lui un'ammirazione incondizionata; dopo la fatale battaglia di Rapallo del 1494, le popolazioni d'Italia si erano abituate a vedere svizzeri, francesi, tedeschi, che saccheggiavano e incendiavano città e colture, e violentavano le donne. Perciò tutti si meravigliavano di un condottiero che manteneva la parola data, si procurava il foraggio per i suoi animali, e le vettovaglie necessarie al sostentamento delle truppe, pagando regolarmente, oltre a punire i colpevoli di saccheggi e assassinii.

In onore dei francesi, che con la loro presenza sollecitavano la sua fantasia, Lucrezia si adoperò per ricreare alla propria corte, divenuta la prima in Italia, l'atmosfera fastosa che regnava in Vaticano durante il pontificato di Alessandro VI. La fama di Ferrara si era tanto diffusa in Europa, che alcuni spagnoli alleati di Giulio II chiesero al duca d'Este, ma invano, di essere autorizzati a partecipare al carnevale di Ferrara. Si trascorrevano le serate e le notti fino all'alba in conviti, concerti, danze francesi, spagnole e italiane. Nell'abbazia romanica di Pomposa, in particolare, il bel mondo si esercitava nel «parlar cortese»; i convitati immaginavano di partecipare alla tavola di re Artù, e fantasticavano di amori cavallereschi e d'imprese eroiche.

Luigi XII, che nel 1501 aveva giudicato Lucrezia una moglie non adatta per Alfonso, poteva ora constatare il proprio errore, e arrivava a vedere nella duchessa l'eguale della regina Anna. I francesi che si trovavano allora in Italia la riconoscevano, come Bembo, «bella, più bella di Europa, figlia di Atanor, e di Elena di Sparta rapita dal troiano Paride, perché non lascia che la sua bellezza soffochi il suo genio». Lucrezia era ormai una donna matura, che faceva sentire la sua influenza tanto in politica quanto nelle arti, nelle lettere o nelle questioni religiose; e la sua influenza accresceva di giorno in giorno la venerazione dello stesso Alfonso. I suoi ammiratori francesi erano numerosi: fra i primi si contava Gastone di Foix, duca di Nemours, figlio della sorella di Luigi XII, Maria d'Orléans. Gastone aveva per Lucrezia una passione profonda quanto innocente; ma c'erano anche il capitano di Fondrailles, e Baiardo, il più celebre di tutti, che della signora di Ferrara diceva:

> Sopra tutti la buona duchessa, che era una perla di questo mondo, fece loro [ai francesi] un'accoglienza particolare, e ogni giorno li invitava a conviti e festini alla moda d'Italia, belli a meraviglia. Oso dire che né all'epoca sua, né per molti anni ancora, si sia mai più vista una principessa così gloriosa, perché era bella, buona, dolce e cortese verso ciascuno. [...] e per quanto sia certo che suo marito fosse un savio e ardimentoso sovrano, la suddetta dama, in virtù delle sue buone grazie, gli ha procurato buoni e leali servitori.[4]

Nel frattempo, in Vaticano, l'odio di Giulio II verso i Borgia non si attenuava affatto. Il papa non si faceva scrupolo di usare tutti i mezzi possibili: per esempio si accanì contro l'Infante romano e il duchetto di Bisceglie, spogliandoli di tutti i beni. Lucrezia lo venne a sapere dal cardinale di Cosenza, Francesco Borgia, prozio dei due fanciulli, che fu rinchiuso in carcere proprio per averla informata; ma il vecchio prelato riuscì a fuggire e a raggiungere a Pisa i suoi confratelli Filippo di Lussemburgo, René de Prie, Ippolito d'Este, Carlo del Carretto, Guillaume Briçonnet, Adriano da Corneto, il San Severino. Tutti questi prìncipi della Chiesa erano decisi a innalzare le bandiere della ribellione, convocando quello che fu detto il «conciliabolo di Pisa». L'adunanza convocò perentoriamente Giulio II, vietandogli formalmente di nominare nuovi cardinali o di disporre dei beni ecclesiastici prima dell'apertura dell'assemblea conciliare. Erano invitati anche gli ambasciatori e prelati stranieri, e quindi entro una settimana tutta Europa venne a conoscenza dell'iniziativa. Giulio II replicò con la sua arma preferita, la scomunica; inoltre Francesco Borgia e Ippolito d'Este furono privati della porpora cardinalizia. Al contrario, Alfonso d'Este veniva a trovarsi in una posizione di forza: Luigi XII rimase suo alleato, e nella contesa che li opponeva a Roma, si associò a entrambi l'imperatore Massimiliano d'Asburgo. Ne conseguì ben presto la vittoria che Gian Giacomo Trivulzio, condottiero al servizio della Francia, riportò sull'esercito del duca di Urbino, di fatto l'esercito pontificio. Bologna fu restituita ai Bentivoglio, che vi rientrarono da trionfatori e distrussero tutte le tracce lasciate dall'occupazione delle forze ecclesiastiche, in particolare la statua di Giulio II, modellata da Michelangelo. Il popolo la abbatté e i Bentivoglio la consegnarono al duca di Ferrara, che ne utilizzò il bronzo per fondere un cannone, soprannominato «la Giulia»; la testa della statua fu invece conservata, e collocata nella sala delle udienze del palazzo ducale.

Il guerriero mitrato era furibondo, e cento volte al giorno ripeteva il suo ritornello: «Ferrara, Ferrara, corpo di Dio, t'avrò». Avrebbe voluto cingerla d'assedio, ma ne fu dissuaso dal nipote, il duca di Urbino; infatti la città era difesa «dal bravo cavaliere al quale nessuno può stare a pari». Allora il papa pensò di ricorrere a mezzi più sottili, e cercò invano il modo di far avvelenare Alfonso. Nel frattempo il favorito di Giulio II, il cardinale Alidosi, veniva pugnalato dal duca di Urbino, che lo accusava di aver ceduto Bologna ai francesi.

In un primo tempo sembrò che il duca e la duchessa di Ferrara, sempre molto uniti, pur trovandosi nel cuore dell'uragano riuscissero a sfuggire al caos, anzi addirittura a trarne qualche vantaggio. Non poteva esserci opera più adatta ai tempi di quell'*Elogio della pazzia* di Erasmo, da poco uscito dai torchi veneziani. Il processo all'assurdità del mondo, alla vanità umana, al disfacimento delle società, non era più un gioco intellettuale: era una realtà, che si manifestava nei tradimenti, nel sangue, nelle lacrime, nei morti.

Dalla primavera in poi il 1512 si rivelò un anno spaventoso. Gli eserciti reali e ducali erano scesi verso sud, incontro alle armate spagnole e pontificie che salivano verso nord. Il giorno di Pasqua, nei pressi di Ravenna, vi fu lo scontro che fu definito dall'ambasciatore fiorentino come «la battaglia più sanguinosa, più violenta del nostro tempo, pari alle più importanti dell'antichità». Alfonso, che capitanava l'avanguardia dell'esercito francese, si dimostrò molto efficiente con le sue colubrine e bombarde, compresa la «Giulia». Così scriveva Jacopo Guicciardini: «Era una cosa terribile ad ogni colpo farsi una strada vuota nelle file nemiche, balzar in alto elmetti con le teste dentro, volar spallacci, mezzi uomini».[5] Il cardinale Giovanni de' Medici, futuro Leone X, fu presente alla battaglia in abiti sacerdotali, in sella a un cavallo bianco (così lo ritrasse Raffaello nell'affresco *La ritirata di Attila*). Dopo otto ore di battaglia rimasero sul terreno diecimila morti, fra i quali Gastone di Foix, il giovane generale innamorato di Lucrezia, caduto nel momento più intenso della battaglia, e che nessuno avrebbe potuto sostituire. Ravenna fu una battaglia vinta, eppure non ebbe un domani. Il nuovo comandante in capo, Jacques de Chabannes signore de la Palice, non riuscì a imporsi, né a tenere unita la coalizione. Il dissenso fra i suoi soldati francesi, i lanzichenecchi di Massimiliano e le truppe del duca di Ferrara finiva col provocare saccheggi, con tutte le conseguenze di case incendiate, raccolti devastati, stupri. Il ducato di Ferrara non dovette subire gli assalti dei mercenari, ma l'intera Italia settentrionale non poté non sollevarsi contro i francesi, i «nuovi barbari», che alla fine evacuarono il paese e ripassarono le Alpi, i carri carichi fino all'impossibile di tutto il bottino rapinato.

Con la battaglia di Ravenna Alfonso restava alla mercé di Giulio II; consigliato da Lucrezia, decise di andare a Roma per sollecitare l'assoluzione del papa. In Vaticano poteva contare su Fabrizio Colonna, che aveva fatto prigioniero, appunto nella battaglia di Ravenna, e poi liberato senza chiedergli alcun riscatto, e sul figlio di Isabella, Federico Gonzaga, che era molto ascoltato dal pontefice (lo stesso papa aveva voluto che Federico fosse ritratto nel grande affresco raffaelliano della *Scuola di Atene*: lo si riconosce nel gruppo di sinistra, dietro il filosofo Averroè). Nel frattempo Lucrezia sollecitava i buoni uffici di Isabella per ottenere dal papa il consenso a ricevere Alfonso, che veniva a chiedergli l'assoluzione. Il capo della Chiesa considerava la marchesa Gonzaga una delle sue peggiori nemiche – sebbene tenesse molto ad avere accanto il giovane Federico – ma concesse ugualmente il salvacondotto richiesto.

Liberati tutti i prigionieri di guerra, affidate a Lucrezia le cure dello Stato, Alfonso indossò il saio dei penitenti e il 24 giugno partì da Ferrara accompagnato da Mario Equicola, il precetttore che aveva istruito Isabella nella lingua latina. Percorrendo la via Flaminia, giunsero a Roma ai primi di luglio e furono alloggiati nel palazzo del cardinale Sigismondo Gonzaga. Il giovane ostaggio mantovano venne a salutare lo zio, portando un messaggio rassicurante da parte del papa. Sua Santità gli aveva dato il permesso di condurre Alfonso a vedere la nuova cappella alla quale stava lavorando Michelangelo, ed entrambi, con il consenso dell'artista, salirono sulle impalcature, come scrive il Grossino:

> Il duca salì a vedere la volta con numerosi gentiluomini del seguito. Ridiscesero poi tutti uno per uno, tranne il duca che non si stancava di contem-

plare queste pitture, e conversò a lungo con Michelangelo, pregandolo di fargli un dipinto per il quale gli prometteva una forte somma. Il maestro acconsentì. Nel frattempo Federico guidò i gentiluomini del seguito a vedere le stanze che in questo momento sta decorando Raffaello da Urbino. Il duca non volle andare per rispetto di Sua Santità, per non disturbarlo nei suoi appartamenti.[6]

Nonostante l'esordio favorevole, i Colonna, che conoscevano bene le astuzie e le tortuosità del pontefice, continuarono a proteggere la sicurezza di Alfonso d'Este, e per ringraziarlo della generosità dimostrata verso Fabrizio, convocarono un centinaio di armati per avere una scorta fidata in caso di incidenti.

Il 9 luglio, perciò, il duca di Ferrara si presentò davanti al concistoro. Alla porta di San Pietro una folla di curiosi aspettava di veder passare il temibile signore estense, che si presentava come penitente ai piedi del sommo pastore, come già un tempo il Barbarossa. Il «peccatore» fu accolto con tale cordialità da scoppiare in lacrime di gratitudine: gli fu concessa l'assoluzione, Ferrara e gli Este furono liberati dalla scomunica, a condizione di una visita alle quattro basiliche maggiori dell'Urbe. Ma l'apparente mitezza del papa era soltanto una trappola. Giulio II poneva anche altre condizioni, implacabili: Alfonso avrebbe dovuto non solo abdicare alla sovranità su Ferrara, ma abdicando, rinunciare a ogni diritto, a nome proprio e dei suoi discendenti, a vantaggio della Santa sede, trasferendosi con l'intera famiglia ad Asti, fino al termine della sua vita. Ma nel frattempo, mentre gli lasciava un termine per riflettere se accettare o no, Giulio II, che non aveva la minima intenzione di allentare la stretta, né di rinunciare a portare alla rovina la casata degli Este, lo fece incarcerare.

Il duca sapeva di poter contare sull'aiuto dei Colonna, e infatti Fabrizio mise in atto ogni espediente per liberarlo, riuscendo a portarlo via sotto scorta, sotto le mentite spoglie del cuoco di Prospero Colonna. Alfonso superò al galoppo la frontiera del territorio pontificio e si rifugiò nell'asilo che il suo protettore gli offriva, la fortezza di Marino.

Un corriere dei Colonna – che per precauzione aveva portato le lettere cucite nelle calze – portò a Ferrara la notizia che il duca era al sicuro. Ma Lucrezia restava comunque la moglie di un proscritto, sola con due figli (Ercole aveva appena compiuto quattro anni, Ippolito tre), a capo di uno Stato dissanguato dalla guerra, con un popolo che dopo le vicende romane vedeva messo in forse il proprio futuro; senza contare che le casse del tesoro ducale erano ancora una volta prosciugate.

La reggente procurò per prima cosa di far aggiornare l'inventario dei suoi gioielli e argenti. Dopo averne determinata la consistenza, Lucrezia affidò la maggior parte di quel patrimonio a vari prestatori di denaro su pegno; le somme ricavate furono destinate ai numerosi feriti nella battaglia di Ravenna, alcuni dei quali, avendo perduto le braccia o le gambe, non erano più in grado di provvedere alle famiglie. Lucrezia dispose che le vittime della guerra ricoverate negli ospedali fossero sistemate in letti singoli, mentre fino a quel momento un solo giaciglio ospitava per lo più due o tre malati. Infine la duchessa fornì a vari conventi le somme necessarie a sostentare orfani, bambini abbandonati, vecchi. In vesti di color grigio o nero, un velo scuro ad avvolgere la massa bionda dei capelli, Lucrezia si presentava alla porta dei suoi sudditi come una semplice visitatrice di sofferenti, tirando paletti o suonando campanelle, perché ciascuno potesse esporle le proprie difficoltà amministrative o umane. Grazie a lei, col passare dei giorni i sudditi ferraresi cominciarono a ritrovare la speranza. Tutto ciò avveniva sotto gli occhi di Ippolito, che ormai aveva per la cognata una stima non lontana dalla venerazione, sentimento religioso fino allora del tutto estraneo all'animo dello scettico cardinale.

Mentre Lucrezia era ancora in ansia per la vita del marito, alla fine di luglio ricevette una lettera da Stazio Gadio, relatore mantovano a Roma: «Si è saputo con certezza che il duca di Bisceglie, figlio della signora duchessa di Ferrara e del duca Alonso d'Aragona, è morto a Bari, dove stava presso la duchessa».[7] La brutalità dell'annuncio sconvolse Lucrezia, che spedì alla marchesa di Mantova un conciso biglietto: «[...] Per trovarmi tuttavia involta in lachrima e amaritudine per la morte del duca di Biselli mio figliolo carissimo...». Soltanto Isabella era in grado di comprendere la sua disperazione, dato che il suo Federico era nato pochi mesi dopo Rodrigo... La stessa sera, Lucrezia bussava alla porta del monastero di San Bernardino, dove suor Laura Boiardo cercò di offrirle i conforti della religione; ma la sua disperazione sembrava immensa. Molti storici hanno rimproverato a Lucrezia di non aver tenuto Rodrigo accanto a sé, dimenticando che né Cesare, né Alessandro VI, né gli Este, Alfonso o Ercole avevano mai voluto ospitare il duchetto di Bisceglie, mentre gli Aragona tenevano molto ad averlo. Come sappiamo, il piccolo Rodrigo, nipote di un re, non poteva venire a Ferrara finché Lucrezia non avesse dato un erede agli Estensi, e dopo la nascita di Ercole il ducato era stato travolto dagli orrori della guerra.

Lucrezia soffrì sempre moltissimo per questa lontananza imposta da necessità politiche; Rodrigo era sempre rimasto il figlio dell'amore, frutto di una passione coniugale rimasta ineguagliata, mentre i piccoli Estensi, in quell'anno 1512, continuavano a essere i figli del dovere. I documenti conservati negli archivi di Modena e di Ferrara attestano la cura costante con cui Lucrezia si occupò sempre dell'amministrazione del ducato di Bisceglie: ci sono rimasti grossi quaderni in cui sono segnate, di pugno della duchessa, le dimensioni e la natura dei vari possedimenti, accanto ai nomi dei vari amministratori che essa teneva d'occhio con vigile e costante attenzione. Sappiamo quanta cura, forse ancora maggiore, Lucrezia dedicasse all'istruzione del figlio; quando Rodrigo compì nove anni e dovette passare dalla tutela delle governanti a quella dei precettori, Lucrezia, dopo essersi consigliata con Isabella d'Aragona, scelse Baldassare Bonfiglio, al quale mandò due bauli pieni di libri appena stampati. Con la morte prematura del «duchetto» cadeva, tuttavia, un assillo che non aveva mai cessato di tormentare Lucrezia: il timore che un giorno Rodrigo le chiedesse notizie sulla morte del padre, ed essa fosse costretta a rivelargli il nome dell'assassino.

Un mese dopo, un corriere partito da Marino il 20 settembre annunciava alla reggente che il duca suo consorte, scortato dalle truppe del cugino di Fabrizio Colonna, Prospero, stava per giungere in Toscana, dove l'Ariosto sarebbe dovuto andargli incontro con alcuni gentiluomini. Cominciò allora una marcia epica lungo sentieri laterali e impervi, in territorio nemico. Notti angosciose per il poeta, mentre il robusto duca d'Este dormiva sonni profondissimi, mostrandosi dotato di una tempra fisica e morale non comune. Sfuggito più volte ai soldati di Giulio II, Alfonso riuscì infine a uscire dalla Toscana insieme ai compagni d'avventura, e a raggiungere Ferrara. Arrivati quasi sotto le mura, poiché avevano le camicie ridotte a brandelli, si fermarono per cambiarsi d'abito; ma in città si era già sparsa la notizia del loro arrivo, e le campane suonavano a festa. Tra le acclamazioni dei sudditi, Alfonso fu portato in trionfo fino alla piazza principale, quindi entrò nel palazzo dove lo attendevano la moglie, i figli, i fratelli e i più intimi di corte. Fu un momento di emozione fortissima che nessuno cercò di dissimulare, né uno scettico come il cardinale Ippolito, né un animo forte come lo stesso duca Alfonso. Lucrezia si sentiva rinascere. Aveva vissuto nei palazzi vaticani troppo a lungo per non sapere che cosa significassero le celle di castel Sant'Angelo, dove i nemici del papato scomparivano per sempre, e dove suo marito sarebbe stato certo lasciato a languire, se non fossero intervenuti i Colonna.

Tuttavia Alfonso era risoluto a opporsi al papa, e quindi si riaprivano le ostilità. Ippolito, preoccupato di conservare il galero cardinalizio – utile in ogni evenienza anche ai suoi familiari, oltre che a lui stesso – volle darsi un'apparenza di neutralità, e quindi partì per la propria sede vescovile di Agria, in Ungheria. Era appena arrivato nel palazzo episcopale quando una lettera della sorella Isabella gli annunciò che Giulio II, accusandoli di dare asilo ai ferraresi, minacciava i Gonzaga di invadere i loro Stati, e alle minacce aggiungeva per di più le peggiori ingiurie. Isabella si mostrava più coraggiosa del marito; infatti Francesco, mentre la moglie avvisava il fratello, si impegnò a consegnare al pontefice il primo estense che avesse messo piede sul suo territorio.

La situazione di Ferrara si faceva sempre più delicata. Lucrezia era a corto di risorse e si trovò dolorosamente costretta a richiedere a Isabella d'Aragona l'eredità di Rodrigo di Bisceglie, che ammontava ad alcuni milioni di ducati. L'intransigenza mostrata dalla duchessa di fronte al ritardo nei pagamenti fu motivo di forte dispiacere per Isabella d'Aragona, come appare dalla lettera che quest'ultima inviò all'ex amministratore di Rodrigo:

> [...] solo per pregarvi che vogliate costringere quelli di Corate a farne pagare quello che devono dare delle entrate della buona memoria dell'Illustre Duca di Viseglie nostro nipote, perché in breve verrà avviso della Ill.ma Duchessa di Ferrara e non trovandosi esatti detti denari non saria senza carico nostro [...] e perciò voi provvedete costringerli, di maniera che noi non ne abbiamo da aver carico [...].
>
> Isabella di Aragona, duchessa di Milano unica in disgrazia.[8]

Un comportamento così insolito da parte di Lucrezia suscita meraviglia. Non è facile comprendere se, nel drammatico contesto dell'anno 1512, fosse diventato impossibile conservare un sentimento come la gratitudine. Come resistere a Giulio II, ai suoi ventimila svizzeri, all'imperatore Massimiliano che si era appena ritirato dalla lega di Cambrai?

Mentre a Ferrara arrivavano le prime tavole di Dürer, *Il cavaliere, la morte e il diavolo*, Giulio II si accingeva a una spedizione militare contro Alfonso d'Este, al comando del giovane duca di Urbino Francesco Maria della Rovere. Questi era capitano generale della Chiesa, nipote del papa e genero di Isabella Gonzaga; e nonostante le precise disposizioni ricevute dal pontefice, accondiscese alla richiesta della suocera, di temporeggiare prima di sferrare l'attacco: in tal modo il papa fu costretto a rimandare l'inizio delle operazioni alla primavera successiva.

A Ferrara l'anno 1513 cominciò nell'angoscia, senza carnevale, senza feste. Tutte le mattine il sonno di Lucrezia era interrotto da fanfare militari, dal rimbombo dei cannoni trasportati sul selciato, dal calpestìo dei cavalieri. La città si preparava all'assedio: la duchessa preparava filacce per i feriti, sollecitava dalle corporazioni dei falegnami le consegne di nuovi letti per gli ospedali, e dalle sue varie residenze faceva riportare a Ferrara vasellame, lenzuola di canapa, coperte. Da quando aveva saputo che suo figlio era morto, ascoltava la messa tutti i giorni e si confessava ogni settimana prima di comunicarsi. Era entrata nel terz'ordine francescano e incitava Francesco Gonzaga a fare altrettanto, assicurandolo che in tal modo avrebbe trovato consolazione alle proprie amarezze: «Desidero quanto la mia stessa salvezza sapere che Vostra Signoria si rigenera da buon figlio di santo Francesco, così come io stessa mi adopero a riuscirvi, sebbene indegna».[9]

La primavera non era ancora arrivata quando giunse una prima luce di speranza dal lato di Venezia, che nella sua eterna politica di oscillazione, non si mostrava insensibile alle proposte di alleanza di Luigi XII. Meglio ancora, nella notte del 21 febbraio il terribile Giulio II moriva: a Ferrara la gioia del popolo ebbe espressioni così violente che il duca, pur in contrasto con i suoi stessi sentimenti, dovette vietare le luminarie. Lucrezia era addirittura certa che si fosse trattato di un intervento della provvidenza, e con le gentildonne del suo seguito correva da una chiesa all'altra per ringraziare Dio di aver liberato il mondo «da questo Oloferne».

Pochi giorni dopo l'euforia si accentuò, con l'annuncio dell'elezione di Leone X: Lucrezia l'aveva conosciuto in occasione del matrimonio della sorella, Maddalena de' Medici, durante il pontificato di Innocenzo VIII. Il lettore ricorderà come la figlia del cardinale Borgia avesse provato grande ammirazione per la giovane sposa, la quale le aveva raccontato un sogno, avuto da sua madre poco prima di dare alla luce il secondogenito: Clarice aveva sognato che partoriva nel duomo di Firenze, e non un bambino, ma un leone, gigantesco e tuttavia mansuetissimo. Perciò trentotto anni dopo il cardinale de' Medici, ricordando il sogno di sua madre, aveva assunto il nome di Leone.

Il nuovo papa aveva orrore per la guerra, per averla sperimentata sul campo in occasione della battaglia di Ravenna: si poteva quindi sperare in un'epoca di pace, benefica per il ducato di Ferrara. Durante il pontificato di Giulio II il paese più prospero del mondo era stato di continuo lacerato da lotte intestine; il commercio e l'industria erano decaduti nell'intera penisola italiana, mentre i banchieri di Augusta e i mercanti di Anversa, Londra e Lione si erano arricchiti a spese degli italiani. Osservando l'Europa di quegli anni, Machiavelli vi vedeva un papa saggio, grave e rispettato, un imperatore frivolo e incostante, un re di Francia irritabile e pauroso, un re di Spagna confusionario e avaro, un re d'Inghilterra ricco, audace e avido di gloria, degli svizzeri brutali, vittoriosi e insolenti, e gli italiani, dal canto loro, poveri, ambiziosi e disprezzati.

Fino a quel momento il nuovo capo della Chiesa aveva avuto con Ferrara rapporti abbastanza buoni; tuttavia fu piuttosto lento a togliere la scomunica ad Alfonso d'Este e a liberare il ducato dall'opprimente interdetto.

Nella questione fu di grandissimo aiuto il Bembo, che era stato da poco nominato cardinale e non aveva mai interrotto la corrispondenza con Lucrezia; tanto che Leone X, oltre ad acconsentire di fare da padrino per la cresima del piccolo Ercole, invitò il duca Alfonso alla cerimonia dell'incoronazione. Lucrezia rimase a Ferrara, con funzioni di reggente. Il marito le scriveva parlandole della cerimonia, e da questi resoconti le appariva chiaro come in Vaticano non fosse cambiato niente: predominava tuttora quel misto di paganesimo e di cristianesimo che la giovane Lucrezia aveva conosciuto così bene. Per esempio il banchiere Agostino Chigi, un tempo protetto di Cesare, aveva innalzato un arco di trionfo con questa iscrizione: «Prima regnò Venere, poi Marte, oggi è Pallade a reggere l'impero». Una curiosa trinità, che forse alludeva ad Alessandro VI, a Giulio II e a Leone X.

La marchesa di Mantova descrisse alla cognata il corteo ordinato dal papa in occasione della solenne cerimonia dell'insediamento. Senza dubbio il papa Medici intendeva superare in magnificenza i predecessori. La cavalcata era aperta da sei carri, realizzati da Jacopo Nardi e dipinti da Pontormo, ornati da sculture di Baccio Bandinelli. Seguivano poi corsieri bardati di pelli di leone e di tigre, bufali camuffati da elefanti, altri cavalli travestiti da grifoni alati, e per ricollegarsi all'antichità classica, sacerdoti in toga, littori e cavalieri che portavano fasci e trofei. Tutti i maggiorenti romani, vestiti di clamidi fluttuanti, sfilavano davanti a un carro sul quale si innalzava una piramide umana, sormontata da un bambino nudo appoggiato a una pianta d'alloro, simbolo dell'età dell'oro. Ma nel racconto di Isabella il momento culminante della giornata restava la posizione eminente assegnata al fratello, che nel corteo si era trovato subito dopo i prìncipi della Chiesa, con un vestito di broccato e oro che spiccava sulla porpora dei cardinali, mentre l'imponenza della statura e la grave espressione del viso gli assicuravano un trionfo personale. Per Lucrezia, così come per Isabella, la distinzione accordata al duca d'Este prometteva di sperare nell'imminente restituzione del favore papale; e lo stesso valeva per il duca di Urbino, marito di Eleonora Gonzaga, che sfilava portando il lutto per il defunto zio Giulio II, ma reggeva la briglia della cavalcatura del nuovo pontefice.

A Ferrara tornò la festosa allegria delle riunioni presiedute dall'Ariosto, il biondo gigante barbuto, e dei concerti tenuti in Palazzo ducale. Su uno splendido clavicordo procurato dal maestro Lorenzo di Pavia, colei che per tutta la vita era stata «tutta via cantando» eseguiva odi sull'«affetto»; Lucrezia aveva sempre conservato vivissimo il gusto per le belle voci e per la danza. Non c'era cosa che la commuovesse più che ascoltare il celebre Tromboncino cantare le pene d'amore, *Vox clamantis in deserto*; nulla la divertiva più che guardare la senese Nicola e la valenziana Caterina eseguire «barzellette», cioè frottole, canzoni a ballo. In quelle serate, accadeva che il nano Santino si arrampicasse su un panchetto posato sulla tavola, e da quel pulpito raccontasse le sue favole: simile, si diceva, a «un lupo che predichi alle pecore». Dalle prediche notturne del burlone di corte, Lucrezia passava alle omelie del convento di San Bernardino, dove suor Lucrezia, la figlia naturale di Cesare, le insegnava come l'essenza della vita non stia negli eventi che si verificano, ma nel modo in cui noi li accogliamo.

XXII
MUSA DELL'ARIOSTO E DI TIZIANO

Con le prime giornate primaverili Lucrezia fuggiva da Ferrara per trasferirsi a Belriguardo, con tutto il suo seguito. Dietro il muro di cinta si innalzava il gigantesco portale sormontato dal blasone estense, oltre il quale si apriva il cortile di entrata, racchiuso da facciate gotiche con le finestre a crociera; questo a sua volta, attraverso un grande passaggio ad arco, comunicava con uno spazio aperto, ritmato da cipressi simili a pennacchi neri. L'immenso parco, reso domestico dall'opera dei giardinieri, le vellutate distese erbose, le siepi di bosso in forma di coni, piramidi, sfere, il labirinto di sempreverdi e le fontane ornate di figure mitologiche si adattavano bene alla rilettura degli *Asolani*, incoraggiando ad «attendere alle cose liete per non morire di malinconia».

Bernardino de' Prosperi e Battista Stabellino osservano la capacità di entusiasmarsi che Lucrezia conservava sempre e comunicava a quanti la circondavano, come se una divinità del sorriso regnasse dentro di lei, impedendole di invecchiare. «Si sarebbe detto che il tempo si limitasse ad accarezzarla, così come il sole indora i frutti estivi.» Qualche volta, insieme a due o tre dame d'onore, si trasferiva alla Castellina, costruita sulle rovine di una rocca; qui, al riparo da sguardi indiscreti, poteva fare il bagno in una grotta sotterranea, in cui Ercole I aveva fatto collocare una vasca di marmo, alimentata dalle acque del Po.

Lucrezia aveva ormai trentasei anni: era già all'età dei ricordi. E un giorno, quando il cardinale Farnese comparve tra i convitati a una serata a palazzo Costabili, sul momento la duchessa ebbe qualche difficoltà a riconoscere in lui il fratello di Giulia, un tempo così tenace nella caccia al gentil sesso. Quanto al cardinale, il futuro Paolo III, si stupì di ritrovare la figlia di Alessandro VI non più ribelle e maliziosa, ma pacata e serena.

Alla dolcezza di questo ritrovarsi seguì per Lucrezia una stagione di lutto: la scomparsa di Aldo Manuzio fu un autentico dolore. Era stato il Bembo a farle apprezzare l'opera del maestro, che per le sue edizioni di Orazio o di Giovenale, disseminate di capilettera miniati, o per le versioni latine dei poemi di Gregorio Nazianzeno sapeva trovare le pelli più pregiate di capretto o di agnello, e i caratteri più eleganti. Il diletto che Lucrezia traeva dai capolavori di Aldo Manuzio era condiviso da Isabella di Mantova. Col passare degli anni il rapporto fra le due cognate si era trasformato: Isabella ricorreva a Lucrezia per placare il marito malaticcio, afflitto da continue crisi. Il trionfatore di Fornovo era ormai un uomo inasprito dalla coscienza di aver concluso la carriera militare nella mediocrità: soffriva di solitudine, dubitava della propria salvezza.

Leone X, dal canto suo, nonostante le apparenze costituiva una minaccia sia per Mantova, sia per Ferrara. Nel giugno 1515 tolse a Francesco della Rovere, genero di Isabella, la carica di gonfaloniere, per affidarla al nipote Lorenzo de' Medici. In materia di doppiezze il nuovo pontefice non aveva nulla da imparare da Giulio II. Gli Este avevano motivo di domandarsi se la protezione del Bembo potesse ancora bastare a difenderli.

A metà settembre Lucrezia poté tranquillizzarsi. Francesco I aveva da poco conseguito la brillante vittoria di Marignano contro il duca di Milano Massimiliano Sforza. «La battaglia dei giganti», che era stata combattuta il 14 e il 15, apriva le porte dell'Italia al re di Francia. Sebbene Alfonso non vi avesse preso parte, il giovane sovrano non dimenticava gli amici, e neppure le mire di Leone X su Ferrara. Perciò, quando il papa ricevette il re vittorioso, tre mesi dopo la battaglia, questi gli ricordò che il ducato di Ferrara si trovava sotto la sua protezione, e ottenne agli Este la restituzione di Modena e di Reggio. Papa Leone non amava i francesi: Luigi XII lo aveva fatto prigioniero a Ravenna e portato a Milano, e se l'allora cardinale Medici non fosse riuscito a fuggire, lo avrebbe portato con sé in Francia. Perciò gli Estensi, alleati dei «barbari», non gli sarebbero mai potuti andare a genio.

In concomitanza con la nuova, benché precaria, sicurezza di Ferrara, scoccò per Lucrezia l'ora della gloria. Nel 1515 Ludovico Ariosto pubblicò il suo poema, l'*Orlando furioso*, nel quale fa entrare il cavaliere Rinaldo in una sorta di pantheon, innalzato per celebrare le otto dame più degne della sua epoca. L'Ariosto vi colloca Lucrezia

Borgia al primo posto, attribuendo il secondo a Isabella di Mantova. Il poeta era un grande sognatore, del quale Alfonso d'Este, suo lontano parente, aveva fatto un funzionario; ma l'Ariosto evadeva dalla grigia realtà curiale dedicandosi alle sue fantasiose traduzioni di Plauto e Terenzio. Dal 1507 era considerato «uno degli uomini più eminenti per il suo sapere che si potesse trovare in Italia». Era poi passato al servizio di Ippolito, il che non poteva affatto piacergli: il cardinale se lo teneva accanto più che altro per giustificare la propria fama di mecenate, non certo perché avesse autentica stima per lo scrittore. Ercole Strozzi, che era stato suo amico, descrivendolo parlava dei «suoi grandi occhi di sogno e di malinconia, e della sua bontà».

L'Ariosto si era guadagnato la gratitudine di Lucrezia per essere rimasto al fianco del duca d'Este all'epoca dell'interdetto pronunciato da Giulio II contro Ferrara. In seguito il poeta e la duchessa scoprirono di avere molte cose in comune, avendo entrambi vissuto, amato, sofferto. Le gentilezze che Lucrezia non mancava di dimostrargli compensavano la boria di Ippolito, che dopo aver letto l'*Orlando furioso*, aveva esclamato: «Messer Ludovico, dove avete preso tante sciocchezze?». Secoli dopo, lo scrittore e magistrato francese Charles de Brosses, innamorato impenitente, avrebbe scritto: «L'Ariosto è per me una perpetua delizia, da quando sono in grado di comprenderlo non riesco più a lasciarlo; chi è più poeta di lui? Più lo leggo, più mi piace: varrebbe la pena d'imparare la sua lingua anche soltanto per leggere quest'unico poeta».

Quando il 13 febbraio 1516 Tiziano giunse a Ferrara, Lucrezia gli dedicò altrettanta attenzione. Dai libri dei conti di casa apprendiamo come la duchessa lo abbia alloggiato in Castel Vecchio insieme a due compagni; quindi abbia avuto cura di provvederlo di candele in quantità, e di accertarsi che i valletti incaricati di tenere accesi i caminetti nelle stanze fossero zelanti nel loro compito. Lucrezia aveva commissionato al maestro veneto le decorazioni del Palazzo ducale. Nei suoi dipinti ferraresi Tiziano raffigurò le montagne natie del Cadore, celebrando la figura umana in una natura di azzurro oltremare, un colore reso luminoso dai lapislazzuli triturati di cui era composto. Quindi Alfonso gli propose di illustrare l'opera di Filostrato di Lemno, *Quadri*, del III secolo d. C. Il pittore fu colpito da due soggetti: *Baccanale* e *L'offerta a Venere*; appena rientrato a Venezia, mandò a Ferrara alcuni schizzi accompagnati da una lettera dove tra l'altro scriveva:

...Et se questi [disegni] non le sodisfano, me ne comandi, ch'io glie ne farò de li altri, perché havendomi una fiata dedicato et l'anima et il corpo alla Vr. Ex.tia niun piacer trovo tanto, quanto è quando ella mi comanda, et mi trova degno che la servi.[1]

Due anni dopo era terminata *L'offerta a Venere*, con grande soddisfazione dei committenti, stupiti della fedeltà con cui il pittore aveva realizzato la descrizione di Filostrato: una moltitudine di amorini svolazzanti intorno a Venere, scortata da due ninfe. L'anno dopo Giacomo Tebaldi, ambasciatore di Ferrara presso la Serenissima, annunciava al suo signore l'arrivo per via d'acqua di Tiziano, che portava il dipinto *Il grande baccanale* destinato al «camerino», ossia allo studiolo del principe. Sempre ispirata ai *Quadri* di Filostrato, l'opera raffigura l'arrivo di Dioniso sull'isola di Andros, dove gli abitanti, nell'attesa del dio, si sono abbandonati all'ebbrezza. I duchi d'Este l'apprezzarono moltissimo, tanto da affidare all'artista l'incarico di eseguire altri dipinti, in particolare una *Madonna col Bambino e i santi Dorotea e Antonio*, oggi al Prado. Sembra che nel volto della santa si debba riconoscere un ritratto di Lucrezia; la duchessa sarebbe anche raffigurata nel *Banchetto degli dèi* (sesta figura a sinistra), portato a termine da Bellini dopo che la morte di Tiziano l'aveva lasciato incompiuto.[2]

Rodocanachi osserva che nel soggiorno ferrarese Tiziano dipinge in maniera diversa. L'allegoria *L'amor sacro e l'amor profano*, su un soggetto proposto dal Bembo, è un diretto omaggio a Lucrezia, doppiamente ispiratrice dell'opera. A destra la figura nuda dell'*amor coelestis*, spoglia di ogni vanità terrena, tiene in mano la lampada accesa dell'amore divino. A sinistra la bionda Venere in ricche vesti, con un gioiello alla cintura e fiori sparsi in grembo, simboleggia l'amore profano. Le carni opulente, illuminate dal sangue che circola sottopelle, offrono un'immagine della più radiosa bellezza.

Lucrezia fu una mecenate illuminata, che fondò un antiquarium, e chiese poi a Mario Equicola di comporre un soggetto al quale potessero ispirarsi i migliori artisti per decorare i castelli di Belriguardo e di Belfiore: uno di questi fu Dosso Dossi, amico dell'Ariosto, che per la cattedrale di Ferrara e la chiesa di San Francesco eseguì alcuni cartoni di arazzi nei quali si narravano le gesta dei signori del luogo. Benvenuto Garofalo, collega del Dossi e di due anni più giovane, prediligeva soggetti sacri e mitologici, che realizzava con la collaborazione dell'allievo Girolamo da Carpi. Lorenzo Costa, più anziano di questi di una ventina d'anni, aveva lavorato a sua volta «a cottimo», cioè compensato in base alla superficie dipinta, alla scuola di Francesco Cossa, gran maestro di esoteriche celebrazioni nella dimora privilegiata di Borso d'Este, a Schifanoia, dove si può ancora ammirare *Il trionfo di Venere*: in questo dipinto, poco lontano dalla dea circondata da conigli, si vedono otto musici con le loro avvenenti compagne, in procinto di tralasciare flauti e viole per darsi alle dolcezze amorose.

Nonostante la salute poco robusta, Lucrezia ebbe ancora due parti molto ravvicinati: il 4 luglio 1515 dette alla luce Eleonora, e il 1° novembre dell'anno successivo, Francesco, al quale fu conferito il titolo di marchese di Massalombarda. Il duca d'Este poteva ormai contare su quattro eredi legittimi.

Da allora in poi la duchessa d'Este dedicò tutta la sua attenzione alla cura dei figli, alla scelta di precettori e governanti, alla loro istruzione. Era indebolita dalle numerose gravidanze; il marchese di Mantova, che le aveva scritto augurandole di risanare al più presto, ricevette una risposta in cui la devozione non manca di accompagnarsi a una scintilla di malizia:

> Desidero vivamente che vi mettiate al servizio di Dio e di san Francesco come faccio io. Riderete di me e delle mie prediche, la colpa è di suor Laura che vorrebbe, a dispetto del mondo, vedermi diventare predicatore e martire... Le espressioni troppo umane che usate nella vostra cavalleresca devozione nei miei riguardi, mi addolorano, perché non mi sembrano convenire alla condizione di fraternità in cui ci troviamo reciprocamente.[3]

Lucrezia sembrava persuasa che soltanto una parentela di carattere spirituale potesse unirla a Francesco. Negli *Asolani* il Bembo aveva scritto: «Il vero amore non cerca la bellezza visibile e umana, bensì la divinità», e nel *Cortegiano* di Baldassar Castiglione il poeta intonava un vero e proprio inno di adorazione in onore della duchessa:

> Qual sarà adunque, O AMOR santissimo, lingua mortal, che degnamente laudar ti possa? Tu bellissimo, bonissimo, sapientissimo, dalla unione della bellezza, e bontà, e sapienza divina derivi: e in quella stai: e a quella, per quella, come in circolo ritorni. Tu dolcissimo vincolo del mondo, mezzo tra le cose celesti, e le terrene, con benigno temperamento inclini le virtù superne al governo delle inferiori: e rivolgendo le menti dei mortali al suo principio, con quello le congiungi.
>
> [...] accetta l'anime nostre, che a te s'offeriscono in sacrificio: abbruciale in quella viva fiamma, che consuma ogni bruttezza [...] acciò che [...] noi da noi stessi alienati, come veri amanti nello amato possiam transformarci: e levandone da terra, esser ammessi al convivio degli angeli: dove pasciuti d'ambrosia, e nettare immortale, in ultimo moriamo di felicissima, e vital morte, come già morirono quegli antichi padri, l'anime dei quali tu con ar-

dentissima virtù di contemplazione rapisti dal corpo, e congiungesti con Dio.[4]

Proseguendo il racconto, il Castiglione osserva che nel suo rendere omaggio a Lucrezia il Bembo sembrava rapito in estasi, e come astratto dal mondo, e allora Emilia Pio «lo prese per la falda della roba: e scuotendolo un poco, disse: Guardate, M. Pietro, che con questi pensieri a voi ancora non si separi l'anima dal corpo. Signora, rispose M. Pietro, non saria questo il primo miracolo, che amor abbia in me operato».

In effetti si direbbe che il Castiglione, trascinato dalla sua vena lirica, dia una versione piuttosto romanzata della realtà. È verissimo che Pietro Bembo ebbe sempre la massima devozione per Lucrezia; tuttavia neppure la porpora cardinalizia gli impedì di avere relazioni quanto mai terrene con alcune bellezze romane, dai nomi significativi come Topazia, Aurora o Morosina (anzi, quest'ultima gli dette tre figli). Tuttavia Lucrezia restava sempre il suo amore più grande. Ormai rassicurato sulla virtù della sposa, il duca d'Este non ne temeva più gli abbandoni alla seduzione, fosse pure platonica, e la incitava a scrivere a Roma. Chi meglio di lei avrebbe potuto sollecitare dal Bembo la difesa della causa estense presso il nuovo papa? Le lettere di Lucrezia cominciano sempre con un «carissimo» rivolto al destinatario, che sembra autorizzare una qualche civetteria. Si veda per esempio questo breve messaggio: «Messer Pietro mio carissimo, sapendo io de una aspettata cosa essa aspettativa è gran parte di soddisfazione, perocché la speranza che a possedere detta cosa accende il desio, rade volte come è, spesso assai più bella ce la presenta, ho preso consiglio di differire a rispondere fino ad ora, ad effetto che, aspettando voi qualche bella ricompensa alle vostre bellissime, siate voi a voi medesimo causa di soddisfazione, e insieme pagatore e debitore».[5] Si erano lasciati ormai da dodici anni, ma entrambi avevano avuto la saggezza di non cercare di rivedersi. Sebbene ricevesse l'invito di Alfonso alla corte ferrarese, il cardinal Bembo ritenne più giudizioso rimanere a Roma; il suo rifiuto lusingò Lucrezia anziché ferirla, perché essa indovinava la causa della sua assenza. Meglio custodire i ricordi, non esporli alle ingiurie del tempo.

Nel 1517 Lucrezia era rimasta l'unica figlia vivente di Vannozza e di Alessandro VI: poco prima si era spento Jofré, nel suo castello di Squillace. Rimasto vedovo di Sancia, si era risposato con Maria de

Mila, che gli aveva dato molti figli. Lucrezia aveva avuto una predilezione per Jofré, rispetto a Juan, troppo vanitoso, e a Cesare: con lui moriva la sua giovinezza.

Nello stesso periodo l'Infante romano si faceva ricordare dalla madre. Lasciati i suoi maestri di Carpi, era partito per Napoli, per darsi alle prime esperienze un po' scapestrate da giovanotto, ma la morte di Jofré lo privò dell'ospitalità su cui aveva fatto conto; perciò si era diretto verso Ferrara. Alfonso sapeva ormai assicurata la discendenza del casato, e quindi non aveva nessuna ragione di rifiutare a Lucrezia la vicinanza del figlio Giovanni Borgia. Per salvare le apparenze, tuttavia, Giovanni fu ricevuto come fratello della duchessa, con un seguito costituito da un intendente, uno scudiero e un piccolo buffone. La sua istruzione fu affidata all'umanista Bartolomeo Grotto, perché l'adolescente, poco favorito nel fisico, era molto rozzo, litigioso, indisciplinato. Dalle annotazioni conservate nel libro dei conti di Lucrezia si può constatare come i ducati gli scivolassero via tra le dita; Giovanni non sembrava avere la minima cura né per i propri abiti né per i libri, e tutti i suoi contrasti degeneravano in risse. Lucrezia non aveva un forte senso materno nei confronti di questo figlio che le era stato tolto fin dalla nascita.

Alfonso, che si rendeva conto della posizione ambigua in cui si trovava il ragazzo, progettò di condurlo con sé in Francia per presentarlo a corte. Lucrezia affidò l'incarico di accompagnare Giovanni a due giovani gentiluomini ferraresi: del Sacrato e Trotti, che avrebbero dovuto instradarlo nella nuova vita. La duchessa gli affidò un dono per la regina Claudia: due braccialetti d'oro formati da sfere traforate, in cui erano racchiusi grani di profumo (il gioiello ricercato suscitò l'apprezzamento di Francesco I, il quale fu udito osservare che in questo modo la camicia della regina si impregnava di profumo «quando va a letto: il che molto gli piace»); inoltre gli consegnò le opere del poeta latino Stazio, nell'edizione di Aldo Manuzio, e l'*Achilleide*, in cui si narra la vita di Achille prima della guerra di Troia; questi erano i doni destinati a Margherita di Navarra, raffinata cultrice di arti e lettere.

Perciò il duca d'Este giunse a Parigi accompagnato da Giovanni Borgia; ma col passare dei giorni la situazione andò sempre peggiorando. In una società effervescente, brillante, in cui fioriva un lusso mai visto, il giovane Borgia faceva la figura di uno scimmione: l'apatia, il gusto della rissa, le pessime maniere che lo caratterizzavano produssero un'impressione disastrosa. Gli ambasciatori Carlo da Correggio e Pistofilo Bonaventura, oltre ai due nobiluomini che l'accompagnavano, cercarono di tenerlo a freno, ma Giovanni non voleva intendere ragione. Alfonso era ormai tornato a Ferrara quando il re di Francia, del tutto spazientito, rispedì Giovanni Borgia a Roma, dove il figlio di Lucrezia rimase tutta la vita, rivestendo la carica di funzionario pontificio; morì ventisette anni dopo sua madre.

Dopo Giovanni fu ospite di Lucrezia un figlio naturale di Jofré, allora di dieci anni, rimasto accanto a Vannozza dopo la morte del padre. Fu la stessa Vannozza a chiederle di prenderlo con sé a Ferrara, dove «si allevasse per servitore della vostra Ill.ma Casa». Nel registro di Lucrezia troviamo il nome di «Hyeronimo Borgia, regazo», ossia paggio. Diversamente da Giovanni, questo giovanetto incantò la duchessa, e soprattutto Alfonso, cosa ancor più straordinaria. Jeronimo era sveglio di mente e aveva molte doti fisiche e intellettuali, oltre alla tipica gaiezza dei Borgia, che gli permisero di integrarsi alla perfezione nella famiglia estense, in particolare guadagnandosi l'amicizia di Ercole, che aveva la sua stessa età; quindi Lucrezia poté tranquillizzare Vannozza circa l'avvenire che si prospettava al nipotino.

La madre di Lucrezia, nonostante il relativo abbandono in cui si era trovata dopo la morte di Alessandro VI, si dedicava alle opere di beneficenza. I suoi gioielli, dei quali non le importava più, erano serviti per costruire il tabernacolo di San Giovanni in Laterano. Le perle, i brillanti, l'oro e l'argento, che avevano ornato di splendore la favorita del papa, potevano adesso rifulgere in pieno sull'altare della basilica. Il 15 gennaio 1517 il notaio Andrea Carosi registrò la rinuncia di Vannozza alle rendite delle varie case e locande di sua proprietà, a vantaggio degli ospedali del Salvatore in Laterano, di San Lorenzo in Damaso e della compagnia dell'Annunziata. I lasciti comportavano l'obbligo di celebrare messe in suffragio delle anime di Vannozza e dei suoi due mariti. Paolo Giovio, che la conobbe negli ultimi anni, la descrisse come «donna dabbene», e ne lodò la pietà, la rassegnazione, il tatto. La discrezione impediva a Vannozza di chiedere favori personali alla duchessa di Ferrara; in compenso essa raccomandava alla figlia i suoi protetti, e a seconda degli effetti delle iniziative prese, le sue lettere di ringraziamento terminavano con le formule «la felice madre vostra» oppure «la madre vostra».

E infine, secondo l'usanza, il 26 dicembre 1518 il pubblico banditore annunciò per le vie di Roma il trapasso della madre di Lucrezia, all'età di settantasette anni. La figlia ne ebbe notizia il giorno successivo, e trovandosi sola a Ferrara, non poté andare al funerale; si rifugiò invece nel convento di San Bernardino e dette ordine che nessuno accennasse al suo lutto. Alla corte ferrarese nessuno aveva conosciuto la defunta, e quindi le condoglianze puramente formali, nella loro inevitabile banalità, avrebbero potuto soltanto accrescere il suo dolore.

Soltanto la cugina Angela Borgia, che per l'occasione era venuta a trovarla lasciando le sue montagne, poteva capire quanti ricordi fossero suscitati dalla recente scomparsa: l'infanzia, con i colori del cielo di Subiaco, le cascatelle di acque freschissime, la risata scoppiettante di Vannozza, i suoi baci profumati di vaniglia, gli svaghi nautici con i fratelli, i girotondi intorno ai bracieri nella casa di piazza Pizzo di Merlo; e poi l'arrivo del padre, che la prendeva fra le braccia, e lei che gli si stringeva al collo ancora odoroso d'incenso, fino a quel giorno fatidico in cui alla porpora si era sostituito il bianco trionfale, e Rodrigo Borgia era divenuto Alessandro VI, illuminato dal sole d'agosto; e poi le sedute di posa per il Pinturicchio, i tintinnii argentei dei bubbolini di Giovanni di Gandía e i funebri rintocchi alla sua morte, il trionfo fratricida di Cesare mentre risuonava l'Angelus del crepuscolo, l'eco dello splendore della sua famiglia.

Pochi giorni dopo, gli oratori informarono Lucrezia che la madre era stata sepolta. Marin Sanudo sottolinea: «È della compagnia di Gonfalone; si seppellisse a Santa Maria del Popolo e fu seppellita con pompa pari quasi ad un cardinale». In effetti Leone X aveva disposto che alle esequie presenziassero i suoi cubicolari e una parte della corte, un favore di solito riservato agli alti prelati; in sostanza questo equivaleva a riconoscere ufficialmente Vannozza come vedova di Alessandro VI, o almeno, come madre della duchessa di Ferrara.

Otto anni dopo Marc'Antonio Alfieri, guardiano della compagnia del Gonfalone, ne onorò la memoria con un discorso che si conserva negli archivi dell'Ordine:

> Non dobbiamo dimenticare le fondazioni benefiche volute dalla rispettatissima dama madonna Vannozza. Volendo dotare la confraternita di beni temporali, essa le ha legato numerosi gioielli di gran valore e vi ha aggiunto tanti benefici ulteriori che alcuni anni dopo la confraternita è stata in grado di liberarsi di determinati obblighi. Essa ci ha lasciato tante cose che ne ricaviamo un reddito annuale pari a quello di quattrocento ducati, di cui ci serviamo per nutrire gli infelici e i malati, ahimè tanto numerosi. In segno di gratitudine per le sue disposizioni così pie e devote e per le sue opere meritorie e caritatevoli per tanti bisognosi la nostra confraternita ha deciso di onorare la defunta facendole costruire un sepolcro magnifico e sontuoso. Essa ha stabilito, con espressa volontà, di celebrare nella chiesa del Popolo

dove essa è stata sepolta, l'anniversario delle esequie con messe, cerimonie e grande concorso di presenti, non senza lusso di torce e di ceri; tanto per raccomandare a Dio la salvezza della sua anima, quanto per provare a tutti quanto ci sia odiosa l'ingratitudine.[6]

Per oltre duecento anni i sacerdoti di Santa Maria del Popolo continuarono a celebrare messe in suffragio dell'anima di Vannozza; poi finirono con l'esserne dispensati dall'autorità ecclesiastica.

XXIII
L'AMARANTO

Lucrezia era l'unica Borgia sopravvissuta, con la sola eccezione di Giovanni, l'Infante romano. Dei suoi figli, Ercole aveva ormai dieci anni, Ippolito nove, Eleonora tre, Francesco due. I due maggiori formavano l'orgoglio del padre: il primogenito, erede del ducato, traduceva l'*Eneide*, il secondo interpretava all'impronta qualsiasi passo del *De bello gallico*. Lucrezia scrisse a Bembo per farsi consigliare un precettore adatto: «I nostri figli hanno una mirabile attitudine allo studio, e siamo felici che abbiano il gusto di conversare con uomini di lettere. Vorremmo che ci raccomandaste una persona di qualità, capace di consolidare i loro talenti».

Ma anche i figli minori avevano pari accesso alle sue diligenti attenzioni. Mentre Eleonora era una chiacchierina, Francesco non era altrettanto disinvolto, e quindi «occorre insegnargli a parlare davanti a uno specchio, così crederà di dialogare con un bambino della sua età». Il loro abbigliamento era un continuo motivo di contrasto con le governanti. Appena usciti dalle fasce i principini di Ferrara comparivano ornati di velluti d'Alessandria, broccati d'oro, sete trapunte, gioielli. Si sarebbe detto che bastasse il minimo pretesto pur di ricoprirli di gemme: per esempio, che uno smeraldo appeso al collo teneva lontana la malasorte e rafforzava il cervello! In quegli anni Giraldi lamentava che «mentre ancora allattano li si veste come si converrebbe a degli sposi».

Lucrezia si proponeva di vestire i figli in modo più semplice e più adeguato alle loro occupazioni; avrebbe voluto, diceva, «vederli scoppiare dalle risate, abbandonarsi al divertimento senza costrizioni di nessun genere, lasciarsi andare a tutti i giochi adatti alla loro età». Alla fine delle lezioni, voleva che il precettore li esortasse a divertirsi, e se necessario li aiutasse a farlo, «perché il fanciullo deve vivere nel movimento e nell'esuberanza, non deve mai restare in riposo, e il gioco resta il mezzo migliore per fargli liberare il suo eccesso di energia».

Il fervore e la devozione di quanti la circondavano le permettevano di guardare con tranquillità all'avvenire della prole, e le lasciavano il tempo di riordinare anche le questioni personali. Le forze di Lucrezia andavano declinando: si annunciava una nuova gravidanza, che preoccupò i medici. Così la duchessa dette incarico a Ercole Fideli da Sesso, e al figlio di questi, di stendere l'inventario dei suoi gioielli; i due erano maestri orefici che avevano lavorato per lei già a Roma, seguendola poi a Ferrara, ed eseguirono il loro compito riempiendo pagine e pagine con la minuziosa descrizione di 3770 pezzi, raggruppati sotto 435 numeri, con disegni, indicazione di dimensioni e peso, e la storia di ciascun articolo. Per esempio il numero 65 rimanda all'infanzia della duchessa: «un pezzo di tela di oro con una corona di perle da un lato, e dall'altro un bove con un breve e ambedue intorniati di perle»; al numero 91 è descritto un braccialetto in forma serpentina che aveva ispirato al Bembo la prima poesia latina in onore di Lucrezia; anche il numero 103 è un richiamo al poeta: «Una medaglia d'oro con una fiamma smaltata di rosso con un fregio intorno fatto a palme», in cui è iscritto il motto *est animum*, consuma l'animo. L'elenco riporta anche i pezzi non presenti nella collezione al momento dell'inventario, per evitare accuse di furto; ad esempio, al numero 241 si precisa che il 29 marzo 1517 è stato donato a Maria Enriquez, vedova del duca di Gandía, un rosario di corallo bianco in cui ogni cinque grani è inserita una corniola, per un totale di tredici, e con una sfera di ambra gialla. La magnificenza dell'insieme descritto, poco meno che regale, giustifica ampiamente la fiducia mostrata dai finanziatori nel 1512.

Per meglio staccarsi da tante vanità, nel 1518 Lucrezia pronunciò i voti di terziaria francescana, sotto la guida di frate Lodovico della Torre. Le sue energie diminuivano, ed erano dedicate per intero ai figli e al marito. Alfonso era riuscito a riconsolidare pienamente il dominio sul ducato, dopo che durante il suo soggiorno a Blois Francesco I gli aveva confermato la protezione della corona francese. In effetti Leone X sembrava avviato sulla strada di Alessandro VI: cercava un trono da offrire al nipote Lorenzo de' Medici, principe debole e dissoluto (morì a Firenze il 4 maggio 1520, pochi giorni dopo la moglie, Maddalena de la Tour d'Auvergne; la loro figlia era destinata a diventare celebre col nome di Caterina de' Medici, regina di Francia). La prima mossa di Leone X volta ad attuare il suo disegno fu di sottrarre il ducato di Urbino ai legittimi eredi; come ovvia conseguenza, la posizione dello Stato ferrarese ridiventava incerta. Alfonso poi si rendeva conto che prima o poi l'aiuto di Lucrezia gli sarebbe potuto mancare: la duchessa stava per compiere trentanove anni ed era alla sua undicesima gravidanza. Era smagrita, con i lineamenti tirati, il colorito terreo, gli occhi cerchiati: tutto sembrava annunciare l'imminenza della fine. A un certo punto la debolezza la costrinse a letto. Per confortarla, Alfonso le raccontava quanto grande fosse il prestigio di cui essa godeva alla corte francese, dove Baiardo le dedicava veri e propri inni di lode. Lucrezia sembrò per breve tempo sollevata dai racconti del marito, che insisteva con tanto calore a ricordarle quanto vantaggio avessero portato, allo Stato ferrarese, il talento diplomatico e il carattere ospitale della duchessa. E in verità, sia gli uomini di guerra, sia gli ambasciatori, gli artisti, i letterati, non le lesinavano certo gli elogi, e non si stancavano di rendere omaggio alla «buona duchessa di Ferrara, una perla in questo mondo». In tal modo quell'unione matrimoniale, che un tempo Alfonso aveva temuto potesse essere motivo di mortificazione, era diventata per lui molto più importante di quel che sarebbe stato un matrimonio di puro amore.

Il 29 marzo moriva Francesco Gonzaga, che si sapeva sofferente di mal francese. Il 31 marzo Lucrezia scrisse alla cognata Isabella:

> La crudele perdita che avete sofferto per la morte del vostro Ill.mo consorte mi ha dato tanto dolore e dispiacere che io stessa sono troppo in necessità di conforto per riuscire a darne, soprattutto a Vostra Eccellenza, nella quale la grande perdita deve aver provocato la più viva sofferenza. Compiango la disgrazia che vi ha colpito e non saprei esprimervi quanto ne sia afflitta. Ma il fatto è che è piaciuto a Nostro Signore di richiamarlo a sé; dobbiamo dunque accettare i suoi disegni, e io prego ed esorto Vostra Eccellenza a sopportare il colpo con fermezza, come si addice alla vostra saggezza. Ho fiducia che vi rassegnerete.[1]

Una lettera di circostanza, in cui la sottomissione alla volontà divina non annulla la commozione: avrei bisogno io stessa, sembra dire, di essere consolata. Per Lucrezia la morte dovrebbe cancellare tutte le illusioni, mentre per Isabella si trattava finalmente di accedere al potere e di poter scacciare l'odiato consigliere del marito, Tolomeo Spagnoli, tornato a occuparsi degli affari pubblici. Ma l'euforia provocata dalla vedovanza durò poco: ben presto il figlio di Isabella, Federico Gonzaga, nuovo marchese di Mantova, avrebbe deciso di regnare da solo.

Il parto, previsto per la fine di giugno, si annunciava difficile; Lucrezia arrivava a chiedersi se il dissidio fra il ducato di Ferrara e la Santa sede non le avesse attirato una maledizione. Scrisse perciò a Nicolò Maria d'Este, vescovo di Adria e cugino di Alfonso, di sollecitarle una speciale benedizione del papa. Quest'ultimo non si fece pregare, e alla notizia della sua gravidanza dette una risposta cordiale e benedicente: «Ne piace, Dio la conservi». Il che servì a migliorare il morale, ma non la salute di Lucrezia. Col passare dei giorni i dolori aumentavano, e ormai la duchessa non lasciava più il letto. I medici, Palmarino e Ludovico Bonaciolo, avrebbero voluto affrettare il parto per alleviare le sue sofferenze. Invece il travaglio fu precoce e improvviso: il 14 giugno nacque una bambina patita e poco vitale, che non si riuscì a nutrire; battezzata quella stessa notte, morì appena ricevuto il sacramento. Lucrezia fu colta da febbre puerperale; nonostante lo spessore delle mura, la calura estiva che penetrava nella camera aggravava le sue consuete emicranie. Il peso stesso dei suoi capelli divenne un tormento, al punto che si dovette tagliarli.

Alfonso la vegliava notte e giorno, suscitando lo stupore della corte, e mentre le condizioni della moglie si aggravavano, ricorreva ai rimedi già prediletti da suo padre, disponendo processioni e novene. L'oratore di Mantova scriveva a Isabella: «Sua Eccellenza è crudelmente afflitto, è stato malato diversi giorni ma ha seguito il corteo di preti nonostante la febbre, il che prova quanto sia autentico il suo amore per la duchessa». Il popolo di Ferrara affollava le chiese per implorare la guarigione della sua signora.

I medici non nascosero l'avvicinarsi della fine a Lucrezia, che il 22 giugno dettava al vescovo di Adria una lettera per Leone X, così formulata:

Santissimo Padre e Beatissimo Signor mio Colendissimo.

Con ogni possibile reverenza d'animo bacio li Santi piedi di Vostra Beatitudine, e umilmente mi raccomando nella sua Santa grazia. Avendo io per una difficile gravidanza patito gran male più di due mesi; come a Dio piacque il XIV del presente in aurora ebbi una figliola: e sperava essendo scaricata del parto che il mal mio anche si dovesse alleviare; ma è successo il contrario: in modo che mi è forza cedere alla natura. E tanto dono m'ha fatto il clementissimo nostro Creatore, che io conosco il fine della mia vita, e sento che fra poche ore ne sarò fuori, avendo però prima ricevuti tutti i Santi Sacramenti della Chiesa. E in questo punto come cristiana benché peccatrice mi sono raccordata di supplicare Vostra Beatitudine, che per sua benignità si degni dare del tesoro spirituale qualche suffragio con la Sua Santa benedizione all'anima mia: e così devotamente la prego. E in Sua Santa grazia raccomando il Signor Consorte e i figlioli mei tutti servitori di Vostra Beatitudine.[2]

Alla presenza del duca, che la vegliava ansioso, Lucrezia firmò il proprio testamento, con numerosi lasciti a chiese e monasteri, quindi ricevette l'estrema unzione. Fosse per colmo di delicatezza, oppure di civetteria, non chiese di vedere i figli; non voleva, disse, costringerli a contemplare un volto devastato dalla sofferenza. Aveva le ossa a fior di pelle, gli occhi sprofondati nelle orbite, le sanguinava il naso, la bocca era scossa da un tremito nervoso; e avevano dovuto raderle il capo nella speranza di darle sollievo. Come ultima preghiera, chiese ad Alfonso che i giardinieri non cessassero di curare l'aiuola di amaranti dedicata alla memoria di Rodrigo e di Alonso di Bisceglie. Quei fiori, che erano tra i suoi prediletti per il colorito vellutato, secondo gli antichi simboleggiavano l'immortalità, perché non appassiscono mai.

In serata Lucrezia sorbì un brodo che parve rianimarla, ma ben presto ogni speranza fu smentita dalle sue stesse parole, le ultime che pronunciò: «Sono di Dio per sempre». Ormai non vedeva più, aveva le membra paralizzate, e poiché non rispondeva alle domande, si pensò che avesse perduto anche l'udito. La mattina del 24 era tranquilla e non sembrava più cosciente. Ormai la morte non poteva essere che una liberazione. Al calar della sera, quando cominciavano ad accendersi i primi fuochi di San Giovanni, Lucrezia si addormentò per sempre. Il suo crepuscolo fu simile a certe sfolgoranti giornate estive, che si incendiano nella porpora del tramonto. Ormai tutto l'amore che l'aveva fatta ardere sulla terra era fissato per l'eternità.

Alfonso, sempre inginocchiato al suo capezzale, sconvolto dal dolore, stringeva in una morsa febbrile la mano che per diciassette anni non gli aveva portato altro che bene. Alle cinque del mattino si alzò e scrisse al nipote, Federico Gonzaga:

> È piaciuto a Dio Nostro Signore di richiamare a sé in quest'ora l'anima della mia carissima sposa; non devo trascurare di comunicarlo a Vostra Eccellenza a ragione della nostra reciproca amicizia, che mi porta a credere che ogni gioia o dolore dell'uno o dell'altro ci colpiscano reciprocamente. E non è senza spargere lacrime che scrivo queste parole, tanto mi sembra crudele esser privato di una compagna tanto cara e dolce, quale essa era per l'eccellenza della sua condotta e il tenero amore che esisteva fra noi.

Tutta la città sprofondò nel lutto. Se letterati, poeti e artisti di Ferrara non si consolavano di aver perduto «l'Unica», «i poveri gridavano dappertutto che non avevano più madre». I ferraresi non si stancavano di ripetere meraviglie della «nostra tanto compianta signora».

Lucrezia aveva chiesto di essere sepolta con l'abito di terziaria francescana. Le quattro colonne del carro funebre erano sormontate da una corona di sempreverdi, mentre fasci di amaranto cingevano la bara come braccia vive. Il feretro fu deposto nel ritiro favorito di Lucrezia, il monastero del Corpus Domini, accanto alla sepoltura della suocera, la duchessa Eleonora. Più tardi, nello stesso luogo sarebbero stati seppelliti il duca suo sposo e il figlio di Alfonso e Lucrezia, Ercole II. Giovanni Gonzaga scriveva così al nipote Federico, che l'aveva inviato a Ferrara per rappresentare i marchesi di Mantova ai funerali di Lucrezia: «La morte della duchessa ha provocato grande lutto, e Sua grandezza ducale ha soprattutto manifestato estremo dolore. Qui tutti cantano le sue lodi».

Con la morte di Lucrezia si chiudeva un periodo storico tra i più splendidi: poco dopo di lei moriva Raffaello, e pochi mesi dopo ancora cessava di vivere Leonardo da Vinci.

Alfonso rifiutò ogni consolazione per oltre un anno. Poi, col passare dei giorni, la tristezza divenne un ricordo, e la solitudine cominciò a pesargli; prese allora come amante la bella Laura Dianti, di cui Tiziano ci ha lasciato un superbo ritratto.

XXIV

I FIGLI DEL SOLE

Lucrezia Borgia fu un alloro fecondo che non permise ai posteri di dimenticarla. I suoi due figli minori, Eleonora e Francesco, ereditarono la vivacità della sua fede, mentre nei maggiori, Ercole II e Ippolito, si incarnò un'apoteosi dell'incandescenza borgiana.

Ercole II era destinato a succedere al padre, e in premio della fedeltà della casata alla corona francese, doveva ottenere di mescolare il sangue estense-borgiano a quello dei reali di Francia. Infatti sposò la figlia di Luigi XII, Renata, poco dotata quanto a bellezza ma molto intelligente: essa doveva suscitare grave scandalo nel marito e fra i sudditi mostrandosi favorevole alla Riforma protestante e ospitando Calvino e Marot, in opposizione a una Chiesa romana in cui la facevano da padroni personaggi come i Borgia, i della Rovere e altri Medici. Com'era d'obbligo, il duca d'Este le impose una sorta di reclusione claustrale a San Francesco, dove, come osservarono semplicemente i contemporanei, Renata «rimase per qualche tempo in isolamento». Morto Ercole II, la duchessa si ritirò nel castello di Montargis, con una cerchia di amici ugonotti.

Dalla sua unione nacquero cinque figli. Anna, la maggiore, andò sposa a Francesco I di Lorena, secondo duca di Guisa, e trasmise alla sua discendenza i riccioli biondi e le grazie di Lucrezia. Il marito di Anna fu ucciso da Poltrot de Méré; il loro figlio Enrico I di Lorena, terzo duca di Guisa, detto «lo Sfregiato», fu il principe della Lega Santa contro i calvinisti. Scrive un cronista dell'epoca: «Di quell'uomo la Francia andava pazza, dire che ne fosse innamorata sarebbe ancora troppo poco». Enrico di Lorena cercò invano di strappare il trono a Enrico III e fu assassinato a Blois per ordine del re. Perciò fu il cadavere del bisnipote di Lucrezia Borgia a ispirare una celebre frase pronunciata dall'ultimo dei Valois: «È più grande da morto che da vivo».

Anche il figlio di Ercole II, Alfonso II, salì a suo tempo sul trono ferrarese. Così come nell'*Orlando furioso* Ariosto aveva celebrato Lucrezia – sua nonna – il Tasso lo immortalò dedicandogli *La Gerusalemme liberata*. Ispirazione e fantasia accompagnano per intero il corso delle epopee composte dai due maggiori poeti italiani: e non è un caso che entrambi siano stati al servizio dei duchi di Ferrara.

La *Gerusalemme* costituisce il canto del cigno della casa estense. Il ramo legittimo si estinse nel 1597, alla morte di Alfonso II, che non lasciava discendenti diretti. (Il nipote di Alfonso I e di Laura Dianti, don Cesare, cercò di ricevere da Clemente VII l'investitura al trono ferrarese, ma ne ebbe un rifiuto. Si trasferì quindi a Modena, dove ottenne da Rodolfo II il titolo di duca della città. Una delle sue discendenti, Maria Ludovica, figlia dell'arciduca Ferdinando d'Asburgo e dell'arciduchessa Beatrice d'Este, sposò l'imperatore Francesco II e seppe tener testa a Napoleone, guadagnandosi il soprannome di «Machiavelli del colloquio di Dresda»).

La terza figlia di Ercole II, Lucrezia, sposò Francesco Maria della Rovere. La quarta, Eleonora, fu nota per aver amato il Tasso (che i ferraresi soprannominarono «il pazzo per amore»), una passione nata a Ferrara, dove Eleonora e la sorella Lucrezia eseguirono un balletto insieme ad altre compagne; il poeta scrisse di aver visto dee e ninfe incantevoli, «senza veli e senza nubi». Luigi, ultimogenito di Ercole II, fu insignito della porpora.

Fra tutti gli Estensi, il più borgiano è senza dubbio il secondogenito di Lucrezia, Ippolito. Fu il più fastoso mecenate del suo tempo, alto prelato e diplomatico, conosciuto in Francia come il cardinale di Ferrara per antonomasia; godette dell'intima amicizia di Francesco I e poi di Enrico II; fu arcivescovo di Milano, di Lione e di Narbona. Per due anni governò il ducato di Parma a nome della Francia, e prese parte alla conferenza di Poissy che tanta importanza ebbe nelle guerre di religione. Nel frattempo riuscì a farsi costruire a Tivoli la villa d'Este, che rimane ancor oggi uno dei monumenti più notevoli del Rinascimento. Nel giardino incantato della villa, le gradinate si associano armoniosamente con le grotte rivestite di mosaici, da cui sgorgano polle d'acqua; fitte siepi di carpini circondano fontane ornate da dèi e dee. Scopriamo qui il gusto per le bizzarrie che caratterizzava il principe della Chiesa: la Rometta, una Roma antica ricostruita al margine di un boschetto, con le sue rovine in miniatura. Tutti questi prodigi incantati circondano come un castone il palazzo eretto nel 1559 da Pirro Ligorio, su incarico di Ippolito. Così come il nonno Alessandro VI si era accaparrata l'opera del Pinturicchio, Ippolito affidò la decorazione dell'edificio ai fratelli Zuccari, che con i loro pennelli fecero sfolgorare le mura con affreschi esuberanti di gioia, che il tempo non può alterare. Ippolito fu letterato e appassionato di studi antichi, e fino alla morte, sopravvenuta nel 1572, amò godere di tutte le bellezze del mondo, mentre si adoperava ad accrescere la grandezza della sua casata.

XXV
LO ZOLFO E L'INCENSO

Non vi sono dubbi che papa Alessandro VI si sia servito dei tre matrimoni di Lucrezia per realizzare i suoi progetti. Ma con un obiettivo diverso da quello dei suoi predecessori: il papa Borgia voleva restaurare l'autorità pontificia ed estendere il potere temporale della Santa sede fino a realizzare quella unità della penisola italiana sognata da Federico di Hohenstaufen, da Dante, da Petrarca. Molti gli fanno una colpa di questa legittima ambizione che, se si fosse realizzata, sarebbe stata in anticipo di diversi secoli sull'opera di Cavour. In sostanza, Alessandro VI mostrò capacità politiche superiori a molti altri, e alla sua morte cominciò la decadenza della corte pontificia.

Particolare attenzione merita un osservatore privilegiato di quanto avveniva in Vaticano, del quale abbiamo citato più volte la testimonianza: Burcardo, che nacque nei pressi di Strasburgo e si trasferì a Roma nel 1481, dove acquistò la carica di maestro delle cerimonie. Nella sua meticolosa cura per tutti i dettagli protocollari e liturgici, questo curioso testimone, celebre per le violente collere da cui era colto alla minima deviazione dalle regole, riferisce nel proprio diario tutti gli avvenimenti di maggiore o minore importanza, con altezzosa imparzialità. Appartenendo alla cerchia più intima del Santo padre, il nordico Burcardo fu quotidiano testimone della politica di Alessandro VI, dell'estrema libertà che caratterizzava la vita in Vaticano, e inoltre delle violenze, crudeltà e drammi che lacerarono la famiglia Borgia. Poiché riferisce soltanto i fatti acquisiti e verificati, il diario di Burcardo non ha facilitato il compito ai diffamatori di Lucrezia: non riporta infatti nulla di reprensibile sul suo conto, mentre non risparmia né Cesare, né lo stesso Alessandro VI.

Possiamo quindi essere sicuri che le accuse di dissolutezza, spesso avanzate con cinica impudenza dai numerosi nemici della «famiglia porpora», non hanno il minimo fondamento, anzi non sono altro che calunnie. Sapendo quanto la figlia del sommo pontefice fosse sorvegliata e spiata dagli agenti dei sovrani stranieri e dei prìncipi italiani, che pullulavano intorno a lei, sapendo quanto fosse malevola la vigilanza che l'attorniava, non si può non ammirare la saggezza di Lucrezia, che non offrì mai il minimo appiglio alle chiacchiere scandalose.

«Il più carnale homo»: tale fu in verità Alessandro VI, molto più di Pio II, al quale si attribuiscono tuttavia dodici figli dei quali peraltro egli si occupò molto alla lontana. Invece il papa Borgia ebbe un cieco amor paterno per il duca di Gandía, uno spaccone vanesio, era intenerito da Jofré, ammaliato e poi terrorizzato da Cesare, e infine meravigliato dalla bella e dolce Lucrezia. Abbiamo così uno scenario degno in tutto e per tutto di una tragedia scespiriana. Come mai una simile teratologia familiare ha catturato l'attenzione non solo dei contemporanei, ma anche dopo, di tanti appassionati di storia? Devono certo essere stati affascinati dal destino di Alessandro e Cesare, le due meteore che hanno circonfuso Roma in un'aureola di gloria, e tuttavia entrambi si sono perduti nel nulla, mentre Lucrezia, esaltata e trasfigurata da pittori e poeti, rimane ancor oggi un ideale di bellezza e di bontà. Eppure le calunnie non l'hanno affatto risparmiata.

La Lucrezia dell'antica Roma fu la gloria del suo sesso; agli occhi dei nemici dei Borgia, invece, la Lucrezia della Roma cinquecentesca rappresenta quanto di più obbrobrioso si possa vedere in una donna: l'amante del padre e dei fratelli!

La stessa enormità di tante presunte depravazioni consente di dubitare che siano fatti veri. Come si potrebbe concepire che una donna sprofondata nel fango, nell'infamia e nel delitto, divenisse d'un tratto un modello di saggezza e di virtù, celebrato dai massimi intellettuali del tempo? La storia non ci offre neppure un solo esempio di un voltafaccia così radicale. Se quindi esaminiamo più da vicino le accuse rivolte a Lucrezia, constateremo che furono lanciate per la prima volta da Giovanni Sforza, il cui matrimonio fu annullato nel 1497 perché non consumato. Fu allora che lo sposo ripudiato scagliò contro il suocero l'accusa d'incesto, e il suo grido di vendetta, del quale del resto in seguito si pentì, avrebbe continuato a risuonare nei secoli ben oltre i confini italiani.

Eppure le calunnie non sarebbero certo arrivate alla posterità, alimentando fantasie e diffondendo un alone sulfureo intorno alla figura di Lucrezia, se nella *Storia d'Italia* il Guicciardini non avesse scritto, quindici anni dopo la morte della duchessa di Ferrara: «Lucrezia Borgia non si considera se non come la figlia incestuosa di Alessandro VI, l'amante a un tempo di suo padre e dei suoi due fratelli». «Era medesimamente fama, se però è degno di credersi tanta enormità, che nell'amor di madonna Lucrezia concorressino non solamente i due fratelli, ma eziandio il padre medesimo.» Lo stesso autore arriva ad affermare che «si volle riguardare la cura, che egli prese dell'educazione di questo fanciullo [il nipote del papa] come una prova, che questo ad esso appartenesse per tutt'altri legami, che non per quelli che pubblicamente si dichiaravano».

Tre secoli dopo Voltaire si scagliò con violenza contro queste affermazioni: «Oso dire a Guicciardini: l'Europa è stata da voi ingannata, e voi vi siete lasciato ingannare dalle vostre passioni. Avete creduto al vostro odio». Voltaire dunque non si è lasciato ingannare; non così due suoi contemporanei inglesi, Alexander Gordon, un protestante ben deciso a difendere la riforma e Edward Gibbon, da poco convertito al cattolicesimo. Victor Hugo, come abbiamo visto, va nella stessa direzione, con le sue ampollosità retoriche orchestrate da Donizetti. Viene quindi Michelet, che nella figlia di Alessandro VI, l'«andalusa italiana», vede simboleggiato il demone femminile insediato sul trono vaticano.

Con un celebre aforisma, Talleyrand aveva già opposto ai sicofanti di Lucrezia una replica altera: «Tutto ciò che è esagerato non ha senso».

Lucrezia è stata la vittima del padre? Alessandro VI sembrava sfidare il tempo: dotato com'era di una splendida salute, era in grado di sobbarcarsi le fatiche della sua missione sacerdotale, l'amministrazione degli Stati ecclesiastici, l'educazione dei figli, le avventure amorose. E all'ambasciatore francese, che si meravigliava della sua capacità di condurre quattro vite contemporaneamente, aveva risposto: «Voi francesi non riuscite a concepire che un papa possa essere un uomo come tutti gli altri».

La figlia, che aveva ereditato la spontaneità di Rodrigo, fin da giovanissima incantò gli umanisti del Vaticano, come Antonio Cornazzoni o Giorgio Robusto d'Alessandria, che le dedicarono poemi pubblicati a Milano nel 1500.

Gli storici ferraresi, poi, ben lontani dall'ipotizzare che la casa estense si fosse abbassata con il matrimonio di Alfonso e Lucrezia, se ne rallegrarono. Il Giraldi, nei suoi *Commentarii della casa ducale di Ferrara*, la chiama «la rarissima Donna»; il Caviceo, dedicandole nel

1508 il *Peregrino*, afferma di aver lodato a sufficienza Isabella Gonzaga quando scrive che quest'ultima «si avvicina alla perfezione di Lucrezia».

Fra gli adoratori di Lucrezia si deve citare Aldo Manuzio, noto per la sua franchezza. La sua testimonianza è costituita dalla dedica che egli appone all'edizione delle opere di Tito e di Ercole Strozzi, in cui fra l'altro si legge come la duchessa di Ferrara si fosse sobbarcata tutte le spese dell'importante pubblicazione. Ed ecco come la ringrazia lo stampatore veneziano:

«Il vostro principal desiderio, come voi lo avete tanto nobilmente assicurato voi stessa, è di piacere a Dio e di essere utile non solo ai vostri contemporanei, ma anche alle future generazioni, affinché uscendo da questa vita voi possiate lasciare monumenti, i quali provino, che non invano voi abbiate vissuto».

Nel 1877, Gobineau riprese la difesa dei Borgia nella sua opera *La Renaissance*, in cui fa dire ad Alessandro VI: «La gente mi dice al tempo stesso vostro padre e vostro amante. Lasciate, Lucrezia, lasciate pure che il mondo, questa massa di ridicoli vermiciattoli, si inventi tutte le favole più assurde sul conto degli animi forti!».

Sotto l'ombra gettata da due alberi colossali e fronzuti come Alessandro VI e Cesare Borgia, al primo sguardo Lucrezia appare una figura crepuscolare, tutta mezze tinte e sfumature. Eppure, nonostante la sua fragilità, essa seppe mostrare una energia insolita. I disastri che travolsero la sua famiglia la fecero sempre disperare, ma mai perdere di coraggio. E fino alla sua partenza per Ferrara, e anche in seguito, Lucrezia attraversa la tragedia della famiglia con una dignità, una serenità e una semplicità che esigono rispetto. «Lucrezia Borgia duchessa d'Este» sono quattro parole di «perfetta armonia», che si ripetono come un sussurro, un canto o una malia: quasi una chiave d'oro, che apre l'accesso all'apoteosi di una civiltà. Il nome di Lucrezia rimane in effetti connesso con quello di tutti gli uomini che costituirono altrettanti fari di cultura della sua epoca: Pinturicchio, Bellini, Tiziano, Pomponio Leto, gli Strozzi, Bembo, Ariosto; la sua influenza appare quasi divina. Dalla sua persona si irradia una luce tale da permetterle di regnare sugli animi di letterati, di diplomatici, di donne belle e infelici come Barbara Torelli o Elisabetta Gonzaga, di poeti come Margherita di Navarra. Il suo nome viene citato nella corrispondenza di sovrani come Francesco I e l'imperatore Massimiliano. Non ci fu teoria degli umanisti che rimanesse estranea a questa donna di grande cultura, senza che la sua erudizione degenerasse mai nella pedanteria. Il fatto di essere una persona intimamente passionale, e insieme apparentemente serena, le consentì di svolgere il proprio ruolo di reggente del ducato di Ferrara durante periodi assai difficili, come l'invasione dell'esercito pontificio o l'imposizione dell'interdetto da parte di Giulio II. Se poi ci domandiamo chi fosse più dotata per il compito di rincuorare i suoi sudditi, per l'ardore e la combattività che le erano proprie, la risposta è: ancora una volta lei, Lucrezia. Le sue virtù, così poco ostentate, non furono mai importune; il suo umore lieto la distoglieva dalle vanità; la civetteria o l'intrigo le sembrarono tanto più fuor di luogo in quanto, senza né premeditazione né sforzo, essa riusciva a piacere a tutti. Dove riconoscere la chiave del suo potere? Senza dubbio nell'essersi dedicata alla terza virtù teologale, che esorta ad «amare il prossimo come se stessi».

APPENDICI

LETTERA A SAVELLI

Al Magnifico Signore Silvio Savelli, presso il serenissimo re dei Romani.

Magnifico Signore Silvio, salute. Lettere di amici ci hanno informato che essendo stato proditoriamente colpito da proscrizione, e avendo avuto tutto il tuo patrimonio saccheggiato, sei partito dall'Urbe, sfuggendo alla furia e alla rabbia di codesti furfanti. Ci siamo addolorati, com'era giusto, delle tue disgrazie; ma pure, fra tanti mali, ci siamo rallegrati di saperti incolume in Germania e sotto la protezione di Cesare.* In seguito, avendo inteso come tu stia agendo presso il papa, con lettere commendatizie e intercessioni di altri, per essere reintegrato nel tuo patrimonio, ci siamo assai meravigliati che la tua prudenza non si sia mutata in credulità, ovvero in leggerezza, se possiamo essere più schietti; quasi tu sperassi che quest'uomo, traditore del genere umano, che ha consumato l'intera vita, insozzata da stupri e rapine, nell'ingannare gli altri, riesca mai a compiere o a esser capace di alcuna cosa giusta, se non costretto dalla paura e dalla forza. Carissimo, sei in errore, e ancor più lo saresti se pensassi di poter mai ricercare una qualche pace con un tale orrido individuo. Da quando sei stato tradito e proscritto da lui, e abbandonato alla perdizione e al ladrocinio altrui senz'altra causa che la sua stessa avidità e perfidia, la tua guerra eterna con lui non potrà concludersi se non in eterno odio. Occorre dunque tentare altre strade, e rivelare la pubblica piaga della peste romana ai veri medici; esporre a Cesare e ai principi tutti dell'Impero romano tutte le sciagure che a detrimento della cristianità sono derivate da questa fiera infame; narrare gli odiosi delitti che si commettono, in dispregio di Dio e a mortale danno della religione, e che sono tanto atroci e immani, da mettere in difficoltà l'ingegno più eloquente. Tu dovresti enumerarli nelle pubbliche riunioni dei principi, scriverne in diversi esemplari da distribuire e propagare per mano di tutti. Invano la religione cristiana si duole del suo antico avversario Maometto, che le ha sottratto una moltitudine innumerevole di popoli; poiché costui, nuovo Maometto, l'ha superato di gran lunga per la scelleratezza dei suoi crimini, e ha contagiato ciò che resta della fede e della religione con morbi violentemente infettivi; quasi fossero già compiuti i tempi, in cui si sia manifestato l'anticristo più volte predetto dai profeti; né mai nacque finora alcuno, né si sarebbe po-

* Qui e in tutta la lettera sta per Massimiliano I d'Asburgo (1459-1519), imperatore del Sacro romano impero, e quindi re dei Romani come si dice nell'intestazione. [*N.d.A.*]

tuto immaginare tale, che si possa trovare più esplicito nemico di Dio, né peggior oppositore della fede di Cristo, o sovversore della religione.

I benefici e le dignità della Chiesa, che in antico su disposizione dei santi padri erano di consueto distribuiti fra uomini illustri, per il bene spirituale e per giustizia, sono ormai dissipati in pubblico mercimonio, e toccano solamente a quanti, nella palese compravendita, offrono più denaro. Ci si avvicina al palazzo muniti d'oro, per far acquisto dei misteri della fede: ivi si trova il ministro delle scelleratezze, il mercante dei benefici cardinale di Modena,* che ha il compito di saziare l'avidità del pontefice. Il questore ufficiale, posto quale Cerbero alle porte degli inferi, tutti assale con i suoi latrati, e senza la minima vergogna soppesa ognuno, distinguendo l'uno dall'altro a seconda di ciò che portano: sono ammessi soltanto i ricchi e possidenti, mentre chi non è abbiente viene scacciato con parole ingiuriose. Ormai dal papa tutto è oggetto di scambio venale: dignità, onori, congiungimenti in matrimonio e scioglimenti, divorzi e ripudii della sposa, e molte altre cose, che mai si videro all'epoca dei nostri avi, né si consentono dalla tradizione cristiana, sono pubblicamente praticate, quasi una nuova setta e nuovi dogmi, in dispregio di Cristo, si fossero stabiliti tra i popoli. A Roma e nella dimora pontificia non c'è delitto o scelleratezza che non si compia pubblicamente, ben oltre la perfidia di Sciti o Punici, la ferocia e disumanità di un Nerone o di un Caio. A voler riferire gli assassinii, le rapine, gli stupri e gli incesti, non si finirebbe di enumerarli per quanti sono. Il nobilissimo giovanetto Alfonso d'Aragona, genero del papa, è colpito da crudelissime ferite e quasi due volte ucciso; un altro, il cubicolario dello stesso pontefice, Perotto, è trucidato ai piedi di lui, insozzando di sangue i penati del Vaticano, un tempo degni di venerazione, e disperdendo in fuga inorridita tutti i famigli della curia. Lungo è l'elenco di quanti sono stati scannati, o gettati nel Tevere, feriti o vivi, o spenti col veleno: e poiché il loro numero è infinito e cresce di giorno in giorno, e gli stessi più illustri, per merito o autorità d'ufficio, non sono risparmiati, nessuno a Roma, neppure chi gode di un patrimonio personale, può far a meno di temere per la propria vita e per quella dei suoi. Chi non si smarrirebbe a enumerare le orrende opere di lussuria che si compiono nella casa di colui, apertamente, in dispregio di Dio e di ogni umana decenza? Tanti sono gli stupri, gli incesti, tali le sozzure di figli e figlie, tante le meretrici e le folle di lenoni che si danno convegno nel palazzo di Pietro, che in qualsivoglia postribolo o lupanare si vive in maggior pudicizia. Nel primo giorno di novembre, nella solenne festività di tutti i santi, cinquanta meretrici cittadine furono convitate a palazzo, a dare uno spettacolo scelleratissimo e odiosissimo; e affinché non manchino episodi ancor più scandalosi, nei giorni successivi si ebbe lo spettacolo di una cavalla che sotto gli occhi del pontefice e dei suoi figli, suscitò negli stalloni lanciati su di lei un tale ardore venereo da portarli a un parossismo di furia. L'oro estorto a tutti i popoli cristiani per il lusso dei figli del papa non basta mai a spegnerne l'immensa avidità. Si propone di bandire una guerra contro i Turchi; sotto tale pretesto in tutte le basiliche cristiane si vendono le indulgenze dei peccati, per sopperire con tali risorse ai lussi papali, perché la figlia del pontefice possa andare sposa con sfarzo inaudito, coperta d'oro e di gemme, por-

* Il cardinale Giambattista Ferrari, vescovo di Modena, arcivescovo di Capua. [*N.d.A.*]

tando con sé il patrimonio dotale e i tributi della Chiesa romana. Di qui la guerra alle antiche città e ai loro signori legittimi; l'espulsione di quanti possedevano patrimoni legittimi da generazioni; l'esilio della più pura aristocrazia romana; di qui il brigantaggio ai danni dei secolari signori del Lazio, spogliati di beni e possessioni, affinché da tale bottino, i figli e nipoti del pontefice, nati da unioni incestuose e ancora infanti nella culla, siano innalzati a dignità di regnanti e possessori di patrimoni.

È ormai nota a tutti la rovina della provincia Flaminia,* le afflizioni di Imola e Forlì; Faenza, Rimini e Pesaro sono conquistate con le armi e saccheggiate, discacciati i loro signori. Il papa ha smembrato dai dominii ecclesiastici le città e territorii di Cesena, Fano, Bertinoro, così che il figlio,** a somiglianza del padre, possa rapinare con più vasta ed estesa licenza; mentre il figlio medesimo, mirando più in alto, muoveva guerra a Camerino e a Urbino, così da restare unico padrone dell'intero Piceno*** per concessione pontificia, e quindi, recando sciagure a tutti, si appropriasse di tutti i diritti e di tutti i territori degli stati della Chiesa romana. Già tutte le rocche più salde e più resistenti della Chiesa sono in mano sua, occupate dalle sue milizie: Spoleto, Civitavecchia, Veio, Nepi, Terracina, la stessa Mole Adriana. Infine, la sua [di Cesare Borgia] potenza è arrivata a tanto che il governo dipende in tutto e per tutto dal suo arbitrio e piacimento, ma il suo non è governo di protettore o di duca, bensì di nemico dichiarato, che ogni cosa distrugge; e per essere in ciò somigliantissimo al padre, tanto più gli è caro, sì che sarebbe arduo giudicare quale dei due sia il più odioso frutto di natura.

L'anno scorso, mentre avanzava con l'esercito nella provincia Flaminia, procedendo sui territori della Chiesa come in terra nemica, dopo aver depredato o abbandonato al saccheggio diverse città, giunse infine a Faenza. Nell'avanzare aveva devastato l'Umbria, parte del Piceno, l'intera provincia Flaminia. Così ritenne giusto procedere nel cammino inverso, e infatti portò l'esercito prima a Piombino, poi a Firenze; dove, placati gli animi, e poiché i Fiorentini non erano in allarme, fu data libertà di saccheggio per alquanti giorni, concedendo a tutti di rubare e rapinare a volontà di ciascuno. I bravi soldati al comando di un tal condottiere si abbandonarono a ogni sorta di rapine, stupri, assassinii, incendi; questo pestilenziale malanno si diffuse come un contagio ai sudditi [della Chiesa], e così Todi, Viterbo, Rieti, Tivoli, città insigni, avendo motivi per combattere ben diverso nemico, rivolsero le armi le une contro le altre. E i partigiani di tanto condottiero [Cesare Borgia], allettati dal delitto e dalla licenza dei tempi, sgominati gli avversari, portarono ovunque il ferro e il sangue, uccidendo e mutilando innumerevoli concittadini; gli stessi neonati non facevano in tempo a vedere la luce, e subito erano precipitati nella morte. Nel frattempo il buon pontefice si dedica alle sue passioni, accumulando gemme e monili per dare in matrimonio la figlia, a lui legata da colpa nefanda,**** adornata con inaudito sfarzo. Egli non solo si astiene dal

* Nome romano con cui si indicava una parte delle attuali province di Bologna, Ravenna e Forlì. [*N.d.A.*]

** Cesare Borgia. [*N.d.A.*]

*** Parte settentrionale e marittima delle Marche attuali. [*N.d.A.*]

**** Compare qui la calunnia di incesto scagliata dal signore di Pesaro, Giovanni Sforza, ma che egli stesso, in seguito, ebbe l'onestà di smentire. [*N.d.A.*]

castigare o impedire tali delitti, ma anzi li attizza e sollecita pubblicamente, e mentre gli esuli e gli avversari, che parteggiano per Cesare, sono oppressi e vessati, e i loro beni confiscati e ingiuriosamente venduti al pubblico incanto, i figli incestuosi e i nipoti del papa sono confermati proprietari dei loro possedimenti e patrimoni. I cardinali tacciono, seppure ve ne siano di capaci di più retto sentire; i più autorevoli sono infatti o espulsi, od oppressi, e degli altri non c'è chi osi alzare la propria voce; quelli che hanno avuto la porpora per vie scellerate e ignominiose, comprandola con l'oro e con male azioni, la conservano con l'adulazione: accarezzano il pontefice con blandizie e complicità, lo esaltano e lo ammirano; e tuttavia non c'è tra loro chi non abbia il massimo terrore e timore del suo figlio fratricida, da cardinale divenuto sicario. Per volontà di costui ogni cosa è ordinata a soddisfare la libidine; militi in armi vigilano su di lui [il papa], che alla moda dei Turchi si mescola a stuoli di meretrici; per suo ordine si uccide, si ferisce, si gettano uomini nel Tevere, si finiscono con il veleno; tutte le proprietà degli assassinati, dentro o fuori le mura, sono incamerate. La fame, la sete, l'avidità di costoro, si saziano solo con il sangue umano. Il terrore di questi eccessi mette in fuga dall'Urbe le famiglie più nobili; i cittadini più illustri si nascondono, e se a tanti mali non verrà al più presto un soccorso da Cesare, tutti dovranno abbandonare l'Urbe.

Quale abominevole situazione degli eventi e dei tempi! quanto è decaduta dalle antiche vette la santità dei sommi pontefici! quanto siamo lontani dalla giustizia! A stento i posteri riusciranno a credere che da questa fiaccola del genere umano si potesse propagare a tutti i popoli un simile incendio, e tuttavia nel frattempo i principi cristiani sembrano meditare su come estendere la portata della religione. Come sarebbe mai possibile far guerra ai Turchi o agli Arabi, senz'aver prima spento questo incendio all'interno, dal quale, regnante Carlo [VIII] sui Francesi, furono chiamati gli infedeli a sbarcare in Puglia con seimila cavalieri, e poiché essi diffidavano di re Alfonso d'Aragona, furono attirati e allettati con numerose promesse! Fu dunque per questo che un tempo illustri principi si adoperarono con le armi e l'ardimento per difendere e innalzare la religione di Cristo e riconquistare Gerusalemme, per questo tanti martiri hanno sparso il proprio sangue, per questo i santissimi pastori di questa repubblica hanno faticato e vegliato: perché Rodrigo Borgia, abominevole voragine e abisso profondissimo di vizi, dopo aver scelleratamente acquisito il pontificato, sovvertisse da cima a fondo tutte le leggi divine e umane? Vengano i principi in soccorso della religione vacillante, a guidare in porto la navicella di Pietro in balìa dei flutti tempestosi; vengano ad estirpare la peste nata in seno a questo stato per la sua rovina, e lo ristabiliscano nella sua primitiva condizione, affinché in futuro i buoni che l'abitano possano vivere in pace e godere serenamente dei propri beni terreni.

Perciò, Silvio, riunisci tutte queste cose, che sono più che veritiere, in un discorso da tenere di fronte all'assemblea dei principi, oppure, se ciò non fosse opportuno, in qualche solenne riunione, dove tu possa enunciarlo con voce per quanto possibile sonora; e quindi fallo trascrivere in numerosi esemplari, da far leggere a tutti i principi e da inviare ai re assenti. Sta' sano, e nel far ciò ricorderai di essere dei nostri, e di essere Romano. Di nuovo, sta' sano. Dato a Taranto, dall'accampamento reale, il XV novembre 1501.

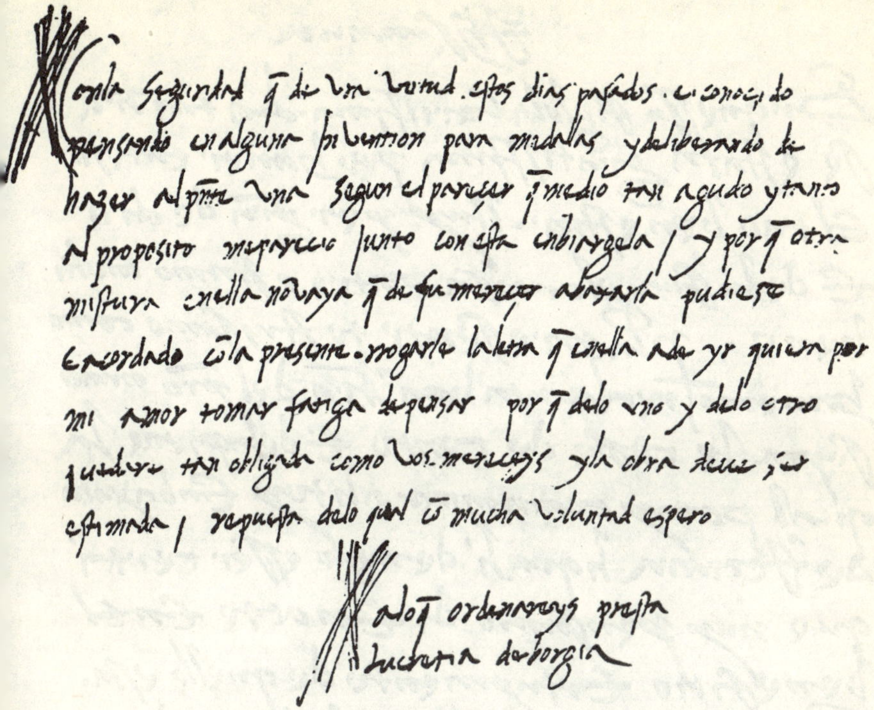

Con la seguridad q de vos virtud estos dias pasados he conocido
pensando en alguna invention para medallas y deliberando de
hazer al pnte una seguir el parecer q me dio tan agudo y tanto
al proposito me parecio junto con esta embiargela / y por q otra
mistura en ella no vaya q de su merced aborrarla pudiese
acordado cō la presente rogarle la lea q en ella nada yr quien por
mi amor tomar fatiga de pensar por q de lo uno y de lo otro
quedare tan obligada como vos. merceys y la obra deve ser
estimada / respuesta de lo qual cō mucha voluntad espero

A lo q ordenareys presta
Lucretia de borgia

Lettera originale di Lucrezia Borgia a Pietro Bembo (in lingua spagnola)
Milano, Biblioteca Braidense

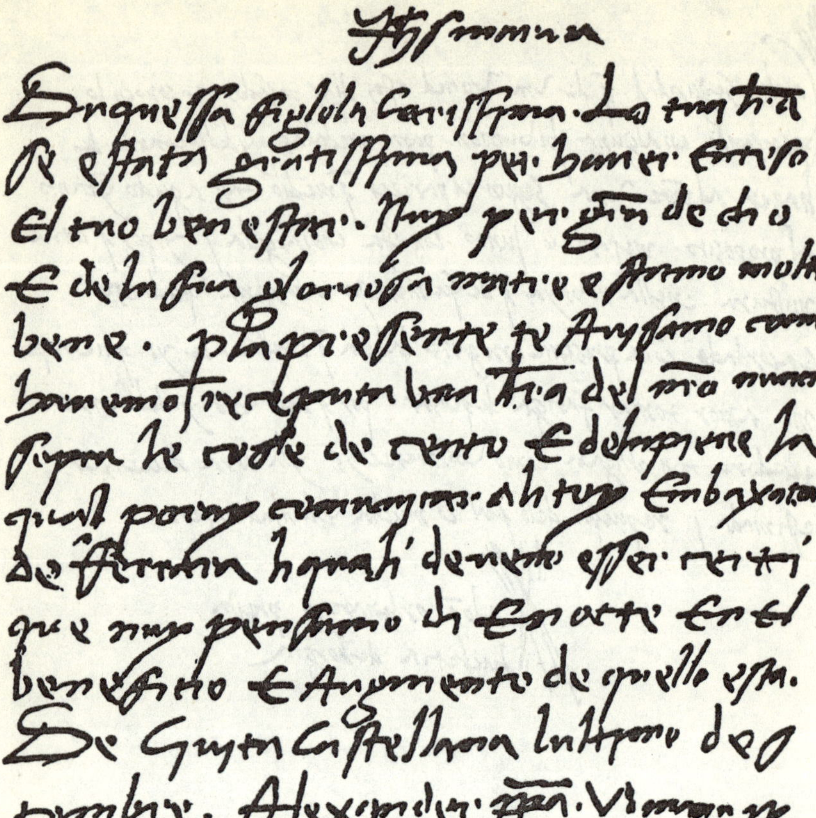

Lettera originale del papa Alessandro VI
alla figlia Lucrezia (in lingua spagnola)
Archivi di Mantova

TAVOLE CRONOLOGICHE

I Borgia	*La storia*	*Le arti e le lettere*
1432 1° gennaio: il futuro padre di Lucrezia, Rodrigo Borgia, nasce a Játiva, in Spagna.		
1455 Viene eletto papa lo zio di Rodrigo, Alfonso Borgia, con il nome di Callisto III, e chiama il nipote a Roma.		
1456 Il nuovo pontefice nomina Rodrigo cardinale.		
1469 Comincia la relazione fra il cardinale Rodrigo Borgia e Vannozza Cattanei, che gli darà quattro figli.		
1475 Vannozza dà alla luce Cesare Borgia.		
1476 Vannozza contrae un matrimonio di convenienza – non consumato – con Domenico d'Arignano. Dà alla luce Juan Borgia. Alla morte di Domenico, Vannozza si risposa con Giorgio della Croce, sempre con un matrimonio puramente nominale.		
1480 Il 18 aprile nasce Lucrezia, terza figlia del cardinale Borgia e di Vannozza Cattanei.	Ad Aix-en-Provence muore Renato I il Buono, duca di Lorena, duca di Anjou, conte di Provenza, detentore del titolo di re di Napoli. Ivan III contrasta efficacemente la sovranità dell'Orda d'Oro, che si frantuma in numerosi piccoli khanati.	Andrea Mantegna: *Il Cristo morto.* Sandro Botticelli: *La Primavera.* Hyeronimus Bosch: *I sette peccati capitali.*

la di Sisto IV attribuisce ai figli che Rodrigo ha avuto da Vannozza nome e statuto di «nipoti».	padre, Mehmet II.	
1482	Muore Maria di Borgogna, sposa dell'imperatore Massimiliano I d'Asburgo.	Sandro Botticelli: *Nascita di Venere*. Pomponio Leto fonda l'Accademia romana.
1483	Nascita di Lutero. Torquemada è inquisitore generale dei regni di Castiglia e di Aragona. Muore Luigi XI; gli succede Carlo VIII, ma essendo ancora minorenne la reggente al trono è la sorella maggiore di Carlo, Anna di Beaujeu. Riccardo III fa strangolare i figli del fratello Edoardo IV, imprigionati nella torre di Londra.	Leonardo da Vinci: *La Vergine delle rocce*. Nasce Raffaello.
1484	Carlo VIII incoronato a Reims. Muore il papa Sisto IV; elezione di Innocenzo VIII.	Nel Cremlino di Mosca si innalza la cattedrale della Dormizione (Uspenskij Sobor). Si gettano le fondamenta di palazzo Ducale a Venezia.
1485	Enrico VII (Lancaster), successore di Riccardo III, sposa Elisabetta di York, figlia di Edoardo IV, terminando così la guerra di successione detta delle Due Rose, e dando origine alla dinastia dei Tudor. Papa Innocenzo VIII dichiara guerra al re di Napoli Ferdinando I (Ferrante) d'Aragona.	

I Borgia	*La storia*	*Le arti e le lettere*
1486 Muore Giorgio della Croce; Vannozza sposa Carlo Canale.	Il duca d'Orléans (futuro Luigi XII), il duca di Bretagna e altri nobili si sollevano contro la reggente Anna di Beaujeu: la rivolta prese il nome di «guerra pazza».	
1487 Tra il papa Innocenzo VIII e Lorenzo de' Medici si stringe un patto di alleanza, sancito dal matrimonio fra Maddalena de' Medici e il figlio del papa. L'educazione di Lucrezia è affidata a Adriana Orsini, cugina di Rodrigo.	Anna di Beaujeu affida il comando dell'armata a La Trémoille: il duca d'Orléans, sconfitto, resterà incarcerato a Bourges per tre anni, mentre il duca di Bretagna sarà costretto a firmare il trattato di Sablé. Nasce Ulrich von Hutten, che lotterà contro gli scandali all'interno della Chiesa, a favore di un nuovo impero tedesco.	Andrea Verrocchio realizza a Venezia il monumento a Bartolomeo Colleoni. Giovanni Bellini dipinge il trittico della chiesa di Santa Maria dei Frari a Venezia.
1489 Il figlio di Adriana, Orso Orsini, sposa Giulia Farnese. Lucrezia assiste all'ingresso in Roma del principe turco Gem, figlio di Mehmet II, consegnato a Innocenzo VIII da Pierre d'Aubusson, gran maestro dell'ordine di San Giovanni.	Con il trattato di Francoforte Carlo VIII riesce a spezzare la pericolosa alleanza tra Massimiliano, Enrico VII e Ferdinando il Cattolico.	Nasce Antonio Allegri, detto il Correggio. Hans Memling realizza il reliquiario di Sant'Orsola.
1490	Matrimonio per procura tra Anna di Bretagna e Massimiliano, re dei Romani.	Nel Cremlino di Mosca gli architetti italiani Marco Ruffo e Antonio Solario lavorano alla costruzione del Granovityj Dvorec, un palazzo a bugnati (è questo il significato del nome russo). Nasce il musicista fiammingo Adrien Willaert. Vittore Carpaccio: *Le cortigiane*.

1491 Lucrezia Borgia viene promessa in matrimonio a due fidanzati contemporaneamente: Cherubino di Centelles e Gaspare da Procida.	Il duca d'Orléans e Anna di Beaujeu si riconciliano. La figlia ed erede dell'ultimo duca di Bretagna, Francesco II, Anna di Bretagna, costretta a Rennes dall'assedio dei Beaujeu (Anna e il marito, Pietro II di Borbone, sire di Beaujeu), deve accettare le nozze con Carlo VIII: così il territorio della Bretagna viene ricongiunto al regno di Francia. A Norimberga, Martin Behaim fabbrica il primo mappamondo e introduce l'uso dell'astrolabio sulle navi.	Hans Memling: trittico della *Crocefissione*.
1492 Un folto gruppo di ebrei spagnoli, scacciati dal loro paese dall'editto di Isabella la Cattolica, sono accolti a Roma sotto la protezione del cardinale Borgia. Alla morte di Innocenzo VIII, il padre di Lucrezia sale al soglio pontificio, prendendo il nome di Alessandro VI. In seguito alla vendita di vasti territori appartenenti alla Chiesa da parte di Francesco Cybo, figlio di Innocenzo VIII, a Virginio Orsini, condottiero del re di Napoli, Alessandro VI si allea con Milano contro Napoli.	Con il trattato di Étaples, Carlo VIII ottiene che gli inglesi si imbarchino a Boulogne, dietro pagamento di 745 000 scudi d'oro. I portoghesi raggiungono il Congo. Cristoforo Colombo scopre le Antille. I re cattolici conquistano Granada, portando a termine la *Reconquista* del territorio spagnolo, ed espellono gli ebrei dalla Spagna.	Nasce Pietro Aretino. Muore Piero della Francesca.
1493 Lucrezia Borgia si unisce in matrimonio con Giovanni Sforza, nipote del duca di Milano. Il papa nomina cardinale il figlio maggiore, Cesare. Il secondogenito Juan, duca di Gandía, lascia Roma e si trasferisce in Spagna, per sposare donna	Muore Federico III imperatore di Germania, capo degli Asburgo; gli succede il figlio Massimiliano I, che adotta per divisa un acrostico AEIOU: «Austriae Est Imperare Orbi Universo» (All'Austria spetta il dominio del mondo intero).	

I Borgia	La storia	Le arti e le lettere
Maria Enriquez, nipote del re Ferdinando di Castiglia.	Massimiliano I sposa Bianca Sforza; in cambio dell'ingente dote assicurata alla nipote, Ludovico Sforza ottiene la promessa dell'investitura del ducato milanese.	
1494 Si celebrano le nozze del fratello minore di Lucrezia, Jofré Borgia, con la principessa Sancia d'Aragona. Il re di Francia Carlo VIII si prepara a invadere l'Italia con il suo esercito. Per proteggerle dai rischi dell'invasione francese, Alessandro VI manda Lucrezia, Giulia Farnese e la suocera di quest'ultima, Adriana Orsini, a Pesaro. Giulia Farnese parte per Capodimonte, per assistere il fratello, malato e moribondo, suscitando la violenta furia del papa, che la minaccia di scomunica. È fatta prigioniera dai francesi, e in seguito liberata.	Carlo VIII assume il titolo di re di Sicilia e di Gerusalemme, in quanto erede dei diritti trasmessi alla sua famiglia dai principi d'Angiò. Con l'appoggio di Ludovico Sforza, dà inizio alle guerre d'Italia, e nel dicembre occupa Roma. Il duca di Milano Gian Galeazzo Sforza muore in circostanze sospette; gli succede Ludovico il Moro. Spagna e Portogallo firmano il trattato di Tordesillas, in base al quale si spartiscono le nuove terre. Alla Spagna tocca l'America meridionale, ad eccezione del Brasile; il Portogallo ottiene il Brasile, l'Africa, le Indie orientali.	Albrecht Dürer: *Autoritratto.* In Vaticano il Pinturicchio comincia a lavorare al grande affresco *La disputa di Santa Caterina*, servendosi di Lucrezia Borgia come modella per la figura della santa. Andrea Mantegna: *Il trionfo di Cesare.* Muore Hans Memling. Muore Pico della Mirandola. Nasce François Rabelais.
1495	Carlo VIII si impadronisce del regno di Napoli, ma si scontra con la *Lega di Venezia*, di cui fanno parte il re Ferdinando il Cattolico, l'imperatore Massimiliano, Venezia, Ludovico Sforza e Alessandro VI; decide perciò di ritirarsi in territorio francese. Durante il percorso di rientro ha luogo la battaglia di Fornovo, nella quale milanesi e francesi si dichiarano entrambi vincitori.	Il Carpaccio porta a termine *La leggenda di sant'Orsola*, iniziata nel 1490. Sandro Botticelli: *La calunnia.* In Portogallo il sovrano, Manuel I, introduce lo stile che sarà poi conosciuto come «manuelino».

1496 Juan Borgia, fratello di Lucrezia, torna dalla Spagna e riceve la carica di gonfaloniere della Chiesa, ossia di generale in capo, dal padre Alessandro VI, con l'incarico di sconfiggere gli Orsini: missione che Juan non saprà portare a termine.	Ferdinando II d'Aragona rientra nella capitale del suo regno; i francesi rimasti a Napoli vengono massacrati. Carlo VIII vieta il commercio con la Repubblica di Venezia. Giovanna detta la Pazza, figlia di Isabella la Cattolica e di Ferdinando d'Aragona, sposa l'arciduca d'Austria, Filippo il Bello.	Nasce Clément Marot.
1497 Lucrezia rivela al marito Giovanni Sforza le intenzioni omicide che Cesare nutre nei suoi confronti. Giovanni si rifugia a Pesaro, mentre Lucrezia si ritira nel convento romano di San Sisto. Alessandro VI esercita pesanti pressioni su Giovanni e Lucrezia per indurli ad accettare lo scioglimento del loro matrimonio. Juan di Gandía è assassinato dal fratello Cesare Borgia. Il papa ottiene l'annullamento del matrimonio della figlia Lucrezia.	Giovanni Caboto, un navigatore veneziano al servizio dell'Inghilterra, giunge nel continente americano, e l'anno successivo arriva nel Labrador; nei paesi di lingua inglese è più noto col nome di John Cabot. Vasco da Gama doppia il capo di Buona Speranza.	Nasce Hans Holbein il Giovane. Nasce Filippo Melantone.
1498 L'amante di Lucrezia, Perotto, cameriere di Alessandro VI, viene ucciso dal cardinale Cesare Borgia, al quale il padre restituisce lo stato laicale. Lucrezia dà alla luce l'«Infante romano», figlio postumo di Perotto. Lucrezia sposa Alonso d'Aragona, duca di Bisceglie, figlio del re Alfonso di Napoli. La figlia di Federico I di Napoli, Carlotta d'Aragona, rifiuta di sposare Cesare Borgia.	Muore Carlo VIII; gli succede il duca di Orléans, con il nome di Luigi XII. Il nuovo re vorrebbe ottenere dal papa l'annullamento del suo matrimonio con Giovanna di Francia, la figlia di Luigi XI, per poter sposare Anna di Bretagna. In segno concreto della propria buona disposizione verso il Vaticano, Luigi offre a Cesare Borgia la mano di Charlotte d'Albret.	Albrecht Dürer realizza una serie di quindici xilografie che hanno per tema *L'Apocalisse*. Muore l'umanista Marsilio Ficino. André de la Vigne pubblica *Le vergier d'honneur*, una cronaca della spedizione di Carlo VIII fino a Napoli. Costruzione del castello di Blois. Si pubblicano le *Mémoires* di Philippe de Commynes.

I Borgia	La storia	Le arti e le lettere
1499 Alla corte francese di Chinon si celebra il matrimonio fra Cesare Borgia e Charlotte d'Albret. Cesare induce Alessandro VI ad allearsi con Luigi XII. Alonso d'Aragona, preoccupato per il futuro del regno di Napoli, fugge da Roma: ne soffre la moglie, Lucrezia, che viene poco dopo nominata reggente di Spoleto, dove Alonso la raggiunge. Quindi entrambi fanno ritorno a Roma. Nasce Rodrigo di Bisceglie, figlio di Lucrezia e di Alonso. Un fedele di Alonso, il capitano spagnolo Juan Cervillon, è assassinato dagli uomini di Cesare Borgia.	Luigi XII, che conta fra le sue antenate Valentina Visconti, vuol far valere i propri diritti ereditari sul ducato di Milano, e incarica il capitano di ventura Gian Giacomo Trivulzio di conquistarlo a suo nome. Anna di Bretagna sposa Luigi XII. Milano è conquistata dai francesi; Ludovico il Moro fugge.	
1500 Apertura dell'Anno santo a Roma: Lucrezia e Alonso compiono il pellegrinaggio richiesto per ottenere l'indulgenza plenaria. Cesare Borgia fa prigioniera Caterina Sforza Riario. Cesare fa assassinare il cognato Alonso d'Aragona; nella sua disperazione Lucrezia si rifugia a Nepi, rientrando a Roma tre mesi più tardi.	I milanesi derisi dai francesi si ribellano; Ludovico il Moro cerca di riconquistare il ducato, ma è catturato dal generale de la Trémoille e imprigionato in Francia, dove morirà. A Gand nasce Carlo di Spagna (il futuro Carlo V), figlio di Filippo il Bello e di Giovanna la Pazza.	Hyeronimus Bosch: *La nave dei folli.*
1501 Alessandro VI concede a Luigi XII di attraversare gli Stati della Chiesa per andare alla conquista del regno di Napoli. In cambio il re di Francia si impegna a favo-	Ultima crociata francese contro i turchi, per liberare il sepolcro di Cristo. La flotta reale compie uno sfortunato attacco contro Mitilene: una tempesta ne travolge le navi.	Josquin des Prés: *Adieu mes amours.*

Lucrezia e l'erede del ducato di Ferrara Alfonso d'Este.		
1502 Lucrezia lascia Roma. Lungo il percorso sosta presso le corti dei signori di Urbino e di Bologna. A Ferrara riceve accoglienze molto calorose. Cesare assalta Urbino e ne scaccia i sovrani, suscitando l'indignazione di Lucrezia. Il duca di Ferrara Ercole d'Este incarica Josquin des Prés, maestro di cappella della corte, di comporre per lui una messa funebre, oggi intitolata a «Hercules dux Ferrarie». A Roma, per ordine di Cesare Borgia, muore assassinato il signore di Faenza Astorre Manfredi. Per liberarsene, Cesare ospita nel castello di Sinigaglia un gruppo di avversari e li fa assassinare tutti.		Benedetto da Rovezzano comincia a lavorare alle tombe dei re di Francia a Saint-Denis.
1503 Lucrezia conosce il poeta Pietro Bembo, che avrà un ruolo importantissimo nella sua vita. Muore Alessandro VI Borgia; salgono al trono papale prima Pio III, poi Giulio II.	Le truppe di Ferdinando il Cattolico sbaragliano l'esercito di Luigi XII sul Garigliano.	
1504 Isabella d'Aragona, vedova del duca di Milano, prende con sé a Bari Rodrigo di Bisceglie, il figlio di Lucrezia. Cesare Borgia è fatto prigioniero per ordine di Giulio II, e incarcerato prima a Napoli, poi in Spagna.	Trattato di Blois: si alleano Massimiliano, Filippo il Bello e Luigi XII. Luigi riceve l'investitura del ducato di Milano per sé e per i propri discendenti maschi; altrimenti, la figlia di Luigi XII e di Anna di Bretagna, Claudia di Francia, fidanzata al futu-	Albrecht Dürer: *L'adorazione dei Magi.* Leonardo da Vinci porta a termine la *Gioconda.* Michelangelo: *David.* Raffaello: *Lo sposalizio della Vergine.* Hyeronimus Bosch: *Il giardino delle delizie.*

I Borgia	La storia	Le arti e le lettere
	ro Carlo V, porterà in dote la Borgogna e la Bretagna. Muore Isabella la Cattolica.	
1505 Muore Ercole d'Este; Alfonso e Lucrezia gli succedono sul trono di Ferrara. Il fratello di Alfonso, il cardinale Ippolito d'Este, fa evirare per gelosia l'altro fratello, Giulio d'Este, amante di Angela Borgia. Bembo dedica a Lucrezia *Gli Asolani*.	Giulio II firma la bolla *Cum tanto divino*, con la quale si vuole impedire che l'elezione del papa sia contaminata da atti di simonia. Muore a Mosca Ivan III, «zar di tutta la Russia».	
1506 Rimasta reggente del ducato mentre Alfonso d'Este è in viaggio in Francia e in Inghilterra, Lucrezia emana un editto a favore degli ebrei. Giulio e Ferrante d'Este sono riconosciuti colpevoli di un complotto ai danni del duca Alfonso e condannati al carcere perpetuo. Francesco Gonzaga, marchese di Mantova, si adopera per alleviare la prigionia di Cesare Borgia, ottenendo la gratitudine di Lucrezia.	Per svincolarsi dagli obblighi contratti con il trattato di Blois, Luigi XII convoca a Tours gli stati generali, che annullano il progettato matrimonio fra Claudia di Francia e Carlo di Spagna. La principessa sposa invece Francesco d'Angoulême (poi Francesco I): la Francia non dovrà quindi perdere i territori di Borgogna e di Bretagna. A Burgos muore Filippo il Bello, arciduca d'Austria, signore dei Paesi Bassi, marito di Giovanna la Pazza; lascia due figli, uno dei quali sarà poi Carlo V.	A Roma, l'architetto Donato Bramante lavora alla trasformazione della basilica di San Pietro.
1507 Cesare Borgia muore in Spagna, nel tentativo di evadere dalla fortezza di Medina del Campo.	Martin Waldseemüller denomina «Amerigo» il nuovo continente, in memoria della scoperta dell'Amazzonia compiuta da Amerigo Vespucci.	Vittore Carpaccio: ciclo di *San Giorgio*. A Parigi, fra Giocondo porta a termine la cattedrale di Notre-Dame.

so e di Lucrezia, destinato a succedere al padre. Muore assassinato Ercole Strozzi, che era diventato un confidente di Lucrezia; per onorarne la memoria, la duchessa fonda il convento di San Bernardino. Erasmo da Rotterdam è ricevuto da Lucrezia a Ferrara.	ca di Venezia: ne fanno parte l'imperatore Massimiliano, Luigi XII, Ferdinando il Cattolico, Alfonso d'Este e Francesco Gonzaga, marchese di Mantova.	Raffaello: *Le Stanze del Vaticano.*
1509 Giulio II nomina Alfonso d'Este gonfaloniere della Chiesa. Ancora una volta, Lucrezia assume la reggenza del ducato. Grazie all'artiglieria di Alfonso d'Este, Venezia è sconfitta nella battaglia di Agnadello. Nasce un altro figlio di Lucrezia: Ippolito d'Este, che diventerà il celebre «cardinale di Ferrara».	Muore Enrico VII d'Inghilterra; gli succede il figlio, Enrico VIII.	Erasmo da Rotterdam: *Elogio della follia.*
1510 La riconciliazione fra papa Giulio II e la Repubblica di Venezia va a detrimento degli interessi di Alfonso d'Este. Il papa annulla gli accordi che erano stati conclusi tra la Chiesa e il ducato di Ferrara regnante Alessandro VI, in occasione del matrimonio di Lucrezia. Il duca Alfonso rifiuta di assoggettarsi al diktat di Giulio II, e viene scomunicato. Lucrezia governa Ferrara. L'incarico di gonfaloniere della Chiesa passa da Alfonso d'Este a Francesco Gonzaga, ma l'attività del nuovo comandante in capo delle truppe pontificie è ostacolata	Giulio II accetta l'offerta del vescovo di Sion, Matthäus Schiner, di affidare alla fanteria svizzera la difesa della Chiesa di Roma. Ostile alla Francia, Giulio II accorda l'investitura del regno di Napoli a Ferdinando il Cattolico, assicurandosene in cambio la neutralità.	Hans Baldung: *Le tre età della donna.* Muore Sandro Botticelli.

I Borgia	La storia	Le arti e le lettere
da Isabella d'Este, moglie di Francesco, e da Lucrezia.		
1511 Nell'assedio della Bastida di Fossa Geniola Alfonso d'Este e Bayard riportano la vittoria su Giulio II.	Il ventiduenne Gastone di Foix, nipote di Luigi XII, è nominato luogotenente del re per la provincia di Milano. Giulio II, Ferdinando il Cattolico, la Repubblica di Venezia e Enrico VIII costituiscono la *Lega Santa*, allo scopo di scacciare i francesi dall'Italia. A Pisa si riunisce un concilio contro Giulio II; i cardinali dissidenti che vi hanno preso parte vengono quindi scomunicati.	Morte di Giorgione.
1512 Vittoria di Alfonso d'Este a Ravenna, destinata però a non avere un seguito; muore il suo alleato Gastone di Foix. I francesi si ritirano, riattraversando le Alpi. Il marito di Lucrezia si trova messo alle strette da Giulio II; parte per Roma, deciso a implorare dal papa l'assoluzione e l'annullamento della scomunica, ma di fronte alle condizioni durissime che Giulio II pretende di imporgli (la sua abdicazione e quella dei suoi discendenti), si dà alla fuga con l'aiuto segreto dei Colonna. A Bari muore Rodrigo di Bisceglie, il figlio di Lucrezia e Alonso d'Aragona. Il duca Alfonso rientra a Ferrara, dove Lucrezia ha retto il ducato in perfetto ordine durante la lunga assenza del marito.	A Ravenna l'esercito della *Lega Santa* è sconfitto.	

1513 Lucrezia entra nel Terz'Ordine di san Francesco. Muore Giulio II; viene eletto al papato il cardinale Medici, che prende il nome di Leone X. Il nuovo papa annulla l'interdetto su Ferrara. Bembo, divenuto «viceré» del Vaticano, protegge Lucrezia e gli Estensi.	La Repubblica di Venezia e Luigi XII firmano il *trattato di Blois*. Gli inglesi sbarcano a Calais, e scontrandosi con la cavalleria francese la sbaragliano nella giornata detta *degli speroni*: infatti la fuga dei francesi è così precipitosa che vengono usati più gli speroni che le spade.	Albrecht Dürer: *Il cavaliere, la morte e il diavolo.*
1514	Muore Anna di Bretagna. Francesco d'Angoulême sposa Claudia di Francia. Luigi XII si risposa con Maria, sorella minore di Enrico VIII.	Albrecht Dürer: *La melanconia.*
1515 Nasce la figlia di Lucrezia, Eleonora d'Este. Francesco I, vincitore nella battaglia di Marignano, difende la causa di Alfonso presso Leone X. Ludovico Ariosto pubblica l'*Orlando furioso*, in cui glorifica Lucrezia.	Luigi XII muore; gli succede Francesco d'Angoulême, con il nome di Francesco I. Con la vittoria di Marignano, Francesco I afferma il suo potere sul ducato di Milano.	Michelangelo porta a termine il *Mosè*, iniziato nel 1513. Nasce Jean Goujon.
1516 Lucrezia accoglie Tiziano a Ferrara e gli affida vari incarichi. Ispira all'artista il dipinto *L'amor sacro e l'amor profano.* Nasce Francesco d'Este, terzo figlio di Lucrezia e Alfonso. Baldassar Castiglione porta a termine il *Cortegiano*, in cui Bembo canta le lodi di Lucrezia.	Muore Ferdinando il Cattolico; gli succede il nipote, con il nome di Carlo I, re delle Spagne e delle Due Sicilie, sovrano delle Americhe. Papa Leone X e Francesco I firmano il *Concordato di Bologna*, che revoca la *Prammatica Sanzione* di Bourges. Il re di Francia acquisisce il diritto di nominare i vescovi e di disporre di tutte le cariche ecclesiastiche.	Matthias Grünewald: *Pala di Isenheim.* Muore Giovanni Bellini. Thomas More: *Utopia.* Ulrich von Hutten: *Epistolae obscurorum virorum* (un opuscolo critico sulla mentalità medievale dei cristiani che si oppongono al Talmud; la pubblicazione ha una forte risonanza in Germania).

I Borgia	*La storia*	*Le arti e le lettere*
	Dopo la battaglia di Marignano, gli svizzeri concludono un trattato di pace perpetua con il re; si impegnano a mettersi al servizio soltanto del re di Francia.	
1517 L'Infante romano, il figlio di Lucrezia e Perotto, è accolto a Ferrara e in seguito alla corte di Francia.	Martin Lutero affigge le sue 95 tesi contro la dottrina delle indulgenze alla porta del duomo di Wittemberg, in Sassonia.	Quentin Metsys: *Il cambiavalute e sua moglie*.
1518 Muore la madre di Lucrezia, Vannozza Cattanei. Lucrezia pronuncia i voti definitivi di terziaria francescana.	Nella cattedrale di Zurigo, Ulrico Zwingli predica il ritorno del cristianesimo alla primitiva purezza: ha inizio il movimento della Riforma. Il sultano Selim I si impadronisce di Siria, Palestina, Kurdistan ed Egitto. Ad Algeri stabiliscono il loro dominio i due corsari Aroudj e Khaïr-el-Din, detto il Barbarossa. Leone X proclama la *crociata generale*, ma i principi d'Europa, paventando l'aumento delle imposte, non lo seguono.	Costruzione del castello di Azay-le-Rideau, che sarà conclusa nel 1522.
1519 Il 24 giugno Lucrezia Borgia muore.	Lutero respinge il primato della Chiesa romana. Carlo V è eletto imperatore grazie al sostegno dei banchieri tedeschi Fugger, a preferenza dell'altro candidato, Francesco I. Magellano parte deciso a compiere la circumnavigazione del globo. Cortés approda alle coste messicane ed è ricevuto dall'imperatore Montezuma.	Ad Amboise muore Leonardo da Vinci.

NOTE

Capitolo I

1 «Il più carnale homo»: con questa espressione il vescovo di Modena, Gian Andrea Bocciacci, descrive il padre di Lucrezia in uno scritto datato 4 maggio 1493.

2 Baldassar Castiglione, *Il libro del cortegiano*, Venezia, 1528.

3 Orestes Ferrera, *El papa Borgia*, Madrid, 1938.

4 Joachim du Bellay, *Les Regrets*, Frédéric Morel, Paris, 1558.

5 Hippolyte Taine, *Voyage en Italie*, Paris, 1865.

6 Stefano Infessura, *Diario della città di Roma*, Roma, 1899.

7 Castiglione, *op. cit.*

8 Battista Platina, *Historia de vitis pontificum*, Paris, 1505.

9 Alvise Zorzi, *La Repubblica del leone*, Milano, 1982[5].

10 Castiglione, *op. cit.*, Libro II, cap. 3.

11 Emmanuel Rodocanachi, *Une cour princière au Vatican pendant la Renaissance (1471-1503)*, Paris, 1928.

12 Lettera di Lorenzo il Magnifico a Innocenzo VIII, 1489; cfr. Violini, *Lorenzo il Magnifico*, Milano, 1937.

13 Ferrera, *op. cit.*

14 E. Alberi, *Relazioni degli ambasciatori veneti*, Firenze, 1839-1863.

Capitolo II

1 Francesco da Barberino, *Reggimento e costumi di donna*, Torino, 1875. Francesco da Barberino fu ambasciatore in Francia e amico di Boccaccio.

2 Sadoleto, *De liberis recte instituendis*, Venezia, 1533.

3 Filippo Maria Visconti usava giocare ai tarocchi dal 1391; la moglie di Niccolò III d'Este, Parisina, della quale il lettore vedrà in seguito la pietosa fine, fece dono alla figlia di un mazzo di carte; un mazzo inciso nel 1470 è attribuito a Mantegna.

4 Franco Sacchetti: «Buona femina e mala vuol bastone», citato in Rodocanachi, *La femme italienne à l'époque de la Renaissance*, Paris, 1907.

5 Si tratta del primo libro illustrato, che uscì nel 1454 e fu ristampato a Venezia alcuni anni dopo.

[6] Romain Rolland, *Musiciens d'autrefois*, Paris, 1908.

[7] Da una relazione del Bocciacci al duca Ercole d'Este, del 13 giugno 1493: «[Adriana Orsina] la quale è socera della dicta madona Julia [Farnese], che ha sempre governata essa sposa [Lucrezia] in casa propria per esser in loco de nepote del Pontifice, la figliola de messer Pedro de Mila, noto cusino carnale del Papa».

[8] Picotti, *Per le relazioni fra Alessandro VI e Piero de' Medici*, ecc., 1915. Secondo questo storico, ostile ai Borgia, Orso sarebbe stato figlio del cardinale Rodrigo Borgia, e quindi fratello adulterino di Lucrezia.

[9] Adriana si ispira all'opera di Vittorino da Feltre *La casa zoiosa*, edita a Mantova nel 1425.

[10] Dante condanna al purgatorio papa Martino IV proprio per essere stato troppo ghiotto di anguille.

[11] Il termine «sultano» anteposto al nome proprio designa il monarca, mentre se è collocato dopo il nome costituisce un titolo onorifico.

[12] Il cardinale La Balue cospirò con Carlo il Temerario contro Luigi XI, il quale lo fece poi arrestare e imprigionare, sembra, in una gabbia di ferro; papa Sisto IV ne ottenne la liberazione nel 1480.

[13] Ringhieri, *Cento giuochi liberali e d'ingenio*, Bologna, 1551.

[14] F. Guicciardini, *Storia d'Italia*, Roma, 1490; un'edizione moderna è a cura di E. Pasquini e E. Mazzali, Milano, 1988, vol. I, cap. 2.

Capitolo III

[1] Jacopo Gherardi da Volterra, *Diarium romanum, 1479-1484*.

[2] Pomponio Leto (1428-1498), filosofo, umanista e antichista, fondò a Roma un'accademia. Incarcerato in castel Sant'Angelo per ordine di Pio II, nel 1471 fu rimesso in libertà da Sisto IV. Era figlio naturale di un principe di Sanseverino; al padre, che si era offerto di legittimarlo e ospitarlo, Pomponio Leto, dotato di un'alta coscienza della propria dignità, replicò con un lapidario rifiuto, da cui traspare un mirabile spirito di indipendenza: «Dai miei allievi sapete quale sia il mio valore. Vi saluto».

[3] Si veda Ovidio, *Metamorfosi*, libro III, favola VIII; un'edizione italiana recente è a cura di P. Bernardini Marzolla, Torino, 1994.

[4] Castiglione, *op. cit.*, Libro I.

[5] *Ibid.*, Libro III.

[6] Joseph Ha-Cohen, *La vallée des pleurs* [cronaca del XV sec.], cit. in Fred Bérence, *Lucrèce Borgia*, 1937.

Capitolo IV

[1] Jacques Benoist-Méchin, *Alexandre le Grand*, Lausanne, 1954.

[2] Benedetto Varchi, *Storia fiorentina*. L'appellativo di Ludovico non deriva dal colorito della pelle, ma dallo stemma, che portava il motto: «Per Italia nettar d'ogni bruttura», illustrato da un moro che spazzola la veste di una principessa.

Capitolo V

[1] Dispaccio del 2 novembre 1492, Roma.

[2] Castiglione, *op. cit.*

[3] Francesco da Barberino, *op. cit.*

[4] Una cinquantina d'anni dopo il re di Spagna Filippo II, personaggio tutt'altro che incline alla dissipazione, venne ad assistere al Concilio di Trento, e in quell'occasione prese parte ad alcuni balli insieme a dei prelati.

[5] Cfr. Rodocanachi, *La femme italienne à l'époque de la Renaissance*, cit.

[6] Angelo De Gubernatis, *Storia comparata degli usi nuziali...*, Milano, 1878. In Corsica si sarebbe detto «far la travata», a Taranto «far la barricata». Fino alla fine del XVIII secolo rimase vivo in Bretagna l'uso secondo cui i novelli sposi portavano una fascina davanti al castello del loro signore e poi dovevano superarla con un salto.

[7] B. Feliciangeli, *Il matrimonio di Lucrezia Borgia con Giovanni Sforza, signore di Pesaro*, Torino, 1901.

[8] S. A. Nulli, *Ludovico il Moro*, Milano, 1929.

Capitolo VI

[1] 20 settembre 1493.

[2] Ringhieri, *op. cit.*

[3] Ferdinand Gregorovius, *Lucrèce Borgia*, Paris, 1870.

Capitolo VII

[1] Archivi Vaticani.

[2] Archivi Vaticani.

[3] Archivi Vaticani.

[4] Archivi Vaticani.

[5] Archivi Vaticani.

[6] Archivi Vaticani.

[7] Archivi Vaticani.

[8] *Op. cit.*, XII.

[9] *Dell'arte della guerra*, II; ed. moderna a cura di M. Anselmi e C. Varotti in N. Machiavelli, *Le grandi opere politiche*, Torino, 1992, vol. I.

[10] Rodocanachi, *op. cit.*

[11] *Ibid.*

[12] Pandolfo Collenuccio, che il 1° dicembre era a Roma, scrive: «Una optima novella c'è per alcuno. Che M.a Julia si è recuperata. Et è venuta in Roma e dicesi, che si, che Domenica de nocte allogiò in Palazzo».

[13] H. F. Delaborde, *L'expédition de Charles VIII en Italie*, Paris, 1888.

[14] Rodocanachi, *op. cit.*

[15] F. Funck-Brentano, *Lucrèce Borgia*, 1937.

[16] «Che l'uom che prende moglie, a piè veloce / Sen va per vie ben lunghe e ben sicure / Alla forca, alla croce, / Alla rota, alla scure» (B. Corsini).

Capitolo VIII

[1] «In eius [di Giovanni] familia per triennium et ultra translata absque alia sexus permixtione steterat nulla nuptiali commixtione nullave copula carnali coniunctione subsignata, et quod erat parata jurare et iudicio obstetricum sublicere».

[2] Guicciardini, *op. cit.*, libro III, cap. XIII.
[3] Maria Bellonci, *Lucrezia Borgia*, Milano, 1939 e ristampe; ed. 1989, p. 134.
[4] Il Consiglio dei Dieci, creato nel 1310, aveva i suoi informatori e se ne serviva per proteggere lo Stato dai nemici esterni, ma si occupava anche di sorvegliare il patriarcato.
[5] L'episodio fu poi denominato scherzosamente il «congresso di Venezia»: nove mesi dopo la giovane Giulia Albizzi dette alla luce un maschio e fu maritata a un musico.
[6] Pandolfo Collenuccio, che faceva parte del seguito del cardinale Ippolito d'Este, il 25 dicembre 1498 scrive al duca di Ferrara: «El S. de Pesaro ha scripto qua de sua mano: non haverla mai cognosciuta [...] et esser impotente, alias la sententia non se potea dare [...] El prefato S. dice però haver scripto così per obedire el Duca de Milano et Aschanio».
[7] Castiglione, *op. cit.*, libro III.
[8] Dispaccio di Beltrando Costabili al duca di Ferrara del 4 giugno 1497.
[9] Così scrive Giovanni Alberto della Pigna al duca di Ferrara, da Venezia, il 15 marzo 1498.

Capitolo IX

[1] R. Chabas, *Don Jofré de Borja y Dona Sancha de Aragona*, Valencia, 1893.
[2] Marino Sanudo, *Diarii...* (1496-1533).
[3] Nel 1504 Charlotte d'Albret comprò il castello de la Motte-Feuilly, nei pressi di Bourges. La sua era una corte di rango principesco, il che le consentiva una notevole libertà di costumi; tuttavia la sua virtù non fu mai offuscata dalla minima ombra, fino alla morte avvenuta nel 1514, quando Charlotte aveva trentasei anni.
[4] Troviamo annotata la fuga nel diario di Burcardo: «22 Augusti, ante diem, recessit clam secrete ex urbe Ill.mus D. Alphonsus de Aragonia, dux Bisellarum, maritus Lucretie Borgia, filie pape, iturus ad terras Columnensium et inde ad regem Neapolitanum, absque licentia, scitu et voluntate Pontificis». Il Sanudo completa il quadro descrivendo il dolore di Lucrezia: «[...] e lassa la moglie gravida di 6 mesi, la qual di continuo, pianze».
[5] Alfonso X, re di Castiglia e di León (1252-1284), fu autore di inni sacri dedicati alla Vergine.
[6] Si trovava all'uscita degli appartamenti privati del papa, che la usava per rivestire i paramenti pontificali e per ricevere alcuni personaggi. Vi si riunivano i cardinali ad attenderlo. Il 6 luglio 1485 vi fu celebrata una messa alla presenza di Innocenzo VIII; inoltre la sala fu usata per ricomporre la salma del pontefice defunto prima di trasportarla in San Pietro. Ancora nel 1461 si trova citato nei registri pontifici il salario assegnato a colui che aveva l'incarico di occuparsi del pappagallo.
[7] Archivi Gonzaga, Mantova.

Capitolo X

[1] La seconda ora di notte (ossia le ventidue) è l'orario riservato alle esequie di principi e cardinali, mentre i funerali borghesi si svolgono al tramonto, e quelli

della piccola nobiltà a un'ora di notte (ovvero, le ventuno): così annota Stendhal nelle sue *Cronache italiane*.

[2] Nepi, 28 ottobre 1501, Archivio Estense, Modena.

[3] Nepi, 30 ottobre 1501, Archivio Estense, Modena.

[4] *Il Principe*, III.

[5] *Ibid*.

[6] In seguito si unì ai congiurati della «dieta della Magione» e fu quindi ucciso a Senigallia dagli uomini di Cesare, il 31 dicembre 1502.

Capitolo XI

[1] Castiglione, *op. cit.*, libro III.

[2] Archivio Estense, Modena.

Capitolo XII

[1] Archivio Estense, Modena.

[2] 1° settembre 1501, Archivio Estense, Modena.

[3] 1° settembre 1501, Archivio Estense, Modena.

[4] Roma, 25 settembre 1501, Archivio Estense, Modena.

[5] Roma, 6 ottobre 1501, Archivio Estense, Modena.

[6] Roma, 18 ottobre 1501, Archivio Estense, Modena.

[7] Roma, 26 ottobre 1501, Archivio Estense, Modena.

[8] Beltrando Polifilo, *La guardaroba di Lucrezia Borgia*, Roma, 1903.

[9] Dispaccio degli ambasciatori Pozzi e Saraceni, 8 dicembre 1501, Archivio Estense, Modena.

[10] Lettera del 23 dicembre 1501, all'ora sesta del mattino, Archivio Estense, Modena.

[11] Archivio Estense, Modena.

[12] Archivio Gonzaga, Mantova.

[13] Bellonci, *op. cit.*, pp. 254-255.

Capitolo XIII

[1] 28 dicembre 1501, Archivi Municipali di Nepi.

[2] Julia Cartwright, *Isabella d'Este*, London, 1903.

[3] Castiglione, *op. cit.*, libro I.

[4] Cartwright, *op. cit*.

Capitolo XIV

[1] Cartwright, *op. cit*.

[2] Ancora oggi possiamo riconoscere la stessa insistenza sui simboli astrologici negli affreschi, decorazioni e arredi del palazzo di Schifanoia.

[3] Gregorovius, *op. cit*.

[4] Cartwright, *op. cit*.

[5] Rodocanachi, *La femme italienne à l'époque de la Renaissance*, cit.

[6] Archivio Gonzaga, Mantova.

[7] Archivio Estense, Modena.

[8] Archivio Estense, Modena
[9] Archivio Gonzaga, Mantova.
[10] Archivio Estense, Modena.
[11] Cartwright, *op. cit.*

Capitolo XV

[1] La famiglia Strozzi, che era in grado di ricostruire la propria storia risalendo fino al XII secolo, fu illustre nelle scienze e nelle lettere, nella politica e nell'arte militare. Gli Strozzi ebbero la reggenza della repubblica fiorentina fino all'usurpazione del potere da parte dei Medici. Erano alleati dei Valois e ricevettero dal re di Francia il titolo di «cugini».

[2] Nel 1991 Otto d'Asburgo è stato insignito della laurea ad honorem dall'università di Ferrara, che era stata fondata dal suo antenato Alberto.

[3] Robert de La Sizeranne, *César Borgia et le duc d'Urbino*, Paris, 1920.

[4] Cartwright, *op. cit.*

[5] Lettera del 26 luglio 1502, Archivio Estense, Modena.

Capitolo XVI

[1] Lettera del 15 gennaio 1503, Archivio Gonzaga, Mantova.

[2] Lettera del 1° febbraio 1503, Archivio Gonzaga, Mantova.

[3] Lettera del 25 aprile 1503, Archivio Gonzaga, Mantova.

[4] La statua che lo raffigura si trova a Venezia nel campo dei SS. Giovanni e Paolo.

[5] «*Laeto nata solo, dextra, rosa, pollice carpta,*
unde tibi solito pulchrior, unde color?
Num te iterum tinxit Venus an potius tibi tantum
Borgia purpureo praebuit ore decus?»

[6] Canto XXXVII, st. VII.

Capitolo XVII

[1] *Rerum vulgarium fragmenta*, sonetto CXXXIV.

[2] Pietro Bembo, *Prose*, Roma, 1521.

[3] Sonetto «Avess'io almen d'un bel cristallo il core».

[4] *Lettere giovanili di messer Pietro Bembo*, Milano, 1558. Un'edizione delle lettere di Pietro Bembo e Lucrezia Borgia è a cura di G. Raboni, *La grande fiamma*, Milano, 1989.

[5] Platone, *Simposio*, XXIX; edizione italiana in *Dialoghi filosofici*, a cura di G. Cambiano, UTET, Torino, 1981, vol. II, pp. 134-135.

[6] G. Battista Guarini, *Il pastor fido*, 1583; edizione moderna a cura di L. Fassò, Torino, 1976.

[7] P. I. Rajna, *Versi spagnoli di mano di Pietro Bembo e di Lucrezia Borgia*, Madrid, 1925 (per entrambe le quartine).

[8] *Ad Bembum de Lucretia*, epigramma di Tito Strozzi:
«*Si mutatur in X, C tertia nominis hujus*
Littera Lux *fiet, quo modo* Luc *fuerat.*
Retia, *subsequitur, cui, tu haec subjunge paratque,*

Subscribens lux haec Retia, Bembe parat».

[9] Bellonci, *op. cit.*, p. 384.

[10] Antonio Giustiniani, *Dispacci*, Firenze, 1876.

[11] Ferrara, *op. cit.*

Capitolo XVIII

[1] Gregorovius, *op. cit.*

[2] Lettera del 24 agosto 1503, cit. da Gregorovius.

[3] Archivio Gonzaga, Mantova.

[4] Lettera del 25 agosto 1503, Archivio Gonzaga, Mantova.

[5] Lettera del 4 ottobre 1503, Archivio Estense, Modena.

[6] Ostellato, 22 ottobre 1503, in Gregorovius, *op. cit.*

[7] Filippo Ugolini, *Storia dei conti e duchi d'Urbino*, Firenze, 1859.

[8] W. H. Woodward, *Cesare Borgia. A Biography*, London, 1913. Per di più la duchessa di Gandía chiedeva giustizia per l'assassinio del marito: «Perché la mogliera del Duca di Candia, che fu morto dal Duca Valentino, ha procurato questo acto de tencione e vendicta che Lei è parente del Re di Spagna»; così scrive Alberto della Pigna in un dispaccio al duca d'Este del 18 giugno 1504.

[9] Roma, 27 ottobre 1504, Archivio Estense, Modena.

Capitolo XIX

[1] Castiglione, *op. cit.*, libro I.

[2] Riccardo Bacchelli, *La congiura di don Giulio d'Este*, Milano, 1931.

[3] *Ibid.*

[4] Editto di Lucrezia a favore degli ebrei, 28 maggio 1506, Archivio Estense, Modena.

[5] Lettera del 15 gennaio 1507, Archivio Gonzaga, Mantova.

[6] L'accademico di Francia Jacques de Bourbon-Busset è un diretto discendente di Cesare Borgia.

[7] C. Yriarte, *César Borgia*, Paris, 1889.

Capitolo XX

[1] Bellonci, *op. cit.*, pp. 467, 468.

[2] Gringoire, *Le jeu du prince des Sots et de la reine Sotte*, rappresentato per il martedì grasso del 1512 e pubblicato nello stesso anno.

Capitolo XXI

[1] Guicciardini, *op. cit.*, libro XVI, cap. III.

[2] Bellonci, *op. cit.*, p. 504.

[3] *Vie de Bayard*, scritta dal suo segretario detto «le Loyal serviteur» (il leale servitore), pubblicata nel 1527.

[4] *Idem.*

[5] T. Nediani, *Ravenna*, Firenze, 1921.

[6] A. Luzio, *Federico Gonzaga ostaggio alla corte di Giulio II*, Roma, 1887; v. anche «Nuova Antologia», 1896.

7 Archivio Gonzaga, Mantova.
8 Lettera del 14 ottobre 1512, Archivio Estense, Modena.
9 P. Torelli, *La corrispondenza familiare dei Gonzaga*, Roma, 1914.

Capitolo XXII

1 G.B. Cavalcaselle-J.A. Crowe, *Tiziano, la sua vita e i suoi tempi*, 2 voll., Firenze, Sansoni 1974 (rist. anastatica dell'ed. Le Monnier del 1877-78), vol. I, p. 148.
2 L. Lanzi, *Storia pittorica della Italia*, 1796. La tela, di 170 x 188, fu commissionata da Alfonso d'Este e si trovava nel suo «gabinetto d'alabastro»; oggi è nella National Gallery di Washington.
3 Torelli, *op. cit.*
4 Castiglione, *op. cit.*, libro IV.
5 Bellonci, *op. cit.*, p. 557.
6 Gregorovius, *op. cit.*

Capitolo XXIII

1 Torelli, *op. cit.*
2. Archivio Estense, Modena.

BIBLIOGRAFIA

Alberi, Eugenio, *Le relazioni degli ambasciatori veneti al senato durante il XVI secolo*, Firenze 1839-63 (15 voll.).

Antonelli, G., *Lucrezia Borgia*, Venezia, 1971.

Auton, Jean d', *Chroniques de Louis XII*, Paris, 1889-1895.

Bacchelli, Riccardo, *La congiura di don Giulio d'Este*, Milano, 1931 e ristampe.

Baiardo (Bayard, Pierre Terrail signore di), biografia compilata dal suo segretario, detto «*le loyal Serviteur*» (1527).

Bellonci, Maria, *Lucrezia Borgia, la sua vita e i suoi tempi*, Milano, 1939 e ristampe (1960, 1989).

Bembo, Pietro, *Gli Asolani*, Venezia 1505; un'edizione moderna è a cura di C. Dionisotti in *Prose della volgar lingua. Gli Asolani, Rime*, Roma, 1993[2].

Bendedei, N., *Lettera al pontefice Alessandro VI per gli sponsali di Lucrezia Borgia con Alfonso d'Este*, Ferrara, 1889.

Berence, F., *Lucrèce Borgia*, Paris, 1937.

Berteaux, E., *Les Borgia dans le royaume de Valence*, Paris, 1911.

Berthier, G. J. (a cura di), *Chroniques du monastère de San Sisto à Rome*, Genova, 1919.

Bertoni, Giulio, *La biblioteca estense e la cultura ferrarese al tempo di Ercole I*, Torino, 1903.

–, *L'Orlando Furioso e la Rinascenza a Ferrara*, Modena, 1919.

Blaze de Bury, Ange-Henri, *Les Borgia*, in «Revue des Deux Mondes», 1877.

Boschi, G., *Lucrezia Borgia*, Bologna, 1923.

Brion, M., *Le Pape et le Prince. Les Borgias*, Paris, 1953.

Buonaccorsi, Biagio, *Diario dei successi più importanti seguiti in Italia e particolarmente in Fiorenza dal 1498 al 1512*.

Burchardus, Johannes (Burcardo), *Diarium sive rerum urbanarum commentarii, 1483-1506*, a cura di L. Thuasne, Paris, 1883-1885.

Burckhardt, Jacob, *La civiltà del Rinascimento in Italia* (tr. it.), Firenze, 1921.

Burriel, A., *Vita di Caterina Sforza Riario, contessa d'Imola e signora di Forlì*, Bologna, 1795.

Capello, Paolo, vedi Alberi, E.

Cartwright, Julia, *Isabella d'Este, Marchioness of Mantua*, London, 1903.

Castiglione, Baldassarre, *Il libro del Cortegiano*, Milano, Mondadori, 1991.

Catalano, Michele, *Lucrezia Borgia, duchessa di Ferrara*, Ferrara, 1920.

–, *Vita di Ludovico Ariosto*, 1930, 2 voll.

Chabas, R., *Don Jofré de Borja y Doña Sancha de Aragón*, Valencia, 1913.

Ciampichetti, *Pesaro, Storia d'una città*, Pesaro, 1984.

Citadella, L. N., *Notizie amministrative, storiche, artistiche di Ferrara*, Ferrara, 1868.

Cloulas, *Les Borgia*, Paris, 1987.

–, *Jules II*, Paris, 1990.

Collison-Morley, L., *Les Borgia*, Paris, 1934.

Commines, Philippe de, *Les Mémoires de Messire Philippe de Commynes sur les faits et gestes de Louis XI et Charles VIII*, Paris, 1925.

Conti, Sigismondo de, *Le storie dei suoi tempi dal 1470 al 1510*, I-II, Roma, 1883.

Delaborde, H.-F., *L'expédition de Charles VIII en Italie*, Paris, 1888.

Fachini, G. A., *Storia di Ferrara*, Ferrara, 1959.

Feliciangeli, B., *Un episodio del nepotismo borgiano. Il matrimonio di L. Borgia con G. Sforza signore di Pesaro*, Torino, 1901.

Frizzi, A., *Memorie per la storia di Ferrara*, Ferrara, 1791.

Funck Brentano, F., *Les crimes de Lucrèce Borgia*, in «Revue politique et littéraire», 1930.

Gagnières, A., *Le journal des couches de Lucrèce Borgia*, «La Nouvelle Revue» (Paris).

Gandini, L. A., *Lucrezia Borgia nell'imminenza delle sue nozze con Alfonso d'Este*, in «Atti e Memorie della R. Deputazione di Storia Patria per la Romagna», 1902.

Garcin de Tassy, *Aventures du prince Djem transcrites du turc*, in «Journal Asiatique», 1886.

Gatti, B., *Lettere di Lucrezia Borgia a M. Pietro Bembo. Autografi conservati in un codice della Biblioteca Ambrosiana*, Milano, 1859.

Gherardi da Volterra, Jacopo, *Diarium romanum ab anno 1479 ad annum 1484*, a cura di E. Carusi, in L. A. Muratori, *Rerum Italicarum Scriptores*, n. ed., Città di Castello, 1904, XXIII, 3.

Gilbert, W., *Lucrezia Borgia Duchess of Ferrara. A biography illustrated by rare and unpublished documents*, London, 1869.

Giovio, Paolo, *Historiarum sui temporis libri*, Venezia, 1608.

–, *Vita di Alfonso d'Este, duca di Ferrara*, Venezia, 1597.

Giustinian, Antonio, *Dispacci*, a cura di P. Villari, Firenze, 1876.

Gregorovius, F., *Lucrèce Borgia*, Paris, 1870; due edizioni italiane sono *Lucrezia Borgia secondo documenti e carteggi del tempo*, Firenze, 1874 e *Lucrezia Borgia*, a cura di A.M. Arpino, La Spezia, 1989.

Gringoire, Pierre, *Le jeu du Prince des Sots et de la reine Sotte*, Paris, 1512.

Guerdan, R., *César Borgia «Le Prince» de Machiavel*, Paris, 1974.
Guicciardini, F., *La storia d'Italia*, Milano, 1988.
Heers, J., *La vie quotidienne à la cour pontificale au temps des Borgia et des Médicis 1420-1520*, Paris, 1986.
Huysmans, J. K., *Trois primitifs*, 1905.
La Sizeranne, Robert Monier de, *César Borgia et le duc d'Urbino, 1502-1503*, Paris, 1920.
Laurencin, marchese, *Las bodas de Lucrecia Borja con Alonso de Aragón, duque di Bisceglie*, Madrid, 1916.
Lucas-Dubreton, J., *Les Borgia*, Paris, 1952.
Luzio, A., *Isabella d'Este e i Borgia. Con nuovi documenti...*, Milano, 1916.
Mathew, A. H., *The Life and Times of Rodrigo Borgia*, New York, 1912.
Menotti, M., *I Borgia. Documenti inediti sulla famiglia e la corte di Alessandro VI*, Roma, 1917.
Monteverde, C., *Astorre Manfredi. Storia dei tempi del Duca Valentino*, Milano, 1852.
Morpurgo, *Il governo e le malizie delle donne*, Firenze, 1475.
Müntz, E., *Les arts à la cour des papes Innocent VIII, Alexandre VI, Pie III (1484-1503). Recueil de documents inédits ou peu connus*, Paris, 1885.
Narbone, B., *La vie privée de Lucrèce Borgia*, Paris, 1953.
Pasolini, Pier Desiderio, *Caterina Sforza*, Roma, 1893, 3 voll.
Pastor, L. von, *Storia dei Papi*, a cura di A. Mercati, Roma, 1953, vol. III.
Platina, Battista, *Historia de vitis pontificum... Sixti IV, Innocentii VIII, Alexandri VI ac Pii III vita annexa*, Paris, 1505.
Polifilo, Beltrando (L. Beltrami), *La guardaroba di Lucrezia Borgia*, Roma, 1903.
Portigliotti, G., *Un ritratto tizianesco di Lucrezia Borgia?*, in «Rivista d'Italia», 1915.
–, *I Borgia. Alessandro VI, Cesare, Lucrezia. Appendici*, Milano, 1921.
Rodocanachi, E., *La femme italienne à l'époque de la Renaissance. Sa vie privée et mondaine, son influence sociale*, Paris, 1907.
–, *Une cour princière au Vatican pendant la Renaissance (1471-1503)*, Paris, 1928.
–, *Le pontificat de Jules II*, Paris, 1928.
Rolland, Romain, *Musiciens d'autrefois*, Paris, 1908.
Sabellico (Marcantonio Cocci), *Vita Pomponii Laeti*, Strasburgo, 1501.
Sanudo, Marin, *I diari di Marin Sanuto, 1496-1533*, Venezia, 1879-1903; ne esiste una ristampa anastatica in 58 voll.
Shearman, J., *Histoire de la chapelle Sixtine*, 1982.
Strozzi, Lorenzo, *Degli uomini illustri della casa Strozzi*, 1892.
Thuasne, L., *Djem Sultan fils de Mohammed II, frère de Bayazed II (1459-1495), d'après les documents originaux en grand partie inédites. Étude sur la question d'Orient à la fin du XV siècle*, Paris, 1892.
Yriarte, C. *César Borgia, sa vie, sa captivité, sa mort*, Paris, 1889.
–, *Autour des Borgia*, Paris, 1891.

Zambotti, Bernardino, *Diario ferrarese dal 1476 al 1504*, a cura di G. Pardi, Bologna, 1937.

Fonti manoscritte

MANTOVA

Archivio di famiglia dei Gonzaga:

Affari di famiglia dei principi dominanti di Mantova: matrimoni, beni ereditari, appannaggi, visite di principi.

Lettere originali dei Gonzaga.

Copialettere particolari di Isabella d'Este.

Corrispondenza di Giovanni Sforza con Francesco Gonzaga.

MILANO

Lettere familiari: lettere di Ludovico il Moro e del cardinale Ascanio Sforza a Stefano Taverna, oratore di Milano a Roma, sull'impotenza di Giovanni Sforza, l'ambasciatore invita Giovanni a raggiungere Lucrezia a Nepi (territorio sotto il governo di Ascanio) per consumare il matrimonio.

Carteggio sforzesco: documenti relativi a Galeazzo Maria Sforza, Isabella d'Aragona Sforza, Ludovico il Moro, Ascanio Sforza.

Carteggio estero: corrispondenza dei duchi con le potenze straniere e le signorie italiane, con gli ambasciatori accreditati e con gli informatori.

SPOLETO

Archivi municipali:

Corrispondenza di protocolli. Lettere degli ambasciatori del comune presso il governo pontificio (a proposito della reggenza di Lucrezia nel 1499).

MODENA

Archivi di Casa d'Este, duchi di Ferrara:

Documenti riguardanti la Casa e lo Stato: dispacci degli ambasciatori, investiture, trattati commerciali.

Corte: rapporti sulle cariche e onorificenze di corte, cerimoniale. Soggiorni di principi.

Avvisi notizie dall'estero: comunicazioni manoscritte dai signori di Ferrara agli ambasciatori, in primo luogo quelli di Venezia, Roma, Vienna, Parigi, Costantinopoli.

Carteggi e documenti di particolari: informazioni riguardanti le persone private e pubbliche. Elenco delle richieste esaudite.

Amministrazione della Casa:

Magazzini per la frutta, l'aceto, l'olio, il frumento, la farina, la carne, il pesce, il vino, i saponi ecc.

Manutenzione delle cucine, stalle, canili ecc.

Arredo: tappezzerie, biblioteche ecc.

Orologi, gioielli ecc.

Cani e leopardi per la caccia.

Vasellame sacro per la cappella.

Fabbriche e villeggiature: costruzione e manutenzione dei palazzi e delle ville appartenenti alla Casa regnante «in città» e «fuori città».

Estratti dell'inventario della roba di Lucrezia Borgia: in particolare gli acquisti di libri e di abiti per Rodrigo di Bisceglie e per l'Infante romano.

INDICE DEI NOMI

Accolti, Bernardino «Unico Aretino», 198, 285
Adriano da Corneto, 248, 295
Agostino, Aurelio di Ippona, 100
Albanese, Tomaso, 146, 147
Alberti, Leon Battista, 116
Albornoz, Alvarez Carrillo de, 133
Albret, Alain di, duca di Guyenne, 129
Albret, Charlotte di, 129, 130
Alègre, Yves de Tourzel di, 89, 192
Aleria, cardinale di, 101
Alessandro VI, papa Rodrigo Borgia, 3, 6, 8-17, 19-21, 23-26, 29, 30, 32-52, 54, 56-70, 72, 73, 75-86, 88-115, 117-121, 124-138, 141-147, 149-155, 157-194, 197-199, 201, 204, 208-212, 214-217, 219, 220, 230, 231, 233-235, 241, 242, 248-256, 258, 259, 265, 266, 268-271, 276, 277, 290, 292, 294, 299, 306, 310, 312, 313, 316, 323-327
Alfieri, Marc'Antonio, 313
Alfonso II di Aragona, re di Napoli, 75, 77, 83-85, 91, 94, 95, 119, 121, 146, 150, 181
Alfonso V di Aragona «il Magnanimo», re di Sardegna, di Sicilia e di Napoli, 51, 224, 227
Alfonso X «il Savio», re di Castiglia e di León, 136
Alidosi, Francesco, 296
Almeida, Fernandino di, vescovo di Ceuta, 143
Altieri, famiglia, 129
Altovici, famiglia, 129
Alviano, Bartolomeo di, 286
Angelini, Teodora, 208, 209, 219, 232
Angoulême, Charles, duca di, 163
Angoulême, Luisa di Savoia, duchessa di, 163, 164, 168, 208, 276
Anguillara, Giuliano, conte di, 193
Anna di Bretagna, regina di Francia, 119, 126, 127, 129, 287, 288, 295
Antonello da Salerno, 41
Antonio della Mirandola, 46
Antonio Marco, triumviro, 47
Appiano da Piombino, 119
Aquilano, Serafino, 103, 129, 198
Aragona, Alonso di, duca di Bisceglie, principe di Salerno, 119-129, 131, 133-138, 141-147, 149-158, 160-162, 165, 175, 177, 195, 245, 259, 285, 299, 319
Aragona, Beatrice di, regina di Ungheria, 142, 143, 184
Aragona, Camilla di, 80-82
Aragona, Carlotta di, 119, 126, 131, 137
Aragona, dinastia, 7, 34, 76, 94, 126, 130-132, 135, 137, 142, 144-146, 148, 153, 154, 156-158, 177, 203, 219, 259, 299
Aragona, Eleonora di,
Aragona, Juan di, 68
Aragona, Luigi di, 34, 49
Aragona, Maria di, 224
Aragona, Rodrigo, duca di Bisceglie, 135, 136, 142, 151, 152, 154-157, 161, 181, 191, 192, 233, 241, 254-258, 295, 299-302, 319

Aragona, Tuscia di, 128
Ardizio, Gianfrancesco, 81
Arduino, Isabella, 268
Aretino, Donato, 109
Aretino, Leonardo, 118, 178, 196
Ariosto, Ludovico, 173, 211, 213, 228, 238, 240, 283, 300, 304-308, 327
Aristotele, 37, 38, 240
Asburgo, Ferdinando di, arciduca d'Austria, 322
Asburgo, Maria Ludovica di, arciduchessa d'Austria, 322
Asdrubale, generale cartaginese, 79
Astalli, Giovanni, 29
Aubusson, Pierre de, 28
Augusto, Gaio Giulio Cesare Ottaviano, imperatore, 50, 79, 110, 154
Auton, Jean de, 165

Baglioni, famiglia, 254, 273
Bagnacavallo, Francesco, 184
Baiardo, Pierre Terrail, signore di Bayard, 166, 286, 294, 295, 317
Balue, Jean, 28
Bandinelli, Baccio, 303
Barberini, famiglia, 20
Barberini de Catellinis, Lorenzo, 21
Barberini di Canarris, Boccardo, 21
Barberino, Francesco da, 52
Bartoli, Domenico, 37
Bartolomeo Veneto, 32, 100, 278
Bayazid I, sultano, 28, 40, 41, 93, 94
Beaujeu, Anne di Francia, dama de, 166
Beaumont, Louis de, 275
Belfort, Andreas, 226
Belisario, generale bizantino, 80
Bellay, Joachim du, 5
Bellingeri, Ettore, 165, 174
Bellini, Gentile, 29
Bellini, Giovanni, 228, 308, 327
Bellini, Jacopo, 218
Bembo, Bernardo, 240, 264
Bembo, Pietro, 167, 238, 240-248, 250, 251, 257, 259, 261, 262, 264, 265, 279, 282, 283, 295, 303, 306, 308-310, 315, 316, 327
Benavente, conte, 274
Benedetto di Norcia, santo, 16
Beneimbene, Camillo, 21, 29, 170
Bentivoglio, Annibale, 202, 209
Bentivoglio, Ercole, 282, 283
Bentivoglio, famiglia, 164, 201, 282, 284, 296
Bentivoglio, Ginevra Sforza, 201, 273, 284
Bentivoglio, Giovanni, signore di Bologna, 201, 273, 277
Bentivoglio, Laura, 219
Bentivoglio, Lucrezia d'Este, 202, 210, 225, 274
Bernardino, cesellatore veneziano, 209, 239, 278
Bernardino da Siena, santo, 38
Bernini, Gian Lorenzo, 55
Bernis, François-Joachim de Pierre de, 128
Bibbiena, Bernardo Dovizi detto il, 178
Bichis, Giovanni de, 11
Blanchefort, Guy de, 28, 29
Boccabello, Emilio, 103
Boccaccio, Giovanni, 36, 178
Bocciacci, Gian Andrea, 13, 51, 55, 63, 68
Boiardo, Laura, 299
Bonaciolo, Ludovico, 318
Bonacossi, Ercole, 278
Bonatto, Bartolomeo, 11
Bonfiglio, Baldassarre, 258, 300
Bono, Pietro, 264
Bonsignori, Francesco, 280
Bonvesin della Carta, Carlo, 220
Borbone, Filippo di, visconte di Busset, 276
Borgia, Angela, 155, 193, 195, 202-204, 219, 232, 246, 247, 268-270, 313
Borgia, Camilla, suor Lucrezia, 276, 304
Borgia, Cesare detto il Valentino, cardinale e poi duca di Valenza, duca di Romagna, 13, 15, 18, 19, 22, 27, 30, 56, 58, 60, 61, 69, 70, 73, 74, 77, 80, 92-94, 96, 99, 101-103, 105, 108-110, 112, 113, 116-119, 124-127, 129-132, 134-147, 149-152, 154, 156, 158-165, 169, 171-173, 175, 177, 182, 183, 185, 188-190, 192, 193, 198-202, 228, 230-235, 241, 248-252, 254, 255, 258-261, 264-266, 269, 273-277, 280, 281, 287, 299, 303, 304, 311, 313, 324-327

Borgia, Charlotte d'Albret, duchessa di Romagna, 235, 274, 276, 287
Borgia, famiglia, 3, 8, 16, 20-22, 30, 36, 43, 47, 49, 50, 60, 63, 70, 74, 85, 93, 94, 100, 102-105, 112-114, 116, 117, 121, 124, 126, 129-131, 135, 139, 141-144, 146, 148, 153, 154, 156, 157, 160, 161, 163-165, 167, 170, 171, 173, 176, 177, 179, 181-183, 189, 192, 193, 205, 206, 213, 228, 231, 242, 250-252, 255, 256, 259, 260, 266, 269, 274, 280, 292, 293, 295, 315, 321, 324, 327
Borgia, Francesco, cardinale di Cosenza, 91, 92, 136, 151, 153, 156, 168, 176, 181, 195, 196, 254, 256-258, 295
Borgia, Francesco, santo, 6, 101
Borgia, Girolamo, 276
Borgia, Giulio Raimondo, 193
Borgia, Isabella, 12
Borgia, Jerónima, 12, 132, 193, 195, 202-204, 209, 215
Borgia, Jeronimo, 312
Borgia, Jofré, principe di Squillace e conte di Coriata, 13, 17, 60, 64, 67, 73, 76, 77, 97, 98, 100-102, 104, 123, 126, 127, 130, 132, 135, 138, 141, 147, 256, 258, 310-313, 325
Borgia, Juan, arcivescovo di Monreale, 63, 77, 92, 110, 114, 141, 144, 248
Borgia, Juan I, duca di Gandía, 13, 19, 22, 27, 30, 49, 55, 56, 58-61, 67-69, 73, 76, 77, 101-105, 109-113, 116, 118, 130, 141, 142, 148, 153, 158, 197, 198, 284, 311, 313, 316, 325, 326
Borgia, Juan II, duca di Gandía, 101
Borgia, Juan «il Giovane», cardinale, 97, 124
Borgia, Luisa, 235, 276
Borgia, Maria de Mila, principessa di Squillace, 310, 311
Borgia, Pedro Luís, cardinale, 9, 10
Borgia, Pedro Luís, duca di Gandía, 12, 27, 33, 55
Borgia, Rodrigo, capitano apostolico, 110
Borgia, Sancia di Aragona, principessa di Squillace, 64, 76, 77, 97-102, 104, 119-121, 124-127, 130, 132, 135, 138, 143, 145, 147, 148, 150, 214, 235, 254, 258, 259, 268, 310
Borgia Lançol, Rodrigo, 138
Borscano, Luca, 40
Boschetti, Alberto, conte di San Cesario, 271
Boschetti, famiglia, 226
Botticelli, Sandro, 100, 104, 135
Bramante, Donato, 129
Branca Tadelli, Sebastiano di, 158
Brandolini, Aurelio, 103, 121, 129
Brandolini, Raffaello, 129, 149-151
Brantôme, Pierre de Bourdeille, signore di, 91
Bresciani, Bartolomeo de', 187, 212
Bresciani, Fino de', 212
Briçonnet, Guillaume, 295
Brognolo, Fioravante, 51, 78, 99, 125
Brosses, Charles de, 307
Burcardo, Giovanni, 5, 29, 35, 40, 58, 60-62, 64, 93, 98, 99, 101, 110, 111, 113, 118, 126, 130, 132, 135, 136, 138, 141, 147, 150, 151, 158, 160, 166, 167, 173, 177, 178, 182, 248, 252, 253, 324
Bury, Blaze de, 37
Byron, lord George Gordon, 223, 246

Caetani, famiglia, 156, 255
Caetani, Niccolò, 29
Cagnoli di Parma, 212
Calcagnini, Celio, 210, 213, 238, 240, 283, 284
Caldes o Calderon, Pedro detto Perotto, 111-113, 115, 117-119, 123, 124, 144, 163, 171, 269
Calipuli, fiduciario dei Gonzaga, 215
Callisto III, papa Alfonso Borgia, 4-6, 9, 10, 25, 176, 248
Calmeta, Vincenzo, 148, 198
Calvin, Jean (Giovanni Calvino), 321
Canale, Carlo, 21, 22, 25, 67
Cantore di Guascogna, Gian, 271, 272
Capello, Francesco, 146-150
Capello, Paolo, 57, 117, 144, 145, 149-151, 153, 185
Capilupi, Benedetto, 264
Caracciolo, Dorotea, 159, 200, 254
Caracciolo, Gian Battista, 200
Carafa, Oliviero, 91, 136
Carenza, canonico spagnolo, 29

Carlo da Correggio, ambasciatore, 311
Carlo V d'Asburgo «il Saggio», imperatore del Sacro Romano Impero, I come re di Spagna, 101, 273
Carlo VIII, re di Francia, 28, 43, 49, 75, 76, 84, 86, 88-90, 92-95, 103, 104, 119, 125-127, 130, 144, 165, 166, 183, 224
Carosi, Andrea, 312
Carpi, Girolamo, 237
Carretto, Carlo del, 295
Cartari, Bartolomeo, 232
Castelli, Adriano, 185
Castellini, Gian Luca, 180, 184-187, 191, 192, 195, 197, 200, 202
Castiglione, Baldassar, 8, 19, 37, 75, 115, 167, 199, 254, 267, 309, 310
Castro, Juan de, 97
Caterina Cornaro, regina di Cipro, 35, 236, 261
Caterina di Alessandria, santa, 37, 72, 73
Caterina da Siena, Caterina Benincasa, santa, 37
Caterina de' Medici, regina di Francia, 316
Caterina «la Valenziana», 195, 304
Caterinella, schiava, 195, 232
Cattanei, ambasciatore di Mantova, 109, 128, 150, 152, 161
Cattanei, famiglia, 14
Cattanei, Vannozza, 13-17, 20-23, 27, 33, 42, 44, 59, 69, 87, 91, 96, 109, 110, 112, 133, 254, 258, 310, 312-314
Cavalieri, Bartolomeo, 164, 168
Caviceo, Jacopo, 238, 326
Centelles, Cherubino de, signore di Val d'Ayora, 33
Centelles, famiglia, 34
Centelles, Guglielmo de, 34
Cervillon, Juan, 136-138, 143
Cesare, Gaio Giulio, 47, 142
Cesarini, Giuliano, 129, 141, 290
Chabannes, Jean de, 163
Chabannes de la Palice, Jacques, marchese, 163, 264, 297
Chigi, Agostino, 303
Chigi, Antonio, 129
Cicerone, Marco Tullio, 20, 36, 45, 240
Claudia, regina di Francia, 311
Clemente VII, papa Giulio de' Medici, 322
Cleopatra VII «Filopatore», regina d'Egitto, 47
Collenuccio, Pandolfo, 75, 255, 261
Colleoni, Bartolomeo, 237
Colleoni, Cassandra, 237
Colombo, Cristoforo, 70
Colonna, Fabrizio, 297, 298, 300
Colonna, famiglia, 8, 40, 50, 131, 142, 150, 164, 165, 182, 298, 300
Colonna, Francesco, 125
Colonna, Giovanni, 43, 62, 92
Colonna, Ottaviano, 161
Colonna, Prospero, 260, 298, 300
Colonna da Palestrina, Francesco, 193
Commynes, Philippe de, 18, 50
Comneni, famiglia, 87
Conti, Sigismondo de', 44
Contrari, Beatrice, 208
Contrari, Diana d'Este, 184, 210, 241
Contrari, famiglia, 226
Contrari, Uguccione de', 184, 210
Copernico, Nicola, 129
Cordova, Gonzalo Fernández de, duca di Terranova, 104, 258-260
Corella, Micheletto, 150
Cornazzoni, Antonio, 326
Cossa, Francesco, 309
Costa, Giorgio, 156, 166, 167
Costa, Lorenzo, 201, 236, 308
Costabili, Beltrando, 114, 116, 183, 230, 249, 256, 260, 286
Costabili, famiglia, 226
Costantino, Flavio Valerio, imperatore, 100
Costantino XI Dragazes, imperatore d'Oriente, 73
Cristoforo, segretario di Lucrezia Borgia, 156
Crotone, marchesa di, 212
Cybo, Franceschetto, 23-25, 29, 40, 44, 49, 59
Cybo, Niccolò, 28, 40
Cybo, Teodorina, 34

Dante Alighieri, 71, 221, 222, 324
Del Bufalo, Stefano, 192

Della Croce, Giorgio, 15, 17, 21
Della Croce, Ottaviano, 18, 21
Della Pigna, Giovanni Alberto, 118, 168
Demostene, 45
Desprès, Josquin, 62, 129, 157, 263
Dianti, Laura, 320, 322
Diplovatazio, Giorgio, 87
Dixer, Ferrando, 77
Domenico di Arignano, 15, 69
Donizetti, Gaetano, 116, 326
Doria, Domenico, 29
Dossi, Dosso, 228, 308
Dragazio, Jacopo, 81
Dürer, Albrecht, 301

Egidio da Viterbo, 129
Enrico II di Valois, re di Francia, 322
Enrico III di Valois, re di Francia, 321
Enrico II Plantageneto, re d'Inghilterra, 42
Enrico VII Tudor, re d'Inghilterra, 90
Enrico VIII Tudor, re d'Inghilterra e Irlanda, 262, 303
Enriquez, famiglia, 68
Enriquez, Maria, 67, 69, 101, 153, 316
Enzo, re di Sardegna, 201
Equicola, Mario, 178, 297, 308
Erasmo da Rotterdam, 18, 210, 238, 285, 296
Este, Alberto di, figlio naturale di Ercole I, 207, 210
Este, Alberto di, marchese di Ferrara, 222, 227
Este, Alfonso I di, duca di Ferrara, 49, 56, 57, 64, 114, 162-164, 167, 171-174, 181, 184, 186, 187, 192-194, 203, 204, 207-211, 213-216, 218, 220, 225, 227, 228, 230, 232, 233, 235, 242, 244, 247, 250, 255, 257, 259, 262-266, 268-273, 275, 276, 278, 279, 281-288, 290-304, 306-312, 315, 317-320, 322, 326
Este, Alfonso II di, duca di Ferrara, 273, 322
Este, Azzo di, signore della Marca, di Ancona e di Pesaro, 80
Este, Azzo VIII di, marchese di Ferrara, 222
Este, Beatrice di, arciduchessa diAustria, 322
Este, Borso di, duca di Ferrara, 180, 210, 222, 224, 225, 240, 309
Este, Cesare di, duca di Modena, 114, 322
Este, dinastia, 7, 57, 162-164, 168-170, 172, 176, 181, 182, 185, 186, 189, 192, 206, 207, 209, 213, 217, 219, 222, 227, 231, 251, 254, 255, 257, 266, 269, 273, 276, 278, 282, 298-300, 306
Este, Eleonora di, figlia di Ercole II, 322
Este, Eleonora di, figlia di Lucrezia Borgia, 309, 315, 319, 321
Este, Eleonora d'Aragona, duchessa di Ferrara, 162, 163, 184, 189, 209, 210, 213, 218, 219, 225, 228, 320
Este, Ercole I di, duca di Ferrara, 50, 51, 54-57, 116, 118, 135, 140, 152, 162-164, 166-170, 173-176, 179-181, 183-187, 190, 191, 200, 201, 204, 205, 207-211, 213, 215-220, 225-228, 230-232, 234, 237, 239, 240, 242, 249-252, 255-257, 261, 262, 267, 268, 290, 299, 305
Este, Ercole II di, duca di Ferrara, di Chartres e di Montargis, 278, 279, 287, 298, 300, 303, 312, 315, 319-322
Este, Ferrante di, 184, 185, 187-189, 191, 192, 195, 196, 200-202, 210, 225, 268, 271-273, 279
Este, Francesco di, figlio naturale di Leonello, 225
Este, Francesco di, marchese di Massalombarda, 309, 315, 319, 321
Este, Gigliola da Carrara, duchessa di Ferrara, 222
Este, Giulio di, 180, 210, 225, 268-273, 279
Este, Ippolito I di, cardinale, 55, 56, 70, 109, 183-186, 188, 189, 192, 203, 225, 229, 235, 238, 262, 264, 267-272, 274, 275, 277, 287, 290, 292, 295, 299-301, 307
Este, Ippolito II di, cardinale, 287, 298, 300, 315, 319, 321-323
Este, Leonello di, marchese di Ferrara, 219, 222, 224, 225, 227
Este, Lucrezia di, figlia di Ercole II, 322
Este, Luigi di, 322
Este, Meliaduso, 184, 185

Este, Niccolò III, marchese di Ferrara, 210, 222-224, 228
Este, Niccolò Maria di, vescovo di Adria, 184, 185, 189, 263, 318
Este, Nicola di, figlio naturale di Ercole I, 210
Este, Nicolò di, figlio di Leonello, 224, 225
Este, Obizzo di, marchese di Ferrara, 222
Este, Parisina Malatesta, duchessa di Ferrara, 219, 246
Este, Renata di Orléans, duchessa di Ferrara, 273, 321
Este, Ricciarda di Saluzzo, marchesa di Ferrara, 223
Este, Sigismondo di, 184, 185, 188, 192, 195, 210, 225, 268
Este, Ugo, figlio di Niccolò III, 219, 222, 223, 246
Estouteville, famiglia, 165
Estouteville, François Guillaume di, 7, 9, 12, 18, 23
Eugenio IV, papa Gabriele Condulmer, 27
Evangelisto, Fausto, 103, 129, 265

Fancelli, Luca, 70
Farnese, Angelo, 27, 84
Farnese, famiglia, 26, 29, 58, 71, 155
Farnese, Giovannella, 71
Farnese, Girolama, 27
Farnese, Pier Luigi, 27
Farnese, Ranuccio, 15, 27
Fedeli, Ercole, 13
Federico I d'Aragona, re di Napoli, 77, 113, 119, 121, 126, 131, 132, 135, 137, 146-148, 150, 153, 165, 181, 182, 184
Federico I di Hohenstaufen detto il Barbarossa, imperatore del Sacro Romano Impero, 42, 298
Federico II di Hohenstaufen, imperatore del Sacro Romano Impero, re di Sicilia e Gerusalemme, 80, 201, 324
Federico III, imperatore del Sacro Romano Impero, re di Germania, arciduca d'Austria, 10, 86, 196, 224
Feo, Giacomo, 139
Ferdinando I diAragona, re di Napoli, 23, 34, 45, 46, 49-51, 54, 75, 110, 126, 163, 225
Ferdinando II diAragona, re di Napoli, 34, 95, 98, 110, 133, 142, 143
Ferdinando «il Cattolico», V re di Castiglia e Leon, II d'Aragona, 19, 27, 38, 39, 49, 54, 67, 68, 70, 101, 126, 164, 260, 285, 303
Fermo, Michele, 44
Ferrari, Giambattista, 136, 163, 170, 182
Ferrer, Michele, 46
Fetti, Mariano, 74
Fiammetta, amante di Cesare Borgia, 109
Ficino, Marsilio, 21
Fideli da Sesso, Ercole, 316
Filarete, Antonio Averulino, 22, 38
Filippo di Lussemburgo, cardinale, 295
Filippo II, re di Macedonia, 42
Filippo «il Bello», arciduca d'Austria e re di Castiglia, 265, 274
Filosseno, Marcello, 237
Filostrato di Lemno, 307, 308
Fira, Ginés, 68
Flores, Antonio, 93
Foix, Gaston de, duca di Nemours, 30, 295, 297
Folenghino, agente dei Gonzaga, 284
Fondrailles, capitano francese, 295
Foresta, Giacomo detto Giacomo da Bergamo, 36
Francesco d'Assisi, santo, 197
Francesco I di Lorena, duca di Guisa, 321
Francesco I di Valois, re di Francia, 163, 276, 306, 311, 312, 316, 322, 327
Francesco II, imperatore di Germania, I come imperatore d'Austria, 322
Frangipane, Giacomo, 192
Frassina, levatrice, 278
Fugger, banchieri di Augusta, 57

Gabrieletto, buffone di Alessandro VI, 99
Gaçet, Francesco, 83, 84
Gactula, Clemente, 147
Gadio, Stazio, 299
Galiano de Anna, medico, 147
Gallo, Giuliano, 21
Garcia, messaggero di Cesare Borgia, 129
Garetto, canonico spagnolo, 29

Garofalo, Benvenuto, 237, 308
Garzia, Juanito, 275
Gazullo, Tuscia, 119
Gem o Zizim, figlio di Maometto II, 27-29, 40, 59, 68, 73, 74, 92-94
Genazzano, Mariano da, 107, 129
Gherardi, Giacomo, 175
Gherardo, cardinale, 43, 44
Ghirlandaio, Domenico, 135
Giacomino, cameriere di Giovanni Sforza, 105
Giacomo, funzionario, 29
Giacomo da Lusignano, re di Cipro, 35
Giacomo IV, re di Scozia, 46
Gibbon, Edward, 326
Ginevra da Correggio, 262
Giordano, Vincenzo, 156, 157
Giovanna d'Arco, 6
Giovanna da Rimini, dama di compagnia, 208
Giovanna «la Pazza», regina di Castiglia, 265
Giovanni d'Albret, re di Navarra, 129, 274-276
Giovanni da Prato, 156
Giovenale, Decimo Giunio, 22, 239, 306
Giovio, Paolo, 57, 93, 94, 292, 312
Giraldi, Giambattista, 238, 315, 326
Girolamo da Carpi, 14, 308
Gismondi, tiranno di Rimini, 80
Giulio II, papa Giuliano della Rovere, 7, 18, 41, 43, 49, 90-92, 96, 156, 159, 180, 183, 229, 254, 255, 259, 264, 268-270, 272-274, 277, 285, 286, 288, 290-298, 300-302, 304, 306, 307, 328
Giustinian, Antonio, 248, 249
Gobineau, Joseph-Arthur, conte, 327
Gonzaga, Caterina, contessa di Montevecchio, 81, 82, 87
Gonzaga, dinastia, 7, 21, 61, 127, 179, 197, 206, 213, 215, 230, 235, 266, 284, 291, 301
Gonzaga, Eleonora, 268, 304
Gonzaga, Federico I, marchese di Mantova, 11, 196
Gonzaga, Federico II, marchese di Mantova, 235, 291, 297-299, 317, 319, 320
Gonzaga, Francesco, cardinale, 21
Gonzaga, Francesco, marchese di Mantova, 51, 54, 55, 61, 67, 78, 95, 97, 125, 135, 140, 159, 169, 170, 205, 217, 218, 233, 253, 254, 260, 264, 266, 272-274, 279-287, 291-293, 302, 309, 317
Gonzaga, Giovanni, 320
Gonzaga, Isabella d'Este, marchesa di Mantova, 162, 166, 170, 178, 186-189, 196, 198, 200, 203-205, 209-216, 219, 225, 229, 233-238, 253, 260, 266, 268, 271, 273, 280, 283, 284, 286-288, 291, 292, 297, 299-301, 303, 304, 306, 307, 317, 318, 327
Gonzaga, Ludovico, 225
Gonzaga, Luigi, 21, 22
Gonzaga, Maddalena, 55, 65, 107, 197
Gonzaga, Sigismondo, 297
Gordon, Alexander, 326
Gozzoli, Benozzo, 74
Gracián, Baltasar, 140
Gregorio IX, papa Ugolino dei Conti di Segni, 108
Gregorio XI, papa Pietro Roger de Beaufort, 37
Gringoire, Pierre, 288
Groslaye, Jean de la, 41, 116
Grossino, cronista, 297
Grotto, Bartolomeo, 311
Grumelli, Antonio, 150
Guarino da Verona, 227
Guicciardini, Francesco, 7, 31, 88, 93, 110, 160, 292, 326
Guicciardini, Jacopo, 296
Guillén de Lançol, Juana Borgia, 97, 186
Guillén Lançol, Pedro de, 186
Guisa, Anna diEste, duchessa di, 321
Guisa, Enrico I di Lorena, duca di, 321
Guttieri, Bernardino, 111
Guzman, Gabriel, 265

Ha-Cohen, Joseph, 39
Hugo, Victor, 116, 326

«Infante romano», Giovanni Borgia, 118, 155, 163, 168, 171, 172, 181, 254, 255, 264, 295, 311, 312, 315
Infessura, Stefano, 5, 62-64
Inghirami, Tomaso, 129

Innocenzo III, papa Lotario dei Conti di Segni, 80
Innocenzo VIII, Giovanni Battista Cybo, 7, 18-20, 23, 24, 26, 28, 29, 34, 35, 40, 41, 47, 49, 55, 60, 75, 302
Isabella de Luna, 4
Isabella «la Cattolica», regina di Castiglia, 38, 39, 70, 104, 126, 181, 258, 260, 265, 274

Jacopo d'Atri, 288
Jacopo da Volterra, 32
Juana, meretrice, 4
Justolo da Spoleto, 129

Labronio, Giovanni Marrades, 132
Ladislao II Jagellone, re di Boemia e di Ungheria, 143
Lascaris, Costantino, 22, 87, 240
Latès, Bonet de, 39
Leòcare, scultore, 18
León, Enriquez, conte di, 67, 69
Leonardo da Vinci, 18, 103, 104, 159, 179, 235, 242, 320
Leone X, papa Giovanni de' Medici, 23, 129, 296, 302, 303, 306, 313, 316, 318
Leone XIII, papa Vincenzo Gioacchino Pecci, 74
Leoniceo, Nicolò, 240
Leto, Pomponio, 18, 35, 36, 46, 67, 74, 118, 129, 327
Ligny, Louis de, conte, 134, 161
Ligorio, Pirro, 323
Lippi, Filippino, 18
Lisabetta da Siena, 232, 247
Litta, Pompeo, 14
Livio, Tito, 37
Longino, Cassio, 40
López, Juan, 97, 120, 124, 128, 147
López, Lucrecia, 81
López de Estúñiga, Francisco, marchese di Baides, 246
Loredan, Leonardo, doge di Venezia, 255, 286, 291
Lorenzo, cittadino veneziano, 183
Lorenzo, liutaio mantovano, 218
Lorenzo di Pavia, musico, 304
Lucia di Narni, suora, 215
Ludovico dei Carri, paggio, 232
Luigi d'Angiò, re di Napoli, 76
Luigi XI, re di Francia, 166
Luigi XII di Orléans, re di Francia, 114, 119, 126, 127, 130, 132, 134, 135, 137, 139, 142-146, 159, 161, 164, 165, 168, 170, 185, 192, 208, 209, 211, 216, 230, 254, 259, 262, 273, 275, 276, 279, 285-288, 293-296, 302, 303, 306, 321
Luigi XIV, re di Francia, 58
Lutero, Martin, 137
Luzio, Alessandro, 284

Machiavelli, Niccolò, 7, 88, 112, 132, 149, 160, 164, 175, 178, 182, 229, 234, 268, 276, 286, 303, 322
Maffei, Francesco, 21
Maino, Giasone del, 12, 45
Malatesta, dinastia, 80
Malatesta, Galeazzo, podestà di Pesaro, 80
Malatesta, Pandolfo, signore di Rimini, 200
Malatesta, Sigismondo, 200
Malvezzi, Polissena, 246, 281
Manciani, Hieronimo, 182
Manfredi, Astorre, signore di Faenza, 159, 160, 230
Mantegna, Andrea, 29, 97, 141, 142, 218, 266, 273, 280
Manuzio, Aldo, 129, 198, 271, 285, 306, 311, 327
Maometto II, sultano ottomano, 28, 40, 74
Marco Aurelio, 239
Margherita diAngoulême, regina di Navarra, 178, 311, 327
Margherita del Sale, 222
Maria de Luna, contessa di León, 67
Mark, Robert de la, signore di Fleurange, 130
Marot, Jean, 321
Marozia, figlia di Teofilatto, 166
Marrades, Giovanni, 89, 136
Marso, Domizio, 129
Martini, Bartolomeo, 97, 99
Martini, Segovia, 29

Martino V, papa Oddone Colonna, 6, 224
Marzetta, Pietro, 105, 106
Massenzio, Marco Aurelio Valerio, imperatore, 72, 73, 122
Massimiliano I diAustria, imperatore del Sacro Romano Impero, 95, 98, 136, 163, 169, 173, 174, 179, 180, 182, 285, 290, 292, 296, 297, 301, 327
Massini, Domenico, 192
Massini, famiglia, 129
Mattia I Corvino, re di Ungheria, 46, 143, 183
Mazzolino, Ludovico, 278
Medici, Cosimo de, granduca di Toscana, 93, 94
Medici, famiglia, 7, 321
Medici, Lorenzo di Piero de', signore di Firenze e duca di Urbino, 316
Medici, Lorenzo de', «il Magnifico», granduca di Toscana, 10, 23-25, 34, 169, 224, 247, 266, 306
Medici, Maddalena de', 23-25, 27, 34, 59, 302
Mellini, Celso, 103
Mellini, Girolamo, 103
Mellini, Mario, 103
Melozzo da Forlì, 198
Méré, Poltrot de, 321
Metella, Cecilia, 39, 121
Michelangelo Buonarroti, 13, 116, 117, 129, 229, 296-298
Michelet, Jules, 326
Modenese, Vincenzo, 262
Monaldi, Bernardo, 106
Moncada, Juana, 79
Montaigne, Michel Eyquem de, 4, 5
Montefeltro, Antonio da, 197
Montefeltro, Battista Sforza, duchessa di Urbino, 80, 196
Montefeltro, Elisabetta Gonzaga, duchessa di Urbino, 55, 148, 166, 175, 193, 196-200, 202, 206, 209, 213, 214, 228-230, 233, 234, 236, 259, 282, 288, 327
Montefeltro, famiglia, 197, 206, 213
Montefeltro, Federico di, duca di Urbino, 80, 87, 196
Montefeltro, Guidobaldo da, duca di Urbino, 85, 102, 112, 196-199, 228-230, 233, 234, 254, 259, 273
Montespan, Françoise-Athénaïs de Rochechouart de Mortemart, marchesa di, 58
Montevecchio, Ottaviano, conte di, 81
Morosina, giovane romana, 310
Morpurgo, scrittore, 71
Münzer, Thomas, 9
Muzzarelli, famiglia, 226

Napoleone I Bonaparte, imperatore dei francesi, 322
Nardi, Jacopo, 303
Nazianzeno, Gregorio, 306
Nerone, Claudio Cesare Druso Germanico, imperatore, 16, 267
Niccolò da Correggio, 184, 237
Nicola «la Senese», dama di compagnia, 214, 304
Novella diAndrea, 202

Ockeghem, Johannes de, 62
Oliva, conte di, 33
Oliverotto da Fermo, 234
Omero, 22, 38
Orazio Flacco, Quinto, 13, 38, 152, 155, 195, 306
Orléans, Maria di, sorella di Luigi XII, 295
Orsini, Adriana, 25-28, 30, 34, 35, 37, 42-45, 52, 53, 55-60, 64, 67, 71, 72, 79, 81, 84, 86, 88, 89, 193, 209, 214, 219
Orsini, Alviano, 102
Orsini, Bartolomea, 102
Orsini, cardinale, 43, 129, 175
Orsini, Clarice, 23, 24, 34
Orsini, Fabio, 132, 193, 195
Orsini, famiglia, 8, 20, 25-27, 40, 50, 54, 90, 102, 103, 112, 136, 164, 197, 198
Orsini, Francesco, duca di Gravina, 77, 119, 161, 234
Orsini, Giulia Farnese, 26-30, 33, 34, 42, 53, 55, 57-60, 62, 67, 70-72, 74, 79, 81-86, 89, 90, 129, 138, 159, 270, 305
Orsini, Lella, 84
Orsini, Ludovico, signore di Bassanello, 25
Orsini, Niccolò, conte di Pitigliano, 46, 61

Orsini, Orso, 25-27, 29, 30, 34, 42, 53, 57-59, 83, 85, 86, 90, 138, 159
Orsini, Paolo, 136
Orsini, Virginio, 49, 54, 77
Ovidio, Publio Nasone, 36, 38

Paleologi, famiglia, 87
Paleologo, Andrea, nipote di Costantino XI, 73, 87
Pallavicini, Antoniotto, 37, 116, 189
Palmarino, medico, 318
Panizzato, Nicolò Mario, 210, 212
Pannartz, Arnold, 16
Paolo II, papa Pietro Barbo, 11, 12
Paolo III, papa Alessandro Farnese, 70, 71, 84, 85, 89, 90, 129, 157, 270, 305, 306
Paolo Uccello, 198
Paoluzzo, Antonio, 192
Pendaglio, famiglia, 226
Pentesilea, governante di Lucrezia Borgia, 55, 115-118
Pertusa, Mossen Jayme, 68
Perugino, Pietro di Cristoforo Vannucci, 135
Petrarca, Francesco, 26, 71, 129, 153, 155, 241, 242, 324
Petrucci, famiglia, 161
Petrucci, Ottaviano, 87
Petrucci, Pandolfo, 234
Piccino, Cristoforo, 133
Pichi, Girolama, 109
Pico della Mirandola, Giovanni, conte di Concordia, 210, 264
Piero della Francesca, 13, 197, 198
Pignatelli, Ettore, 133
Pinturicchio, Bernardino di Betto di Biagio, 7, 10, 13, 32, 60, 72-74, 104, 135, 278, 313, 323, 327
Pio, Alberto, 264
Pio, Alessandro, conte di Sassuolo, 270
Pio, Emilia, 197, 237, 310
Pio, famiglia, 226
Pio, Gilberto, 270
Pio II, papa Enea Silvio Piccolomini, 5-7, 10-12, 18, 37, 325
Pio III, papa Francesco Nanni-Todeschini-Piccolomini, 46, 113, 252, 254
Pisanello, Vittore, 219, 224
Pisani, Giorgio, 286
Pistofilo, Bonaventura, 211, 311
Pizzibeccari, umanista, 212
Platone, 38, 128, 245
Plauto, 36, 62, 184, 190, 213, 227, 307
Plutarco da Cheronea, 227
Podocathero, Ludovico, 136
Poggio, Cristoforo, 117
Poliziano, Angiolo Ambrosini, 21, 25, 240
Pollaiuolo, Simone del, 129
Pontano, Giovanni, 158
Ponzone da Ferrara, 70
Porcari, famiglia, 20, 177
Portigliotti, Giuseppe, 64, 171
Porzio, Gerolamo, 103
Posthumus, Guido, 116
Prete, fiduciario dei Gonzaga, 186-188, 190, 195, 197, 214, 229
Prie, René de, 295
Prisciano, Pellegrino, 210
Procida, Gaspare da, conte di Aversa, 33, 34, 49, 51, 107, 119, 120, 144, 153
Procida, Giovanni da, conte di Aversa, 34
Prosperi, Bernardino de', 214, 229, 271, 283, 305
Pucci, Giannozzo, 71
Pucci, Girolama Farnese, 71, 85, 89
Pucci, Lorenzo, 71, 72
Puglia, Francesco, 100

Raffaello Sanzio, 13, 17, 82, 90, 266, 296, 298, 320
Ramirez, Pedro, 255
Ramolini, Ramiro, 170
Ramolino, Francesco, 277
Ravarella, famiglia, 226
Riario, cardinale, 46, 47, 129, 159
Riario, famiglia, 7
Riario, Girolamo, signore di Forlì, 7, 139
Riario, Ottaviano, 119
Roberti, Ercole, 228
Roberti, Gherardo de, 271
Robusto, Giorgio, 326
Roche, Philip de la, 209, 211, 214, 215
Rodocanachi, cronista, 308

Rodolfo II, imperatore del Sacro Romano Impero, 322
Rolland, Romain, 21
Romei, famiglia, 283
Rossetti, Biagio, 226, 235
Rovere, famiglia, 268, 273, 321
Rovere, Francesco Maria della, duca diUrbino, 268, 290, 293, 296, 301, 304, 306, 322
Rovere, Laura Orsini della, 62, 90, 270
Rovere, Niccolò della, 90, 270
Roxas, Francesco de, 181, 185

Sabellino, umanista, 129
Sadoleto, Jacopo, 17, 240
Saiano, Niccolò da, 55
Saint-Gelais, Mellin de, 279
Saint-Gelais, Octavien de, 123, 279
Sallustio, 37, 239
Saluzzo, Ludovico, marchese di, 223
Sandeo, Felino, 116
San Giorgio, cardinale, 116
Sannazaro, Jacopo, 111, 157, 158, 265
Sanseverino, Antonello, principe di Salerno, 119
Sanseverino, Bianca , 210
Sanseverino, Galeazzo, conte di Caiazzo, 89
Sanseverino, Giovanni, conte di, 35
Sanseverino, Roberto, principe di Salerno, 119
Sanseverino, Stanislao, 42, 44, 295
Santa Croce, famiglia, 129
Santi, Giovanni, 82, 90
Santino, burlone di corte, 304
Sanudo, Marin, 85, 93, 126, 139, 148, 161, 229, 278, 313
Saraceni, Gerardo, 174, 187
Savelli, cardinale, 92
Savelli, famiglia, 165
Savelli, principe, 94
Savonarola, Girolamo, 97, 100, 107
Scalona, oratore, 99
Schedel, Hartmann, 44
Schiavino, Giorgio, 110
Schweinheim, Conrad, 16
Sclafenati, cardinale, 21
Seadeddin, storico, 93
Semenza, Agostino, 180
Seneca, Lucio Anneo, 227
Senofonte, 37, 227
Seregni, Giangiorgio, 251
Sesto Tarquinio, 16, 158
Sforza, Alessandro, signore di Pesaro, 80, 86, 87
Sforza, Anna, 64, 65, 162, 163, 203, 213
Sforza, Ascanio Maria, 23, 43, 50, 51, 54, 63, 64, 68, 91, 92, 96, 103, 106, 107, 109, 110, 115, 119, 121, 124, 131, 134, 183, 254, 255
Sforza, Beatrice diEste, duchessa di Milano, 50, 52, 57, 114, 225, 237, 280
Sforza, Bianca, moglie di Massimiliano I d'Austria, 163, 169, 179, 189
Sforza, Bona di Savoia, duchessa di Milano, 88
Sforza, Costanzo, conte di Cotignola, signore di Pesaro, 55, 75, 80
Sforza, Diana, 179
Sforza, dinastia, 7, 50, 57, 66, 80, 81, 89, 94, 103, 105, 106, 112, 116, 131, 203
Sforza, Francesco I, duca di Milano, 54
Sforza, Gian Galeazzo, duca di Milano, 51, 57, 88, 112, 114, 139, 163, 258
Sforza, Giovanni, conte di Pesaro, 49-51, 54, 55, 57, 58, 61, 64-66, 75, 76, 78-81, 83-85, 88, 90, 95, 97, 101, 103-108, 112, 114-116, 119, 121, 122, 131, 140, 158, 159, 162, 163, 174, 190, 197, 199, 203, 205, 254, 260, 325
Sforza, Isabella diAragona, duchessa di Milano, 114, 258, 301
Sforza, Ludovico «il Moro», duca di Milano, 23, 43, 46, 49-51, 54, 57, 63, 75, 76, 83, 88-90, 94-96, 98, 103, 106, 114-116, 130, 135, 139, 140, 143, 159
Sforza, Massimiliano, duca di Milano, 306
Sforza Riario, Caterina, Signora di Forlì, 94, 119, 139, 140, 159, 166
Sforza Visconti, Anna, 57
Signorelli, Luca, 135
Silvestri, Jacobello, 90
Sisto IV, papa Francesco della Rovere, 7, 12, 15, 17, 18, 55, 75, 136, 139, 180, 248
Sisto V, papa Felice Peretti, 100, 136
Soria, Giovanni Battista, 277

Spagnoli, Tolomeo, 317
Sperulo, Francesco, 103
Stabellino, Battista, 305
Stazio, Publio Papinio, 311
Stella, Giovanni, 44
Stella dei Tolomei, favorita di Niccolò III d'Este, 222-224
Stendhal, Henri Beyle, 58, 94, 113
Strozzi, Ercole, 184, 213, 221, 237-241, 243-247, 257, 264, 271, 276, 279, 281-285, 307, 327
Strozzi, famiglia, 283
Strozzi, Giambattista, 70
Strozzi, Giulia, 284
Strozzi, Lorenzo, 284
Strozzi, Tito, 221, 240, 244, 257, 262, 327
Strozzi, Tito Vespasiano, 265, 281

Tacito, Publio Cornelio, 133, 195
Taglia, Battistino del, 111
Taine, Hippolyte-Adolphe, 20
Talleyrand-Périgord, Charles Maurice, principe de, 326
Tarquinio Collatino, 16
Tarquinio il Superbo, re di Roma, 16
Tasso, Torquato, 86, 236, 322
Taverna, Stefano, 116
Tebaldeo, Antonio, 238, 240
Tebaldi, Giacomo, 308
Teodora II di Teofilatto, 166
Teodorico, re degli ostrogoti, 134
Terenzio, Afro Publio, 227, 307
Tiziano, Vecellio, 13, 14, 227, 248, 280, 305, 307, 308, 320, 327
Tomasi, Tommaso, 113, 126, 153, 173
Tommaso di Canterbury, Thomas Becket, 42
Torella, Gaspare, 39, 255
Torelli, Barbara, 282-284, 327
Torelli, famiglia, 282
Torelli, Guido, 30
Torre, Lodovico della, 316
Tour d'Auvergne, Maddalena de la, 316
Trémoille, Louis de la, 276
Trivulzio, Gian Giacomo, 140, 296
Tromboncino, cantore, 67, 304
Trotti, ambasciatore di Ferrara, 89, 311
Tucidide, 37
Tura, Cosmé, 228

Ugolini, Filippo, 259
Umilioli da Gualdo, Antonio degli, 133
Usodimare, Battistina, 26, 34, 60, 96
Usodimare, Gherardo, 34
Usodimare, Peretta, 26

Valentina di Milano, 179
Valle, famiglia, 129
Varano, Costanza, 80
Varano, famiglia, 231
Varano, Gian Maria, signore di Camerino, 231, 254
Ventagoli, Lucia, 201
Veronese, Gaspare, 11
Virgilio, Publio Virgilio Marone, 13, 22, 38, 67, 129, 134, 155, 158, 195, 266
Visconti, Elisabetta, 179
Visconti, famiglia, 130
Vitelli, Vitellozzo, 102, 234
Vives, Andrea, 39, 53
Voltaire, François-Marie Arouet, 94, 326

Zambotto, Bernardino, 212, 213
Zampante, Gregorio, 226
Zeno, Jacopo, 55
Ziliolo, Giovanni, 189, 208
Zuccari, Federico, 323
Zuccari, Taddeo, 323

OSCAR STORIA

Rocca, Fucilate gli ammiragli

Noja, L'Islàm moderno

Mendelssohn, L'enigma delle piramidi

Ceram, Civiltà al sole

Hibbert, Ascesa e caduta di casa Medici

Gibbon, Declino e caduta dell'impero romano

Barrow, I Romani

Wedgwood, La Guerra dei Trent'anni

Venè, Cronaca e storia della marcia su Roma

Jaeger, Francesco II di Borbone. L'ultimo re di Napoli

Las Casas, Brevissima relazione della distruzione delle Indie

Del Boca, Gli italiani in Africa Orientale. Dall'Unità alla marcia su Roma

Tuchman, Uno specchio lontano. Un secolo di avventure e di calamità: il Trecento

Peillard, La battaglia dell'Atlantico

Del Boca, Gli italiani in Africa Orientale. La conquista dell'Impero

Irving, Apocalisse a Dresda

Del Boca, Gli italiani in Africa Orientale. La caduta dell'Impero

Del Boca, Gli italiani in Africa Orientale. Nostalgia delle colonie

Brunelli, Storia di Gerusalemme

Fulbrook, Storia della Germania (1918-1990)

Spinosa, Vittorio Emanuele III, l'astuzia di un re

Briggs, Storia sociale dell'Inghilterra

Rocca, I disperati

Noja, L'Islàm dell'espansione

Del Boca, Gli italiani in Libia. Tripoli bel suol d'amore 1860-1922

Keen, Storia dell'Europa medioevale

Fumagalli Beonio Brocchieri, Eloisa e Abelardo

Barrett, Caligola

Spinosa, Hitler, il figlio della Germania

Del Boca, Gli italiani in Libia. Dal fascismo a Gheddafi

Hastings, Overlord

Granzotto, Carlo Magno

Spinosa, Pio XII l'ultimo Papa

Petacco, Il Prefetto di ferro

Herre, Napoleone III

Lincoln, I Bianchi e i Rossi

Bracalini, Mazzini. Il sogno dell'Italia onesta

Joannes, Vita e tempi di Carlo Borromeo

Gilbert, Churchill

Spadolini, L'opposizione cattolica

Riley-Smith, Breve storia delle crociate

Fini, Nerone

Noja, L'Islàm dell'immobilismo

Gaxotte, La rivoluzione francese

Orieux, Talleyrand

Mack Smith, Garibaldi

Stille, Uno su mille

Spinosa, Murat

Ady, Lorenzo de' Medici e l'Italia del Rinascimento

Spadolini, Giolitti e i cattolici

Spinosa, Mussolini. Il fascino di un dittatore

Liddel Hart, Storia militare della Seconda guerra mondiale

Martin, I dodici Cesari

Orieux, Caterina de' Medici

Spinosa, Italiane. Il lato segreto del Risorgimento

Bocca, Storia dell'Italia partigiana

Lazzaro, L'oro di Dongo

Petacco, La nostra guerra 1940-1945

Gerosa, Napoleone

Lepre, Mussolini l'italiano

Fraser, Rommel

Granzotto, Annibale

OSCAR SAGGI

Fromm, L'amore per la vita
Asimov, In principio
Lorenz, Il declino dell'uomo
Fromm, La disobbedienza e altri saggi
Johanson - Edey, Lucy. Le origini dell'umanità
Freud, La sessualità
Brod, Kafka
Freud, Il sogno
Polillo, Jazz
Bechmann, Le radici delle cattedrali
Freud, Psicoanalisi della cultura
Davies, L'universo che fugge
Hoover, La cultura Zen
Fromm, La crisi della psicoanalisi
Buber, L'eclissi di Dio
Denis, Storia del pensiero economico
Freud, Psicoanalisi e vita quotidiana
Aron Raymond, Le tappe del pensiero sociologico
Fung Yu-Lan, Storia della filosofia cinese
Sartre, L'antisemitismo
Visalberghi, Pedagogia e scienze dell'educazione
Maffei, Al di là della luna
Boyer, Storia della matematica
AA.VV., La nuova storia
Laborit, Elogio della fuga
Paoli, Vita romana
Lorenz, Natura e destino
Vegetti Finzi, Storia della psicoanalisi
Clemente, Guida alla storia romana
Marchese, L'officina del racconto
Gatto Trocchi, Magia ed esoterismo in Italia
Baumgart, Piccola storia dell'arte
AA.VV., La Costituzione della Repubblica Italiana
Castronovo, L'industria italiana dall'Ottocento a oggi
Campbell, Le maschere di Dio. Mitologia primitiva

Freud, Psicoanalisi dell'isteria
Kierkegaard, La malattia mortale
Branston, Gli Dei del Nord
Maffei, I mostri del cielo
Campbell, Mitologia orientale
Heer, Il Medioevo (1100-1350)
Rewald, La storia dell'impressionismo
Herrigel, Lo Zen e l'arte di disporre i fiori
Lo Gatto, Profilo della letteratura russa
Fromm, Da avere a essere
AA.VV., Il libro dell'equilibrio e dell'armonia
Wilde, L'arredamento della casa e altre conferenze
Bataille, La letteratura e il male
Jung, Freud e la psicoanalisi
AA.VV., La stregoneria
Vatsyayana, Kamasutra
Kranzberg - Gies, Breve storia del lavoro
Fromm, Scritti su Freud
Kierkegaard, Timore e tremore
Heurgon, Vita quotidiana degli Etruschi
Hagen, Antichi imperi del sole
Jung, L'inconscio
Le Goff, La borsa e la vita
Duby, Il cavaliere, la donna e il prete
Singer Kaplan, I disturbi del desiderio sessuale
Fromm, L'inconscio sociale
Arena, Storia del Buddhismo Ch'an. Lo Zen cinese
Campbell, Mitologia occidentale
AA.VV., Le religioni del mondo classico
Bell, La santa anoressia
Acquaviva, L'eclissi del sacro nella civiltà industriale
AA.VV., Storia del Cristianesimo
Campbell, Mitologia creativa
D'Amico, Dieci secoli di teatro inglese (970-1980)
Jung, Psicologia e patologia dei cosiddetti fenomeni occulti
Guyot - Restellini, L'arte nazista
Étienne, La vita quotidiana a Pompei
Burkert, Mito e rituale in Grecia
Pauwels - Bergier, Il mattino dei maghi
AA.VV., Storia del Buddhismo
Mosse, Il razzismo in Europa. Dalle origini all'olocausto
Bergson, Il riso
Ariès, L'uomo e la morte dal Medioevo a oggi
Winckelmann, Storia dell'arte nell'antichità
Freud, La tecnica della psicoanalisi. Ossessioni e fobie
Bachofen, Il potere femminile
Detienne - Vernant, Le astuzie dell'intelligenza nell'antica Grecia
Finley, La democrazia degli antichi e dei moderni

Le Goff, Intervista sulla storia

Widlöcher, La depressione

Ariès - Duby, La vita privata. Dall'Impero romano all'anno mille

Rajneesh, Il lungo, il corto, il nulla

AA.VV., Storia dell'ebraismo

Ariès - Duby, La vita privata. Dal Feudalesimo al Rinascimento

Ariès - Duby, La vita privata. Dal Rinascimento all'Illuminismo

Sabatier, Vita di San Francesco d'Assisi

AA.VV., Storia dell'Islamismo

Russell B., La visione scientifica del mondo

Ariès - Duby, La vita privata. L'Ottocento

Bareau, Vivere il buddhismo

Marcoli, Il bambino nascosto

Le Goff, L'immaginario medievale

Milani, Lettere di don Lorenzo Milani priore di Barbiana

Rampa, Il terzo occhio

Tucci, Le religioni del Tibet

Pagels, I vangeli gnostici

Baigent - Leigh - Lincoln, Il Santo Graal

Duby, Lo specchio del Feudalesimo

Jung, Tipi psicologici

Jung, Ricerche sperimentali sulle associazioni di individui normali

Espinás, Il tuo nome è Olga

Lowie, Gli indiani delle pianure

Morra, Breve storia del pensiero federalista

Gandhi, Antiche come le montagne

Spinelli, Come ho tentato di diventare saggio

Ariès - Duby, La vita privata. Il Novecento

Nozick, La vita pensata

Bloch, La divinazione

Balducci, Il Diavolo

Baudin, Il Perù degli Inca

Schneider, Hermann Hesse

Campbell, Il volo dell'anitra selvatica

Duby, Il matrimonio medievale

Hanson, L'arte occidentale della guerra

Jung, Psicologia della dementia praecox

Veyne, La vita privata nell'Impero romano

AA.VV., Esoterismo, spiritismo, massoneria

Nuland, I figli di Ippocrate

Sissa - Detienne, La vita quotidiana degli dei greci

Roveri, Mussolini

Russell J.B., Satana

Fromm, Fuga dalla libertà

Arena, Antologia del buddhismo Ch'an

Ravasi, Cantico dei cantici

Dupont, La vita quotidiana nella Roma repubblicana

Solé-Leris, La meditazione buddhista
AA.VV., I grandi misteri insoluti
Burba - Romano, Mondo '94
Botto, Buddha e il buddhismo
Bouquet, Breve storia delle religioni
Couliano, I viaggi dell'anima
Lurker, Dizionario delle immagini e dei simboli biblici
Rushdie, Patrie immaginarie
Davies, Dio e la nuova fisica
Markale, Il druidismo. Religione e divinità dei Celti
Introvigne, Indagine sul satanismo
Kolosimo P. e C., I misteri dell'Universo
Jeffers, Conosci le tue paure e vincile
Ricciotti, Vita di Gesù Cristo
Schopenhauer, Aforismi sulla saggezza del vivere
Lamparelli, Tecniche della meditazione orientale
Cavendish, La magia nera
Davies, Sull'orlo dell'infinito
Wuketits, Konrad Lorenz. Una vita
Strachey, La regina Vittoria
Asimov, L'universo invisibile
Kolosimo P., Non è terrestre
Lupieri, Gesù Cristo e gli altri dei
Gagliardi, Le Rune
Ravasi, Antico Testamento
Dawkins, Il gene egoista
Cavendish, Storia della magia
Taylor, La monarchia asburgica
Di Trocchio, Le bugie della scienza
Fruttero & Lucentini, Íncipit
Finley, L'economia degli antichi e dei moderni
Cavalli-Sforza L. e F., Chi siamo
Abraham, Le età della vita
Rosemberg, L'Ebraismo
Alberti, Gli Slavi
Biardeau, L'induismo
AA.VV., Il libro delle cose strane e misteriose
Aron Robert, Così pregava l'ebreo Gesù
Lamparelli, Tecniche della meditazione cristiana e pagana
Chouraqui, La vita quotidiana degli uomini della Bibbia
Daniel-Rops, La vita quotidiana in Palestina al tempo di Gesù
Saracini, Breve storia degli ebrei e dell'antisemitismo
Bonaparte, Autobiografia
Buchanan, Secessione
Torno, Pro e contro Dio
Lamparelli, Manuale di meditazione
Cardini, Il Barbarossa
Martini, La preghiera di chi non crede
Prezzolini, Intervista sulla destra
Noja, Maometto profeta dell'Islàm
Noja, L'Islàm e il suo Corano

Nietzsche, Umano, troppo umano, I - Scelta di frammenti postumi (1876-1877)

Nietzsche, Umano, troppo umano, II - Scelta di frammenti postumi (1878-1879)

Piattelli Palmarini, L'illusione di sapere

Herre, Bismarck. Il grande conservatore

Lorenz, La scienza naturale dell'uomo

Sachs, Storia degli strumenti musicali

Ferri, Maria Teresa. Una donna al potere

Grazzi - Schoss, Imparare la salute

AA.VV., I giovani e la lettura

Mack Smith, Vittorio Emanuele II

Pinotti - Malanga, B.V.M. Beata Vergine Maria

Barilli, Corso di retorica

Miglio, Italia 1996. Così è andata a finire

Breitman, Himmler. Il burocrate dello sterminio

Argenteri, Il re borghese

Salvo, Depressione e sentimenti

Hobsbawm, L'età degli imperi 1875-1914

Erickson, Maria Antonietta

Alexandrian, Storia della filosofia occulta

Vegetti Finzi, Il bambino della notte

Davies, La mente di Dio

Lewis, Gli assassini

Arena, Vivere il Taoismo

Duby, Medioevo maschio

Goebbels, Diario 1938

Powers, La storia segreta dell'atomica tedesca

Kennedy, Caccia alla Bismarck

Montale, Per conoscere Montale

Burn A.R., Storia dell'antica Grecia

Danna, Amiche, compagne, amanti

Mannucci, L'odio antico

Fromm, Psicanalisi della società contemporanea

Tomasi di Lampedusa, Letteratura inglese (vol. I)

Morris, Noi e gli animali

Tomasi di Lampedusa, Letteratura inglese (vol. II)

Campbell, Miti per vivere

Fromm, L'arte di ascoltare

Good, Come amare (e farsi amare da) un uomo difficile

Morris, Il bambino

Fejtő, Requiem per un impero defunto

Giammusso, Vita di Eduardo

Moulin, La vita quotidiana dei monaci nel Medioevo

Fromm, L'arte di vivere

Citati, Alessandro

Martini, La scuola della parola

Asimov, Grande come l'universo

42107
1996